동주집

이 책은 2011년도 정부(교육부)의 재원으로 한국고전번역원의 지원을 받아 수행된 '권역별거점연구소협동번역사업'의 결과물임.

This work was supported by Institute for the Translation of Korean Classics - Grant funded by the Korean Government.

한국고전번역원 한국문집번역총서 / 충남대학교 한자문화연구소

동주집 1

東州集

이민구 지음 李敏求

강원모 김문갑 오승준 정만호 옮김

일러두기

1. 이 책의 번역 대본은 한국고전번역원에서 간행한 한국문집총간 94집 소재 《동주집(東州集)》으로 하였다. 번역 대본의 원문 텍스트와 원문 이미지는 한국고전종합DB(http://db.itkc.or.kr)에서 확인할 수 있다.
2. 내용이 간단한 역주는 간주(間註)로, 긴 역주는 각주(脚註)로 처리하였다.
3. 한자는 필요한 경우 이해를 돕기 위하여 넣었으며, 운문(韻文)은 원문을 병기하였다.
4. 맞춤법과 띄어쓰기는 한글 맞춤법과 표준어 규정을 따랐다.
5. 이 책에서 사용한 부호는 다음과 같다.

( ) : 번역문과 음이 같은 한자를 묶는다.

〔 〕: 번역문과 뜻은 같으나 음이 다른 한자를 묶는다.

“ ” : 대화 등의 인용문을 묶는다.

‘ ’ : “ ” 안의 재인용 또는 강조 문구를 묶는다.

「 」: ‘ ’ 안의 재인용을 묶는다.

『 』: 「 」 안의 재인용을 묶는다.

《 》: 책명 및 각주의 전거(典據)를 묶는다.

〈 〉: 책의 편명 및 운문·산문의 제목을 묶는다.

차례

동주집 전집 제1권

시詩

선위록 宣慰錄

동주집 전집 제2권

시詩

종군록 從軍錄

동주집 전집 제3권

시詩

영남록 嶺南錄

동주집 전집 제4권

시詩

가림록 嘉林錄

동주집 전집 제5권

시詩

묘유록 卯酉錄

해제

액궁(厄窮)한 고문가(古文家)의 저술 《동주집(東州集)》

정만호 | 충남대학교 한자문화연구소 선임연구원

1. 저자 이민구

1) 명문가의 자제

동주(東州) 이민구는 1589년(선조22) 정월 14일에 태어났다.[1] 본관은 전주(全州), 자는 자시(子時), 호는 동주 또는 관해도인(觀海道人)이다. 태종(太宗)의 서자(庶子) 경녕군(敬寧君) 비(裶)가 6대조이고, 조부(祖父)는 병조 판서에 오른 이희검(李希儉)이다. 아버지 이수광(李睟光)은 이조 판서를 역임하고 영의정에 추증되었으며, 어머니 안동 김씨(安東金氏)는 의금부도사 김대섭(金大涉)의 딸이다. 맏형 이성구(李聖求)는 영의정을 역임하였으며, 요절한 형 이의현(李義賢)과 권경(權儆)에게 출가한 누이가 있었다.[2]

이민구는 어려서부터 대단히 총명하였다. 그는 스스로 "여섯 살 때 옆 사람이 읽는 수천 글자의 글을 틀리지 않고 외웠으며, 일곱 살 때는 문장을 엮을 줄 알았고 시부(詩賦)를 지었다."[3]라고 밝혔다. 이처럼

1 李敏求, 《東州集》〈東州先生前集序〉, "東州翁亦自號觀海道人, 萬曆己丑正月十四日生。"

2 李睟光, 《芝峯集》 卷23 〈亡室貞夫人金氏墓誌銘〉 참조.

3 李敏求, 《東州集》〈東州先生前集序〉, "生六歲, 誦旁人所讀書數千字不錯。七歲, 解綴文作詩賦。"

총명했던 그는 1609년(광해군1) 진사시와 1612년 증광문과(增廣文科)에서 장원을 차지하였다. 진사시 및 문과의 회시(會試)와 전시(殿試)에서 장원한 이민구를 두고 이수광은 다음과 같이 기록하였다.

> 중국 사람이 일찍이 말하기를 "회시에서 장원하는 것은 천하의 더없는 재주이고, 전시에서 장원하는 것은 천하의 더없는 복이다. 재주와 복이 모두 온전한 사람은 드물다."라고 하였다. 중국에 인재가 많지만 과거에 세 번 장원한 사람은 오직 상로 한 사람뿐이니 어찌 어려운 일이 아니겠는가. 우리나라는 근세에 오직 이이만이 생원시와 회시와 전시에서 장원했을 뿐이다. 이외에는 듣지 못하였는데 변변찮은 아들 민구가 진사시와 회시와 전시에서 장원하였으니 이는 요행으로 된 일이다.[4]

이처럼 이민구는 조선왕실의 후예이며, 조부와 부친이 판서를 역임한 명문가의 자제였다. 그는 왕실의 후예로서 늘 자부심이 있었는데, 시집(詩集) 권7의 〈회포를 서술한 일백 운〔述懷一百韻〕〉에서 조선왕조의 개창과 자신의 선대를 언급한 사실이 대표적 예이다.

2) 사환(仕宦) 이력(履歷)

이만부(李萬敷)가 찬(撰)한 《식산집(息山集)》 권21 〈이조참판동주이공묘갈명(吏曹參判東州李公墓碣銘)〉에 의하면 이민구는 1612년에 문과에 장원하고, 예조와 병조의 좌랑이 되었다.[5] 그의 나이 25세 때

4 李睟光, 《芝峯類說》 卷4 〈官職部 · 科目〉, "中朝人嘗言'會元天下才, 殿元天下福, 才福兼全者寡矣。' 以皇朝人才之盛, 而擧三元者, 唯商輅一人, 豈不難哉? 我國近世, 唯李珥爲生員及會試殿試壯元, 此外無聞。而迷豚敏求, 亦爲進士及會試殿試壯元, 是出僥倖耳。"

의 일이다. 그러나 당시의 행적을 추적할 만한 기록이 《동주집》에는 없다.

1622년 정월에 일본에서 사신이 도착하게 되자, 그에 앞서 1621년 겨울 이민구는 선위사(宣慰使)의 신분으로 그들을 맞이하기 위해 부산에 갔다가 이듬해 9월에 조정으로 돌아왔다.[6] 당시 지은 시를 수록한 것이 전집(前集) 권1의 선위록(宣慰錄)이다.

이민구는 문과에 장원한 인재였으나 광해군 당시 그의 관직은 화려하지 않았다. 오히려 선위사에 임명되었을 때의 상황을 기록한 다음의 내용을 통해 볼 때 이민구는 전도유망한 신진 관료라기보다는 실세 권력자와는 일정한 거리가 있었던 인물이다.

> 당시에 일본 사신이 나오게 되어 있었는데 남도에 허황된 경보가 있어서 사람들이 모두 피난 준비를 하였다. 그 때문에 당시 사람들이 모두 가지 않으려고 하므로 폐기되었던 민구를 다시 등용하여 보낸 것이다.[7]

그러나 1623년 인조반정으로 정국이 바뀌자 이민구의 관직 생활도 변화의 양상을 보인다. 반정 뒤에 이민구는 교리와 시병, 응교를 역임하였고, 사가독서(賜暇讀書)의 기회도 얻었다.[8] 1624년(인조2) 이괄

5 李萬敷, 《息山集》 卷21 〈吏曹參判東州李公墓碣銘〉, "壬子, 又三魁擢第, 始郞禮兵二曹。"

6 李敏求, 《東州集》 前集 卷1 〈宣慰錄小序〉, "天啓壬戌歲正月, 日本使南堂僧玄方至。余膺宣慰之任, 以前歲冬, 先往釜山迎勞, 至九月始還。"

7 《光海君日記》 13年 2月 17日 기사, "時, 日本使將至, 南中虛警, 人皆荷擔。故時人皆不欲行, 乃起廢以遣。"

이 반란을 일으키자 도원수 장만(張晩)의 종사관으로 종군하였으며, 반란이 평정된 뒤에는 경상도 관찰사에 임명되었다. 이민구는 "당시 36세였으니, 중흥 후 임명된 방백 가운데 가장 젊었다."[9]라고 기록하였는데, 젊은 나이로 관찰사가 된 자부심이 생생하게 느껴진다.

1625년 내직(內職)으로 돌아와 승지, 대사간, 이조 참의, 좌부승지 등을 역임한 이민구는 같은 해 7월 임천 군수(林川郡守)로 좌천되었다. 당시의 상황을 이민구는 다음과 같이 진술하였다.

> 영남 유생이 통문을 돌리며 경거망동하므로 체포하여 심문하였다. 나는 저들은 이미 선비라는 이름이 있고, 또 물을 것이 없으니 매질하는 것은 마땅하지 않다고 아뢰었다. 이에 임금께서 사사로이 비호한다고 의심하여 임천 군수로 좌천시키셨다.[10]

《인조실록》을 참조하면 경상 감사 원탁(元鐸)이 유생 이유도(李有道)에게 형신(刑訊)을 가하여 죽게 한 일이 있었는데, 이유도의 친척 이홍중(李弘重)이 유생들과 함께 통문을 돌려 경사 감사를 비방하다가 체포되어 형신을 당하고 있었다. 이에 대해 좌부승지 이민구는 무더운 날씨 때문에 이홍중의 건강이 상할 것을 염려하여 형신을 멈추어야 한다고 건의하였다가 이홍중을 비호한다는 오해를 받아 좌천되었다.[11]

8 《仁祖實錄》元年 10月 28日 기사, "命選文學之臣李敏求、趙翼、任叔英、吳䎘、李明漢、鄭百昌、金世濂、張維、李植、鄭弘溟等十人, 賜暇讀書湖堂。"

9 李敏求, 《東州集》前集 卷3 〈嶺南錄小序〉, "時年三十六, 爲中興方伯最少也。"

10 李敏求, 《東州集》前集 卷4 〈嘉林錄小序〉, "時有嶺南儒生因通文妄擧, 逮捕訊治。臣言彼旣以儒爲名, 且無可問, 考掠非宜。上疑其容私庇護, 貶守林川。"

임천 군수에서 체직(遞職)되어 조정으로 돌아온 이민구는 대사간, 대사성, 이조 참의, 도승지, 병조 참판, 이조 참판, 대사헌 등을 역임하고, 1635년 7월에 강원도 관찰사로 부임하였다. 당시 지은 작품을 모은 것이 관동록(關東錄)이다.

1636년에는 감군어사 황손무(黃孫茂)의 접반사에 임명되었다. 당시 지은 작품을 모은 것이 관서록(關西錄)인데, 그 소서(小序)에서 이민구는 황손무에 대해 "기질이 거만하고 대단히 굳세며 도도하여 비위 맞추기가 어려웠다."라고 평하였다. 그런데 황손무가 지은 두 편의 시를 화운하여 이민구가 "의관은 아직도 은나라의 백색을 본받고, 초목은 멀리 태산의 푸르름에 이어졌네."라고 하자 황손무가 "성당(盛唐)의 풍운(風韻)을 지니고 있다. 마땅히 서둘러 글로 새겨서 대아(大雅)의 명성을 울려 알리라." 하고는 각별히 이민구를 예우했다고 한다. 이를 통해 이민구의 문재(文才)를 조금이나마 파악할 수 있나.

이처럼 이민구는 문과에 장원한 인재이지만 인조반정 이전에는 두각을 드러내지 못하다가 인조반정 이후에 중용되었음을 알 수 있다. 중간에 임천 군수로 좌천되는 위기를 겪기도 했으나 경상도와 강원도의 관찰사를 맡았고, 문학적 능력을 인정받아 황손무의 접빈을 담당하기도 하는 등 비교적 순탄한 관직 생활을 영위하였다.

3) 강화도 함락과 유배

1636년(인조14) 12월, 청 태종(淸太宗)이 이끄는 군사가 조선을 침입함으로써 병자호란이 발생하였다. 12월 9일 압록강을 건넌 청나라

11 《仁祖實錄》4年 潤6月 6日 기사 참조.

군사는 임경업이 지키는 백마산성을 피해 곧장 한양으로 진격하였다. 인조는 강화도로 피난을 계획하였으나 길이 막혀 가지 못하고 도중에 방향을 바꿔 남한산성으로 들어갔으며, 인조보다 앞서 피난에 나선 봉림대군(鳳林大君) 일행만이 강화도로 피난하였다.

강화도 피난 행렬의 검찰사를 맡은 사람은 인조반정의 일등공신 김류(金瑬)의 아들 김경징(金慶徵)이었고, 이민구는 부검찰사의 직책을 맡았다. 김경징을 검찰사로 임명하면서 인조는 김류에게 그가 적임자인지 물었는데, 김류는 "경징이 다른 재능은 없으나 적을 막고 성을 지키는 일에 어찌 감히 그 마음과 힘을 다하지 않겠습니까."라고 대답하였다.[12] 그러나 강화도는 청나라 군대에 의해 함락되었고, 강화 유수 장신(張紳)과 검찰사 김경징, 부검찰사 이민구는 그 책임을 면할 수 없었다. 그 결과 이민구는 평안북도 영변으로 유배됨으로써 인생의 큰 변곡점을 맞이하였다. 북쪽 변방의 적객(謫客)이 된 이민구는 그가 꿈꾸었을 삶의 지향을 상실한 채 끝내 재기하지 못하고 불우한 삶을 살아야만 했다.

검찰사 김경징에 대한 인조의 믿음이 부족했듯 이민구 역시 부검찰사로 적임자가 아니었다는 평가가 대두되었다. 사건의 결과에 근거하고 당색에 따라 달라질 수 있는 평가이기에 온전히 신뢰할 수는 없지만 김경징과 이민구에 대한 비판은 여러 자료에서 발견된다.

> 이 때 검찰사 김경징은 원훈 김류의 아들로서 교만하여 스스로 잘난 체하였고, 부사 이민구는 일개 문인이었는데, 이들은 말하기를 "강화는 대강

12 李肯翊, 《燃藜室記述》 卷26 〈仁祖朝故事本末〉 참조.

이 있는 천연의 요해지이므로 걱정할 것도 없다." 하며 밤낮으로 연회를 즐기면서 군대의 일에 대해서는 아예 생각도 하지 않았다.[13]

당시에 판윤 김경징과 참판 이민구와 유수 장신 등이 검찰의 명을 받아 진지를 수비하는 임무를 띠고 있었으나 날마다 술에 빠져서 방어에 관한 대비책을 염두에 두지 않다가 오랑캐가 강을 건너자 세 장수는 전함을 타고 멀리 달아나서 국가의 운명이 멸망의 지경에 이르게 하였다.[14]

이민구는 문인에 불과할 뿐 군무를 아는 사람이 아니었다는 평가인 동시에 강화도의 지리적 이점만을 믿고 대비하지 않았다는 지적이다. 그러나 밤낮으로 연회를 즐겼다거나 술에 빠져 지냈다는 말은 전시 상황이라는 점을 고려할 때 기록 그대로 신뢰하기가 어렵다.

호서의 관군이 패전했다는 보고가 이르자 분사가 또 이민구로 하여금 호서로 나가 안찰하도록 하였는데 이민구가 강가에서 배회하며 즉시 출발하지 않고 그 처자를 데리고 가고자 하였다.[15]

병자호란 당시 포위된 남한산성을 구원하기 위해 충청도 관찰사 정

13 安鼎福,《順菴集》卷26〈宣教郎贈司憲府持平巴麓黃公行狀〉, "時撿察使金慶徵, 卽元勳瑬之子, 驕傲自重。副使李敏求是一箇文人, 謂以長江天塹, 不足爲憂, 日夜耽樂, 置軍事於度外。"

14 鄭蘊,《桐溪集》卷4〈奉常寺正李公墓誌銘〉, "時判尹金慶徵、參判李敏求、留守張紳等, 受撿察之命, 當鎭守之任, 而日荒于酒, 謾不念防守之事。虜旣渡江, 則三將者乘戰艦遠走, 致令國步幾滅。"

15 尹拯,《明齋遺稿》卷43〈叔祖弼善府君家狀〉, "湖西官軍敗報至, 分司又令敏求出按湖西, 敏求徘徊江上, 不卽發, 欲并其妻孥而去。"

세규(鄭世規)가 군사를 이끌고 오다가 죽었다는 소문이 있었으므로, 당시 강화도에서는 이민구를 충청도로 보내 관찰사의 임무를 수행하도록 할 계획이었다. 그러나 이민구는 충청도로 가는 것을 망설였고, 처자를 함께 데려가려고 했다는 기록이다.

이처럼 이민구의 강화도 행적을 지적한 기록은 그가 군무에 어둡고, 수비 대책을 세우지 않은 채 연회만을 즐겼으며, 겁을 내어 달아나고, 충청도로 가지 않으려 했다는 내용이 주를 이룬다. 그러나 이민구 본인의 입장은 세간의 평가와 달랐다. 그는 정세규에게 보낸 편지에서 강화도 함락 당시의 정황을 진술하였다. 세간에서는 그가 군무를 소홀히 했다고 지적했지만 이민구는 빈궁(嬪宮) 일행이 강화도로 들어온 이상 검찰사와 부검찰사의 임무는 완수된 것이라고 판단하였다.[16] 무엇보다 그가 군무에 관여하지 않은 것은 남한산성으로부터 명령이 있었기 때문이라고 주장하였다.

> 며칠 뒤에 무인 최상원이 남한산성으로부터 밀랍으로 봉한 글을 가지고 도착하였습니다. 유지에 이르기를 "수륙의 방비를 모두 유수 장신에게 위임하니 간섭하는 문제가 없도록 하라." 하였습니다. 이틀 뒤에 이름을 기억할 수 없는 승려가 또 남한산성으로부터 왔는데 유지의 내용은 이전과 같았습니다. 대개 행조에서 밖의 포위망이 단단하므로 최상원이 전달하지 못할까 염려하여 앞의 유지를 다시 내린 것이었습니다.[17]

16 李敏求, 《東州集》 文集 卷1 〈答鄭判書書〉, "嬪宮始由廣城津入江都。檢察之職, 只管道路舟船供頓, 而旣入島, 臣等實爲冗官。"

17 위와 같은 글, "居數日, 武人崔尙元自山城齎到蠟書, 有旨曰 : '水陸防備, 專委留守張紳, 俾無掣肘之患。' 間兩日, 不記名僧人又自山城來到, 有旨同前。蓋行朝慮外圍嚴密,

수륙의 방어를 모두 장신에게 일임한다는 유지(有旨)가 두 차례나 도착하였으므로, 군무에 관한 모든 책임은 장신에게 있었고, 자신이 할 수 있는 일은 아무것도 없었다는 말이다. 세간에서는 이민구가 겁을 먹고 숨으려고만 했다고 했지만 이민구는 도리어 다음과 같이 진술하였다.

> 금상께서 당시 봉림대군이셨는데 외사에 나와 여러 재신들에게 이르시기를 "공들 가운데 한 사람이 먼저 가서 적정을 살펴보라." 하셨는데 좌우의 사람들이 모두 입을 다물고 대답하지 않으니 제가 속으로 비루하게 여겼습니다. 제가 대답하기를 "제가 먼저 나가보겠습니다. 다만 수하에 병사가 없으니 적의 실태를 살필 수는 있겠으나 적을 막는 일은 어찌한단 말입니까?" 하였습니다.[18]

봉림대군의 지시에 아무도 나서는 사람이 없었으므로 이를 비루하게 여겼다는 이민구의 진술은 그에 대한 세간의 평가와 상반된다. 세간에서는 그를 직책을 도외시한 인물로 평가했지만 이민구는 도리어 강화도에 머물렀던 재신들이 소극적이었으며 자신은 위험을 무릅쓰고 적정을 살피기 위해 자원했다는 입장이다. 그는 또 처자식을 탈출시키려 했다는 세간의 말[19]에 대해서도 "한 집안의 모든 식구들이 전란의

尙元不得達, 更申前旨云。"

18 위와 같은 글, "今上時爲鳳林大君, 出御外司, 普謂諸宰, '公等一人先往覘賊'。左右嘿不應, 僕私心鄙之。對曰 : '下官請先出, 但手下無見兵, 覘賊則可, 禦敵奈何?'"

19 李尙馨, 《天默遺稿》 卷2 〈論江都三臣箚〉, "慶徵、紳則其老母置之鋒刃上, 而曾不顧念。敏求則逃生最先, 謀出妻子, 是可忍也, 孰不可忍也。"

불구덩이 속에서 희생되어 하나도 살아남은 사람이 없었다."[20]라고 말하며, 사실과 다름을 강력히 주장하였다. 실제로 이민구는 강화도에서 아들 이원규(李元揆)와 이중규(李重揆)를 잃었으며, 부인도 적의 포로가 된 것으로 알려져 있다.

충청도로 가지 않으려 했다는 주장에 대해서도 이민구는 자신의 입장을 피력하였다. 당시 강화도에 피난했던 윤방(尹昉)이 충청도 관찰사의 생사를 알 수 없으므로 이민구에게 충청도로 가서 임무를 맡아달라고 하였다. 이민구는 이에 동의하고 장신에게 배편과 식량 준비를 부탁했다는 것이다. 그러나 이튿날 출발하려고 할 때 윤방이 사람을 보내서 충청도 관찰사가 무사하므로 갈 필요가 없다는 소식을 전해왔기 때문에 가지 않았다는 것이 이민구의 입장이다. 그러면서 "이민구가 눈물을 흘리며 가려고 하지 않았다.〔敏求涕泣不行〕"[21]라거나 "이민구가 가려는 의사가 없어서 눈물을 흘리며 두려워하기까지 하였다.〔敏求殊無意行, 至涕泣危懼。〕"[22]라는 등의 말에 대해 반박하였다. 남한산성과 연락이 끊기고, 여러 사람의 의견이 분분하여 불안했던 강화도보다는 전란의 피해가 거의 없는 충청도로 가는 것이 더 안전했을 것인데 무엇 때문에 눈물을 흘리며 가지 않으려고 했겠냐는 것이 이민구의 주장이다. 그러면서 당시 강화도에 피난했던 김광환과 윤선거가 생존해 있으니 그들에게 물어본다면 사실이 밝혀질 것이라고 주장하였다.

이민구의 주장이 모두 사실이라 하더라도 강화도 함락의 책임은 누

20 李敏求, 《東州集》 文集 卷1 〈答鄭判書書〉, "一家百口併燔於烽焰, 尺口無遺。"

21 金尙憲, 《淸陰集》 卷26 〈伯氏議政府右議政仙源先生神道碑銘〉.

22 위와 같은 글.

군가가 짊어져야만 했다.

> 김경징, 장신, 이민구, 강진흔, 변이척 등을 잡아다 국문한 끝에 김경징은 강계(江界)로, 이민구는 영변(寧邊)으로 정배(定配)하고, 장신에게는 사약(死藥)을 내리고, 강진흔과 변이척은 목을 베었다.[23]

사실 처음에는 장신과 김경징을 정배(定配)하려 하였으나 사헌부와 사간원의 탄핵이 거세게 일어났으므로 두 사람이 모두 사형되었다.[24] 결국 주요 책임자 가운데 이민구만 목숨을 보존하여 영변으로 유배된 것이다.

이민구 스스로는 강화도에서 목숨을 부지한 것이 하늘이 도운 것이라고 술회했지만 한번 유배객이 된 그는 재기하지 못한 채 초야의 문인으로 인생의 후반부를 보내야만 했다. 세간의 평가와 이민구의 주장 가운데 무엇이 사실에 가까운 것인지는 지금 판명할 수 없지만, 병자호란과 강화도 함락은 그야말로 하늘이 정한 일이라서 그의 삶 절반을 스스로 어찌할 수 없는 나락으로 내몰고 말았다. 결국 이민구는 영변과 아산에서 10년 이상의 세월을 유배객의 신세로 지내야만 했다. 당시 지은 작품은 철성록(鐵城錄)과 아성록(牙城錄)에 수록되었다.

4) 西湖에서 보낸 末年

1647년(인조25) 4월 이민구는 드디어 유배에서 풀려났다. 그러나 그의 해배가 순조롭게 이루어진 것은 아니다. 의금부의 계사(啓辭)에

23 趙慶男,《續雜錄》卷4〈丁丑上〉참조.

24《仁祖實錄》15年 2月 22日 기사 참조.

따라 이민구를 석방하라는 지시가 있었지만[25] 사헌부에서는 반대 의견으로 맞섰다.

> 이민구의 죄를 당초 사형에서 감하여 안치시킨 것은 상의 특별한 명령에서 나온 것으로 그가 죽지 않은 것은 요행일 뿐이었습니다. 내지로 양이한 것도 너무 지나친 것인데, 지금 어찌 완전히 풀어 주어 아무 죄가 없는 사람처럼 하겠습니까.[26]

강화도 방어의 주요 책임자들이 모두 사형된 점을 감안하면 이민구가 목숨을 부지한 것은 사헌부의 주장대로 임금의 은혜이며 요행이었을 것이다. 거기다가 영변의 적소를 아산으로 옮겨 주었으니 사형된 사람의 경우와 비교하면 법률의 적용이 공평하지 못한 것이 사실이었다. 그런데도 이제 해배한다면 죄를 완전히 용서해주는 격이니 사헌부의 반대는 당연한 것이었다.

우여곡절 끝에 해배된 이민구는 서울로 돌아와 현재의 마포구 주변에 해당하는 서호(西湖)에서 생활하였다. 그의 나이 59세로 이미 노년에 접어든 때였다. 서호에서 지낸 그의 말년은 큰 변화 없이 문장으로 소일하는 시간이었다. 당시 그의 바람은 서용(敍用)이었다. 조정에서도 그의 서용이 논의되었다.

> 이민구가 임금을 잊고 나라를 저버려 종사에 죄를 얻은 것은 김경징,

25 《仁祖實錄》25年 4月 13日 기사, "以義禁府審理啓辭, 命放罪人李敏求等十四人。"

26 《仁祖實錄》25年 4月 26日 기사, "李敏求之罪, 當初減死安置, 特出於上命, 其不死幸耳。量移內地, 亦已過矣。今豈可全釋, 便爲無罪之人哉?"

> 장신과 조금도 차이가 없는데 혼자 형장(刑章)을 면하였습니다. 그런데 이번에 직첩을 도로 주라는 명이 뜻밖에 나왔으니, 신하로서 이토록 죄를 지고도 다시 사판을 더럽히는 일이 어떻게 있을 수 있겠습니까. 빨리 이민구에게 직첩을 도로 주라는 명을 거두소서.[27]

장신과 김경징은 강화도 방어 실패의 책임을 지고 사형되었는데, 세월이 지났다고 해서 같은 죄를 범한 이민구를 서용한다는 것은 불가하다는 지적이다. 이러한 반대에도 불구하고 이민구의 서용이 허락되었는데, 이 일에는 김광욱(金光煜), 한흥일(韓興一), 이경여(李敬輿), 조익(趙翼) 등의 역할이 컸다. 김광욱이 이민구의 문재(文才)가 뛰어나므로 그를 서용할 것을 진언하자, 한흥일이 동조하였다.[28] 이에 효종은 "죄에는 수범과 종범이 있는 것인데 나도 그의 재능을 아깝게 여긴다.〔罪有首從, 予亦惜其才。〕"[29]라고 하고는 대신들이 의논하여 처리하도록 시시하였다. 여기서 주목할 것은 효종이 이민구를 종범(從犯)으로 판단하였다는 점과 그의 문재(文才)를 높이 평가하였다는 점이다. 강화 유수 장신과 검찰사 김경징을 수범(首犯)으로 분류하여 그들을 사형시킨 것은 정당하다는 논리로, 이민구가 사형을 면한 것도 요행인데 그를 서용한다면 법 적용이 공평하지 못하다는 반대 의견을 무마하

27 《仁祖實錄》27年 3月 10日 기사, "李敏求忘君負國, 得罪宗社, 與金慶徵、張紳少無差別, 而獨免刑章。今者職牒還授之命, 出於意外。人臣豈有負罪至此, 而復玷仕版者乎? 請亟收李敏求職牒還授之命。"

28 《孝宗實錄》1年 7月 16日 기사, "李敏求文才可惜, 而廢棄已久。値此大霈, 赦罪收用, 未爲不可。"

29 위와 같은 기사.

려 했던 것으로 보인다. 또한 이민구의 문학적 능력은 효종조차도 인정하는 수준이었음을 알 수 있다.

효종이 대신들의 논의대로 처리하라고 지시하자 당시 영의정과 우의정으로 있던 이경여와 조익은 "이민구가 죄로 폐기된 지 이제 14년이 되었습니다. 종전에 패군한 사람이 끝내 수용되는 은혜를 입었는데, 민구가 영원히 폐기되고 있는 것은 실로 원통한 일입니다."[30]라고 하여 이민구의 서용을 적극 찬성하였다. 패군의 책임을 졌던 사람들이 다시 등용되었지만 이민구만 서용되지 못한 것을 안타깝게 여기며 그의 서용을 적극 동조한 것이다. 이 점에 대해서는 이민구 스스로도 언급한 바 있다. 자신과 함께 견책된 사람들 중에는 같은 당의 사람들이 도와주어 죄적(罪籍)에서 벗어나 다시 환로에 오른 경우가 많은데, 이민구를 도와주는 사람은 없을 뿐만 아니라 법을 가혹하게 적용하여 죽음으로 내몰려고만 한다고 한탄하였다.[31]

이민구의 문재(文才)를 아낀 사람들의 도움으로 서용이 결정되기는 했으나 끝내 반대 의견에 저지되어 그의 서용은 취소되었다. 이후로도 그의 서용이 논의되기는 했으나 끝내 조정에 다시 나가지 못한 채 이민구는 1670년(현종11) 82세의 나이로 불우한 삶을 마감하였다. 저서로 《동주집》, 《간언귀감(諫言龜鑑)》, 《독사수필(讀史隨筆)》, 《당률광선(唐律廣選)》이 있다.

30 위와 같은 기사, "領議政李敬輿、右議政趙翼以爲："李敏求罪廢，今十四年矣。從前敗軍之人，終被收用，則敏求永廢，實涉冤矣。"

31 李敏求, 《東州集》 文集 卷1 〈答鄭判書書〉, "同時蒙譴之人，壞事負國不止一二，而朋黨私交，情親意密，遊辭飾說，營捄百端，因得以洗丹書而升青雲者比比。獨於下流，衆怒叢怨，擠之於必死之地，擬之以大何之律。"

부인 해평 윤씨(海平尹氏)씨와의 사이에서 2남 1녀를 두었는데 두 아들은 병자호란 당시 강화도에서 사망하였고, 딸은 신익성(申翊聖)의 아들 신변(申昪)에게 출가하였다. 뒤에 정명수의 처제와의 사이에서 만규(萬揆), 억규(億揆), 말규(末揆)를 낳았는데 만규는 요절하였다. 시집(詩集) 권19의 〈염만아(殮萬兒)〉는 당시에 지은 작품이다.

2. 《동주집》의 구성

《동주집》은 크게 전집(前集), 시집(詩集), 문집(文集), 별집(別集)으로 구성되었다. 이민구의 자서(自序)에 의하면 그의 저술은 현재 남아 있는 작품보다 훨씬 방대하였으나 전란을 겪으면서 소실되었다고 한다. 현재 남아 있는 작품은 그가 생전에 직접 정리한 것으로 보인다.

전집은 1622년부터 1636년까지 그가 관직에 있을 때 지은 작품을 연차(年次)에 따라 편차한 것이다. 1637년 영변에 유배된 이후의 작품을 엮은 것이 시집인데, 전집과 마찬가지로 해마다 한 권씩으로 구성하였다. 이민구가 관직에 나오기 이전의 작품, 즉 1621년 이전의 작품을 모은 것이 별집이다. 문집은 운문 이외의 산문 작품을 모아 문체별로 편차하였다.

《동주집》은 이민구가 생전에 정리한 것으로 보이지만 간행 시기는 분명하지 않다. 《누판고(鏤板考)》에 이 책의 판목(板木)이 함흥 감영(咸興監營)에 보관되어 있다고 했는데, 이민구의 형 이성구의 아들 이당규(李堂揆)가 1679년에 함경도 관찰사를 역임한 바 있으므로 당시에 간행한 것이 아닐까 추정된다. 초간본은 서울대학교 규장각(奎

6139, 6742)과 연세대학교 중앙도서관 등에 소장되어 있고, 보사후쇄본(補寫後刷本)이 장서각(4-5938)과 국립중앙도서관(한46-가291) 등에 소장되어 있다.[32]

1) 전집(前集)

전집은 선위록(宣慰錄), 종군록(從軍錄), 영남록(嶺南錄), 가림록(嘉林錄), 묘유록(卯酉錄), 동유록(東遊錄), 관동록(關東錄), 관서록(關西錄) 등 모두 8권으로 구성되었다. 각 권마다 소서(小序)가 있어서 창작 배경 이해에 도움을 준다.

선위록은 1622년(광해군14) 일본 사신을 맞이하기 위해 이민구가 부산에 다녀올 때 지은 작품을 모은 것이다. 외숙과 종제가 마련한 수원의 전별연 자리에서 지은 작품으로부터 시작하여 부산으로 가면서 경유한 지역과 만난 사람들을 소재로 작품을 남겼다. 〈동래잡영(東萊雜詠)〉은 모두 20수인데 당시 그 지역의 모습을 생생하게 그렸다. 〈식하마십절(食蝦蟆十絕)〉은 이민구가 더위를 먹어 설사병을 앓게 되었을 때 지은 작품으로, 당시 여정의 어려움을 단적으로 보여준다.

종군록은 인조반정 후 도원수 장만(張晚)의 종사관이 되었을 때 지은 작품을 모은 것인데, 1624년(인조2) 이괄(李适)의 반란 때 지은 작품도 수록되었다. 장만의 부임 행차가 출발하는 모습을 읊은 〈장원수출사가(張元帥出師歌)〉를 시작으로 임지로 가는 여정을 읊었고, 이괄의 난을 진압할 당시의 모습을 읊은 〈안현대첩(鞍峴大捷)〉으로 마무리하였다.

32 朴憲淳의 《東州集》 해제 참조.

영남록은 1624년 이괄의 난을 진압한 뒤에 경상도 관찰사로 부임하게 되었을 때의 작품을 모았다. 3월에 임지로 가서 이듬해 4월 돌아올 때까지의 작품이다. 첫 작품 〈수복후배영남방백사조(收復後拜嶺南方伯辭朝)〉는 서울을 수복한 뒤에 영남 방백에 임명된 기쁨을 3수로 읊었다. 〈전고한행(前苦寒行)〉과 〈후고한행(後苦寒行)〉은 악부의 형식으로 혹한의 추위를 읊은 작품으로 이민구의 작시(作詩) 역량을 잘 보여준다. 지리산을 유람하며 지은 작품도 동유록 및 관동록의 작품과 함께 그의 산수유람 문학을 연구하는 데 좋은 자료이다.

가림록은 이민구가 좌부승지에서 좌천되어 임천 군수로 부임했을 때의 작품을 수록하였다. 그가 임천 군수에 임명된 것은 1626년의 일인데 1627년 정묘호란이 발생하자 호소사 김장생(金長生)의 휘하에서 창의사(倡義使)를 겸하기도 하였다. 면직된 뒤에 수원에서 머물면서 지은 작품도 포함되었다. 〈문복(聞服)〉은 올빼미 소리를 듣고 지은 작품으로 가의(賈誼)의 〈복조부(鵩鳥賦)〉를 연상시킨다. 〈증남당주인(贈南塘主人)〉과 〈지졸당팔영용택당운(趾拙堂八詠用澤堂韻)〉은 민성휘(閔聖徽)・민성복(閔聖復) 형제와 관련된 작품으로 이민구의 교유 관계를 파악하는 데 도움을 준다.

묘유록은 1627년 정묘년과 1633년 계유년 사이에 지은 작품을 엮은 것이다. 중국의 역대 역사를 읊은 〈영사(詠史)〉 3수가 눈길을 끈다. 〈치발음(齒髮吟)〉은 백발로 변해가는 머리와 빠지는 치아를 읊은 악부 형식의 작품이다. 〈차임허팔백언(次任許八百言)〉은 이민구의 시 가운데 장편에 속하는 작품이다. 〈기이판관임경성사십운(寄李判官任鏡城四十韻)〉과 〈대설여인인동부삼십운(大雪與隣人同賦三十韻)〉도 장편 대작이다.

동유록은 1631년 이민구가 허보(許寚), 신익성(申翊聖), 이소한(李昭漢)과 함께 금강산 유람을 다녀오면서 지은 작품을 수록하였다. 당시 일정은 총 26일이 소요되었으며, 작품은 200여 편에 이른다. 동유록 소재의 작품들은 유람의 과정에서 지은 것이기 때문에 승경(勝景)을 읊은 것이 대다수이지만, 금강산이 갖는 상징적 의미로 인하여 불교에 관한 이민구의 인식을 파악하는 데도 유익한 자료이다.

관동록은 1635년 이민구가 강원도 관찰사로 부임하여 지은 작품을 엮은 것이다. 〈추월대(秋月臺)〉의 원주(原註)에는 추월대라는 명칭을 이민구가 명명했다는 기록이 있는데, 이 이름은 현재까지도 사용되고 있다. 강원도 관찰사로 재직하면서 이민구는 다시 금강산에 올랐는데 동유록에 수록된 작품과 비교해보면 첫 번째 유람 당시를 회상하는 작품이 다수 포함되었다.

관서록은 1636년(인조14) 명나라 황제의 칙서를 가지고 온 황손무(黃孫茂)를 맞이하기 위해 김익희(金益熙), 이행진(李行進)과 함께 관서 지방에 다녀오면서 지은 시를 수록하였다. 여기 수록된 작품은 당시 관서 지방의 피폐한 상황을 보여주기도 한다.

2) 시집(詩集)

시집은 총 24권이다. 1637년 이민구가 영변에 유배된 뒤로 철성록이라는 제목으로 7권, 아산으로 이배된 뒤에는 아성록이라는 제목으로 4권, 해배되어 서호에 머물러 지낸 만년의 시를 서호록이라 하여 11권, 1658년 이후의 시를 착륜록이라 하여 2권으로 엮었다.

철성록1은 영변 유배 생활의 첫 해에 지은 작품을 모은 것이다. 형 이성구, 사위 신변, 사돈 신익성 등에게 보낸 시가 있고, 적소(謫所)에서의 궁핍한 생활과 약산(藥山) 등 주변의 승경을 읊은 작품이 주를 이룬다. 〈천랑행(天狼行)〉은 병자호란이 발생하여 치욕을 겪게 된 상황을 읊으면서 모든 것을 정해진 운명으로 치부한 작품이다.

철성록2는 1638년, 이민구의 나이 50세가 되는 해의 작품을 모은 것이다. 이를 상기하듯 이민구는 자신이 지비(知非)의 나이가 되었는데도 여전히 위태로운 지경에 놓여 있다며 도잠(陶潛)의 시를 차운하여 마음을 달래는 시를 가장 앞에 두었다. 두 손자 현상(玄賞)과 현경(玄敻)이 방문했을 때의 기쁨과 그들이 돌아갈 때 이별의 아픔을 읊은 시는 조손(祖孫)의 애틋한 정이 느껴진다.

철성록3은 1639년의 작품을 모았다. 늙어가는 신세를 읊은 〈아쇠편(我衰篇)〉, 가뭄과 무더위의 고통을 읊은 〈고열행(苦熱行)〉·〈고열(苦熱)〉, 혹한의 고통을 읊은 〈고한행(苦寒行)〉 등에서 유배객의 어려운 생활을 느낄 수 있다. 〈철성칠가(鐵城七歌)〉와 〈영변후이십수(寧邊後二十首)〉 등은 철성록2의 〈영변이십수(寧邊二十首)〉와 함께 영변의 경물(景物)을 읊은 대표적 작품이다.

철성록4는 1640년의 작품을 수록하였다. 〈경진원조대설(庚辰元朝大雪)〉, 〈구한입추일시우(久旱立秋日始雨)〉, 〈기이우한(旣而又旱)〉, 〈입추후팔일우우(立秋後八日又雨)〉, 〈하회민한십절구(夏晦悶旱十絶句)〉 등은 폭설, 폭우, 가뭄이 반복되었던 당시의 실상과 백성들의 고통을 읊었다. 〈끽즙채(喫蕺菜)〉, 〈사회이십운(寫懷二十韻)〉, 〈병기(病起)〉 등은 이민구의 생활과 소회를 엿볼 수 있는 작품이다. 〈패강가증백희직(浿江歌贈白希稷)〉은 강물을 비유로 들어 백희직에게 학문에 정진할 것을 권유한 시이다. 이는 이민구가 영변에서 후진 양성에도 노력했음을 보여주는 증거인데, 중앙 지식인의 유배가 지방 인재 양성

및 문화 전파에 일정 부분 기여했음을 보여주기도 한다. 〈희신랑래회(喜申郎來會)〉는 사위 신변이 방문했을 때의 기쁨을 노래한 것으로, 유배지에서 외롭게 지내다가 사위와 함께 지내는 즐거움을 사실적으로 읊고 있다.

철성록5는 1641년의 작품을 모은 것이다. 〈한열(旱熱)〉과 〈오월회일대우십절구(五月晦日大雨十絶句)〉, 〈임우(霖雨)〉, 〈고우(苦雨)〉, 〈대설행(大雪行)〉 등은 천재(天災)의 고통을 읊은 작품이다. 〈백발(白髮)〉, 〈낙치(落齒)〉는 노년의 소회를 읊었다. 〈증백희설(贈白希契)〉, 〈송백희익부감시본현(送白希益赴監試本縣)〉은 이민구가 백희직 형제에게 학문에 정진하도록 당부한 사실과 실제로 향시에 합격한 일을 읊은 작품이다. 〈증장응운(贈張應雲)〉, 〈증양지호(贈梁之濠)〉 역시 후학을 권면한 시이다.

철성록6은 1642년의 작품을 수록하였다. 〈송유자석규질심양(送猶子碩揆質瀋陽)〉은 심양에 볼모로 가는 조카 이석규(李碩揆)를 전송하며 지은 시이다. 이석규는 이민구의 형 이성구(李聖求)의 넷째 아들이다. 이성구는 1641년 영의정이 되었는데, 당시 조선은 구경(九卿)의 아들을 청나라에 볼모로 보내기로 약속한 상황이었다. 이성구의 둘째 아들 동규(同揆)는 막 속환(贖還)되었기 때문에 차마 다시 보낼 수 없었고, 셋째 아들 당규(堂揆)는 평소 병이 많았다. 이에 석규가 자청하여 자신이 가겠다고 나섰는데, 당시 그의 나이 15세였다.[33] 병자호란 뒤 수치스러운 사회상의 일면을 보여주는 작품이다.

철성록7은 1643년의 작품을 수록하고 있는데, 이민구가 영변에서

33 蔡濟恭, 《樊巖集》 卷50 〈贈吏曹參判行戶曹佐郎李公墓碣銘〉 참조.

생활한 마지막 해에 해당한다. 〈술회일백운(述懷一百韻)〉은 이민구의 시 가운데 가장 장편의 시로, 왕실의 후손으로서의 자부심과 유배객으로 겪는 고초 등을 서술하였다. 〈황(蝗)〉은 메뚜기의 피해를 읊은 작품이다. 신변에게 시집간 딸이 아들 신필화(申弼華)를 데리고 왔다가 돌아갈 때 지은 작품은 딸과 외손자에 대한 이민구의 마음이 잘 나타나 있다. 〈몽은이아산(蒙恩移牙山)〉은 아산으로의 이배 명령을 받고 지은 작품이며, 이후의 작품은 영변을 떠나 아산으로 가면서 지은 것들이다.

아성록1은 아산으로 이배된 첫 해에 지은 작품을 모았는데, 당시의 상황과 자신의 심회를 간략히 적은 소서(小序)가 함께 기록되었다. 첫 작품 〈계미지월회일도아산(癸未至月晦日到牙山)〉을 통해 이민구가 1643년 11월 그믐에 아산에 도착했음을 알 수 있다. 〈송양생천리종아일년환향(送兩生千里從我一年還鄕)〉은 영변에서 아산으로 이민구를 따라 왔던 김대진(金大振)과 김원(金瑗)을 진송하는 시이다. 이민구에게 배우기 위해 아산까지 따라왔던 두 사람의 열정이 느껴진다. 신익성이 세상을 떠나자 〈곡회옹(哭淮翁)〉 4수를 지어 애도하였다.

아성록2는 1645년에 지은 작품을 모은 것이다. 〈소현세자애시(昭顯世子哀詩)〉는 소현세자를 애도한 작품이다. 〈피역사사지파천(避疫四徙至坡川)〉, 〈역려행(疫癘行)〉 등은 전염병이 창궐했던 당시의 모습을 보여준다.

아성록3은 1646년의 작품을 엮은 것이다. 〈만아왈……(萬兒曰……)〉의 '만아(萬兒)'는 이민구가 첩과의 사이에서 얻은 이만규(李萬揆)의 말을 듣고 지은 작품인데, 서호록8의 〈염만아(殮萬兒)〉를 참조하면 이만규는 16세의 나이로 요절하였다.

아성록4는 1647년의 작품을 모은 것인데, 이 해에 이민구는 해배되어 아산을 떠났다. 해배 당시의 소회를 적은 작품이 〈임금의 은혜로 풀려났다. 정축년(1637, 인조15) 4월에 서울을 떠난 때로부터 금년 정해년(1647) 4월까지 꼭 11년이다. 이때 오래도록 가물다가 마침 단비가 내렸다.〔蒙恩疏釋 自丁丑四月去國 距今丁亥四月 恰十一年 時久旱適得澍雨〕〉이다.

서호록은 이민구가 해배되어 서울로 돌아와서 생활할 당시의 시를 모은 것이다. 서호록1의 소서(小序)에 의하면 이민구는 1647년 5월에 서울로 돌아왔다. 그러나 친척과 친구들도 대부분 세상을 떠나고, 노년의 우환만 날이 갈수록 심해지는 때였다. 다행히 허보(許寚)의 집과 가까운 곳에 거주하면서 자주 왕래했던 것으로 보인다.

서호에 지낼 당시 이민구는 이미 60에 가까운 나이였으므로 서호록의 작품에는 만시(輓詩)도 상당수 포함되어 있다. 목성선(睦性善), 심광한(沈光漢), 민성휘(閔聖徽), 김류(金瑬), 변삼근(卞三近), 남이웅(南以雄), 유성증(兪省曾), 이공익(李公益), 조카사위 한오상(韓五相) 등이 그 대상이다. 〈억야홀왈……(億也忽曰……)〉은 이민구의 넷째 아들 이억규(李億揆)에 관한 시로, 아성록3의 〈만아왈……(萬兒曰……)〉, 착륜록1의 〈최소금년춘……(最少今年春……)〉과 함께 노년에 얻은 세 아들의 기특한 말을 주제로 하였다.

서호록5의 〈도봉산가기한오상(道峰山歌寄韓五相)〉은 조카사위 한오상을 격려한 작품이다. 서호록7의 〈옛사람들이 오십에 자식 낳는 것을 경계하였는데 지금 나는 어찌 다만 이 나이를 넘긴 정도이겠는가. 등불 아래에서 막둥이의 재롱을 보며 재미삼아 짓다.〔古人戒五十生子 今余奚但過之 燈下見最少娛嬉 戲書〕〉는 막내아들 이말규(李末揆)를 보면서 지은 작품인데, 이민구는 1653년 65세의 나이에 이말규를 낳았다. 서호록8의 〈염만아(殮萬兒)〉는 아들 이만규의 죽음을 애도한 시인데, 그 원주(原註)에서 아들이 살아 있을 때의 모습과 그가 지은 작품을 언급하며 슬픔을 표현하였다. 〈장성산임강(葬成山壬岡)〉은 이만규를 장사할 때 애도한 작품이다.

착륜록은 1658년 이후의 작품을 엮은 것으로, 당시 이민구의 나이는 70세였다. 착륜록1의 소서에서 이민구는 《장자(莊子)》〈천도(天道)〉에 실려 있는 윤편(輪扁)의 말을 인용하고 있는데, 이민구가 70세 이후의 작품을 엮어 착륜록이라 명명한 것은 윤편의 말을 염두에 두었던 것으로 보인다.

3) 문집(文集)

문집은 이민구의 산문을 모은 것으로 전체 10권으로 구성되어 있다. 1권에는 교서(敎書)와 차(箚) 각 1편, 서(書) 6편이 수록되어 있다. 교서는 인조반정 뒤에 반정의 정당성을 알리는 내용이다. 차는 이민구가 찬한 《간언귀감(諫言龜鑑)》을 올리면서 충간의 수용이 중요함을 역설하였다. 〈답정판서서(答鄭判書書)〉는 정세규(鄭世規)에게 보낸 편지로, 강화도 함락 당시 이민구의 행적을 스스로 밝힌 중요한 자료이다.

2권은 서(序) 31편을 수록하였다. 유성룡(柳成龍), 이호민(李好閔), 김성일(金誠一), 심희수(沈喜壽), 신익성(申翊聖), 정예남(鄭禮男), 오억령(吳億齡) 등의 문집 서문이 있고, 이민구 자신이 지은 《독사수필(讀史隨筆)》의 서문도 포함되어 있다.

3권은 기(記) 22편과 발(跋) 8편이 수록되었다. 〈원주객사중건기(原州客舍重建記)〉와 〈원주향교중수기(原州鄕校重修記)〉는 이민구가 강원도 관찰사로 부임했을 당시 지은 작품이다. 〈동회옹풍악유기발(東淮翁楓嶽遊記跋)〉은 1631년 신익성이 금강산 유람을 다녀온 뒤에 작성한 유람기의 발문인데, 당시 이민구도 함께 유람하였다.

4권은 8편의 설(說)과 25편의 제문(祭文)과 2편의 애사(哀辭)를 엮었다. 〈문불가이지속분공졸설(文不可以遲速分工拙說)〉은 글을 짓는 속도만으로 공졸(工拙)을 구분할 수 없다는 내용이다. 이민구의 문집에는 그의 문학론을 파악할 만한 자료가 많지 않은데, 이 글은 문학에 대한 이민구의 견해를 직접 언급하고 있어서 주목된다. 제문은 심광세(沈光世), 이정귀(李廷龜), 형 이성구(李聖求), 신익성(申翊聖), 장인 윤휘(尹暉), 이지정(李志定), 허보(許寚), 정세규(鄭世規), 유정량(柳廷亮) 등을 대상으로 하였다.

5권은 상량문(上樑文) 7편, 잠(箴) 1편, 명(銘) 2편, 전(傳) 1편, 부(賦) 4편으로 구성되었다. 상량문은 청선당(聽蟬堂), 미경당(美景堂) 등을 대상으로 하였다. 특히 청평공주(淸平公主), 인평공주(寅平公主), 동강공주(東平公主), 흥평공주(興平公主)의 집에 관한 상량문을 모두 지었다는 점이 흥미롭다. 〈포구주자전(浦口舟子傳)〉은 강화도 함락 당시 배에 태워서 자신을 구해준 사람에 관한 글로, 정세규에게 보낸 편지와 유사한 내용을 담고 있다. 부 가운데 〈남정부(南征賦)〉는 경상도 여러 고을의 역사와 인물, 자연환경 등을 읊은 장편 대작으로, 이민구 문학의 정수라 할 수 있다.

6권은 4편의 행장(行狀)을 수록하였는데, 아버지 이수광(李睟光), 김육(金堉), 정탁(鄭琢), 이호민(李好閔)에 관한 글이다.

7권은 5편의 신도비명(神道碑銘)과 6편의 비명(碑銘)을 수록하였다. 대상 인물은 이광정(李光庭), 권철(權轍), 윤의립(尹毅立), 심우

승(沈友勝), 황근중(黃謹中), 김육(金堉), 권반(權盼), 형 이성구(李聖求), 법견 법사(法堅法師), 태능 법사(太能法師), 태호 법사(太湖法師) 등이다.

8권은 18편의 묘지명(墓誌銘)을 수록하였다. 대상 인물은 한준겸(韓浚謙), 권반(權盼), 김대현(金大賢), 노도형(盧道亨), 이언영(李彦英), 김근(金瑾), 한후기(韓後琦)의 처 안동 권씨(安東權氏), 권적(權蹟), 목서흠(睦敍欽), 큰아들 이원규(李元揆), 둘째아들 이중규(李重揆), 유정규(劉定揆), 숙인 정씨(淑人鄭氏), 정휘옹주(貞徽翁主), 한후기(韓後琦), 오단(吳端), 홍종록(洪宗祿) 등이다.

9권은 묘갈명(墓碣銘) 28편, 10권은 묘갈명 19편을 수록하였다. 대상 인물은 이윤수(李潤壽), 조경진(曺景禛), 이유달(李惟達), 윤경립(尹敬立), 권점(權點), 이공익(李公益), 서사원(徐思遠), 목낙선(睦樂善), 김성발(金聲發), 정호(鄭灝), 이운근(李雲根), 고인세(高仁繼), 최흡(崔翕), 최복양(崔復揚), 허보(許宝), 이후근(李厚根), 정효성(鄭孝成), 정백창(鄭百昌), 이생인(李生寅), 윤유일(尹惟一), 엄황(嚴愰), 정선흥(鄭善興), 유정량(柳廷亮), 오백령(吳百齡), 장인 윤휘(尹暉) 등이다.

4) 별집(別集)

별집에는 시만 수록하였다. 이민구가 진사시에 합격한 15세 때에 지은 작품이 첫 번째로 수록되었으므로, 1603년의 작품부터 수록된 것으로 판단된다. 연대를 추정할 수 있는 작품으로는 1620년(광해군 12) 10월 12일에 지은 시가 있으므로 대략 18년 동안의 작품을 수록한 것이다.

〈의고(擬古)〉는 모두 25수로 별집 가운데 가장 많은 분량을 차지한다. 〈송허동강반가루귀명주(送許東岡搬家累歸溟州)〉는 허보(許寚)가 강원도 강릉으로 돌아갈 때 지어준 작품인데, 1610년 발생한 과거 부정 사건과 관계된 작품으로 추측된다.

3. 이민구에 대한 평가

이민구는 어려서부터 촉망받는 인재였다. 진사시와 회시, 전시에 장원을 차지한 그를 아버지 이수광은 내심 이이(李珥)와 비교하기도 하였다. 광해군 당시에는 중용되지 못했으나 인조반정 이후에 요직을 역임하면서 문재(文才)를 인정받았다. 그러나 병자호란의 발생과 강화도 방어 실패는 그의 인생에 있어 큰 전환점이 되었으니, 운명과도 같은 일이었다. 이후 그는 유배객과 야인의 신세로 지내며 삶을 마쳐야만 했다.

그가 해배되었을 때 서용(敍用)의 논의가 있었는데, 그 이유 중에 하나가 그의 뛰어난 문재가 아깝다는 것이었다. 그만큼 이민구의 문재는 높이 평가되었다. 이유원(李裕元)은 《임하필기(林下筆記)》에서 조선의 시인으로 서거정(徐居正), 김종직(金宗直), 김시습(金時習) 등 34명을 거명하였는데, 이민구도 아버지 이수광과 함께 그 속에 포함되었다.[34] 정약용(丁若鏞)의 글에는 채제공(蔡濟恭)의 말임을 전제로 "우

34 李裕元, 《林下筆記》 卷30 〈我朝詩派〉, "我朝詩人, 自徐居正, 後有金宗直、金時習、成侃、李胄、朴誾、李荇、申光漢、鄭士龍、奇遵、朴祥、林億齡、林亨秀、朴

리들의 시맥은 호주 채유후, 동주 이민구 이후로 오직 송곡 이서우가 그 정통을 얻었다."[35]라고 하였는데, 이는 이민구를 채유후(蔡裕後)와 함께 남인 시단의 종장으로 인정한 것이다. 여기에서 이민구의 문학적 위상을 단적으로 볼 수 있다.

이익(李瀷)은 이민구의 형 이성구의 문집 서문에서 다음과 같이 언급하였다.

> 지봉의 두 아들은 모두 연벽과 쌍주라는 칭찬이 있었다. 분사 상공은 아우 관해옹과 더불어 수준의 고하를 쉽게 논할 수 없었으니, 이른바 곤륜산 북쪽에서는 까치에게 던지는 돌이 모두 옥이라는 경우에 해당한다. 오직 관해옹은 사장에서 문재를 발휘하여 그가 지은 문과 시, 장편, 단장이 상자에 넘치고 시렁에 가득하였다. 사람들의 입에 오르고 이목을 놀라게 하였으니, 세상에 간행되어 집집마다 전송되고 있다.[36]

이민구가 산문과 운문에 두루 뛰어났고, 당시 사람들에게 그 문재(文才)를 인정받았다는 증언이다. 이민구의 문재는 조정에서도 인정하여 중요한 일을 맡겼다.

淳、盧守愼、黃廷彧、高敬命、崔慶昌、白光勳、李達、車天輅、李安訥、權韠、崔岦、林悌、金宗直、任鏔、李春英、李睟光、許筠、李春元、李植、李敏求、鄭斗卿也。"

35 丁若鏞,《茶山詩文集》卷14〈跋畫櫻帖〉, "吾黨詩脈, 自湖洲【蔡裕後】、東州【李敏求】以來, 唯松谷李瑞雨得其宗。"

36 李瀷,《星湖全集》卷50〈分沙集序〉, "芝峯之子二人, 有聯璧雙珠之譽。分沙相公與其季觀海翁, 未易軒輊, 所謂昆侖之北抵鵲皆玉也。唯觀海翁癢技詞場, 若文若詩長篇短章, 溢篋盈架, 騰口舌而震耳目, 刊而行之, 家傳而戶誦。"

대제학 최명길이 아뢰기를, "부총 정룡이 우리나라 사람에게서 받은 시편의 첫머리에 쓰려고 서문을 지어달라고 요청하는데, 그의 뜻은 상국에 가서 과시하려는 것인 듯합니다. …… 부제학 이민구는 재주와 생각이 풍족하고 영민한데다가 고문을 잘하니, 서문을 이 사람에게 짓도록 시키는 것이 합당합니다. 그로 하여금 속히 짓게 하소서." 하니, 상이 따랐다.[37]

《동주집》 문집 권2에 〈부총병정룡황화집서(副摠兵程龍皇華集序)〉가 실려 있는데, 위의 글은 이민구가 이 글을 쓰게 된 배경을 설명하는 자료이다. 이민구에 앞서 적임자로 언급된 인물이 장유(張維)이고, 최명길 스스로는 고문을 익히지 못해 갑자기 지을 수 없다며 사양하였다. 그러면서 이민구를 고문에 능한 인재로 추천하여 인조의 윤허(允許)를 받았다.

이처럼 이민구는 당대는 물론 후대의 인물들에게 인정받는 문재(文才)를 지닌 인물이었다. 그러나 강화도 사건으로 인해 불우한 말년을 보내야만 했다. 《현종실록》에 수록된 이민구의 졸기는 그의 삶을 다음과 같이 평가하였다.

검찰은 애당초 전쟁하는 장수가 아니었고 보면 이민구에게는 김경징과 같은 죄도 없었는데, 어찌 같은 부류로 논죄할 수 있겠는가. 그런데 대간의 논계가 여러 달 그치지 않았으니, 그 또한 너무 각박하였다. …… 그 뒤 양조에서 서용하라는 은전이 있었으나, 그때마다 대간의 논계로

37 《仁祖實錄》 12年 2月 2日 기사, "大提學崔鳴吉啓曰：'程副摠索序文, 弁諸所求詩篇, 其意蓋欲誇示上國。…… 副提學李敏求, 才思贍敏, 能爲古文, 序文之託, 此實可合。請令從速撰出。' 上從之。"

> 인하여 명령을 도로 거두었다. 묻혀 지낸 지 30년에 마침내 불행하게 죽었는데, 세상 사람들이 그의 문장을 대단히 아깝게 여겼다.[38]

이 평가는 첫째, 부검찰사 이민구를 장수와 동일한 법률로 처벌할 수 없고, 둘째, 대간의 반대로 인해 서용되지 못하였고, 셋째, 그의 문장을 아깝게 여겼다는 것으로 요약된다. 결국 이민구는 본인의 의지와는 상관없이 전란과 당파 갈등으로 인해 뛰어난 문재(文才)를 제대로 발휘하지 못한 채 삶을 마감한 것이다.

이민구는 스스로 "강화도가 전복되던 날을 말하지 말라〔莫說江都顚覆日〕"[39]라고 읊은 바 있는데, 강화도 함락은 그의 삶을 '액궁(厄窮)'으로 몰아넣은 운명적 사건이었다. 그의 문재가 당대에는 제대로 쓰이지 못했지만 그의 문학 작품은 《동주집》으로 남아 현재까지 전해지고 있으며, 다수의 연구 논문도 제출되었다.[40] 향후 세밀한 논의를 통해 그의 문학이 조명되기를 바란다.

38 《顯宗實錄》 11年 2月 19日 기사, "檢察初非戰將, 則敏求無慶徵之罪, 論罪豈可同科? 而臺啓積累月不已, 其亦太刻矣。……其後兩朝皆有恩敍, 因臺啓輒還收。沈淪三十餘年, 卒厄窮以死, 世多惜其文章。"

39 李敏求, 《東州集》 詩集 卷7 〈贈平山李使君聖淵〉.

40 부유섭, 「동주 이민구와 남인시맥의 전개」, 『한국한시연구』 8집, 한국한시학회, 2000. ; 김영주, 「동주 이민구의 문학론 연구」, 『동방한문학』 20집, 동방한문학회, 2001. ; 김은정, 「신익성의 金剛山 유람과 문학적 표현」, 『진단학보』 98집, 2004. ; 박수천, 「동주 이민구의 시세계」, 『한국한시작가연구』 10집, 한국한시학회, 2006. ; 허현주, 「동주 이민구의 《당률광선》 연구」, 경북대학교 석사학위논문, 2006. ; 이남면, 「동주 이민구의 생애와 시세계」, 고려대학교 석사학위논문, 2006. 이남면, 「아산의 유배문학 : 李敏求의 〈牙城錄〉」, 『우리문학연구』 41집, 우리문학회, 2014.

동주선생전집 서문
東州先生前集序

동주옹(東州翁)은 또한 관해도인(觀海道人)이라고 자호(自號)하였다. 만력(萬曆) 기축년(1589, 선조22) 정월 14일에 태어났다. 여섯 살에 옆 사람이 읽는 수천 자의 글을 틀리지 않고 외웠다. 일곱 살에 문장을 엮을 줄 알았고, 시부(詩賦)를 지었다. 열다섯 살에 초시에 합격하였다. 스물한 살이 되던 기유년(1609, 광해군1)에 진사시(進士試) 장원을 차지하였다. 4년 뒤 임자년(1612)에 삼장(三場) 장원으로 합격하여 비로소 예조(禮曹)와 병조(兵曹)의 좌랑이 되었고, 수찬(修撰)으로 옮겼다. 그럭저럭 10년을 보내고, 임술년(1622)에 일본 사신을 선위(宣慰)하였다.[1]

계해년(1623, 인조1) 개옥(改玉)[2] 뒤에 교리(校理), 지평(持平), 응교(應敎)에 임명되었다. 가장 먼저 사가독서(賜暇讀書) 명단에 올랐는데,[3] 유장(儒將)에 천거되어 곧바로 도원수 막하(幕下)의 종사관이 되

1 임술년에……선위(宣慰)하였다 : 1622년(광해군14)에 이민구가 선위사(宣慰使)가 된 일을 가리킨다. 선위사는 외국의 사신이 입국했을 때, 그 노고를 위로하기 위해 파견한 임시 관직이다. 《광해군일기》 14년 4월 6일 기사에 이민구를 교리에 임명한 기록이 있는데, 그 아래에 "이민구는 당시 선위사로서 왜의 사신을 부산에서 접견하게 되어 있었는데 실직이 없었다. 이에 비국이 계청하여 관직을 제수하였다.〔敏求時以宣慰使, 接倭使于釜山, 而無實職. 備局啓請, 除拜館職.〕"라는 기록이 있다.

2 계해년 개옥(改玉) : 개옥은 개옥개보(改玉改步)의 준말로, 임금을 바꾸고 제도를 일신(一新)하는 것을 말한다. 《春秋左氏傳 定公5年》 계해년 개옥은 1623년 광해군을 추방하고 인조가 등극한 인조반정(仁祖反正)을 가리킨다.

었다.[4] 갑자년(1624, 인조2)에 서열을 뛰어넘어 경상도 관찰사가 되었다.[5] 병인년(1626)에는 승정원(承政院)에서 근무하였는데, 직분에 넘어서는 말을 했다가 좌천되어 임천 군수(林川郡守)에 임명되었다. 이때에 도적이 쳐들어오므로 창의사(倡義使)를 겸임하였다.[6]

내직으로는 부제학(副提學)에 다섯 번, 대사성(大司成)에 네 번, 이조 참의(吏曹參議)에 세 번, 대사간(大司諫)과 승지(承旨)에 일곱 번 임명되었는데, 세 번은 도승지(都承旨)를 맡았다. 예조와 병조의 참판(參判)을 각각 한 번씩 맡았고, 이조 참판과 대사헌(大司憲)에는 각각 세 번씩 임명되었다. 동지경연(同知經筵), 성균관사(成均館事), 세자우부빈객(世子右副賓客), 비변사 제조(備邊司提調)를 겸임하였다. 이상은 맡은 관직의 이력이다. 가장 마지막으로 병자년(1636)에 강원도

3 사가독서(賜暇讀書) 명단에 올랐는데 : 《인조실록》 원년 10월 28일 기사에 "문학하는 신하 이민구, 조익, 임숙영, 오숙, 이명한, 정백창, 김세렴, 장유, 이식, 정홍명 등 열 사람을 선발하여 호당에서 사가독서하도록 하였다.〔命選文學之臣李敏求趙翼任叔英吳䎘李明漢鄭百昌金世濂張維李植鄭弘溟等十人, 賜暇讀書湖堂.〕"라는 내용이 보인다.

4 유장(儒將)에……되었다 : 이괄(李适)의 난 당시 도원수 장만(張晩)의 종사관이 된 사실을 말한다. 《승정원일기》 인조 원년 윤10월 8일 기사에 도원수 종사관 이민구가 출발하였다는 기록이 보인다.

5 갑자년에……되었다 : 《인조실록》 2년 2월 30일 기사에 "이민구를 경상도 관찰사로 삼았다. 비국에서 그를 쓸 만하다고 천거하였다.〔以李敏求爲慶尙道觀察使, 備局薦其可用也.〕"라는 기록이 보인다.

6 이때에……겸임하였다 : 1627년(인조5) 1월에 3만 명의 후금군이 압록강을 건너 쳐들어왔다. 당시 인조는 강화도로, 소현세자는 전주로 피란하였다. 조정에서는 김장생(金長生)을 호소사(號召使)로, 이민구를 호소부사(號召副使)로 삼아 군병을 불러 모으고 군량을 마련하게 하였다.

관찰사의 부절(符節)을 반납하고, 서쪽으로 가서 감군(監軍) 황손무(黃孫茂)를 맞이하였다.

그해 겨울에 오랑캐 기병이 국내로 돌진해 들어와 사흘 만에 도성에까지 이르니 임금께서 끝내 강화도로 가시게 되었다. 동주옹은 조정의 명령을 받아 앞서가서 도로와 다리, 선박 등을 점검하게 되었다.[7] 그런데 그날 적병이 길을 막았으므로 임금께서는 길을 돌려 남한산성으로 들어가셨으니, 강화도와 길이 끊겼다. 동주옹은 이미 강화도 수비의 책임을 맡지 않았고, 게다가 육지와 바다의 방비(防備)를 유수(留守)에게 전적으로 맡기니 간섭하지 말라는 명령을 받았다.[8] 그러므로 오직 밤낮으로 동쪽을 바라보며 목메어 울기만 했는데, 강화도가 갑자기 함락되고 말았다. 동주옹은 배를 타고 있었으므로 다행히 빠져나와 죽지 않았지만, 또한 불행하게도 죽지 못해 조정으로 돌아와 문책을 받아 영변부(寧邊府)로 유배되었다. 죄를 받고 나서 옥에 갇히고,[9] 관

7 동주옹은……되었다 : 당시 이민구는 검찰부사(檢察副使)였고, 김경징(金慶徵)이 검찰사였다.

8 육지와……받았다 : 《동주집(東州集)》 문집 권1 〈답정판서서(答鄭判書書)〉에 의하면 당시 남한산성에서 중지(中旨)를 통해 모든 방비의 책임을 강화 유수에게 맡긴다는 명령이 있었다고 한다. 당시 강화 유수는 장신(張紳)이었다. 철주(掣肘)는 사람을 시켜 일을 하게 하고는 뒤에서 방해한다는 말이다. 춘추 시대 노(魯)나라에서 복자천(宓子賤)을 선보 영(單父令)으로 삼았는데, 복자천이 왕에게 글씨 잘 쓰는 사람을 청하였다. 복자천은 두 사람을 시켜 곁에서 글씨 쓰는 사람의 팔꿈치를 당기도록 하였다. 그리고 글씨를 잘못 쓰면 화를 내었고, 잘 쓰려고 하면 또다시 당겼다. 글씨 쓰는 사람이 돌아가 그 사실을 아뢰자, 노나라 임금이 말하기를 "복자천은 내가 그를 방해하여 선정(善政)을 베풀지 못하게 될까 염려한 것이다."라고 하고 선보 지방에서 징발(徵發)하는 일이 없도록 명하였는데, 얼마 되지 않아 교화가 크게 행하여졌다.

직이 깎이고, 유배되고, 안치(安置)[10]되고, 가시나무 울타리 안에 갇히는[11] 등 한 번 법망(法網)에 걸리자, 다섯 가지 형벌이 더해져 극도에 이르니 더 이상 남은 형벌이 없었다. 옆에서 바라보는 이들은 비록 측은지심(惻隱之心)을 지닌 어진 사람과 평소 서로 정성껏 아껴주던 친한 사람이 아니더라도 얼굴을 찡그리며 걱정스런 모습으로 애석해하지 않는 이가 없었다.

돌아보건대 동주옹은 난리(亂離)의 시대를 만나 두 아들은 전란 속에서 죽고[12] 자신도 궁벽한 변방에서 지내면서 어느덧 늙어가니, 다시 어찌할 수 없음을 분명히 알겠다. 그러나 세상은 바야흐로 불타듯 재앙이 일어 온 세상이 마구 무너지고 있다. 승냥이와 범이 들끓고 백성들이 죽어가니, 어찌 보장할 수 없는 목숨으로 보탬이 될 것도 없는 슬픔을 삼겠는가. 이런 생각으로 마음을 너그럽게 하여 스스로를 달래고, 순리대로 처하고 분수에 맡긴 채 아침저녁으로 끼니를 먹으며 주재자(主宰者)의 명령을 따를 뿐이다.

동주옹은 젊어서부터 글짓기를 좋아하여 머리가 허옇게 세도록 자

9 옥에 갇히고 : 휘묵(徽纆)의 휘는 세 겹으로 된 밧줄을 말하고, 묵은 두 겹으로 된 밧줄을 말한다. 모두 죄인을 포박하는 데 쓰는 것인데, 죄인을 포박하여 옥에 가둔다는 의미이다.

10 안치(安置) : 귀양 간 곳에서 다시 거주의 제한을 받는 형벌이다.

11 가시나무……갇히는 : 천극(栫棘)은 유배(流配)된 죄인에게 가해지는 형벌로, 배소(配所)의 주위에 가시 울타리를 설치하여 외부와 격리(隔離)하는 것을 말한다.

12 두 아들은……죽고 : 《연려실기술(練藜室記述)》 권26 〈인조조(仁祖朝) 강화순절인(江華殉節人)〉에 "이민구의 두 아들 원규와 중규, 조카인 참봉 상규가 모두 죽었다. 중규는 적을 만나 격분하여 꾸짖으며 굴복하지 않고 죽었다.〔李敏求二子元揆重揆, 從子參奉尙揆皆死. 重揆遇寇, 奮罵不屈死.〕"라는 기록이 있다.

신의 일을 바꾸지 않았다. 지어 기록해 둔 글이 총 4천여 편인데 전란 속에 모두 불타 없어졌다. 지금은 늙어서 잘 잊고, 생각이 또 보잘것없는 글[13]에까지 미치지도 못하니 기억나지도 않는다. 우선 세상에 전해지는 것과 이리저리 흩어져 있는 초본(草本)을 주워 모아 대강의 작품을 수록하였으니, 끝이 그을린 버려진 재목이라 진실로 말할 것이 되지 못한다.[14]

임술년(1622, 광해군14) 이후의 것은 전고(前稿)로 삼았으니, 그 목록은 선위록(宣慰錄), 종군록(從軍錄), 영남록(嶺南錄), 가림록(嘉林錄), 묘유록(卯酉錄), 동유록(東遊錄), 관동록(關東錄), 관서록(關西錄)이다. 신유년(1621) 이전의 글들은 세월이 오래되어 더욱 기록해 놓은 것이 드무니, 대략 거두어서 별고(別稿)를 만들었다. 정축년(1637, 인조15) 이후의 시고(詩稿)에는 별도의 서문(序文)이 있고, 잡저(雜著)는 전후의 작품을 합하여 문고(文稿)라고 하였다.

아아, 사람이 태어나는 시기를 스스로 정할 수 없어서 내가 이토록

13 보잘것없는 글 : 폐추(敝帚)는 해진 빗자루라는 뜻으로, 하찮은 것이라도 자기가 소유한 것은 소중하다는 의미이다. 조비(曹丕)가 지은 《전론(典論)》 〈논문(論文)〉에 "속담에 집안에 낡은 빗자루가 있으면 그것을 천금의 가치로 안다.〔里語曰, 家有敝帚, 享之千金.〕"라고 하였다. 여기서는 이민구 자신이 지은 문장을 가리키는 것으로 보인다.

14 끝이……못한다 : 초미(焦尾)는 초미금(焦尾琴)의 약칭이다. 《후한서(後漢書)》 권90하 〈채옹열전(蔡邕列傳)〉에 "오나라 사람 중에 오동나무로 불을 피워서 밥을 짓는 이가 있었다. 채옹이 불타는 소리를 듣고 좋은 재목인 것을 알게 되었다. 채옹이 그것을 달라고 해서 거문고를 만들었는데, 과연 소리가 아름다웠다. 그 나무 끝에 불탄 흔적이 있어 초미금이라 하였다.〔吳人有燒桐以爨者, 邕聞火烈之聲, 知其良木. 因請而裁爲琴, 果有美音, 而其尾猶焦, 故時人名曰焦尾琴焉.〕"라고 하였다. 여기서는 이민구 자신이 병화(兵火)에 사라지고 남은 자신의 작품을 모아 엮었기에 비유적으로 말한 것이다.

어려운 세상을 만나게 되었으니 죽음에 대한 위태로운 생각이 아침저녁을 기약할 수 없다. 그러므로 생애와 관력(官歷)을 대강 서술하여 책 첫머리에 기록하여 어린 손자에게 주노라.

숭정(崇禎) 9년(1636)으로부터 3년 뒤인 기묘년(1639) 6월 그믐에 동주산인(東州山人)은 기록한다.

동주집

전집 제1권

詩시

천계(天啓) 임술년(1622, 광해군14) 정월에 일본 사신 남당(南堂)과 승려 현방(玄方)이 우리나라에 왔다. 내가 선위사(宣慰使)의 임무를 띠고 1621년 겨울에 먼저 부산으로 가서 그들을 맞이해 노고를 위로하고, 9월에 비로소 돌아왔다. 당시 지은 시문(詩文)이 300편인데, 이제 그중 일부를 아래에 기록한다.

수성[1]에서 술에 취해 읊조려 외삼촌 및 종제와 이별하다

隋城醉吟 別舅氏及從弟

지금 내가 남으로 가니 때는 십이월	今我南行月旣陽
응달에는 서리와 눈이 꽁꽁 얼었네	陰衢霜雪凍嚴蒙
산바람에 고목은 버스럭거리고	山風古樹鳴摵摵
들 물은 석양에 차갑고 아득하기만	野水落日寒茫茫
시름겨워 몇 잔 술로는 취하지도 않는데	小酒關愁不成醉
애써 읊어 이별하려니 시 짓기 어렵구나	强歌欲別難爲章
그립겠지 외숙과 종제	懷哉舅氏與從弟
이제부터 아득한 갈림길 멀기만 하네	自此渺然岐路長

1 수성(隋城) : 경기도 수원시의 옛 이름이다.

나그네 길

客行

세상에 이바지하려 해도 재주 졸렬하고	供世妨吾拙
고달픈 삶 형체 있어 한스럽다	勞生恨有形
새벽 관문에는 산 눈발 거세고	晨關山雪暗
저녁 객사에는 바다 구름 짙구나	夕舍海雲冥
매양 〈귀전부〉에 한탄하면서	每歎歸田賦
자주 〈검각명〉 쓰노라[2]	頻題劍閣銘
아득한 나그네 길 가는 마음	茫然岐路意
쇠한 머리털만 날마다 나부끼네	危鬢日飄零

2 매양……쓰노라 : 전원으로 돌아가 한가한 삶을 영위하려는 뜻이 있으면서도 관직을 맡아 먼 길을 가는 신세를 읊은 것이다. 귀전부(歸田賦)는 도잠(陶潛)의 〈귀거래사(歸去來辭)〉와 〈귀전원(歸田園)〉 등에서 유래한 말로, 관직에서의 은퇴를 뜻한다. 〈검각명(劍閣銘)〉은 서진(西晉)의 장재(張載)가 촉군 태수(蜀郡太守)로 부임하는 부친을 따라갔다가 험준한 산세를 보고 지었다는 글로, 지형의 험난함을 믿어서는 안 된다는 내용이다. 《文選 卷56 劍閣銘》 여기서는 이 작품을 직접 가리키는 것이 아니라, 나랏일을 위해 험한 길도 마다하지 않고 간다는 의미이다. 《한서(漢書)》 권76 〈왕존전(王尊傳)〉에 "왕양이 익주 자사가 되어 관부로 가다가, 공래산 구절판에 이르러 탄식하기를 '부모님께서 주신 몸으로 어찌 이 험한 곳에 오르다가 후에 병으로 죽겠는가.' 하였다. 왕존이 익주 자사가 되어 그 곳에 이르자, 아전에게 '여기가 왕양이 두려워한 길이 아닌가.'라고 묻자, 아전이 그렇다고 하였다. 왕존이 어자를 꾸짖으며 '말을 몰아라. 왕양은 효자요, 왕존은 충신이니라.' 했다.〔王陽爲益州刺史行部, 至邛郲九折阪, 歎曰奉先人遺體, 奈何數乘此險, 後以病去. 及尊爲刺史, 至其阪問吏曰, 此非王陽所畏道邪. 吏對曰是. 尊叱其馭曰, 驅之, 王陽爲孝子, 王尊爲忠臣.〕"라는 고사가 있다.

2

만물이 모두 깊이 숨었는데　群動俱深蟄
외로운 기러기만 바삐 날아간다　孤鴻獨迅征
석양에 말머리 향한 곳 바라보고　斜陽瞻馬首
차가운 밤에 닭 울음소리 듣네　寒夜聽雞聲
변방 달빛에 시름 견디기 어려운데　塞月愁難破
호가 소리에 놀라 잠마저 자주 깨네　邊笳夢屢驚
나그네 되어 거울 보지 않으니　客來休攬鏡
흰머리[3] 생겼을까 두려워서라네　畏見二毛生

3

차가운 들판 아득히 끝이 없는데　寒郊渺無際
네 필 말로 아침 서리 밟고 간나　四馬踐朝霜
눈길이 봉우리에 가늘게 걸렸고　雪路懸峯細
구름 백사장 바다로 길게 뻗었네　雲沙入海長
더위와 추위 번갈아 바뀌고　炎涼遞交易
해와 달이 서로 바라보네　日月互相望
부럽다 양기 따르는 기러기　獨羨隨陽雁
봄기운 타고 북으로 날아가네　乘春定北翔

3 흰머리 : 이모(二毛)는 흰머리를 말한다. 진(晉)나라 반악(潘岳)의 〈추흥부(秋興賦)〉 서(序)에 "내가 서른두 살에 흰머리가 나기 시작했다.〔余春秋三十有二, 始見二毛.〕"라는 내용이 보인다. 여기에서 유래하여 32세의 나이를 이모라고도 한다.《藝文類聚 卷3》 이민구는 1589년(선조22)에 태어났다. 이 시를 지은 1621년(광해군13)은 33세, 만으로는 32세였으므로 실제 나이도 비슷하다.

토천[4]에서

兎遷

길 만든 다섯 사람[5]의 공이 남아　　疏鑿功存憶五丁
산 따라 난 험한 길 별에 닿을 듯　　隨山鳥道上捫星
강 가운데 드러난 돌은 언제나 검고　　江心石露千年黑
골짜기 입구 둥근 하늘은 만고에 푸르네　　峽口天團萬古靑
깊은 골짜기 언 서리는 차갑게 서걱대고　　幽壑氷霜寒淅淅
우거진 숲에 안개 덮여 낮에도 어두워라　　喬林煙靄晝冥冥
평생 고생하며 이제 늙어 가건만　　平生歷險今垂老
다시금 험한 길에 마부 꾸짖는다[6]　　更向危途叱馭經

4　토천(兎遷) : 경상북도 문경시(聞慶市) 마성면(麻城面) 신현리(新峴里)에 있는 좁은 길로, 속칭 토끼비리라고 한다. 고려 태조 왕건(王建)이 남쪽으로 정벌을 나서서 이곳에 이르렀는데, 길이 없어 갈 길을 찾고 있던 중에 뜻밖에 토끼가 나타나 벼랑을 따라 뛰어가면서 길을 열어 주었다는 전설이 있다.

5　다섯 사람 : 오정(五丁)은 산을 옮기고 만균(萬鈞)을 들 수 있었다는 촉왕(蜀王)의 역사(力士) 다섯 명을 가리킨다. 《수경주(水經注)》 권27 〈면수(沔水)〉에 "진 혜왕(秦惠王)이 촉(蜀)을 정벌하려고 했으나 길을 알지 못하자, 다섯 마리의 석우(石牛)를 만들어 꼬리 밑에 황금 덩어리를 놔두고 황금 똥을 누는 소라고 하였다. 촉왕이 다섯 명의 역사에게 끌고 오게 하여 길이 만들어지자, 진나라가 장의와 사마조로 하여금 길을 찾아 촉을 멸망시켰다."라고 하였다. 여기서는 토천에 길을 낸 사람들을 가리킨다.

6　다시금……꾸짖는다 : 선위사의 임무를 맡았으므로 토천의 험한 길도 마다하지 않고 간다는 말이다. 한(漢)나라 왕존(王尊)이 익주 자사로 가다가 공래산(邛郲山) 구절판(九折阪)에 이르자, 어자를 꾸짖으며 "말을 몰아라. 왕양은 효자요, 왕존은 충신이니라."라고 했다는 고사가 있다. 30쪽 주2 참조.

안동에서 부사와 이별하다

安東別府伯

추운 성에서 열린 멋진 모임 자리	寒城勝集屬初筵
눈 그친 뒤에 반갑게 술잔 나누네	青眼飛觴雪後天
옆 사람이 세모[7] 읊는 노래 들었는데	已聽傍人歌小歲
사관도 신년 날짜 기록하겠지	還聞太史紀新年
등불은 처마 별빛과 함께 지려하고	燈花欲共簷花落
경고 울릴 때 수고 소리도 들려오네	更鼓時兼戍鼓傳
시간 아쉽고 흥 남아 노래 끝나지 않았는데	惜日留懽未終曲
아쟁은 이별의 정을 연주하네	鳴箏又動別離絃

7 세모 : 소세(小歲)는 납제(臘祭)를 거행한 다음 날을 말한다. 동지(冬至)가 지나고 세 번째 술일(戌日)에 납제를 거행하므로, 여기서는 세모로 풀이하였다.

신녕[8]에서

新寧

대숲은 땅을 탐해 뻗어가고	篁林貪地迮
계곡에 아지랑이 덮였네	磵氣襲嵐虛
추운 밤 지내자 새벽빛 밝아오고	曉色經寒後
봄기운이 새해 벽두에 밀려오네	春心入歲初
가벼운 구름은 벽화를 그려내고	輕雲生壁畫
공중의 물은 창에 글씨를 써놓네	空水寫窓書
누가 훌륭한 지방관임을 알랴[9]	誰識絃歌宰
자취 감춘 모습 외로운 신세[10]와 같구나	沈冥類索居

8 신녕(新寧) : 경상북도 영천시 지역의 옛 지명이다.

9 누가……알랴 : 누구를 대상으로 읊은 것인지는 미상이다. 현가(絃歌)는 거문고와 비파 등을 연주하며 시가(詩歌)를 읊는 것이다. 공자의 제자 자유(子游)가 무성의 읍재(邑宰)가 되어 백성들에게 예악을 가르쳤으므로 곳곳마다 현가 소리를 들을 수 있었다고 한다.《論語 雍也》 여기에서 유래하여 현가재(絃歌宰)는 훌륭한 정치를 펼치는 지방관을 가리킨다.

10 외로운 신세 : 삭거(索居)는 이군삭거(離群索居)의 줄임말로, 벗들을 떠나 홀로 지낸다는 뜻이다. 공자의 제자 자하(子夏)가 서하(西河)에 은둔해 있었는데, 아들이 죽자 너무 슬퍼한 나머지 실명(失明)하였다. 증자(曾子)가 문병을 오자, 자하는 죄도 없는 자신에게 불행이 찾아왔다고 한탄하였다. 이에 증자가 자하의 죄를 낱낱이 따지자, 자하가 그 말에 수긍하면서 "내가 지나쳤다, 내가 지나쳤다. 내가 벗들을 떠나 홀로 머물러 지낸 지가 너무 오래되었다.〔吾過矣, 吾過矣. 吾離羣而索居, 亦已久矣.〕"라고 하였다.《禮記 檀弓上》

하양에서 김 박사를 만나다

河陽逢金博士

곧장 모든 일 잊고서	卽事忘懷慣
술동이 열어 흥겹게 마시노라	開尊取興深
문득 해 넘기는 나그네 되어	忽爲經歲客
거듭 벗의 마음 아는구나	重見故人心
물 기운은 봄날 대에 떠오르고	水氣浮春竹
산 구름은 새벽 숲에 걸렸어라	山雲到曙林
갈 길 바빠 서둘러 이별하는 한을	征途催別恨
괴로운 곡조로 그대와 함께 읊노라	苦調共君吟

방백의 운자에 맞춰 짓다

次方伯韻

꽃과 풀들이 잔잔한 향기 내뿜는데	花心草氣藹微薰
변방 성 그늘엔 땅거미 쉬 깔리네	直塞城陰易夕曛
이월의 풍광 벌써 이러하니	二月年光遽如許
사계절 하늘의 뜻 공평하구나	四時天意故平分
객지에서 이별의 한은 외로운 꿈에 나타나고	殊方別恨添孤夢
객사에서 부질없는 시름으로 반쯤 취했어라	客舍閑愁帶半醺
편지로 자주 안부 물어주니	賴有瑤緘煩問訊
종이가 바닷가 구름에 젖었네	蠻牋新濕瘴鄉雲

거제도 적소에 있는 허약허[11]의 시에 답하다
酬許若虛巨濟謫所

보내온 글을 반복해서 읽으니 마음과 흥취가 모두 다하였고, 궁음(宮音)과 치음(徵音)이 번갈아 변하며, 눈과 서리가 쏟아지는 것 같으니, 은미한 말로 거두는 성과가 이런 정도에 이를 수 있단 말인가. 다만 우울한 마음에서 읊은 것이라 삶을 걱정하는 슬픈 내용이 있네. 비록 내가 장협(張協)의 〈칠명(七命)〉[12]에서 아름다운 수사를 빌리고, 천상의 음악[13]에서 화음(和音)을 불러온다고 해도, 그대의 마음을 풀어줄 수가 없는데, 하물며 급한 소리는 조화를 이루기 어렵고, 팽팽한 줄은 끊어지기 쉬운 법이지. 부모 잃은 아들을 〈이상조(履霜操)〉[14]로 위로하고, 아홉 아들 둔 과부를 서글픈 거문고 소리로 기쁘게 하려는 꼴이니 그대는 어떻게 생각하는가.

11 허약허(許若虛) : 허실(許寔, 1583~1625)로, 본관은 양천(陽川), 자는 약허이다. 1618년(광해군10) 작은아버지 허균(許筠)의 역모사건에 연좌되어 유배되었다가 인조반정 후에 사면되었다.

12 칠명(七命) : 진(晉)나라 장협(張協)이 지은 작품이다.

13 천상의 음악 : 광악(廣樂)은 천상(天上)의 음악인 균천광악(鈞天廣樂)의 약칭이다. 춘추 시대 조간자(趙簡子)가 꿈속에 천제(天帝)의 궁궐인 균천에 가서 하늘의 음악과 춤을 보고는 매우 즐거워했다는 고사가 있다. 《史記 卷43 趙世家》

14 이상조(履霜操) : 악부(樂府) 금곡가사(琴曲歌辭)의 이름이다. 주(周)나라의 재상 윤길보(尹吉甫)의 아들 백기(伯奇)가 죄 없이 후모(後母)의 참소를 받고 쫓겨나서, 마름과 연으로 옷을 해 입고 아가위를 따서 먹었다. 그리고 아침저녁으로 서리를 밟으며 쫓겨나게 된 것을 상심하면서 거문고를 끌어다가 〈이상조〉를 탔으며, 이 곡이 끝나자 하수에 몸을 던져 죽었다 한다. 《樂府詩集 卷57 琴曲歌辭》

봉래[15]의 물 기운 흐렸다 맑았다 하니　蓬萊水氣互陰晴
나그네의 봄 생각 밤낮으로 일어나네　客思春心日夜生
먼 섬 외딴 봉우리는 하늘가에 걸쳤고　遙嶼斷峯天外落
습한 구름 석양빛은 빗속에 밝구나　濕雲殘照雨中明
놀란 혼은 남쪽 붕새 따라 왔지만　驚魂已逐鵬南徙
이별한 꿈은 북쪽 가는 기러기 따르겠지　別夢應隨雁北征
그대 그리워도 아득해 가기 어려우니[16]　瓊樹相望杳難卽
바다 물결에 외로운 성 바라볼 수도 없네　滄波無路見孤城

신기루랑 교실이랑 이웃 되어[17]　蜃樓鮫室結爲隣
구름과 물속에 길게 시름하는 쫓겨난 신하　雲水長愁放逐臣
율무가 어찌 장독을 막을까[18]　薏苡何曾堪禦瘴

15 봉래(蓬萊) : 영주(瀛洲), 방장(方丈)과 함께 바다 가운데 있다고 전하는 삼신산(三神山)의 하나이다. 여기서는 허실의 적소인 거제도 앞바다를 상징하는 말로 사용되었다.

16 그대……어려우니 : 허실을 보고 싶어도 갈 수 없다는 말이다. 경수(瓊樹)는 남조 양(南朝梁)의 강엄(江淹)이 "얼굴이라도 한 번 보고 싶건만, 옥나무의 가지와 다르지 않구나.〔願一見顔色, 不異瓊樹枝.〕"라고 표현한 데서 유래한 말로, 멀리 떨어져 소식 없는 그리운 님을 비유하게 되었다. 여기서는 허실을 가리킨다.《文選 卷31 古離別》

17 신기루랑……되어 : 섬에 유배된 허실의 주변 환경을 말한 것이다. 교실(鮫室)은 교인지실(鮫人之室)의 준말이다.《술이기(述異記)》 권 하(下)에 "남해 바다 속에 교인의 집이 있어, 물고기처럼 물에서 살며 베짜기를 계속하는데, 울면 눈에서 구슬이 나온다.〔南海中有鮫人室, 水居如魚, 不廢機織, 其眼泣則出珠.〕"라고 하였다.

18 율무가……막을까 : 의이(薏苡)는 율무이다. 이것을 먹으면 몸을 가볍게 하고 욕심을 줄여주며, 남방(南方)의 장기(瘴氣)를 이기게 한다고 한다. 후한(後漢)의 마원(馬援)이 교지(交趾)에 있을 때에 율무를 상식(常食)하여 장기를 이겼다고 한다.《後漢

풍파에 다시는 젖은 비늘 벗지 못하네	風波不復解霑鱗
단풍 숲 옛 꿈은 삼경에 희미한데	楓林舊夢迷三夜
초의 언덕[19] 새 향기에 봄기운 꿈틀대네	楚岸新香動一春
강담에서 어부에게 묻노니	欲向江潭問漁父
몇 번이나 홀로 깬 사람 만났는가[20]	幾回逢着獨醒人

書 卷54 馬援列傳》

19 초(楚)의 언덕 : 남쪽 지역을 가리키는 말이다.

20 강담(江潭)에서……만났는가 : 허실을 굴원(屈原)에 비유하여 말한 것이다. 굴원의 〈어부사(漁父辭)〉에 "굴원이 쫓겨나 강담에서 노닐고, 못가를 거닐면서 시를 읊조리매, 안색이 초췌하고 형용에 생기가 없었다.〔屈原旣放, 游於江潭, 行吟澤畔, 顔色樵悴, 形容枯槁.〕"라고 하였고, "온 세상이 흐린데 나만 홀로 맑고, 뭇사람들은 모두 취했는데 나만 홀로 깨어 있다.〔擧世皆濁, 我獨淸, 衆人皆醉, 我獨醒.〕"라고 하였다.《古文眞寶 後集 卷1》

절도사 엄황[21] 및 한림학사 엄성[22] 형제와 선동에서 노닐기로 약속하다

約嚴節度內翰兄弟游仙洞

고즈넉한 동부[23]에 봄 저물려 하니	洞府冥冥春欲歸
시든 꽃잎 빗속에 날리지도 않네	殘花落雨不成飛
무슨 상관이랴 즐거움은 언제나 있는 법	何妨樂事尋常在
좋은 경치 구십 일 봄만이 아닌 줄 아노라	已覺韶年九十非
노자의 푸른 소 오솔길에 어울리고[24]	柱史青牛宜細逕
장군의 백마 지는 해에 고우리[25]	將軍白馬媚斜暉

21 엄황(嚴愰) : 1580~1653. 본관은 영월(寧越), 자는 명보(明甫)이다. 1627년(인조5) 정묘호란이 일어나자 의주 부윤으로서 병사들을 정비하여 끝까지 국경을 사수하였으며, 그 공으로 가선(嘉善)으로 승품되었다. 1631년에 훈련원 도정이 되었다가 파주 목사로 전임되었다. 《東州集 文集 卷10 水軍節度使嚴公墓碣銘 幷序》

22 엄성(嚴惺) : 1575~1628. 본관은 영월(寧越), 자는 경보(敬甫), 호는 동강(桐江)이다. 《東州集 文集 卷10 弘文館應教嚴公墓碣銘 幷序》

23 동부(洞府) : 도교(道教)의 용어로, 신선들이 사는 지역이라는 뜻이다. 여기서는 선동(仙洞)을 가리킨다.

24 노자(老子)의……어울리고 : 주사(柱史)는 노자를 가리킨다. 그는 주(周)나라의 역사를 편찬하던 관원으로, 편찬실 기둥 아래에 있었으므로 주사라고 하였다. 청우(青牛) 역시 노자를 가리킨다. 노자가 서쪽으로 가 함곡관(函谷關)에 이르렀을 때, 관의 영(令)으로 있던 윤희(尹喜)가 이에 앞서 함곡관 위에 자색 기운이 떠 있는 것을 보았으며, 그로부터 얼마 뒤에 노자가 동쪽에서 푸른 소를 타고 왔다고 한다. 《山堂肆考 卷30 乘青牛度關》 여기서는 한림학사 엄성의 모습을 표현한 것이다.

25 장군의……고우리 : 엄황이 관찰사이기 때문에 그의 모습을 읊은 것이다.

게으른 이 사람 평소 신던 나막신[26] 의지해	平生蠟屐扶吾懶
그대들 따라 옷 한번 떨쳐보리라	準擬從君一拂衣

26 나막신 : 납극(蠟屐)은 밀을 발라서 반질반질하게 한 나막신을 말한다. 남조 송(南朝宋)의 사영운(謝靈運)이 평소 등산을 좋아하여 항상 나막신을 신고 등산을 하였다고 한다.

한림학사 엄성의 시에 맞춰 짓다

次嚴內翰韻

역로는 백사장에서 끝나고　驛路臨沙盡
관산은 바다와 이어지네　關山接海多
사람 만나 회포 나누려니　逢人說懷抱
나그넷길 어긋날까 걱정일세　爲客恐蹉跎
지는 해가 성 숲에 닿았고　日落當城樹
바람이 변방 피리 소리 실어 온다　風傳出塞笳
돌아가고픈 마음 가는 세월 따라　歸心將逝景
끊임없어 긴 강물 같구려　袞袞競長河

2

쓸쓸한 풍진의 나그네　落落風塵客
높이 나는 문장의 대가　飛飛翰墨雄
부평초처럼 모두 바다 밖에 떠도니　漂萍俱海外
각서[27] 먹는 단옷날 즈음일세　角黍近天中
좋은 시는 진실로 어둠 속에 던질 만하니[28]　秀句眞投暗

27 각서(角黍) : 고엽(菰葉)에 찹쌀을 싸서 찌는 떡으로 편수와 비슷한데, 삼각 모양으로 만들기 때문에 이런 이름이 붙었다. 각반(角飯)이라고도 한다. 초나라 사람들이 멱라수(汨羅水)에 투신하여 죽은 굴원(屈原)의 죽음을 슬퍼하며, 5월 5일에 대통에 쌀을 담아 강에 던졌다는 고사에서 유래하여, 단오절마다 이 떡을 만들어 먹는 풍속이 생겼다고 한다.

답답한 시름을 허공에 털어내네	牢愁却洗空
내 어려움은 그래도 심하지 않아	吾窮猶未甚
날마다 소산[29] 동쪽에서 취하네	日醉小山東

28 좋은……만하니 : 엄성의 시가 뛰어나다는 말이다. 한(漢)나라 추양(鄒陽)이 모함을 받고 투옥된 뒤, 옥중에서 상소한 글 가운데 "깜깜한 길을 비춰 주려고 명월주와 야광벽을 던져 주면, 모두가 칼을 뽑으려 하면서 노려보는 것은 어째서이겠는가.〔明月之珠夜光之璧, 以闇投人於道路, 人無不按劍相眄者, 何則. 無因而至前也.〕"라고 하였다.《史記 卷83 鄒陽列傳》

29 소산(小山) : 산림(山林)에 은거하려는 뜻을 반영한 시어이다. 한(漢)나라 때 회남왕(淮南王) 유안(劉安)이 천하의 준걸들을 모아 시를 짓게 한 뒤,《시경》의 소아(小雅)와 대아(大雅)를 본떠 소산(小山)과 대산(大山)으로 시를 분류하였는데, 소산에 속하는 〈초은사(招隱士)〉라는 시 속에 굴원(屈原)을 흠모하며 산택(山澤)에 은거하려는 뜻이 담겨 있는 데에서 유래된 고사이다.《楚辭 卷8 招隱士》

수군절도사의 사냥 노래

水軍節度校獵行

이른 새벽 바닷가 군영에 운무 개자	海戌平明雲霧歇
함선의 북소리 조수 타고 일어나네	海艦伐鼓乘潮發
열교와 건아들 모두 뭉쳐	列校健兒俱結束
해 뜨기 전에 출발하자 정했지	去會軍期先出日
우레와 번개처럼 산 그림자 가르며 나가니	雷騰電赴絶影山
장군의 호령 엄숙하고 우렁차네	將軍號令肅且閑
넓은 들 에워싸고 그물 펼쳤는데	周原合圍罘網集
포진하자마자 비바람 몰려오네	布陣倏忽風雨還
돌길 달리고 숲 헤치니 곰과 호랑이 울고	蹶石披林熊虎嘷
성성이와 날다람쥐 천 길 높이서 떨어지는 듯	猩鼯迸落千丈高
피 튀는 골짜기에 복장도 성대하고	血飛厓谷袍褶殷
원숭이와 신양에 깃발도 호탕하네	蜼玃獬夔犁旄豪
뛰고 달리는 멧돼지와 들소만 화살 맞을 뿐	突㲋隨兕只淫鏃
부딪혀 죽은 노루와 사슴은 거두지 않네	觸斃不收麕與鹿
징 쳐서 행렬 멈추니 오위와 같은데	摐金弭節五衛齊
바위 골짜기 고요히 비어 산 귀신 곡하네	壑靜巖虛山鬼哭
달 뜨자 잔치하려 고기 구울 불 피우니	騰輪飛饗炰火起
관리와 중군과 용맹한 군사들 기뻐하네	班爵中軍猛士喜
늠름한 위엄 멀리 왜놈들도 두려워하니[30]	稜威遠懾黑齒群
모두들 장군은 명실상부하다 찬미하네	共道將軍聲實美

봄과 여름 바뀔 때의 사냥[31] 蒐苗政成春夏交
어찌 그대 부엌에 고기 채우려는 뜻이랴 玆意豈欲肥君庖
내 앓아누웠다가 떨치고 일어났건만 我病伏枕忽奮袂
한스럽게도 화살 들고 명초[32] 따르지 못했네 恨不挾羽隨鳴鞘
남쪽 인개[33]는 풍파에 익숙하고 南有鱗介狎風波
북쪽 승냥이[34] 방패와 창 잡았네 北有豺虎操干戈
인개는 예복 입고 고삐 아래 복종하는데 鱗介衣裳服羈紲
승냥이는 사람 먹은 핏빛 이빨 가네 豺虎食人血牙磨
굳센 활[35]도 굽은 화살은 못 쏘는 법 威弧枉矢不得射
산서의 늙은 장수는 말만 많았네[36] 山西老將徒嚄唶

30 늠름한……두려워하니 : 절도사의 위엄을 칭송한 내용이다. 흑치(黑齒)는 남만(南蠻)의 종족 이름으로, 여기서는 일본을 가리킨다. 《신당서(新唐書)》 권222 하(下) 〈남만(南蠻)〉에 "남쪽 오랑캐들은 종류가 많아 다 적을 수가 없는데, 크게 나누면 흑치, 금치, 은치의 세 종류이다.〔群蠻種類, 多不可記, 有黑齒金齒銀齒三種.〕"라고 하였다.

31 봄과……사냥 : 수묘(蒐苗)는 사냥을 의미한다. 봄에 하는 사냥을 수, 여름에 하는 사냥을 묘라 하는데, 일반적으로 사냥을 의미하는 말로 사용된다.

32 명초(鳴鞘) : 채찍을 휘둘러 소리 나게 하는 것으로, 여기서는 절도사의 사냥 행렬을 가리킨다. 《육서고(六書故)》 권18에 "지금 수레가 나가면, 채찍을 울려서 경필하는 사람이 있다.〔今乘輿之出前, 有鳴鞘以蹕行者.〕"라고 하였다.

33 인개(鱗介) : 어패류를 일컫는 말인데, 여기서는 오랑캐, 즉 일본을 가리키는 말로 사용되었다.

34 북쪽 승냥이 : 여기서는 청나라를 가리키는 말로 사용된 것으로 보인다.

35 굳센 활 : 위호(威弧)는 위력 있는 활, 즉 무위(武威)를 뜻한다. 《주역》 〈계사전 하(繫辭傳下)〉의 "나무를 구부려 활을 만들고 나무를 깎아 화살을 만들어, 그 이로움을 활용해서 천하를 제압한다.〔弦木爲弧, 剡木爲矢, 弧矢之制, 以威天下.〕"라는 말에서 나왔다.

원컨대 장군의 짐승 쫓는 재주로 願得將軍逐獸技
오랑캐[37] 다 잡아 사막 조용히 만들며 獵盡天驕靜沙漠
연연산에 으뜸 공적 새기고[38] 好勒燕然第一功
돌아와 명광궁[39]에 개선을 아뢰며 歸來奏凱明光宮
그리고서 빠른 말과 벼락같은 활로 然後快馬霹靂弓
술 즐기며 봄풀 가운데 사슴 쏘시기를 酒酣射麋春草中

36 산서(山西)의……많았네 : 산서노장(山西老將)은 미상이다. 획차(嚄唶)는 《사기색은(史記索隱)》 권19에 "획차는 말이 많은 것이다.〔嚄唶, 謂多詞句也.〕" 하였다.

37 오랑캐 : 천교(天驕)는 세력이 강대한 북방의 오랑캐를 가리키는 말이다. 한 무제(漢武帝) 때 흉노의 선우(單于)가 글을 보내면서 "우리 호인은 하늘이 아끼는 아들이다.〔胡者, 天之驕子也.〕"라고 자칭했다는 데에서 유래하였다. 《漢書 卷94 匈奴傳》

38 연연산(燕然山)에……새기고 : 연연산은 오늘날 몽고의 항애산(杭愛山)이다. 후한(後漢) 화제(和帝) 때 거기장군(車騎將軍) 두헌(竇憲)과 집금오(執金吾) 경병(耿秉)이 기병 3만 명을 거느리고 북선우(北單于)를 공격하여, 계락산(稽落山)에서 크게 격파한 뒤에 연연산에 공적비를 세우고 돌아왔다. 《後漢書 卷53 竇融列傳》

39 명광궁(明光宮) : 한 무제(漢武帝) 때 건립한 궁전 이름이다. 일반적으로 대궐을 가리킨다.

동래잡영 20수
東萊雜詠 二十首

백하[40] 거센 바람 이별주에 취한 이 깨우고 白下嚴風別酒醒
한강[41] 압구정에 물 얼고 눈 내렸었지 平江氷雪狎鷗亭
남쪽 와서 성긴 머리 어찌 검으랴 南來短髮何由黑
북쪽 바라보니 큰 숲 다시 푸르구나 北望長林忽復靑
저물녘 길손의 혼 꺾인 버들처럼 흔들리고 落日羈魂飄斷柳
새봄 나그네 눈물 부평초에 뿌린다 新春客淚迸浮萍
해마다 역로에서 나랏일로 고달프니 年年驛路疲奔命
어찌 꼭 하늘의 사신별[42]에 응한 것이랴 豈必乾文應使星

40 백하(白下) : 강소성(江蘇省) 강녕현(江寧縣) 서북에 있는 성(城) 이름으로, 후대에는 남경(南京)의 별칭으로 사용되었다. 여기서는 서울을 의미한다.

41 한강 : 평강(平江)은 사평강(沙平江)을 줄인 것으로, 한강을 가리킨다.

42 사신별 : 사성(使星)은 왕명을 받고 지방으로 나가는 관원을 의미한다. 《후한서(後漢書)》 권112 상 〈이합열전(李郃列傳)〉에 "화제가 즉위하여 사자를 나누어 보냄에, 모두 미복을 하고 단독으로 움직이게 하여 각각 주현에 가서 풍속을 살피게 하였다. 사신 두 사람이 익주에 도착하여 이합의 집에 머물렀다. 당시 여름 저녁이라 밖에 나와 앉아 있었는데, 이합이 하늘을 우러러 보며 묻기를 '두 분이 서울을 떠날 때, 조정에서 두 명의 사신을 보낸 것을 알고 오셨는가.'라고 하였다. 두 사신이 말없이 놀라 서로를 바라보며 '우리는 듣지 못하였습니다. 어찌 아십니까.'라고 하니, 이합이 별을 가리켜 보이며 '두 사신별이 익주 분야로 향하였기 때문에 안다.'라고 하였다.〔和帝卽位, 分遣使者, 皆微服單行, 各至州縣, 觀採風謠. 使者二人, 當到益部, 投郃候舍. 時夏夕露坐, 郃因仰觀問曰, 二君發京師時, 寧知朝廷遣二使邪. 二人默然驚相視曰, 不聞也. 問何以知之. 郃指星示云, 有二使星向益州分野, 故知之耳.〕"라는 말이 있다.

〈괴후가〉[43] 부르다 덧없이 세월만 흘러	歌蒯蹉跎歲月闌
세상 걱정에 머리 세어 높은 관 위로 솟았네	愁時華髮聳危冠
돌아가는 기러기는 따뜻한 남쪽 질렸는가	歸鴻已厭南州暖
오랜 나그네는 추운 북쪽 그리는구나	久客猶思北地寒
바다 건너 월상은 중역에 날 저물고[44]	海外越裳重譯晚
봄날 한나라 부절은 두 깃발이 낡았네[45]	春來漢節二旄殘
용천검이 하룻밤에 무지갯빛 짙어지면	龍泉一夜虹光老
삼경 두우성에 자색 기운 서리리라[46]	牛斗三更紫氣蟠

43 괴후가(蒯緱歌) : 좀 더 나은 대우를 받기 원하며 자신의 불우한 처지를 호소하는 일종의 희망가로, 보통 〈탄협가(彈鋏歌)〉라고도 한다. 전국 시대 제(齊)나라 풍환(馮驩)이 손잡이를 노끈〔蒯緱〕으로 감은 칼을 두드리며 맹상군(孟嘗君)에게 처우 개선을 요구했던 고사가 있다. 그 노래에 "장협이여 돌아가야 할까보다. 밥에 고기반찬이 없구나.〔長鋏歸來乎, 食無魚.〕"라고 하였다. 《史記 卷75 孟嘗君列傳》

44 바다……저물고 : 월상(越裳)은 옛날 중국 남해(南海) 부근에 있던 나라 이름으로, 남만(南蠻)의 미개인이라는 뜻이다. 중역(重譯)은 먼 지방에서 여러 나라를 거쳐 오기 때문에 통역(通譯)을 여러 번 거친다는 말이다. 여기서는 모두 일본의 사신을 의미하는 말로 사용되었다.

45 봄날……낡았네 : 선위사의 임무를 수행한 지 오래되었다는 말이다. 한절(漢節)은 한나라의 부절을 가리킨다. 한나라 소무(蘇武)가 무제(武帝) 때에 중랑장(中郎將)으로서 흉노(匈奴)에 사신 갔다가 19년 동안 억류되었는데, 끝까지 한절을 몸에 지니고 있어서 절모(節旄)가 너덜너덜해졌다는 고사가 있다. 《漢書 卷54 蘇建傳 蘇武》

46 용천검이……서리리라 : 용천(龍泉)은 태아(太阿)와 함께 풍성(豐城) 땅에 묻혀 있었다는 전설상의 보검이다. 이 두 검이 밤마다 두우(斗牛) 사이에 자기(紫氣)를 발산하였다는 전설이 있다. 《晉書 卷36 張華列傳》 여기서는 이민구 자신이 지금은 동래에 선위사로 왔지만, 아직 다 발휘하지 못한 자신의 뛰어난 자질이 언젠가 빛을 발해 세상에 드러나게 될 것이라는 의미이다.

주렴 장막 겹겹이 드리운 방안에서　簾幙重重護夜堂
잠깐 베개 기대니 잡념 사라지네　暫時欹枕滅思量
오의 풍속 따라 말 간드러진다 싫어 마소[47]　休嫌細唾從吳俗
어찌 크게 노래하는 초광[48]을 배우랴　何用高歌學楚狂
봄풀은 강가 빗줄기에 이어져 아득하고　春草欲連江雨暗
저녁 산은 멀리 바다 구름에 닿아 높구나　暮山遙接海雲長
남쪽 와서 〈이소〉의 한 노래 않지만[49]　南來不管離騷恨
푸른 단풍 바라보니 절로 서글프다　極目青楓黯自傷

구름 낀 바다에 나루 없어도 어둠 찾아오고　雲海無津暝色來
남쪽 고을 봄 풍경 바람과 먼지 섞였구나　塞垣春望混風埃
변방 도깨비들 쉬 어울리니　窮荒魑魅輕相狎
늘그막 인생살이 부질없이 슬프구나　垂老乾坤莽自哀
장독 속에 현안의 병 가련한데[50]　瘴癘獨憐玄晏病

47 오(吳)의……마소 : 동래 지역의 방언을 꺼리지 말라는 말이다. 세타(細唾)는 오나라 지역, 즉 강남 사람들이 쓰는 세련된 말투를 말한다. 삼국 시대 오나라 땅에 살던 사람들의 말투가 간드러진 느낌을 주었으므로 오농연어(吳儂軟語), 오농교어(吳儂嬌語)라고 하였다. 여기서는 동래 지역의 방언을 가리키는 말로 사용되었다.

48 초광(楚狂) : 춘추 시대 초(楚)나라의 은자(隱者)인 육통(陸通)으로, 자가 접여(接輿)이다. 그는 거짓으로 미친 것처럼 행동하고 벼슬하지 않았으므로 당시의 사람들이 초광이라고 불렀다. 공자(孔子) 앞을 지나가면서 "봉황이여, 봉황이여. 어찌 그리 덕이 쇠하였는가.〔鳳兮鳳兮, 何德之衰.〕"라고 한 말이 《논어》 〈미자(微子)〉에 전한다.

49 남쪽……않지만 : 〈이소(離騷)〉는 초나라 회왕(懷王) 때 굴원(屈原)이 소인들의 참소를 입어 쫓겨난 뒤, 임금을 생각하여 근심스런 심정을 읊은 것이다. 여기서는 이민구가 선위사의 임무를 띠고 동래에 온 것이지 유배된 것이 아니기에 이렇게 말하였다.

조정에서 누가 가의[51]의 재주 아꼈던가	朝廷誰惜賈生才
문장의 평가는 천 년 뒤의 일이니	文章得失千年事
세상에 인정받지 못함은 조화옹의 시기라네	不受人間造化猜

봄 나무 쓸쓸하고 빗기운 싸늘한데	春木蕭蕭雨氣凄
긴 흙비가 해 가려 바다 하늘 나직하네	長霾翳日海天低
남쪽 시내 따뜻해져 물고기[52] 뛰고	蠻溪瘴暖娵隅躍
대숲[53]에 어둠 내리자 새들 지저귀네	慈竹林昏鵯鵊啼

50 장독……가련한데 : 고온다습한 남해의 동래에서 글짓기를 좋아하는 이민구 자신을 말한 것이다. 현안(玄晏)은 진대(晉代)의 학자로, 현안선생(玄晏先生)이라 자호한 황보밀(皇甫謐, 215~282)을 가리킨다. 그는 일찍이 풍질(風疾)을 얻어서 일생 동안 반신불수로 지냈다. 그가 일찍이 좌사(左思)를 위해 〈삼도부(三都賦)〉의 서문(序文)을 지어 주자, 낙양(洛陽)의 지가(紙價)가 뛰어올랐다는 고사가 전한다.《晉書 卷51 皇甫謐列傳》

51 가의(賈誼) : 가생(賈生)은 한(漢)나라 가의를 말한다. 그는 젊은 나이에 등용되어 문제(文帝)에게 당시 정치 제도를 신랄하게 비판하고 국가 정책을 근본적으로 개혁해야 한다는 상소를 올렸다. 권신들의 미움을 사서 장사왕 태부(長沙王太傅)로 좌천되자, 마음이 울적하고 지세(地勢)도 낮고 습하며 건강마저 나빠져 33세의 나이에 죽었다.《漢書 卷48 賈誼傳》 여기서는 이민구 자신을 가리키는 말로 사용되었다.

52 물고기 : 추우(娵隅)는 남만(南蠻) 사람들이 물고기를 부르는 명칭이다.《고금사문유취(古今事文類聚)》 별집(別集) 권6에 "학륭이 환공의 남만 참군이 되었는데, 3월 3일 모임에서 시를 지어 말하기를 '추우가 맑은 연못에서 뛴다.'라고 하였다. 환공이 추우가 무엇인지 묻자, 학륭이 대답하기를 '남쪽 오랑캐들이 물고기를 추우라 합니다.'라고 하였다.〔郝隆爲桓公南蠻參軍, 三月三日會, 作詩云, 娵隅躍淸池. 桓問娵隅是何物. 答曰, 蠻名魚爲娵隅.〕"라는 내용이 보인다.

53 대숲 : 자죽(慈竹)은 대나무 이름으로, 의죽(義竹), 자효죽(慈孝竹), 자모죽(子母竹)이라고도 한다. 사계절 죽순이 나오고 새 대와 묵은 대가 빽빽하게 어우러져 노소

한식날 문 닫고 꽃다운 봄 지내는데　　寒食閉門芳歲過
푸른 산 바라보니 지는 꽃 어지럽네　　青山開眼落花迷
눈두덩은 시름 담는 곳 아니니　　眉稜不是容愁地
애써 풍광을 술 취해 읊노라　　强勒風光倚醉題

군문[54]의 새벽빛 봉래[55]에 닿으니　　轅門曙色接蓬萊
북소리 호가 소리 차례로 급히 울리네　　擂鼓鳴笳次第催
한바탕 천지를 씻어 내는 만고의 눈으로　　一洗乾坤萬古眼
홀로 강호에서 십 년간 술잔 기울였네　　獨傾湖海十年杯
물결 따뜻해져 물고기 변화하고　　層波日暖魚龍變
둥구나무에 하늘 닿으니 황새 맴도네　　喬木天低鸛鶴廻
주남에 머물던 처지[56] 분간도 못하고　　不分周南留滯地
춘흥에 이끌려 애써 누대에 오른다　　爲牽春興强登臺

(老少)가 서로 의지한 것 같다는 데서 붙여진 이름이다.

54 군문 : 원문(轅門)은 수레의 끌채를 마주 세워 문의 모양을 만든 것으로, 병영(兵營)의 문을 가리킨다.

55 봉래(蓬萊) : 봉래는 동해 가운데 신선(神仙)이 산다는 산이다. 여기서는 바다를 의미한다.

56 주남(周南)에 머물던 처지 : 지방에 있는 이민구 자신의 처지를 말한 것이다. 《사기(史記)》 권130 〈태사공자서(太史公自序)〉에 "이 해에 천자가 비로소 한나라의 봉선을 시행하였는데, 태사공이 주남에 머물러 행사에 참여하지 못하였다.〔是歲天子始建漢家之封, 而太史公留滯周南, 不得與從事.〕"라는 말이 보인다. 그 주(註)에 "옛날의 주남은 지금의 낙양이다.〔古之周南, 今之洛陽.〕"라고 하였다.

비껴 날린 매화 저녁 관문에 지는데 橫吹梅花落暮關
월나라 노래[57] 시름겨워 얼굴 야위네 越吟愁思減朱顏
고향 생각은 아득히 시 속 달에 애끊고 鄕心暗斷詩中月
봄빛은 맑게 검각산 밖까지 이어지네[58] 春色晴連劍外山
덧없는 세상 끝없는데 나는 늙어가고 浮世無涯吾欲老
돌아갈 기약 없는데 꿈이 먼저 돌아가네 歸期不定夢先還
황금으로 허리에 찰 인장 만들지 말고 黃金莫鑄腰間印
모름지기 칼끝에 고리를 매달아야지[59] 須向刀頭別着環

57 월(越)나라 노래 : 월음(越吟)은 고향을 생각하고 고국을 그리워하면서 부르는 슬픈 노래를 말한다. 전국 시대 월나라 사람 장석(莊舃)이 초(楚)나라에서 벼슬하여 높은 관직에 올라 부귀를 누리게 되었다. 그가 병들었을 때 초나라 왕이 "장석은 월나라의 미천한 사람이었다. 지금 초나라에서 벼슬하여 관직이 높고 부귀를 누리고 있으니 아직도 월나라를 그리워하겠는가.〔舃故越之鄙細人也. 今仕楚執珪貴富矣, 亦思越不.〕" 라고 하였다. 신하가 대답하기를 "무릇 사람이 고향을 생각하는 것은 몸이 아플 때입니다. 저 사람이 월나라를 그리워한다면 월나라 소리를 할 것이고, 그렇지 않다면 초나라 소리를 할 것입니다.〔凡人之思故, 在其病也. 彼思越則越聲, 不思越則楚聲.〕"라고 하므로 사람을 시켜 들어보게 하니, 여전히 월나라 소리를 하고 있었다는 고사가 전한다. 《史記 卷70 陳軫列傳》

58 봄빛은……이어지네 : 이민구가 머물고 있는 동래에 봄기운이 왕성한 것을 표현한 말이다. 검외(劍外)는 검각산(劍閣山) 이남 지방으로, 지금의 사천성(四川省), 즉 촉(蜀) 지방을 가리킨다.

59 황금으로……매달아야지 : 관직 생활보다는 고향으로 돌아가고픈 생각이 간절하다는 표현이다. 도두(刀頭)는 곧 칼머리에 달린 고리를 지칭한 것으로, 전하여 환(還)자의 은어(隱語)로 쓰인다. 여기서는 고향에 돌아가는 것을 의미한다. 한 무제(漢武帝) 때 이릉(李陵)은 흉노(匈奴)에게 패하여 항복하고 그곳에서 살았다. 소제(昭帝)가 즉위한 이후 이릉의 친구인 임입정(任立政) 등 3인을 흉노에게 보내서 이릉을 불러오게 하였다. 흉노의 선우(單于)가 한나라 사신에게 주연(酒宴)을 베푼 자리에서, 임입정

외딴곳 꽃다운 봄을 어찌 보내나	絶域芳春逝若何
고향 생각에 울며 슬픈 노래 부르네	鄕愁當泣賴悲歌
시는 변방 한밤중 꿈에 완성되고	詩成塞上三更夢
시야는 강남 만 리 파도에 끊어지네	目斷江南萬里波
밤 달에 대숲 깊으니 산 귀신도 피해 오고	夜月竹深山鬼避
봄 구름에 물빛 검어 바다귀신 찾아들리라	春雲水黑海神過
뉘 알았으랴 한나라 사신이	誰知漢代輶車使
변방에 파견되어 흰머리 늘 줄을[60]	持節邊城白髮多

청명절 도성에 즐거운 일 많으니	禁里淸明樂事宜
푸른 숲 동산에 버들가지 늘어졌네	靑林園苑罥游絲
이궁에 해 올라 하늘 운행 일러지고	離宮日馭天行早
달리는 구름 깃발 낮 그림자가 오래 가네	馳道雲旗晝影遲
밤비에 꽃 피니 봉황 깃드는 나무요	夜雨花開棲鳳樹
봄바람에 물결 따뜻하니 용 씻는 연못[61]이라	春風波暖濯龍池

등은 이릉을 보고도 사적인 말을 할 수 없어 이릉에게 자주 칼 고리〔刀環〕를 보이면서 은밀히 한나라로 돌아오라〔還歸漢〕는 뜻을 암시하였다. 《漢書 卷54 李陵傳》

60 한(漢)나라……줄을 : 한대유거사(漢代輶車使)는 한 무제(漢武帝) 때 지조를 지켰던 소무(蘇武)를 가리킨다. 76쪽 각주45 참조. 여기서는 이 고사를 인용하여 이민구 자신이 동래에서 시름겨운 나날 속에 흰머리만 늘어간다고 표현한 것이다.

61 용 씻는 연못 : 탁룡(濯龍)은 탁룡원(濯龍苑)으로, 한나라 때 낙양(洛陽) 서남쪽에 있던 궁원(宮苑)의 이름이다. 한나라 명덕마황후(明德馬皇后)가 잠실(蠶室)을 설치하고 누에를 쳤던 곳이다. 《後漢書 卷10 馬皇后紀》 일반적으로 궁궐을 가리키는 말로도 사용된다.

종군이 이미 밧줄 청해 떠난다면[62] 終軍已請長纓去
누가 다시 붓을 들고 따를까 更有何人載筆隨

고관의 행차[63] 먼지 흩날리며 이어지니 朱門珂馬接流塵
귀한 마을 좋은 동산에 봄 풍경 특별하네 貴里名園別貯春
동쪽 집에 노래와 연주 끊이지 않으니 東第歌鍾殊未歇
서쪽 고을에서 격문 자주 오지 말았으면[64] 西州羽檄莫須頻
공경대부 객에게 읍하는 일 요즘은 없는데 公卿揖客無今日
세상에서 재주 논할 때 옛 사람 본받아야지 天地論才見古人
괴이하다 누생은 화려한 말솜씨로 頗怪樓生饒頰舌
긴 옷자락 끌고 오후의 객이 되었네[65] 長裾慣作五侯賓

62 종군(終軍)이……떠난다면 : 왜적의 우두머리를 잡아오겠다는 표현이다. 한(漢)나라 종군이 "기다란 오랏줄〔長纓〕을 하나 주면 반드시 남월왕을 묶어 가지고 궐 아래에 바치겠습니다."라고 하였다는 고사가 있다. 《漢書 卷64下 終軍傳》

63 행차 : 가(珂)는 고관 귀인(高官貴人)의 말에 장식하는 마노(瑪瑙)라는 옥이다.

64 동쪽……말았으면 : 전란이 발생하지 않기를 바란다는 말이다. 우격(羽檄)은 빨리 전달하라는 뜻으로, 새의 깃털을 붙인 군사상의 격문(檄文)을 말한다.

65 누생(樓生)은……되었네 : 누생은 한(漢)나라 성제(成帝) 때의 인물인 누호(樓護)로, 자는 군경(君卿)이다. 변론에 뛰어나면서도 항상 명절(名節)에 맞게 하였으므로 듣는 사람들이 두려워하였고, 당시 권력가인 왕씨(王氏) 집안의 다섯 제후들과 어울리면서도 항상 위풍당당하였다고 한다. 《漢書 卷92 游俠傳 樓護》 오후(五侯)는 곧 한 성제의 외삼촌인 평아후(平阿侯) 왕담(王譚), 성도후(成都侯) 왕상(王商), 홍양후(紅陽侯) 왕립(王立), 곡양후(曲陽侯) 왕근(王根), 고평후(高平侯) 왕봉시(王逢時) 다섯 사람이다. 이들이 모두 같은 날에 봉작되었으므로 오후라고 칭한다. 《漢書 卷98 元后傳》

청명 곡우에 아지랑이 짙은데　　清明穀雨鎖游絲
대베개와 명아주 침상 낮잠에 제격이지　　竹枕藜床午睡宜
주렴 밖 꽃은 절로 피고 지고　　簾外風花自開落
바라보이는 버들가지 날로 다르네　　望中煙柳日參差
변방 장기에 솔개도 떨어지니[66]　　邊城瘴氣鳶應跕
고향의 봄 정취는 제비만 알겠네　　故國春心燕獨知
애타게 세월 보내며 돌아가지 못한 채　　斷送年光歸未得
작은 창 아래 붓 놀려 새 시 짓노라　　小窓揮筆又新詩

꽃 피고 지는 것이 이처럼 빠르니　　芳華榮落遽如斯
묵묵히 세월 따지고야 알았네　　默算盈虛但自知
늙어가며 홀로 세상일에 상심하여　　老去獨傷天下事
봄에 꿈속 시구 반만 기억나네　　春來半記夢中詩
삼 년 된 금자[67] 세월 늦어지고　　三年錦字時將晚
《음부경》의 도는 이미 쇠했도다[68]　　一部陰符道已衰

66 변방……떨어지니 : 동래의 고온다습한 기후를 읊은 내용이다. 마원(馬援)이 남방의 교지국을 정벌할 때 "아래에는 물구덩이 위에는 안개, 독한 장기가 풍겨 나와 우러러 바라보니, 솔개가 하늘을 날다가 물 위로 툭툭 떨어진다.〔下潦上霧, 毒氣熏蒸, 仰視鳥鳶, 跕跕墮水中.〕"라고 말했던 고사가 있다. 《東觀漢記 卷12 馬援列傳》

67 금자(錦字) : 비단에 수놓은 글자로, 남편을 그리워하는 아내의 마음을 뜻한다. 전진(前秦) 때 두도(竇滔)가 진주 자사(秦州刺史)가 되어 멀리 유사(流沙) 지방으로 가게 되자, 그의 아내 소씨(蘇氏)가 그리운 마음을 담아 전후좌우 어디로 읽어도 문장이 되는 회문선도시(回文旋圖詩)를 지어 비단에 수놓아 보냈다는 고사에서 유래하였다. 《晉書 卷96 竇滔妻蘇氏列傳》

68 음부경(陰符經)의……쇠했도다 : 《음부(陰符)》는 책 이름으로, 도가(道家) 혹은

오직 평생의 〈유수곡〉 있으니	唯有平生流水曲
깊이 옥갑에 넣어 두고 종자기 기다리리[69]	深齎玉匣待鍾期

안개 낀 교외에 비 그쳐 먼지 가시니	煙郊息雨霽游塵
버드나무[70] 남은 꽃에 가는 봄 아쉬워라	鶯樹餘花惜暮春
속세에서 쉬 늙어가는 이름난 선비[71]	易老風塵名下士
술에 푹 빠져 꿈속 헤매는 몸이로세	全埋麴糱夢中身
쭉 뻗은 복도에 주렴 고요하고	垂垂閣道簾低靜
적막한 성 그늘에 풀 덮여 새로워라	漠漠城陰草覆新

병가(兵家)의 서적이라고 한다. 중국 고대의 황제(黃帝)가 찬(撰)했다고 하지만 확실하지 않다. 여기서 그 도가 쇠했다고 하는 것은 전략에 승산이 없어서 적을 제압하기 어렵다는 뜻이다.

69 오직……기다리리 : 자신을 알아주는 사람이 있기를 바란다는 의미이다. 〈유수곡(流水曲)〉은 춘추 시대 백아(伯牙)가 타고 그의 벗 종자기(鍾子期)가 들었다는 거문고 곡조로, 〈고산유수곡(高山流水曲)〉 또는 〈아양곡(峨洋曲)〉이라고도 한다. 백아가 거문고를 잘 탔는데, 종자기는 이것을 잘 알아들었다. 그리하여 백아가 마음속에 높은 산을 두고 거문고를 타면 종자기는 이를 알아듣고 "훌륭하다. 험준한 것이 태산과 같다.〔善哉, 峨峨兮若泰山.〕"라고 하였으며, 백아가 마음속에 흐르는 물을 두고 거문고를 타면 종자기는 이를 알아듣고 "훌륭하다. 넘실대는 것이 강하와 같다.〔善哉, 洋洋兮若江河.〕"라고 하였다. 이를 지음(知音)이라 하여, 친구 간에 서로 상대의 포부나 경륜을 알아줌을 비유하게 되었다. 《列子 湯問》

70 버드나무 : 앵수(鶯樹)는 꾀꼬리가 노는 나무라는 뜻이다. 여기서는 직접 버드나무로 풀이했다.

71 이름난 선비 : 명하사(名下士)는 큰 이름을 누리는 선비라는 뜻이다. 당대(唐代) 한굉(韓翃)이 〈송정원외(送鄭員外)〉에서 "아이도 이름난 선비를 알고, 악공은 책 속의 시 다투어 노래하네.〔孺子亦知名下士, 樂人爭唱卷中詩.〕"라고 하였다.

시름겨운 눈으로 석양 보기 싫으니　　愁眼不宜瞻落日
석 달간 서울에서 오는 사람 끊겼네　　長安三月斷來人

물가에서 서쪽 바라보니 지형 다르고　　汀洲西望地形分
온종일 동풍 불어 습기가 가득　　盡日東風水氣熏
포구의 소금 연기 개펄과 어우러지고[72]　　極浦鹽煙交斥鹵
긴 언덕 풀빛은 쟁기질에 사라지네　　長干草色入耕耘
붉은 누대가 낮에 비 내리는 천 가구 압도하고　　朱樓晝壓千家雨
푸른 바다가 봄날 구름 낀 큰 성[73] 흔드네　　碧海春搖萬雉雲
한대에 십 년 동안 전쟁 그쳤으니　　漢代十年烽火息
남정 간 복파장군[74] 헛되이 늙었구나　　南征虛老伏波軍

타향의 기후 아득히 알기 어려우니　　殊方物候杳難窮
아침저녁으로 날씨 갑자기 달라지네　　早晚陰晴忽不同

72 포구의……어우러지고 : 염연(鹽煙)은 소금을 구울 때 피어나는 연기를 말하고, 척노(斥鹵)는 소금기가 많은 땅을 의미한다. 《우공장전(禹貢長箋)》 권3에서 황척(廣斥)을 풀이한 주에 "《설문》에 동방을 척이라 하고 서방을 노라고 하니, 척노는 소금기가 있는 땅이다. 《정의》에서는 바닷가 넓은 땅이 모두 척노이다. 그러므로 황척이라고 한 것이다.〔說文, 東方謂之斥, 西方謂之鹵, 斥鹵鹹地. 正義, 海畔迴潟地, 皆斥鹵, 故曰廣斥.〕"라는 내용이 있다. 여기서는 동래 바닷가에 소금 굽는 연기가 피어나는 모습을 읊은 것이다.

73 큰 성 : 만치(萬雉)는 활을 쏘기 위해 뚫어놓은 구멍이 만 개나 되는 큰 성으로, 여기서는 동래성을 가리킨다.

74 복파장군(伏波將軍) : 복파군(伏波軍)은 후한(後漢) 광무제(光武帝) 때의 명장인 복파장군 마원(馬援)을 가리킨다. 자는 문연(文淵), 시호는 충성(忠成)이다. 교지(交趾)를 정벌하여 평정하였다.

신기루 사라져 바다의 비가 되고　蜃氣消爲滄海雨
큰 파도 몰아쳐 대붕의 바람[75] 일어나네　鯨濤鼓作大鵬風
고기 집는 젓가락이 아침 저자에 나오고　盤腥玉柱來朝市
잘게 회치는 은칼이 밤 통에 떨어진다　鱠細銀刀落夜筒
보고 듣는 것이 점점 지역 일에 익숙하니　耳目漸隨鄕事慣
이제부터 응당 남쪽 사람 배워야겠네　也應從此學南公

높은 누대에서 바라보니 마음 편치 않은데　高樓臨睨莽難平
어촌 주위로 저녁노을 피어나네　漁店東西暝靄生
유성과 봉화가 하늘 비쳤다 사라지고　落宿遙烽映天滅
낮은 구름 외로운 새는 모래밭에 선명하네　孤雲獨鳥傍沙明
남쪽 와서 집에 돌아가는 꿈 믿지 못하니　南游不信還家夢
북쪽 보며 서울 떠나던 마음 길이 생각하네　北望長懷去國情
나팔 소리 무단히 마음 아프게 하는데　戍角無端敗人意
세 곡조[76] 불자 성문 닫히네　吹殘三弄閉朱城

75 대붕(大鵬)의 바람 : 대붕은 크기가 수천 리나 된다는 새 이름이다. 대붕이 남해(南海)로 옮겨 갈 때 큰 회오리바람을 만나 구만 리를 날아오른 뒤에 여섯 달을 날아간다고 한다. 《莊子 逍遙遊》

76 세 곡조 : 삼롱(三弄)은 매화삼롱(梅花三弄)의 약칭이기도 하며, 단순히 세 곡조를 의미하기도 한다. 매화삼롱은 진(晉)나라 때 환이(桓伊)가 상설(霜雪)에도 굴하지 않는 매화(梅花)의 기상을 담아 작곡한 적곡(笛曲)이다. 환이는 본디 젓대를 잘 불었는데, 일찍이 청계(淸溪)를 지날 적에 서로 전혀 알지 못하던 왕휘지(王徽之)가 사람을 시켜 그에게 젓대 한 곡을 불어 달라고 하였다. 그러자 그는 문득 수레에서 내려 호상(胡牀)에 걸터앉아 세 곡을 연달아 불고 갔다고 한다. 《晉書 卷81 桓伊列傳》

모래톱에 새들 서로 의지하고	沙洲羽族稍相依
포구 외로운 배에 푸른 기운 비치네	極浦孤帆映翠微
아득히 뜬 구름은 북으로 가고	杳杳浮雲唯北去
망망히 지는 해는 서쪽으로 돌아가네	茫茫落日又西歸
더위에 각서 던지는 풍속 어여쁘고[77]	炎天角黍憐投飯
명절에 고운 비단옷 하사 생각나네[78]	令節纖羅憶賜衣
강남의 꽃다운 풀 다 시드니	凋盡江南芳草色
연못에 응당 반딧불 날겠지	池塘應見暗螢飛

하늘가 뜬 구름 잡을 수 없는데	天際浮雲不可攀
서울은 다만 북극성 사이에 있구나	長安只在北辰間
순 임금이 뜰에서 석 달 춤추었고[79]	虞階干羽連三月

77 더위에……어여쁘고 : 단오에 각서(角黍) 던지는 풍속을 아름답게 여긴 것이다. 각서는 고엽(菰葉)에 찹쌀을 싸서 찌는 떡으로 편수와 비슷한데, 삼각 모양으로 만들기 때문에 이런 이름이 붙었다. 42쪽 주27 참조.

78 명절에……생각나네 : 단오가 되면 임금이 신하에게 옷을 하사하는 관례가 있었는데, 이를 추억하여 읊은 것이다. 두보(杜甫)의 시에 "궁의 하사 명단에 내 이름 있어, 단오 명절 황제의 은총 입었네. 고운 갈포옷 바람 머금어 보드랍고, 향긋한 비단 눈꽃처럼 가볍구나.〔宮衣亦有名, 端午被恩榮. 細葛含風軟, 香羅疊雪輕.〕"라고 하였다. 《杜少陵詩集 卷6 端午日賜衣》

79 순 임금이……춤추었고 : 문덕(文德)을 널리 펼침을 의미한다. 《서경》 〈대우모(大禹謨)〉에 "순 임금이 문덕을 크게 펴면서, 방패와 새 깃을 들고 두 섬돌 사이에서 춤을 추니, 그로부터 70일 만에 묘족이 귀순하였다.〔帝乃誕敷文德, 舞干羽于兩階, 七旬有苗格.〕"라는 말이 나온다. 간(干)은 방패를 들고 추는 간무(干舞)로 무무(武舞)이고, 우(羽)는 깃털을 들고 추는 문무(文舞)이다.

육가는 시서로 오랑캐 땅에서 늙었네[80] 陸賈詩書老百蠻
늘그막에 사람들은 백발에도 속는데 末路人應欺白髮
지금 나도 청산을 등졌구나 至今吾亦負青山
임금께서 돌아가는 꿈을 허락하지 않으시니 君恩未許歸田夢
종소리 맞춰 새벽 조회에 들어가네 猶趁鍾聲入曉班

잘못 속세에 발을 들여 誤將蹤跡落塵寰
동쪽 산천을 이리저리 떠도네 東極山川轍欲環
만 리의 공명 이룰 관상 아니라[81] 萬里功名空燕頷
일 년의 장막 생활로 임금님 멀어졌네 一年帷幄遠龍顏

80 육가(陸賈)는……늙었네 : 육가는 초나라 사람이다. 일찍이 변재(辯才)로 한 고조(漢高祖)를 섬기면서 시서(詩書)를 자주 말하였다. 한 고조는 본디 유술(儒術)을 경시하던 터라, 육가를 꾸짖어 말하기를 "그대의 임금은 말 위에서 천하를 얻었으니, 어찌 시서를 일삼겠는가.〔乃公居馬上得之, 安事詩書.〕"라고 하였다. 육가가 반박하여 말하기를 "말 위에서 얻었더라도 어찌 말 위에서 다스릴 수야 있겠습니까.〔馬上得之, 寧可以馬上治乎.〕"라고 하고, 문무를 병행하는 것이 곧 장치구안(長治久安)의 방책임을 설명하였다. 그는 말 재주가 있어서 제후들에게 자주 사신으로 파견되었는데, 문제(文帝) 때 남월(南越)의 왕 조타(趙佗)가 스스로 왕이 되어 무제(武帝)라고 칭함에, 문제가 육가를 사신으로 보내어 타이르자 마침내 황제의 호칭을 버리고 신이라 칭하였다는 이야기가 있다.《史記 卷97 陸賈列傳》

81 만 리의……아니라 : 이민구가 큰 공을 세울 관상을 타고나지 못했다는 말이다. 연함(燕頷)은 제비의 턱이라는 말로, 훌륭한 공적을 세울 인물의 관상이다. 후한(後漢) 때 한 관상쟁이가 반초(班超)에게 말하기를 "그대는 제비의 턱에 범의 머리라, 날아서 고기를 먹는 상이니, 이는 곧 만리후에 봉해질 상이다.〔燕頷虎頭, 飛而食肉, 此萬里侯相也.〕"라고 하였다. 반초는 뒤에 과연 서역(西域)의 50여 나라를 평정하는 큰 공훈을 세워 서역 도호(西域都護)가 되고 정원후(定遠侯)에 봉해졌다고 한다.《後漢書 卷77 班超列傳》

위태한 시절 풍운 아래에 지력 다하니　　時危志力風雲下
우주 속에 오랜 나그네 신세 되었네　　客久形骸宇宙間
술과 저포[82]도 즐겁지만　　斗酒呼盧且自樂
붓 놀려 지은 시 백 편 없애지 않으리　　百篇揮筆不須刪

바다 가로지른 밝은 무지개 유반[83]에 닿고　　橫海明虹接洧盤
맞닿은 해와 달은 두 개의 도환이네[84]　　平臨日月兩跳丸
파도 소리는 바람 소리와 함께 웅장하고　　濤聲自挾風聲壯
물기운에 빗기운 더해 차갑구나　　水氣還添雨氣寒
땅에는 은빛 누대 솟아 온갖 신기루 일고[85]　　地湧銀臺千蜃結
하늘에 패궐[86] 감돌아 구룡이 서렸네　　天回貝闕九龍蟠

82 저포(樗蒲) : 호로(呼盧)는 저포 놀이를 말한다. 이 놀이는 나무로 만든 투자(骰子) 다섯 개를 가지고 하는데, 다섯 개의 투자마다 양면의 한쪽에는 흑색을 칠하고 송아지를 그렸으며, 또 한쪽에는 백색을 칠하고 꿩을 그렸다. 이 다섯 투자를 한 번 던져서 모두 흑색을 얻는 것을 노(盧)라 외쳤다.

83 유반(洧盤) : 전설 속에 나오는 물 이름으로, 엄자산(崦嵫山)에서 발원한다고 한다. 《초사(楚辭)》 〈이소(離騷)〉에 "저녁에 궁석으로 돌아가 머물고, 아침에 유반에서 머리를 감는다.〔夕歸次於窮石兮, 朝濯髮於洧盤.〕"라고 하였다.

84 두 개의 도환(跳丸)이네 : 도환은 광대가 양손으로 여러 개의 공을 던지고 받는 재주로, 빠른 세월에 비유된다. 한유(韓愈)의 〈추회시(秋懷詩)〉에 "근심 속에 세월을 보내노니, 해와 달은 도환 같아라.〔憂愁費晷景, 日月如跳丸.〕"라고 하였다. 《御定全唐詩 卷336》

85 땅에는……일고 : 신기루의 모습을 형용한 말이다. 명대(明代) 왕세정(王世貞, 1526~1590)이 지은 〈등금산(登金山)〉에 "땅에는 누대 솟아나듯 신기루 일어난다.〔地湧樓臺千蜃結〕"라는 구절이 있다. 《弇州四部稿 卷34》

86 패궐(貝闕) : 자색(紫色)의 조개껍질로 장식한 궁궐이다. 수신(水神) 하백(河伯)

누가 신령스런 자라 머리[87] 밟고　　誰能踏破靈鼇頂
손수 부상[88] 꺾는 것을 취해서 볼까나　　手折扶桑倚醉看

이 산다는 곳으로, 속칭 용궁(龍宮)을 말한다. 《초사(楚辭)》〈구가(九歌) 하백(河伯)〉에 "물고기 비늘 집 용의 저택이요, 붉은 조개 누각 붉은 궁궐이로다.〔魚鱗屋兮龍堂, 紫貝闕兮朱宮.〕"라는 표현이 있다. 여기서는 붉은 노을이 하늘에 감도는 모습을 형용한 것으로 보인다.

87 신령스런 자라 머리 : 영오(靈鼇)는 봉래산(蓬萊山)을 등에 지고 있다는 전설 속의 큰 자라를 가리킨다. 《열자(列子)》〈탕문(湯問)〉에 "발해의 동쪽 바다에 큰 자라 15마리가 천제(天帝)의 명에 따라 5개의 신산(神山)을 머리에 이고 있었는데, 용백국(龍伯國)의 거인이 그중 6마리를 낚아다가 구워 먹었다."라는 고사가 있다.

88 부상(扶桑) : 본디 전설에서 동쪽의 해 뜨는 곳에 있다는 나무 이름으로, 해가 처음 떠오르는 장소를 뜻하는데, 여기서는 일본을 가리키는 듯하다.

개구리를 먹다. 절구 10수

食蝦蟆 十絶

더위를 먹어서 설사를 하였다. 김 주부가 개구리를 요리하여 보내 주면서 설사를 그치게 한다고 하였다.

하어증[89]이 시골 사내 뱃속 뒤집는데	河魚頗攪野夫腸
개구리 요리는 주부의 새 처방이네	田蛤新依主簿方
연못가 시끄러운 소리 충분히 줄어	已減十分池上聒
밤중에 다급히 세 번 깰 걱정 없네	不愁三起夜中忙

식지 움직인다고 자라 맛보랴[90]	何曾食指動嘗黿
입에 맞으니 맛있는 줄 알겠네	適口今知美味存
《주례》에서 모국만 번거롭게 하였고[91]	周禮錯應煩牡菊

89 하어증(河魚症) : 복통과 설사를 말한다. 물고기가 썩을 때 뱃속부터 썩으므로, 속병이 있는 자를 물고기에 비유한 것이다.

90 식지(食指)……맛보랴 : 초(楚)나라 사람이 큰 자라를 정 영공(鄭靈公)에게 바쳤다. 그때 공자 송(宋)과 공자 가(家)가 어전에 들어가 영공을 뵈려고 하였는데, 공자 송의 식지가 움직이므로 그것을 공자 가에게 보이며, "지금까지 나에게 이런 일이 생기면 반드시 진귀한 음식을 맛보게 되었다."라고 하였다. 어전에 들어갔을 때 마침 재부(宰夫)가 자라를 요리하고 있었으므로 두 사람이 서로 쳐다보며 웃었는데, 대부들에게 자라를 먹일 때에 영공은 공자 송에게는 주지 않았다. 공자 송은 노하여 자라가 들어 있는 국솥에 손가락을 넣었다가 빨면서 나가버렸다. 《春秋左氏傳 宣公4年》

91 주례(周禮)에서……하였고 : 모국(牡菊)은 씨 없는 국화를 말하는데, 모국을 태운 재를 땅에 뿌리면 개구리를 죽일 수 있다. 《주례》에 "꽃이 피지 않는 것은 모국인데, 괵씨가 모국을 태워서 개구리를 예방했다.〔其不開花者, 牡菊, 蟈氏焚牡菊, 禁蛙.〕"라고

《맹자》에는 닭과 돼지만 귀히 여겼네[92] 鄒書只解重鷄豚

조심조심 긴 두 다리 잘라내어 蹩躄纔分兩股長
들깨로 볶고 향긋한 해초 더하네 青蘇熬點海椒芳
이제부터 언덕 가 복야의 집에는 從今僕射陂邊宅
선생의 맛있는 음식 하나 더하겠네 添得先生一味嘗

서생은 식탐하는 늙은이[93]라서 任說書生是老饕
양 잡고 고기 회쳐 비린내 풍긴다지 刲羊斫膾謾腥臊
우종[94]의 식품 삼천 가지인데 虞悰食品三千事
이 특이한 방법 붙이면 더욱 호걸되겠네 着此異方更益豪

하였다.

92 맹자에는……여겼네 : 추서(鄒書)는 《맹자》를 가리킨다. 《맹자》〈양혜왕 상(梁惠王上)〉에 "닭과 돼지, 개 같은 가축들을 기르면서 새끼 밸 때를 놓치지 않으면 70세 이상 된 이들이 고기를 먹을 수 있다.〔鷄豚狗彘之畜, 無失其時, 七十者可以食肉矣.〕"라고 하였다. 여기서는 닭과 돼지 등의 짐승만 맛있는 것이 아니라 개구리도 맛있다는 표현이다.

93 식탐하는 늙은이 : 노도(老饕)는 탐욕이 많은 늙은이를 말한다. 《춘추좌씨전》 문공(文公) 18년 조(條)에 "세상 사람들이 흉악한 세 가지를 들어 도철이라고 했다.〔天下之民, 以比三凶, 謂之饕餮.〕"라고 하였는데, 그 주(註)에 "재물을 탐하는 것이 도요, 음식을 탐하는 것이 철이다.〔貪財爲饕, 貪食爲餮.〕"라고 하였다. 여기서는 음식과 관련되므로 식탐이 많은 것으로 풀이하였다.

94 우종(虞悰) : 435~499. 자는 경예(景豫)로, 남북조(南北朝) 시기의 관료이며 의학자(醫學者)이다. 의술에 정통했을 뿐만 아니라 음식을 잘 조리했다고 한다.

소반의 게를 함양 사람 웃었고[95]	登盤蟹甲關中笑
꿀 쥐 맛있단 말을 초나라 사람 의심했지	蜜鼠稱珍楚俗疑
너무 지나치게 분별할 것 없으니	不用區區太分別
배 채우는 데 마땅한 방법 구할 뿐	只於饞腹道相宜

횡공[96]은 등불만 붙이게 하고	横公只任點燈光
팽월은 사람들 주리게 했네[97]	彭越令人覺肚妨
어찌 자양을 구실 삼아	何似子陽資口實
우물 속 풍미 잊기 어려움만 같을까[98]	井中風味最難忘

95 소반의……웃었고 : 관중(關中)은 진(秦)나라 수도 함양 일대의 분지를 가리킨다. 이 구는 함양 사람들이 게를 본 일이 없어서 그 모습을 이상하게 여겼다는 표현이다. 《고금사문유취(古今事文類聚)》 후집(後集) 권35에 "관중에는 게가 없다. 진나라 사람이 마른 게를 한 마리 얻었는데 지역 사람들이 그 생김새를 두려워하여 괴물이라고 했다. 학질을 앓는 사람이 있는 집마다 이 게를 얻어다가 문에 걸어두면 간혹 차도를 보이기도 했으니, 관중 사람들만 게를 알지 못했던 것이 아니라 귀신도 알지 못했던 것이다.〔關中無蟹, 秦人家收得一乾蟹, 土人怖其形狀, 以爲怪物. 每人家有病瘧者, 則借去懸門戶, 往往遂差, 不但人不識, 鬼亦不識也.〕"라고 하였다.

96 횡공(横公) : 미상이다.

97 팽월(彭越)은……했네 : 팽월은 항우(項羽)를 섬기다 한(漢)나라에 귀순하여 기공(奇功)을 세운 인물로 양왕(梁王)에 봉해졌다. 그가 유방(劉邦)을 따라 유격병으로 초나라 군대의 군량을 차단한 일이 있기 때문에 이 시에서 인용하였다.

98 어찌……같을까 : 개구리 요리의 맛이 좋다는 말이다. 자양(子陽)은 후한(後漢) 공손술(公孫述)의 자이다. 마원(馬援)이 공손술을 평하여 말하기를 "자양은 우물 안 개구리일 뿐이다.〔子陽井底蛙耳〕"라고 한 일이 있다. 《後漢書 卷54 馬援列傳》

관청 주방에선 날마다 사슴 잡고	官廚日日射麋新
연잎과 얼음 쟁반에 물고기[99] 회 담아내지	荷葉氷盤鱠紫鱗
부엌에서 고상한 맛 찾고 나서는	竈下自從尋雋味
늘어놓은 음식 더는 맛이 없네	色驕飣餖更無珍

주거가 갑자기 속국 되었으니[100]	邾莒居然見附庸
좋은 숲과 어원은 조용하겠네	華林御苑慣從容
그대 보았나 금빛 자색으로 귀해짐을[101]	君看金紫生新貴
영복의 풍류 봉할 만하네[102]	令僕風流定可封

99 물고기 : 자린(紫鱗)은 붉은 비늘이라는 말로, 물고기를 뜻한다. 두보(杜甫)의 시에 "붉은 비늘은 언덕에 부딪치며 뛰놀고, 푸른 매는 둥지를 보호하러 돌아온다.〔紫鱗衝岸躍, 蒼隼護巢歸.〕"라고 하였다.《杜少陵詩集 卷1 重題鄭氏東亭》

100 주거(邾莒)가……되었으니 : 물고기를 먹지 않고 개구리를 먹는다는 말이다. 주거는 본래 춘추 시대의 두 나라로 아주 작은 나라를 뜻하는데, 여기서는 물고기를 의미한다.《낙양가람기(洛陽伽藍記)》〈성남정각사(城南正覺寺)〉에 "왕숙(王肅)이 고조(高祖)와 함께 대궐의 연회에 참석하였는데, 왕숙이 양고기를 많이 먹으므로 괴이하게 여겨 '양고기와 물고기 중 어느 것이 맛있는가?' 하였다. 왕숙이 '양을 큰 제(齊)나라와 노(魯)나라에 비긴다면, 물고기는 작은 주(邾)나라와 거(莒)나라에 비길 수 있는데, 저는 양고기를 좋아합니다.' 하였다."라는 내용이 있다. 여기서는 물고기가 개구리의 부속(附屬)이 되었다는 말이다.

101 금빛 자색으로 귀해짐을 : 금자(金紫)는 금인자수(金印紫綬)의 준말로, 고관(高官)의 별칭으로 쓰인다. 한나라 때 승상(丞相)과 태위(太尉) 등이 모두 황금 인장(印章)에 자색 수대(綬帶)를 띠었던 데서 온 말이다. 여기서는 개구리를 삶을 때 그 빛깔이 변하는 것을 표현한 것이다.

102 영복(令僕)의……만하네 : 영복은 상서령과 복야(僕射)를 함께 이르는 말인데, 일반적으로 중신(重臣)을 가리킨다. 개구리가 금빛 자색으로 변하였으므로, 중신의 풍류를 봉해 줄 만하다는 말이다.

비단옷 벗겨도 모습 온전하고　剝來錦襖形全有
뽀얀 살 씹으니 뼈도 없는 듯　嚼去氷肌骨欲無
용을 굽고 봉황을 포 떴다고들 하지만[103]　謾說炰龍兼腊鳳
살진 고기 실컷 먹음과 같을까　何如一飽當膏腴

어촌에서는 어채도 푸성귀라 하는데　海邦鮭錯亦稱蔬
진펄에서 마음대로 잡지 못한다네　謾道泥塗不任漁
풍속이 후대에 좋은 맛 전하리니　風俗他年傳爽味
선위사가 시작한 줄을 알아야 하리　須知宣慰使權輿

103 용(龍)을……하지만 : 이하(李賀)의 〈장진주(將進酒)〉에 "유리 술잔에 호박 빛 짙기도 해라, 통에서 흐르는 술방울이 진주처럼 붉구나. 용 삶고 봉 구우니 기름은 지글거리고, 수놓은 비단 휘장은 향기로운 바람을 에워싸네.〔琉璃鍾琥珀濃, 小槽酒滴眞珠紅, 烹龍炮鳳玉脂泣, 羅幃繡幕圍香風.〕"라고 하였는데, 용과 봉황은 진귀한 안주를 가리킨다. 《唐文粹 卷13》

상국 심희수[104] 만사 50운

沈相國 喜壽 挽詞 五十韻

나라가 중흥의 운수 만날 때 國際中興運

어진이가 당대의 기대에 부응하지 賢膺命代期

공의 재주 오백 년에 나올 만하니[105] 公才當五百

재상의 업적 변치 않으리라[106] 相業不磷緇

예관과 광형처럼 학문 높았고[107] 學邁兒匡峻

공로는 관중과 안영에 못잖았네[108] 功差管晏卑

104 심희수(沈喜壽) : 1548~1622. 본관은 청송(靑松), 자는 백구(伯懼), 호는 일송(一松)·수뢰누인(水雷累人), 시호는 문정(文貞)이다. 명종비 인순왕후(仁順王后)의 종제(從弟)이며, 노수신(盧守愼)의 문인이다. 《樊巖集 卷46 大匡輔國崇祿大夫議政府左議政……一松沈公神道碑銘》

105 공의……만하니 : 심희수가 500년에 한 번 나올 만한 훌륭한 인물이라는 말이다. 《맹자》〈공손추 하(公孫丑下)〉에 "오백 년에 반드시 왕자가 일어나니, 그 사이에 반드시 세상에 이름을 떨치는 자가 있다.〔五百年必有王者興, 其間必有名世者.〕"라고 하였다.

106 변치 않으리라 : 인치(磷緇)는 《논어》〈양화(陽貨)〉의 "견고하다 하지 않겠는가, 갈아도 얇아지지 않느니라. 희다 하지 않겠는가, 물들여도 검어지지 않느니라.〔不曰堅乎, 磨而不磷. 不曰白乎, 涅而不緇.〕"라는 말에서 유래하였다.

107 예관(兒寬)과……높았고 : 심희수의 학문 수준이 높았다는 말이다. 전한(前漢)의 예관에 대해 "품팔이를 할 적에 늘 경서를 몸에 지니고 밭일을 하다가 휴식할 때면 독송하였다.〔時行賃作, 帶經而鋤, 休息輒讀誦.〕"라는 고사가 전한다. 《漢書 卷58 兒寬傳》 《서경잡기(西京雜記)》에 "광형은 부지런히 공부하였으나 촛불이 없었다. 이웃에 촛불이 있었으나 광형에게 미치지 않았다. 광형이 이에 벽을 뚫어 그 빛으로 책을 읽었다.〔衡勤學無燭, 鄰舍有燭而不逮, 衡乃穿壁, 引其光而讀之.〕"라는 고사가 있다. 《蒙求集註 卷上 匡衡鑿壁》

사람 됨됨이를 정확히 감별하고　人倫歸藻鑑
여론은 시귀처럼 의지했네[109]　輿誦托蓍龜
임금과 신하 뜻이 잘 맞아　密勿君臣契
부자간처럼 밝게 알았도다　昭融父子知
나라의 전장이 바야흐로 성대히 빛나고　朝章方奕舃
조정[110]이 대단히 맑고 평화로웠네　鼎路極淸夷
의정부에 쇠 종 같은 공이 계시니　廊廟金鍾在
관리들의 패옥이 마땅하게 되었네　簪紳玉佩宜
벼슬길에서 멀리 가는 수레 밝혀주고　青雲明遠駕
황각[111]에서 큰 모범 보이셨네　黃閣映弘規
인재 선발에 마음 항상 괴로웠고　汲引懷常苦
천거[112]는 의리상 고달파 했네　吹噓義實疲

108 공로(功勞)는……못잖았네 : 나라에 큰 공을 세웠다는 말이다. 관안(管晏)은 관중(管仲)과 안영(晏嬰)의 병칭(竝稱)으로, 이들은 모두 춘추 시대 제(齊)나라의 유명한 재상이다.

109 여론은 시귀(蓍龜)처럼 의지했네 : 심희수의 말을 믿고 따랐다는 말이다. 시귀는 점(占)을 칠 때 사용하는 시초(蓍草)와 거북인데, 곧 정확함을 뜻하는 말이다. 《주역》 〈계사전 상(繫辭傳上)〉에 "숨겨진 것을 찾고 심원한 것을 끌어내어 천하의 길흉을 정하고 천하의 힘써야 할 일을 이루는 것은 시초와 거북보다 더 큰 것이 없다.〔探賾索隱, 鉤深致遠, 以定天下之吉凶, 成天下之亹亹者, 莫大乎蓍龜.〕"라고 하였다.

110 조정 : 정로(鼎路)는 정로문(鼎路門)으로, 한(漢)나라 장안성(長安城)의 남문 이름이다. 여기서는 조정을 의미하는 말로 사용되었다.

111 황각(黃閣) : 정승이 집무하는 청사를 말한다. 한나라 때 승상의 청사 문을 황색으로 칠하여 궁궐과 구분했던 것에서 유래되었다.

112 천거 : 취허(吹噓)는 입김을 불어넣어 준다는 뜻으로, 잘못은 덮어 주고 잘한 것은 치켜세우며 천거하는 것을 말한다.

문장이 환하게 드러나니	文章仍煥發
빗돌과 책에 새겨져 영원히 밝게 드리우리	碑版永昭垂
조잘대는 문풍 한 번 씻어내고	一洗啁啾作
아름다운 수사 추구를 매우 아파했네	深傷綺麗爲
많은 작품으로 간절한 마음 펼쳐내니	連篇披愊臆
사람마다 탄식 자아내네	率口狀齎咨
무고에서의 의용 넉넉하였고[113]	武庫儀觀富
용문의 허여함 훌륭하였네	龍門許與奇
험난한 곳이나 평이한 곳이나 치달리니	飛騰乘險易
공의 출처로 나라의 안위 알았네	出處卜安危
곧은 도를 지키려 분발[114]했지만	直道須張膽
깊은 시름에 침통하기도 했네[115]	牢愁或俛眉
운뢰의 어려움[116] 삼 년이나 지속되는데	雲雷三載久
장맛비[117]가 한 봄에 늦었네	霖雨一春遲

113 무고(武庫)에서의 의용 넉넉하였고 : 심희수가 병조 참지(兵曹參知)를 역임한 사실을 말한다. 《선조실록》 25년 7월 2일 기사에 심희수를 병조 참지에 임명한 기록이 보인다.

114 분발 : 장담(張膽)은 명목장담(明目張膽)의 준말로, 매우 분발하여 일을 착수함을 뜻한다.

115 침통하기도 했네 : 면미(俛眉)는 침통한 마음을 나타낸다. 송(宋)나라 매요신(梅堯臣)의 〈개봉고성조천문영숙상녀(開封古城阻淺聞永叔喪女)〉에 "지난해에 내가 아들과 아내를 잃었나니, 내가 슬퍼서 눈썹을 숙이더란 말 그대 들었으리.〔去年我喪子與妻, 君聞我悲嘗俛眉.〕"라고 하였다. 《宛陵集 卷25》

116 운뢰(雲雷)의 어려움 : 운뢰는 《주역》 〈둔괘(屯卦)〉의 괘상(卦象)을 풀이한 것이다. 둔은 고난의 시대를 말한다.

여전히 국운이 매우 어려웠으나	天步艱猶甚
나라 경영의 계획을 이치대로 했네	邦謨理必資
임금의 은혜 노년에도 남아	銜恩餘白首
그림자를 궁궐에서 다시 보게 되었네	扶影復丹墀
뜻은 은거를 저버렸고	志與東山負
몸은 오직 왕을 따랐네[118]	身唯赤舃隨
백성들 마음은 풍년 바라는 것보다 깊고	民情深望歲
임금은 시대 바로잡길 간절히 바랐네	聖意鬱匡時
전고는 성헌처럼 믿고 물을 수 있었고	故實諏成憲
총명은 의혹을 풀어주었네	聰明待決疑
왕상은 자못 늙지 않았는데[119]	王商殊未老

117 장맛비 : 임우(霖雨)는 장맛비를 말하는데, 임금이 신하에게 자신을 보필하여 나라의 어려움을 해결하도록 부탁할 때 쓰는 말이다. 은 고종(殷高宗)이 현상(賢相) 부열(傅說)에게 명하기를 "만일 큰 냇물을 건너게 되면 내가 그대를 배와 노로 삼을 것이고, 만일 큰 가뭄을 만나면 그대를 장맛비로 삼을 것이다.〔若濟巨川, 用汝作舟楫, 若歲大旱, 用汝作霖雨.〕"라고 한 데서 온 말이다. 《書經 說命上》

118 뜻은……따랐네 : 심희수가 초야로 돌아가지 않고 조정에 나와 나랏일을 담당했다는 말이다. 동산(東山)은 절강(浙江) 상우현(上虞縣) 동남쪽에 위치한 산이다. 진(晉)나라의 사안(謝安, 320~385)이 초년에 왕희지(王羲之), 지둔(支遁) 등과 교유하며 이곳에 은거하였으므로, 은거지의 대명사로 사용된다. 적석(赤舃)은 왕의 면복(冕服)이나 세자의 관복(冠服)에 착용하던 목이 낮은 붉은색의 신이다.

119 왕상(王商)은……않았는데 : 왕상은 한(漢)나라 성제(成帝) 때의 승상이다. 흉노의 선우(單于)가 입조(入朝)하러 오자 성제가 백호전(白虎殿)에서 인견하게 되었는데, 백호전은 미앙궁(未央宮) 안에 있었다. 이때 왕상이 미앙궁에 앉아 있는 것을 보고 선우가 앞으로 나가 배알하고, 왕상의 훤칠한 용모에 위축되어 주춤거리며 뒤로 물러났다고 한다. 《漢書 卷82 王商傳》 여기서는 심희수가 1591년(선조24) 선위사(宣慰使)가

촉무가 어찌 노쇠함 꺼렸을까[120] 燭武豈嫌衰
매번 수레 걸어두기를 간절히 바랐으나[121] 每切懸車願
길이 바른말[122] 하려 했네 長紆聽履思
어진 친척들 과갈[123]처럼 많고 仁親盛瓜葛
읍하는 손님들 초가집에 찾아오네 揖客下茅茨
수레와 말 탄 손님 집에 항상 가득하여 軒騎門恒滿
연회에 시간 많이 흘렀네 盤筵景屢移
영예 드리울 때는 지난 일 회고하고 垂榮回顧眄
모욕하는 말은 낱낱이 분석하였네 辱語剖毫絲

되어 동래(東萊)에 갔었던 일을 가리키는 것으로 보인다.

120 촉무(燭武)가……꺼렸을까 : 촉무는 춘추 시대 정(鄭)나라 신하 촉지무(燭之武)를 말한다. 진(秦)과 진(晉)이 정나라를 포위했을 때, 정나라 임금이 그를 사신으로 보내려 하자, 그가 "저는 젊었을 때에도 남처럼 일을 못했는데, 지금은 늙기까지 했으니 도저히 해낼 수가 없습니다.〔臣之壯也, 猶不如人, 今老矣, 無能爲也已.〕"라고 사양하였으나, 일찍이 중용하지 못한 것을 임금이 사과하자, 결국 진(秦)나라 군대에 가서 포위를 풀고 철수하게 했던 고사가 있다.《春秋左氏傳 僖公30年》 나라의 위급한 사정을 대국(大國)에 알려 도움을 청하는 사신의 역할은 노년에도 기꺼이 맡을 수 있다는 말이다. 여기서는 심희수가 중국에 사신으로 다녀온 일을 가리키는 것으로 보인다.

121 매번……바랐으나 : 관직에서 물러날 생각을 했다는 말이다. 현거(懸車)는 수레를 타고 다닐 필요가 없어서 집안에 걸어 놓는다는 뜻으로, 벼슬을 그만둠을 의미한다.

122 바른말 : 청리(聽履)는 신발 소리를 듣는다는 말이다. 한나라 때 직간(直諫)으로 이름이 높았던 상서 복야(尙書僕射) 정숭(鄭崇)이 항상 가죽신을 질질 끌면서 들어가 천자(天子)를 뵈었으므로, 한번은 천자가 웃으면서 이르기를 "내가 정 상서(鄭尙書)의 신 끄는 소리를 알았다."라고 했던 데서 온 말이다.

123 과갈(瓜葛) : 덩굴이 뻗어서 서로 얽힌 외와 칡으로, 집안의 혼인으로 맺어진 관계를 뜻한다. 한(漢)나라 채옹(蔡邕)의 〈독단(獨斷)〉에 "무릇 선제(先帝) 및 선후(先后)와 과갈의 관계가 있는 이들은 모두 모였다."라고 한 데서 온 말이다.

훌륭한 아량은 옹졸함도 받아 주어 大雅元容拙
외로운 정성 홀로 그 사랑 믿었네 孤忱獨恃慈
빛나는 가문과 먼 인척이 되어 華宗連末戚
두터운 사랑 아들 같이 받았네 厚愛自諸兒
장려하며 피곤함도 잊으신 채 奬飾偏忘倦
많은 가르침 베풀어 주셨네 朱鉛謾見施
가까이에 두고[124] 가르치시고 提承存負劍
의혹[125]은 죽 쑤듯 익숙할 때까지 하셨네 聽瑩到炊糜
다행히 과거에 합격하여 屬幸題名忝
훌륭한 인재 얻었다는 추앙 받았네 蒙將得士推
지금도 골수에 감긴 말씀은 至今緘骨髓
당시 음주에 대한 경계라네 當日戒觴危
가을비 내리는 감사 댁과 秋雨監司宅

124 가까이에 두고 : 부검(負劍)은 칼을 등에 짊어진다는 뜻이다. 《예기》 〈부검벽이장(負劍辟咡章)〉에 "어른이 어린이의 손을 잡아 이끌어주면 어린이는 두 손으로 어른의 손을 받들고, 어른이 마치 칼을 차는 것처럼 어린이를 끼고 어린이의 입 가까이에다 말씀하면 어린이는 입을 가리고 대답한다.〔長者與之提携, 則兩手奉長者之手, 負劍辟咡詔之, 則掩口而對.〕"라는 말이 있는데, 정현은 "부는 등에 두는 것이고, 검은 옆에 끼는 것이다.〔負謂置之於背, 劍謂挾之於旁.〕"라고 하였고, 공영달은 "부는 아이를 등에 업는 것이고, 검은 옆구리에 마치 칼을 차는 것처럼 끼는 것이다.〔負謂致兒背上也, 劍謂挾於脇下如帶劍也.〕"라고 하여, 부와 검을 별개의 의미로 풀이하였다. 여기서는 심희수가 이민구를 곁에 가까이 두었다는 의미로 풀이하였다.

125 의혹 : 청영(聽瑩)은 귀로 듣고서도 그 의미를 분명히 모르는 것이다. 《장자(莊子)》 〈제물론(齊物論)〉에 "장오자가 말하기를 '이는 황제도 듣고서 의혹했던 것이니, 공자가 어찌 알 수 있었겠습니까.' 하였다.〔長梧子曰, 是黃帝之所聽瑩也, 而丘也何足以知之.〕"라는 말이 보인다.

봄 연꽃 핀 목사의 연못에	春荷牧使池
모시고 노닐어 세월 보내면서	陪游閱灰琯
아름다움 본받으리라 상상했지	夢想挹英蕤
부족한 사람이 어찌 일하랴만	薄劣寧爲役
전휘[126]를 따르게 하셨네	前徽却許追
토한 자리[127]가 멀리 가는 수레에 남았는데	吐茵留遠轄
적을 치라며 긴 고삐를 주었네	餌敵贈長縻
세모에 쉬 이별하기 어려운데	歲暮難輕別
깊은 밤에 비로소 한 번 하직 인사 올렸네	更深始一辭
남쪽으로 떠나오니 구름바다 아득한데	南浮渺雲海
북쪽 바라보니 공의 모습 간간이 떠오르네	北望間風儀
새벽 물시계 소리 다하려 하니	曉漏時將歇
〈신가곡〉[128]에 도는 이미 무너졌네	晨歌道已隳
겨우 동쪽 벽 달빛에 놀랐는데	纔驚東壁月
갑자기 기성이 되셨네[129]	遽化列辰箕

126 전휘(前徽) : 전인(前人)의 아름다운 자취를 말한다.

127 토한 자리 : 한 선제(漢宣帝) 때 승상(丞相) 병길(丙吉)의 마부가 술을 몹시 좋아한 나머지, 한번은 승상을 따라 나갔다가 술을 많이 마시고 승상 수레의 깔 자리에 술을 토하는 과실을 범했으나, 병길은 그를 문책하지 않았던 데서 온 말로, 전하여 술에 취하여 실수를 범하는 것을 의미한다.

128 신가곡(晨歌曲) : 신가(晨歌)는 만가(輓歌)인 〈해로가(薤露歌)〉를 달리 부르는 말이다.

129 기성(箕星)이 되셨네 : 세상을 떠난 것을 말한다. 은(殷)나라 부열(傅說)이 죽은 뒤, 그 정신이 기성과 미성(尾星) 사이에 응결되었다는 고사에서 유래한 것이다.《莊子 大宗師》

우주가 황천으로 이어지고	宇宙連黃壤
교룡이 흰 등성이에 숨었네	蛟龍隱白陂
경륜이 대책에 남았지만	經綸遺大冊
종이에서 자취 감추네[130]	衮紱晦宗彝
손님들은 삼천의 서적을 흩고	客散三千籍
사람들은 사십 운의 노래를 전하네	人傳四十詞
산이 무너졌으니[131] 하늘에 물을 수 있을까	山崩天可問
나라가 쇠락하니 귀신이 주관하였네	國悴鬼應尸
거리의 곡하는 이들 모두 패옥 버리는데[132]	巷哭皆捐玦
들판의 수레에는 아직도 기름을 칠하네	原車尙載脂
소박한 제수조차 바칠 길 없어	無階奠鷄黍
공적으로나 사적으로나 눈물만 흐르네	有淚泣公私
밤 골짜기[133]에 장송곡[134] 가득하고	夜壑淪虞殯

130 종이(宗彝)에서 자취 감추네 : 종이는 종묘의 술그릇이다. 심희수가 고인이 되어 조정에서 그 자취를 볼 수 없게 되었음을 읊은 것이다.

131 산이 무너졌으니 : 스승의 죽음을 뜻하는 말로, 여기서는 심희수의 죽음을 가리킨다. 고개지(顧愷之)가 스승 환온(桓溫)이 죽었을 때 "산이 무너지고 바다가 마르니, 물고기와 새들 어디에 의지할까.〔山崩溟海竭, 魚鳥將何依.〕"라고 애도하였다는 고사가 전한다. 《晉書 卷92 顧愷之列傳》

132 패옥 버리는데 : 연결(捐玦)은 패옥을 버린다는 뜻으로, 《초사(楚辭)》〈구가(九歌)〉에 "내 패옥을 강 가운데 버리도다.〔捐余玦兮江中〕"라고 하였다. 여기서는 곡하는 사람들이 모두 죽을 만큼 슬퍼한다는 의미이다.

133 밤 골짜기 : 사람이 죽어 무덤에 묻히는 것을 의미한다. 《장자(莊子)》〈대종사(大宗師)〉에 "골짜기 속에 배를 숨겨두고는 안전하다고 여기지만, 한밤중에 힘센 자가 등에 지고 달아나도 어리석은 사람은 알아채지를 못한다.〔夫藏舟於壑, 謂之固矣, 然而

무덤은 한양과 떨어져 있네 幽堂隔漢師
상자에는 지난달 편지 남았고 篋殘經月簡
책상에는 작년 시 놓여 있네 床掩去年詩
부추의 이슬이 아침 햇살에 사라지고 薤露朝光盡
홰나무 그늘[135]이 저물녘에 없어졌네 槐陰晩色萎
평생 우러러본[136] 손으로 平生加額手
차마 마음의 슬픔을 기록하네 忍寫叩心悲

夜半, 有力者, 負之而走, 昧者不知也.]"라고 하였다.

134 장송곡(葬送曲) : 우빈(虞殯)은 장송곡을 말한다. 《춘추좌씨전》 애공(哀公) 11년 기사에 "공손하가 그 무리들에게 명하기를 '우빈을 노래하라.'라고 하였는데, 주에 우빈은 송장가곡이다.[公孫夏命其徒歌虞殯, 注虞殯送葬歌曲.]"라고 하였다.

135 홰나무 그늘 : 주(周)나라 때 삼공(三公)이 궁정(宮庭)의 느티나무 세 그루를 정면으로 향한 위치에서 조회(朝會)를 하곤 하였으므로, 삼괴(三槐)가 삼공(三公)의 대명사로 쓰이게 되었다. 심희수가 우의정과 좌의정을 역임하였으므로 이렇게 말한 것이다.

136 우러러본 : 가액(加額)은 백성들이 이마에 손을 얹고 멀리서 바라보는 것으로, 매우 인망(人望)이 높은 재상을 공경하는 것을 뜻한다. 송(宋)나라 사마광(司馬光)이 낙양(洛陽)에 사는 15년 동안 예궐(詣闕)할 때마다, 위사(衛士)들이 모두 손을 이마에 얹고 공경스럽게 바라보면서 "이분이 사마 상공(司馬相公)이시다."라고 한 데서 유래하였다. 《宋史 卷336 司馬光列傳》

포구에서

漁浦

붉은 누다락 높은 난간[137] 용궁을 누르고	朱樓危檻壓龍宮
포구의 고기 모는 소리[138] 꿈에 들어오네	漁浦鳴榔入夢中
하늘가 흰 구름 보고 사공이 말하기를	天際白雲舟子語
내일 아침에 좋은 반돛 바람[139] 분다 하네	明朝好是半帆風

137 붉은……난간 : 어선을 형용한 말이다.

138 고기 모는 소리 : 명랑(鳴榔)은 고기가 놀라서 그물 속으로 들어가도록 뱃전에서 노를 치며 소리를 내는 것을 말한다.

139 반돛 바람 : 돛에 반쯤 찰 수 있는 바람이다. 소식(蘇軾)의 《동파전집(東坡全集)》 권22 〈자호협조풍(慈湖夾阻風)〉에 "누워서 보니 떨어진 달빛이 천 길 물에 걸렸고, 일어나 맑은 바람을 불러 반 범을 얻었어라.〔臥看落月橫千丈, 起喚淸風得半帆.〕"라고 하였고, 송나라 양만리(楊萬里)의 《성재집(誠齋集)》 권16 〈주행득풍만지영주(舟行得風晩至靈州)〉에 "해신이 나를 잘 전별하여, 반 돛의 바람을 빌려 주도다.〔海神能餞我, 借與半帆風.〕"라고 하였다.

가을 생각

秋思

적적한 긴 행랑에 맑은 가을 느껴지는데	長廊寂寂感淸秋
주렴 너머 유성이 망루 스쳐가네	簾外流星過戍樓
쓸쓸한 뿔피리 소리 천 리 꿈에 불어대고	孤角暗吹千里夢
멀리서 다듬이질 소리 한 해 근심 두드리네	遙砧虛擣一年愁
돌아가고픈 마음 백로 내린 왕손 풀[140] 같고	歸心白露王孫草
객의 뜻은 바람 맞는 계자의 갖옷[141]인 듯	客意高風季子裘
〈괴후가〉 다 불러도 사람들 알지 못해[142]	彈盡蒯緱人不識
부질없이 칼끝에 오른 밝은 달만 바라본다[143]	空瞻明月上刀頭

140 왕손(王孫) 풀 : 한(漢)나라 회남자(淮南子)가 소산(小山)으로 분류한 시 〈초은사(招隱士)〉에 "왕손이 놀며 돌아가지 않으니, 봄풀이 무성하게 자랐네.〔王孫遊兮不歸, 春草生兮萋萋.〕"라는 표현이 나온다. 여기에서 기인하여 왕손초(王孫草)는 이별 뒤의 애수(哀愁), 먼 곳으로 떠나 돌아오지 않는 사람을 사모하는 의미로 사용된다.

141 계자(季子)의 갖옷 : 계자는 전국 시대 소진(蘇秦)의 자이다. 소진이 일찍이 진(秦)나라에 가서 벼슬하고자 진왕(秦王)에게 열 번이나 글을 올려 설득했으나, 벼슬을 얻지 못한 채 검은 담비 갖옷이 다 해지고 여비로 가져간 황금 백 근도 다 떨어지자, 마침내 진나라를 떠나 고향으로 돌아갔다는 말이 있다. 《戰國策 秦策1》 여기서는 이민구가 동래에 가서 오랜 시간 머물렀음을 표현하였다.

142 괴후가(蒯緱歌)……못해 : 좀 더 나은 대우를 요구하려다 보니, 오히려 지금의 어설픈 처지도 보장받지 못할 것 같다는 뜻이다. 괴후는 칼 손잡이를 새끼줄로 두른 것으로, 풍환(馮驩)과 관련한 고사가 있다. 76쪽 각주43 참조.

143 부질없이……바라본다 : 돌아가고 싶은 감회를 읊은 것이다. 칼머리에 고리〔環〕가 달렸는데, 환(環)은 환(還)과 음이 같아 귀환(歸還)의 의미로 사용한다.

부산의 옛 성에 오르다

登釜山故城

바닷가 성에서 시름겨워 돈대 올라 보니	海城愁思試登臺
열여덟 굽이 높은 오솔길 빙글빙글	十八盤高細路廻
천 리에 홀로 놀아 날은 저무는데	千里獨游空晼晚
늙어 가는 백년 인생 애써 배회하네	百年將老强徘徊
맑은 가을 대륙에는 변방 소리 일고	淸秋大陸邊聲起
해 지는 넓은 바다에 어둠 깔리네	落日窮溟暝色來
남쪽 끝에서 바라보니 선극[144] 아득해	南極相望杳璇極
여기 동래는 봉래[145]와 가깝네	東萊卽此近蓬萊

144 선극(璇極) : 임금의 자리, 즉 보위를 가리킨다. 여기서는 임금이 있는 도성을 상징한다.

145 봉래(蓬萊) : 바다 가운데 있다고 하는 삼신산(三神山)의 하나이다.

선위계축 12운

宣慰禊軸 十二韻

나라가 화친의 이로움[146] 누리려고 國享和戎利
조정에서 탁월한 인재 뽑았다는데 朝多說越才
어이할까 길에 나서 보니 如何臨道路
문득 이 노둔한 말에 멍에 씌웠구나 忽此駕駑駘
〈출사표〉에 장구한 계책 남았고[147] 漢表存長算
《중용》은 박하게 받는 것을 숭상했네[148] 周經尙薄來

146 화친의 이로움 : 화융(和戎)은 융족과 화친을 이룬다는 말이다. 춘추 시대 진(晉)나라 대부(大夫) 위강(魏絳)이 진 도공(晉悼公)에게 "융족과 화친하면 다섯 가지 유리함이 있다.〔和戎有五利焉〕"라고 말한 바 있다.《春秋左氏傳 襄公4年》여기서는 일본과의 화합을 의미하는 말로 사용되었다.

147 출사표(出師表)에……남았고 : 한표(漢表)는 제갈량(諸葛亮)의 〈출사표〉를 말한다. 제갈량은 이 글에서 "궁중과 부중이 일체가 되어야 하니, 잘하는 사람을 승진시키고 잘못하는 사람을 벌주는 것을 달리해서는 안 된다.〔宮中府中俱爲一體, 陟罰臧否, 不宜異同.〕"라고 하였으며, "현신을 가까이 하고 소인을 멀리 해야 한다.〔親賢臣, 遠小人.〕"라고 하였다. 여기서는 〈출사표〉의 이런 내용을 염두에 두고, 내치(內治)의 방법을 말한 것이다.

148 중용(中庸)은……숭상했네 : 주경(周經)은 주(周)나라 경서(經書)라는 말인데, 여기서는《중용장구》의 말을 인용하고 있으므로《중용》으로 풀이하였다.《중용장구》에 "끊어진 세대를 이어주고 멸망한 나라를 세워주며, 혼란을 다스리고 위태로움을 도와주며, 때에 맞게 조빙하여 보내는 예물은 후하게 하고 받는 예물은 가볍게 하는 것은 제후들을 보듬는 것이다.〔繼絶世, 擧廢國, 治亂持危, 朝聘以時, 厚往而薄來, 所以懷諸侯也.〕"라고 하였다. 여기서는《중용장구》의 이 말을 감안하여 교린(交隣)의 방법을 말한 것이다.

올빼미 소리[149] 마침내 고쳐졌는데	鴞音終見改
때까치[150]가 시기한다네	鴂舌乍聞猜
나라의 대계 공죽장[151]보다 가벼우니	廟略輕邛杖
변방의 근심을 술잔에 흩어 버리네	邊虞散酒杯
붉은 처마 아래 지친 몸 잠시 머무니	彤檐勞暫駐
검은 일산[152] 쌍으로 돌아오네	皁蓋歷雙回
그윽한 정취 어찌 놓칠까	幽事寧妨逸
나그네 시름은 도리어 달래기 쉽네	羈愁却易裁
청해관에서 가을 맞이하고	迎涼淸海館
몰운대[153]에서 해 바라보네	望日沒雲臺

149 올빼미 소리 : 효음(鴞音)은 올빼미 소리이다. 《설원(說苑)》에 "올빼미가 비둘기에게 말하기를 '서쪽에서 모두 나의 울음소리를 싫어하기 때문에 장차 동쪽으로 옮기려고 한다.'라고 하자, 비둘기가 말하기를 '네가 울음소리를 고치면 괜찮겠지만, 울음소리를 고치지 않으면 동쪽으로 옮기더라도 여전히 너를 미워할 것이다.' 하였다."라는 이야기가 있다. 여기서는 청나라를 가리키는 것으로 보인다.

150 때까치 : 격설(鴂舌)은 때까치의 소리이다. 《맹자》 〈등문공 상(滕文公上)〉에 "지금 남만의 때까치 소리를 하는 사람의 말이 선왕의 도가 아니다.〔今也南蠻鴃舌之人, 非先王之道.〕"라는 말이 나오는데, 여기서는 일본을 가리키는 말로 사용된 듯하다.

151 공죽장 : 공장(邛杖)은 대완국(大宛國)의 공(邛)이라는 지역에서 나는 대나무를 이용해 만든 지팡이를 가리킨다. 《사기(史記)》 권123 〈대완열전(大宛列傳)〉에 "장건이 말하기를 '제가 대하에 있을 때 공죽장을 보았습니다.'라고 하였다.〔騫曰, 臣在大夏時, 見邛竹杖.〕"라는 기록이 있는데, 그 주에 "이 대나무는 마디가 높고 가운데가 채워져 있어서 지팡이를 만들 수 있다.〔節高實中, 可作杖.〕"라고 하였다.

152 검은 일산 : 조개(皁蓋)는 옛날 관원이 쓰던 검은 일산을 가리킨다.

153 몰운대(沒雲臺) : 부산시 사하구 앞바다에 있던 작은 섬이다. 우리나라의 제포(薺浦)와 부산포에 왕래하는 일본 배가 경유하는 곳으로, 전략적인 요충지였다.

높이 올라 기이하고 비밀스런 이치 더듬었고	登討探奇祕
떠돌며 근원까지 다 거슬러 올라갔네	浮游極溯洄
어느덧 범경 따르다 보니[154]	居然隨泛梗
앉아서 달이 지난 줄을[155] 깨닫네	坐覺閱吹灰

154 어느덧……보니 : 이민구가 이곳저곳 떠돌아다닌다는 말이다. 범경(泛梗)은 물에 떠내려가는 나무 인형으로, 정처 없이 떠도는 생활을 가리킨다. 소진(蘇秦)이 진(秦)나라에 가려는 맹상군(孟嘗君)을 가지 말라고 설득하기 위해 들려준 토우(土偶)와 도경(桃梗)의 우화(寓話)에 "도경이 토우에게 '너는 원래 서안의 진흙이니, 사람이 너를 빚어 인형으로 만든 것이다. 그런데 곧 8월 장마철이 되어 물이 불어 이 치수까지 잠기면 풀어져 버리고 만다.'라고 하자, 토우는 '그렇지 않다. 나는 원래 서안의 진흙이니, 흙은 다시 서안으로 돌아가면 그만이다. 너는 서 동국의 도경으로 깎고 다듬어서 만든 인형이다. 비가 내리고 치수가 넘쳐 너를 떠내려가게 하면, 너는 흘러흘러 장차 어디로 갈 것인가.' 하였다.〔桃梗謂土偶人曰, 子西岸之土也, 挻子以爲人, 至歲八月, 降雨下, 淄水至, 則汝殘矣. 土偶曰, 不然, 吾西岸之土也, 土則復西岸耳. 今子東國之桃梗也, 刻削子以爲人, 降雨下, 淄水至, 流子而去, 則子漂漂者, 將何如耳.〕"라고 한 데서 나온 것이다. 《戰國策 齊策3》

155 달이 지난 줄을 : 취회(吹灰)는 재를 부는 것으로, 옛날 후기(候氣)하는 법에, 관(管)으로 갈대 재를 불어서 재가 모이고 흩어짐에 따라 기(氣)의 동함을 징험하였다. 황종(黃鐘), 대주(大簇), 고선(姑洗), 유빈(蕤賓), 이칙(夷則), 무역(無射), 대려(大呂), 협종(夾鐘), 중려(仲呂), 임종(林鐘), 남려(南呂), 응종(應鐘)의 십이율려(十二律呂)가 1년 열두 달에 짝하여, 즉 황종은 11월, 대주는 정월, 고선은 3월, 유빈은 5월, 이측은 7월, 무역은 9월, 대려는 12월, 협종은 2월, 중려는 4월, 임종은 6월, 남려는 8월, 응종은 10월에 각각 배속(配屬)되었다. 후기의 법칙에 의하면, 방 하나를 삼중으로 밀폐하고 방 안에 나무 탁자 12개를 각각 방위에 따라 안쪽은 낮고 바깥쪽은 높게 비치한다. 그리고 12개의 율관(律管)을 12개의 탁자 위에 각각 안치한 다음, 갈대 재를 각 율관의 내단(內端)에 채워 놓고 절기를 기다리면, 한 절기가 이를 때마다 해당 율관의 재가 날아 움직인다고 한다. 예컨대 11월 동지에는 황종율관의 재가 움직이고, 12월에는 대려율관의 재가 움직이게 되는 것이다. 《律呂新書》

옥빛 이슬에 푸른 오동 시들고	玉露青梧病
가을바람에 흰 줄풀 꺾이네	金風白蔣摧
도리어 화가[156]의 손에 의지해	還憑虎頭手
봉래에 온 내 모습 그리네	畫我着蓬萊

156 화가(畫家) : 호두(虎頭)는 동진(東晉)의 화가인 고개지(顧愷之)를 가리킨다. 그는 무석(無錫) 사람으로, 일찍이 호두장군(虎頭將軍)을 지냈으므로 사람들이 고 호두(顧虎頭) 또는 호두공(虎頭公)이라 불렀으며, 특히 인물화에 뛰어났다고 한다. 여기서는 호두와 같은 화가를 가리키는 말로 사용되었다.

가을날 총섭인을 풀고 임지로 돌아가는 창원 부사 금변을 전송하다

秋日 送琴昌原解攝印還任

소슬한 가을날이 여름[157] 대신하니	蕭辰遞槐序
사계절 운행 그칠 날 없네	四運無停駕
매미가 백로에 오열하니	玄蟬咽白露
만물이 다 떠나가네	萬物皆徂謝
아련하다 홀로 가는 나그네	悠哉獨往客
붉은 정자에서 이별주 나누네	別酒臨朱榭
불어대는 〈낙매곡〉[158] 원망스러운데	繁吹怨落梅
담박한 사귐 감자 먹음[159] 생각하네	淡交懷啖蔗
뱃길이 진실로 멀지 않은데	川路諒非遐
돌아가는 날개 끝내 빌리기 어렵네	歸翼終難假
마부는 새벽길 떠날 말 준비하고	僕御戒晨驂

157 여름 : 괴서(槐序)는 여름을 의미한다. 《산당사고(山堂肆考)》 권229에 "여름을 괴서라고 한다.〔夏日曰槐序〕"라는 말이 보인다.

158 낙매곡(落梅曲) : 낙매는 〈낙매곡〉이라는 악곡의 이름이다. 진(晉)나라의 환이(桓伊)가 젓대를 잘 불어 〈낙매화곡(落梅花曲)〉을 지었다고 한다.

159 감자 먹음 : 자(蔗)는 감자(甘蔗), 즉 사탕수수를 가리킨다. 감자를 먹는다는 것은 점입가경(漸入佳境)과 같은 뜻으로, 갈수록 흥미진진하다는 말이다. 진(晉)나라 고개지(顧愷之)가 사탕수수를 꼬리 부분부터 맛보자, 어떤 사람이 이유를 물으니 "점점 더 좋은 맛을 보려고 해서이다.〔漸至佳境〕"라고 대답했다는 고사에서 유래하였다. 《晉書 卷92 顧愷之列傳》

들판에는 늦가을 수확 한창이네	郊原登晩稼
자욱한 연기 대밭에 흩어지고	煙霏散叢篁
햇빛이 찬 뽕나무에 환하네	日氣明寒柘
외로운 배 아득히 떠나가니	孤帆逝遙裔
먼 물에 갈대 우거진 밤이네	水遠蒹葭夜
세밑에 서릿바람 조심하시게	歲晏愼風霜
주옥은 좋은 값 받을 날 있으리	珠玉有良價
내가 길게 노래하지 못하니	我歌不可長
노래 길어지면 눈물 떨어지리	歌長淚將下

통도사[160]에서 노닐다

游通度寺

푸르른 영원산[161] 작은 동천	蒼翠靈源小洞天
사찰[162] 가는 길 흰 구름 가에 걸렸네	招提路掛白雲邊
가을바람은 지는 잎에 맴돌고	秋風只繞將凋葉
차가운 비는 반쯤 줄어든 샘에 더해지네	寒雨猶添半落泉
진경을 한번 구경해도 도로 나그네	眞境一游還是客
명산에 오래 살아야 비로소 신선인데	名山長往始稱仙
모르겠다 관리[163]는 무슨 일 있기에	不知簪紱關何事
선방에서 열흘도 머물려 하지 않는가	未辦禪房十日眠

높은 영취산[164] 깊숙이 절간 있으니	岧嶢鷲嶺閟禪居
돌길에 이끼 자라 걸음 더디구나	石路莓苔步屧徐

160 통도사(通度寺) : 현재의 경상남도 양산시 하북면 지산리 영취산(靈鷲山)에 있는 절이다.

161 영원산(靈源山) : 영원은 신비한 약수가 샘솟는다는 영원산을 가리킨다. 여기서는 통도사가 있는 영취산을 가리키는 것으로 보인다.

162 사찰 : 초제(招提)는 범어(梵語) caturdeśa의 음역(音譯)으로, 사원(寺院)의 별칭이다. 여기서는 통도사를 가리키는 말로 사용되었다.

163 관리 : 잠불(簪紱)은 비녀와 인끈으로, 벼슬아치를 나타내는 말인데, 여기서는 이민구 자신을 가리킨다.

164 영취산(靈鷲山) : 취령(鷲嶺)은 인도(印度) 중산(中山)의 이름이다. 석가가 《화엄경(華嚴經)》을 설법한 산으로 알려져 있다. 여기서는 통도사가 있는 영취산을 의미한다.

문득 고승이 정성스레 날 반기는데	忽有高僧來款我
속세의 일은 그에게 전혀 관계없네	都無俗事可關渠
천 봉우리 수풀은 구름과 어울려 차갑고	千峯樹色和雲冷
한 골짜기 종소리 빗속에 드문드문 울리네	一壑鍾聲帶雨疏
삼번[165]이 끝내 망녕되지 않다면	若道三幡終不妄
내 장차 이 사람에게 진여[166]를 물으리라	吾將卽此問眞如

165 삼번(三幡) : 번은 불교에서 부처와 보살의 공덕을 나타내는 깃발이다. 오색으로 장식한 것으로, 불교 행사에 사용한다.

166 진여(眞如) : 진여는 진여삼매(眞如三昧)와 같은 말로, 일체의 번뇌 망상을 제거한 본연의 경지를 뜻하는 불교 용어이다.

탑전
塔殿

쓸쓸한 종소리 아득히 울리는 깊은 절간[167]	寒鍾杳杳上方深
저물녘 숲에 이내가 맑게 얽혔네	落日嵐虛祇樹林
절[168]에 우뚝한 탑 백옥처럼 빛나고	塔湧諸天標白玉
사찰[169] 의지한 정원 황금빛 펼쳐지네	園依初地布黃金
솔가지에 달 떠올라 가을 풍경 완연하고	松梢月轉三秋色
대숲 너머 샘물은 만고의 소리 머금었네	竹外泉含萬古音
이 산 근처 살아 도에 들어가려 기약했는데	住近茲山期入道
하물며 고승[170] 만나 선심을 함께 했음에야	況逢支遁共禪心

167 절간 : 상방(上方)은 본래 주지(住持)의 거처를 뜻하나, 보통 사찰의 대명사로 쓰인다.

168 절 : 제천(諸天)은 불교 사원(寺院)이나 암자의 별칭이다. 두보(杜甫)의 시에 "나무 덩굴 저 너머에 응당 암자가 있으련만, 깜깜해진 뒤에나 겨우 꼭대기에 오르겠군.〔諸天合在藤蘿外, 昏黑應須到上頭.〕"이라는 구절이 나온다.《杜少陵詩集 卷12 涪城縣香積寺官閣》

169 사찰 : 초지(初地)는 보살(菩薩)이 불과(佛果)에 이르는 52단계 중 십지(十地)의 첫 단계로서, 희환지(喜歡地)를 가리킨다. 여기서는 사찰을 뜻한다.

170 고승 : 지둔(支遁)은 진(晉)나라 고승으로, 자는 도림(道林), 본성은 관씨(關氏)인데, 여항산(餘杭山)에 은거하여 도를 닦았으며 학과 말을 좋아하였다 한다. 여기서는 지둔과 같은 고승을 가리키는 말로 사용되었다.

거문고 연주를 듣다

聞琴

미인의 열 손가락 칠현금 타는데	佳人十指七絃琴
안개비가 쓸쓸하게 대숲에 내리네	煙雨蕭蕭楚竹林
무엇보다 여기서 다 연주하지 못하는 것은	最是此中彈不盡
한 해 동안 강호에서 돌아가지 못한 마음이지	一年江海未歸心

거문고 타는 여인

琴娘

향기로운 비단 나비 무늬 수놓은 붉은 치마　香羅簇蝶繡紅裙
봄날 두구를 빼닮았네[171]　荳蔲春心已七分
거문고 잡고 한 곡조 연주하니　却把瑤琴彈一曲
마음속 흐르는 물이며 꿈속 구름일세[172]　意中流水夢中雲

171 향기로운……빼닮았네 : 거문고 타는 여인의 자태를 형용한 것이다. 두구(荳蔲)는 육두구과(肉荳蔲科)에 속하는 상록 교목이다. 약용 또는 조미료로 쓰인다. 이 꽃이 활짝 피기 전의 불룩한 상태를 함태화(含胎花)라고 하기 때문에, 나이 어린 아가씨가 임신(妊娠)한 모습에 비유하기도 한다. 여기서는 비단 치마를 입고 앉은 여인의 모습을 이 꽃의 불룩한 모습에 비유한 것이다.

172 마음속……구름일세 : 거문고 연주를 듣고 느낀 느낌을 읊은 것이다. 유수(流水)는 백아(伯牙)와 종자기(鍾子期)의 고사에 등장하는 〈유수곡(流水曲)〉을 가리키는 것으로 보인다. 몽중운(夢中雲)은 춘추 시대 초(楚)나라 양왕(襄王)과 관련된 고사이다. 양왕이 고당(高唐)에서 노닐다가 꿈속에 신녀(神女)를 만나 동침하였는데, 신녀가 떠나면서 "첩은 무산(巫山) 남쪽 높은 봉우리에 사는데, 아침에는 구름이 되고 저녁에는 비가 되어 매일 아침저녁으로 양대(陽臺) 아래에 있습니다."라고 하였다 한다. 《文選 宋玉 高唐賦》

쌍벽헌[173]

雙碧軒

아득한 벌판 산이 사방 둘렀는데	平楚茫茫山四圍
물가 밭에서 곡식 거둬 농부 돌아가네	渚田收穫野人歸
연못 깊어 그물에도 물고기 조용하고	潭深網罟魚龍靜
땅 넓으니 갈대밭에 기러기와 오리 드물다	地闊蒹葭雁鶩稀
편히 누우니 먼 강물 소리 바람에 들려오고	高枕遠江風外響
문 여니 시든 잎이 달 속에 나는구나	開門寒葉月中飛
멀리 떠나온 나그네 참으로 쓸쓸한데	羈游萬里眞蕭瑟
서리 내린 하늘가에서 옷도 마련 못했네[174]	霜露天涯未授衣

173 쌍벽헌(雙碧軒) : 현재의 경상남도 양산시 북부동에 있는 쌍벽루를 가리킨다. 누대 아래에 시내가 흐르고, 넓은 면적의 푸른 대나무가 있어 서로 마주하고 있으므로 쌍벽루라고 명명하였다.

174 옷도 마련 못했네 : 수의(授衣)는 옷을 준다는 뜻으로, 옛날에 9월이 되면 미리 겨울옷을 만들어 주었던 것을 말한다. 《시경》〈칠월(七月)〉에 "7월에 심성이 서쪽으로 내려가거든, 9월에 옷을 만들어 주느니라.〔七月流火, 九月授衣.〕"라고 하였다.

황산강을 거슬러 올라가 삼랑포에 정박하다[175]

泝黃山江 泊三郎浦

찬 물결에 비 내려 아침 내내 아득한데	涼濤挾雨渺終朝
강바람에 경쾌한 배로 백 리 멀리 왔네	風水輕檣百里遙
고향으로 돌아가려니 마음 착잡한데	故國欲歸魂藹藹
조각배로 홀로 가니 밤은 길기만 하구나	扁舟獨往夜迢迢
푸른 산 가을빛은 오직 송백뿐이고	青山晚色唯松柏
흰 이슬 찬 소리는 모두 갈대에서 들린다	白露寒聲盡葦蕭
이별로 애간장 끊어진 뒤인데	政是別離腸斷後
누가 강가에서 또 퉁소 불어대나	何人江上更吹簫

175 황산강(黃山江)을……정박하다 : 황산강은 낙동강의 옛 이름이고, 삼랑포(三浪浦)는 현재의 경상남도 밀양시 삼랑진읍 지역이다. 1622년(광해군14) 가을 이민구가 선위사의 임무를 마치고 한양으로 돌아가는 길에 지은 시이다.

정현곡의 집에서 자고 새벽에 대탄을 지나가다[176]

宿鄭玄谷 曉過大灘

달빛 타고 외로운 길 가노라니	乘月發孤征
뱃전 치는 여울 소리 어둠 속에 울린다	激舟湍暗鳴
숲 경치 짙은 안개 속에서 나오고	林光開杳靄
물기운 투명하게 떠오르네	水氣泛虛明
골짜기 돌아 온 산이 빨리 지나가고	峽轉萬峯疾
모래 차가워 기러기 떼 놀라네	沙寒群雁驚
타향에서 해를 넘긴 사람	異鄕經歲眼
백 리 앞에 도성 보인다	百里見神京

176 정현곡(鄭玄谷)의……지나가다 : 정현곡은 정백창(鄭百昌, 1588~1635)으로, 본관은 진주(晉州), 자는 덕여(德餘), 호는 현곡이다. 인조(仁祖)의 장인 한준겸(韓浚謙)의 사위로, 폐모론(廢母論)이 일어나자 현재의 양주인 양근(楊根) 대탄(大灘) 가에 물러나 살면서 임숙영(任叔英), 이식(李植) 등과 교유하였다. 또한 1623년(인조1) 10월에 이민구와 함께 사가독서(賜暇讀書)하였다.《東州集 文集 卷10 京畿觀察使玄谷鄭公墓碣銘 幷序》

조정으로 돌아온 지 사흘 만에 바로 한 원수[177]의 막부 종사관에 임명되다

還朝三日 旋被韓元帥幕辟

관문 지키려니[178] 원대한 뜻에 부끄러운데	封關慙遠志
보잘것없는 재주로 변방으로 나가네	出塞仗麤材
안장 얹은 말 참으로 내게 맞지 않으니	鞍馬眞相負
공명은 들려오지 않겠구나	勳名却不來
파도치는 동해에서 꿈꾸었는데[179]	波濤東海夢
눈비 오는 북문에서 술 마시겠네	雨雪北門杯

177 한 원수(韓元帥) : 한준겸(韓浚謙, 1557~1627)으로, 본관은 청주(淸州), 자는 익지(益之), 호는 유천(柳川)이다. 선조(宣祖)로부터 영창대군(永昌大君)의 보필을 부탁받은 유교칠신(遺敎七臣)의 한 사람이다. 1613년(광해군5) 계축옥사에 연루되어 고향으로 쫓겨났다가 1617년에 유배되었다. 1621년 오랑캐 침입의 위험이 있자, 이에 대비할 적임자로 뽑혀 유배지에서 지중추부사(知中樞府事)에 임명되었고, 오도 도원수(五道都元帥)가 되어 국경 수비에 힘썼다. 《東州集 文集 卷8 領敦寧府事西平府院君韓文翼公墓誌銘 幷序》

178 관문 지키려니 : 봉관(封關)은 관문을 지킨다는 의미이다. 《후한서(後漢書)》 권43 〈외효열전(隗囂列傳)〉에, 원수(元遂)가 외효에게 유세하기를 "제가 흙덩어리 하나를 가지고 대왕을 위해 동쪽의 함곡관을 지키겠습니다.〔元請以一丸泥, 爲大王東封函谷關.〕"라고 하였다.

179 파도치는 동해에서 꿈꾸었는데 : 이민구는 1622년(광해군14) 정월에 동래에 오는 일본 사신 남당(南堂)과 승려 현방(玄方)을 맞이하는 선위사에 임명되었다. 그는 1621년 겨울에 서울에서 출발하여 임무를 마치고 1622년 9월에 돌아왔다. 동해에서 꿈꾸었다는 것은 당시 선위사의 임무로 동래에 갔던 일을 말한다.

해마다 나랏일 하느라	只爲頻年役
고운 얼굴 나도 모르게 늙는다	容華暗裏催

동주집

전집 제2권

詩 시

계해년(1623, 인조1) 개옥(改玉 인조반정) 뒤에 장만(張晩)[1] 공을 추대[2]하여 도원수로 삼았고, 나는 김기종(金起宗)[3] 군과 함께 막부의 종사관에 임명되었다. 겨울에 이르러 막부에 부임하였는데, 이듬해 갑자년(1624)에 역적 이괄(李适)이 군사를 동원하여 반란을 일으켰다. 당시 나는 강가를 순찰하다가 반란이 일어났다는 소식을 듣고, 밤낮없이 분주히 다니느라 말에 기대어 글 지을 겨를도 없었다.[4] 지금은 또 세월마저 오래 흘러 기록해 놓은 것이 매우 적다. 애오라지 그때의 일을 기록한다.

1 장만(張晩) : 1566~1629. 본관은 인동(仁同), 자는 호고(好古), 호는 낙서(洛西)이다. 인조가 등극한 뒤에 도원수에 임명되어, 원수부를 평양에 두고 후금의 침입에 대비하였다. 《澤堂集 別集 卷6 議政府右贊成玉城府院君張公晩墓誌銘 并序》

2 추대 : 퇴곡(推轂)은 임금이 도성 밖으로 장수를 떠나보낼 때, 수레바퀴를 밀어 주면서 "성곽의 문지방 안은 과인이 처리할 터이니, 그 바깥은 장군이 알아서 처리하라.〔閫以內者, 寡人制之, 閫以外者, 將軍制之.〕"라고 당부하며 전권을 위임했던 고사에서 나온 말이다. 《史記 卷102 馮唐列傳》

3 김기종(金起宗) : 1585~1635. 본관은 강릉(江陵), 자는 중윤(仲胤), 호는 청하(聽荷)이다. 1624년(인조2) 관서 도원수(關西都元帥) 장만이 이괄(李适)의 난을 평정할 때 종사관으로 종군하여 공을 세웠다.

4 말에……없었다 : 의마(倚馬)는 말에 기대어 문장을 짓는 것을 말한다. 《세설신어(世說新語)》 〈문학(文學)〉에 "환선무가 북으로 정벌할 때, 원굉이 종군하였다가 책임을 지고 면관되었다. 마침 노포문을 지을 일이 있으므로, 원굉을 불러 말 앞에 기대어 짓게 하였는데, 붓을 멈추지 않고 금세 종이 일곱 장에 지으니 자못 볼 만하였다.〔桓宣武北征, 袁宏時從, 被責免官. 會須露布文, 喚袁倚馬前令作, 手不輟筆, 俄得七紙, 殊可觀.〕"라는 내용이 보인다.

원수 장만의 출사가

張元帥出師歌

그대 보지 못했나 서쪽 가는 원수의 첫 출정 君不見征西元帥初出師
북문[5]에서 수레 밀어 주실 때와 흡사하네 頗似鑿門推轂時
등단은 한나라 장수 추대에서 시작되었고[6] 登壇本自推漢將
지방관 나가서는 주시 읊는 소리 들었네[7] 出牧還聞詠周詩
이미 오융 호령하여 둔위 설치하고 已令五戎設屯衛
다시 천승 이끌고 길을 나서네 更勞千乘臨郊岐
저물녘 늘어선 의장[8] 순찰로 둘러 晚排仙仗匝徼道

5 북문 : 착문(鑿門)은 옛날에 장군이 출전할 때 행했던 여러 가지 엄숙한 의식과 행사의 하나이다. 《회남자(淮南子)》〈병략훈(兵略訓)〉에 "장군이 임금에게 부월(斧鉞)을 받고 나서, 수염을 깎고 명의(明衣)를 입고 흉문(凶門)을 뚫고 나간다."라고 하였고, 그 주(註)에 "흉문은 북으로 나가는 문이다. 장군의 출전은 상례(喪禮)로 처하니, 필사(必死)를 결의해서이다."라고 하였다.

6 등단(登壇)은……시작되었고 : 등단은 단에 오른다는 말로, 군대의 대장이 된다는 말이다. 한장(漢將)은 회음후(淮陰侯) 한신(韓信)을 가리킨다. 가난하게 살던 한신이 소하(蕭何)의 추천으로 대장이 될 때, 소하는 유방(劉邦)으로 하여금 단을 만들고 예식을 행하여 그의 권위를 높여주게 하였다. 《史記 卷92 淮陰侯列傳》

7 지방관……들었네 : 장만이 외직으로 나가 선정을 베푼 것을 말한다. 《시경》에 지방관이 선정을 베풀어 백성들이 칭송하는 것을 읊은 시로 〈감당(甘棠)〉이 있다. 주 무왕(周武王) 때 소공(召公) 희석(姬奭)이 서백(西伯)이 되어 남쪽 나라들을 순행하며 문왕(文王)의 정사를 펴던 중에 가끔 팥배나무 밑에서 휴식을 취하곤 하였는데, 그가 떠난 뒤에 백성들이 그의 은덕을 기려 그 팥배나무를 소중히 여겼던 고사가 있다. 장만은 지방관으로 봉산 군수와 함경 감사 등을 역임하였다.

장전은 가만있고 구름 그늘 흘러가네[9] 帳殿不動雲陰移
줄지은 장교와 병사들 말없이 조용하고 列校伍旅靜無譁
시내와 산에 비바람 따르네 川渟嶽鎭風雨隨
갈관 쓴 호위무사 모두 힘 넘치고[10] 鶡冠羽從俱淋漓
임금의 시선[11] 온화하게 궁궐[12]에 빛나네 天顧穆然光軒墀
원수를 임금[13] 가까이 부르시니 勅召元帥近黼座

8 의장 : 선장(仙仗)은 임금의 주변에 설치한 의장을 말한다.

9 장전(帳殿)은……흘러가네 : 장전은 임금이 왕궁을 떠나 임시로 장막을 쳐서 만든 행궁(行宮)을 말한다. 이 구절은 장만이 출정하는 행사장의 모습을 읊은 것으로, 운음(雲陰)은 의장용으로 세워 둔 깃발의 그림자를 말하는 것으로 보인다.

10 갈관(鶡冠)……넘치고 : 갈관은 할단새의 깃으로 장식한 관이다. 할단새는 꿩과에 속하는 새로, 용감하여 싸우면 죽을 때까지 그치지 않는다. 그러므로 옛날 무관(武官)이 쓰는 관의 장식에 그 깃을 썼다. 우종(羽從)은 우림군(羽林軍)이 따른다는 말이다. 우림은 금위군(禁衛軍)을 가리키는데, 한 무제(漢武帝) 때 농서(隴西) 등 육군(六軍)에서 양가집 자제를 뽑아 건장궁(建章宮)을 숙위하게 하여 건장군기(建章軍騎)라 부르고, 뒤에 이름을 우림기(羽林騎)라 바꾼 것에서 유래하였다. 당(唐)의 송지문(宋之問)이 지은 〈용문응제(龍門應制)〉에 "용문을 뚫고 도성 밖으로 나가자, 씩씩한 우림 군사 행차를 호위하네.〔鑿龍近出干城外, 羽從淋漓擁軒蓋.〕"라는 구절이 있다. 《唐詩品彙 卷25》

11 임금의 시선 : 천고(天顧)는 천자의 은혜로운 보살핌이라는 말로, 여기서는 출정을 바라보는 임금의 시선으로 풀이하였다. 남조 송(南朝宋) 안연지(顔延之)의 〈배릉묘작(拜陵廟作)〉에 "곁에서 모실 때 임금께서 돌아보셨고, 조정 연회에 임금의 마음 흘렀네.〔陪厠迴天顧, 朝讌流聖情.〕"라고 하였는데, 그 주에 "연년이 조정에서 곁에 따르며 모실 때 황제께서 돌아보며 알아주셨고, 조정에서 연회를 할 때 흐르는 임금의 정이 넉넉하였다.〔延年陪厠朝廷之間, 爲帝顧遇, 朝讌之時, 皆流聖情優也.〕"라고 하였다. 《文選 卷23》

12 궁궐 : 헌지(軒墀)는 임금이 있는 전각 앞의 뜰을 말한다.

13 임금 : 보좌(黼座)는 어좌(御座) 뒤에 보의(黼扆)를 치는 데서 온 말로, 어좌 혹은

금갑과 패대 어찌 그리 눈부신가 金甲貝帶何陸離
수형[14]의 좋은 음식 펼쳐 놓으니 水衡宿饌光祿陳
궁중의 법주에 술 항아리[15] 기울이네 宮壺法酒傾鴟夷
휘장 앞 부대의 많은 용사들 帳前部曲萬貔貅
내려 주신[16] 성은이 살 속까지 스며드네 恩波下濟皆淪肌
칼집 속의 장검 하늘에 휘둘러 匣中長劍倚天揚
어두운 무지개[17] 끊어 건유[18] 바루라며 斬斷陰虹整乾維
손수 공에게 하사하니 공이 절하고 받으며 手提賜公公拜受
늙고 병들어 큰 은혜 부끄럽다 하네 臣老且病慙鴻私
군대 규율 위엄 더해 구벌[19] 이루려 師律增威九伐成

임금을 일컫는다.

14 수형(水衡) : 한 무제(漢武帝) 때 설치한 관직으로, 황실(皇室)의 재물과 주전(鑄錢)을 담당하였다. 수형의 관아에 저장한 돈은 모두 임금의 사장(私藏)에 해당한다.

15 술 항아리 : 치이(鴟夷)는 말가죽으로 만든 술 부대인데, 술 항아리를 의미한다.

16 내려 주신 : 하제(下濟)는 《주역》 〈겸괘(謙卦) 단(彖)〉에 "천도는 아래로 행하여 광명한 것이다.〔天道下濟而光明〕"라고 한 데서 온 말로, 위에서 아랫사람들에게 은혜를 베푸는 것을 의미한다.

17 어두운 무지개 : 음홍(陰虹)은 간사하고 아첨하는 신하를 비유하는 말로 쓰인다. 이백(李白)은 〈오월동로행답문상옹(五月東魯行答汶上翁)〉에서 "서쪽으로 돌아가매 곧은 길로 가는데, 지는 해가 무지개에 가려 어둡네.〔西歸去直道, 落日昏陰虹.〕"라고 하였다. 《李太白文集 卷15》

18 건유(乾維) : 하늘을 유지하여 받들고 있는 큰 벼리라는 뜻으로, 임금의 권위, 조정의 기강 등을 상징한다.

19 구벌(九伐) : 천자가 제후의 죄악을 징벌하는 아홉 가지 토벌을 말한다. 《주례(周禮)》 〈하관(夏官) 사마(司馬)〉에 "약자를 침범하면 국토의 일부를 빼앗고, 어진 이를 해치면 정벌하고, 폭정을 하거나 침릉을 자행하면 내쫓고, 땅이 황폐하고 백성이 흩어

군사들 함성 지르며 달려가네	介胄吐氣千夫馳
온 도성 사람 구경 나와 먼지와 섞이니	傾都縱觀黃塵合
해를 가려 뜨거운 햇살 사라지네	排蕩日宇韜炎曦
살아 있는 노인들 눈물 흘리며	百年遺老但垂淚
옛날 들은 일을 지금 본다 하네	此事昔聞今見之
전에 공께서 난리를 평정치 못했다면[20]	向微我公能撥亂
성대한 예를 어찌 공연히 베풀겠는가	盛禮豈肯虛相施
우리 공은 하늘이 영웅의 의표 주셨으니	我公天與英雄表
번쩍이는 섬광[21]으로 세 변방 맑히시리	揮霍列缺淸三陲
비책을 이하서에서 전수받았으니[22]	祕略曾傳圯下書
변방 방어는 산음의 바둑에 부치리[23]	邊機獨付山陰棋

지면 봉지를 깎고, 지형의 험함을 믿고 복종하지 않으면 치고, 친척을 해치면 그 죄를 다스리고, 그 임금을 시해하면 죽이고, 명령을 범하고 법을 무시하면 이웃나라와 교제를 끊게 만들고, 내외가 혼란하여 금수 같은 짓을 하면 주멸한다.〔馮弱犯寡則眚之, 賊賢害民則伐之, 暴內陵外則壇之, 野荒民散則削之, 負固不服則侵之, 賊殺其親則正之, 放弑其君則殘之, 犯令陵政則杜之, 外內亂鳥獸行則滅之.〕"라고 하였다.

20 전에……못했다면 : 1618년(광해군10) 6월 13일에 장만은 부체찰사에 임명되어 관서 지방으로 나간 일이 있다.

21 섬광 : 열결(列缺)은 하늘이 찢어져 이지러진다는 뜻에서, 번개의 별칭으로 쓰인다. 《초사(楚辭)》 〈원유(遠遊)〉에 "위로 열결에 이름이여, 아래로 큰 골짜기를 바라본다.〔上至列缺兮, 降望大壑.〕"라고 하였다.

22 비책을 이하서(圯下書)에서 전수받았으니 : 장만이 병법에 뛰어남을 말한 것이다. 이하서는 흙다리 밑의 병서(兵書)라는 뜻으로, 《태공병법(太公兵法)》을 가리킨다. 한(漢)나라의 개국 공신 장량(張良)이 황석공(黃石公)이라는 노인의 신발을 흙다리 밑에서 주워 준 인연으로, 태공의 병법을 전수받은 고사가 있다. 《史記 卷55 留侯世家》

23 변방……부치리 : 장만이 변방의 방어를 능숙하게 해낼 수 있다는 비유적 표현이

허리에 금두[24]의 장군인 차고 腰懸金斗將軍印
적우기와 초요기[25] 앞세웠네 前擁赤羽招搖旗
초와 진의 좋은 인재[26] 진군하니 楚材晉良啓戎行
학렬진[27]으로 펴고 어리진[28]으로 이었네 綴以鶴列承魚麗
멀리 수레 몰아 유도[29]로 달려가니 長驅雷轂轥幽都

다. 전진(前秦)의 부견(苻堅)이 백만 대군을 이끌고 쳐들어 왔을 때, 동진(東晉)의 정토대도독(征討大都督) 사안(謝安)이 작전 계획을 이미 시달해 놓고 조용히 바둑을 두고 있었는데, 승전했다는 보고를 받고서도 동요하는 일이 없이 바둑을 다 끝마쳤다는 고사가 있다. 《晉書 卷79 謝安列傳》

24 금두(金斗) : 금두는 금인(金印)을 가리킨다.

25 적우기(赤羽旗)와 초요기(招搖旗) : 적우기는 붉은 깃을 꽂은 깃발을 말한다. 초요기는 푸른 바탕에 흰 무늬로 7성(星)을 그리고 흰 빛깔로 불꽃을 나타내는데, 장군을 부를 때에 쓴다. 대장 이하도 모두 가지고 있으며, 바탕의 빛깔은 각 방위의 빛깔을 따르는데, 다만 크고 작은 구별이 있다.

26 초(楚)와……인재 : 무리의 숫자가 많고 씩씩함을 표현하는 말이다. 춘추 시대 초나라와 진(晉)나라의 패권(霸權)이 길고 크기 때문에 이렇게 표현하였다. 《명문해(明文海)》 권19에 "초나라의 인재와 진나라의 어진 사람이 그 무리가 억 뿐만이 아니다.〔楚材晉良, 其麗不億.〕"라고 하였다.

27 학렬진(鶴列陣) : 진법(陣法)의 하나이다. 《장자(莊子)》 〈서무귀(徐无鬼)〉에 "반드시 여초(麗譙)의 사이에 학렬을 치라는 법은 없을 것이다."라고 하였다.

28 어리진(魚麗陣) : 고대 진법(陣法)의 하나이다. 마치 물고기 비늘처럼 전차(戰車) 사이의 간격을 보병(步兵)으로 빈틈없이 메워 전진하는 진법으로, 지극히 견고하고 치밀하여 필승을 기약할 수 있다고 한다.

29 유도(幽都) : 요 임금 때 북쪽에 있는 연경(燕京)을 유도라고 불렀다. 《서경》 〈요전(堯典)〉에 "거듭 화숙에게 명하여 삭방에 머물게 하시니, 유도라고 하는 곳이다.〔申命和叔, 宅朔方, 曰幽都.〕"라는 말이 있다. 여기서는 장만이 팔도 도원수에 임명되어 부임하고, 당시 도원수는 평양에 있었으므로, 유도는 평양을 가리킨다.

사문성 북쪽 끝에 빛을 드리우네[30] 師門北落光下垂
말갈 동쪽과 관서 지방에서 靺鞨之東關以西
오직 상황에 맞게 군사 지휘하네 軍事節度唯便宜
이미 명성으로 천교를 두렵게 하였으니[31] 已報先聲讋天驕
응당 긴 인끈을 월지국에 매리라[32] 應將長組繫月支
기린각에 새겨질 공훈을 거두어 全收麟閣丹靑業
전쟁[33] 걱정하는 임금께 일찍 보답하리 早答君王鼙鼓思
막부에 종사해도 말을 알지 못하는데[34] 幕裏從事不記馬

30 사문성(師門星)……드리우네 : 사문(師門)은 군대의 문이라는 뜻이고, 북락(北落)은 북방의 끝이라는 의미이다. 북락 사문성이라 하여 우림성(羽林星) 서남쪽에 있는 별이름을 의미하기도 한다. 여기서는 장만의 위의(威儀)가 북쪽 변방에 빛날 것이라는 의미이다.

31 이미……하였으니 : 선성(先聲)은 먼저 소문을 내서 적의 기세를 꺾는 것이다. 천교(天驕)는 세력이 강대한 북방의 오랑캐를 가리키는 말이다. 한 무제(漢武帝) 때 흉노의 선우(單于)가 글을 보내면서 "남쪽에는 큰 한나라가 있고, 북쪽에는 강한 호가 있으니, 호는 바로 하늘의 교만한 자식이다.〔南有大漢, 北有强胡, 胡者天之驕子也.〕"라고 자칭했다는 데에서 유래한 것이다.《漢書 卷94 匈奴傳》 여기서는 장만의 명성만으로도 이미 북쪽 오랑캐들의 기세를 꺾었다는 의미이다.

32 응당……매리라 : 월지(月支)는 월지(月氏)라고도 하는데, 옛날 서역(西域)에 있었던 나라 이름이다. 본래 돈황(燉煌) 지방에 살았는데, 흉노(匈奴)에 쫓겨 현재의 인도(印度) 지역으로 이주하였다.《정운(正韻)》에 "월지는 대완(大宛)의 서쪽에 있다."라고 하였다. 월지국까지 평정하기를 기원하는 의미이다.

33 전쟁 : 비고(鼙鼓)는 기병(騎兵)이 말 위에서 치는 소고(小鼓)를 뜻하는데, 여기서는 전쟁을 의미한다.

34 말을 알지 못하는데 : 진(晉)나라 왕휘지(王徽之)의 고사이다. 왕자유가 거기장군(車騎將軍) 환충(桓沖)의 기병참군(騎兵參軍)으로 있으면서, 머리는 쑥대처럼 하고 허리띠는 풀어헤친 채 자기 직무를 돌보지 않고 있었다. 환충이 "그대는 무슨 관서(官

외람되이 편미[35] 받들고 도원수 모시네 謬奉鞭弭陪戎麾

방패 손잡이에 먹 갈아 격문 써서[36] 草檄空磨盾鼻墨

숨겨진 재주 드러내고[37] 處世欲脫囊中錐

署)를 맡았는가?"라고 묻자, "무슨 관서인지는 모르겠지만 늘 말을 끌고 오는 것을 보니, 아마도 마조(馬曹)인 듯합니다."라고 하였다. 또 "관서에는 모두 얼마의 말이 있는가?"라고 하자, "말을 상관하지 않으니 어떻게 그 숫자를 알 수 있겠습니까."라고 하였다. 또 "말이 근래 얼마나 죽었는가?"라고 하자, "산 것도 모르는데 죽은 것을 어떻게 알겠습니까."라고 하였다.《世說新語 簡傲》이 고사는 말을 관장하는 부서에 있으면서 말을 기억하지 못한다는 뜻으로, 기조불기마(騎曹不記馬)라고 한다. 두보(杜甫)의 〈기종손숭간(寄從孫崇簡)〉에 "우리 손주는 기조에서도 말을 알지 못하고, 일은 시향에서 배워 닭을 많이 기른다.〔吾孫騎曹不記馬, 業學尸鄕多養雞.〕"라고 하였다.

35 편미(鞭弭) : 말채찍과 꾸미지 아니한 활로, 왕의 행차 때 쓰던 도구들인데, 전하여 임금의 곁에서 모시는 것을 말한다. 춘추 시대 진(晉)나라의 공자 중이(重耳)가 곤란에 처하여 초나라로 가게 되었을 때, 초나라의 임금에게 도와 달라고 요청하며 "제가 만일 군주님의 은혜로 진나라로 되돌아가게 된다면, 나중에 진나라와 초나라가 싸울 적에 저는 군주님을 피하여 90리를 물러가겠습니다. 그래도 군주님께서 싸움을 그만두지 않고자 한다면, 그때에는 왼편에는 채찍과 활을 들고 오른편에는 화살집과 칼집을 차고서 군주님과 겨루어 보겠습니다."라고 하였다.《春秋左氏傳 僖公23年》

36 방패……써서 : 짧은 시간에 훌륭한 격문을 지어냄을 의미한다. 남북조 시대 양(梁)나라 무제(武帝)의 어릴 적 친구인 순제(荀濟)가 결코 무제에게 뒤떨어지지 않는다는 자부심을 과시하며 "나는 방패 손잡이 위에다 먹을 갈아 격문을 써서 그를 성토할 수 있다."라고 한 고사가 있다.《資治通鑑 卷160 梁紀》

37 숨겨진 재주 드러내고 : 낭중지추(囊中之錐)와 관련된 고사를 사용하여, 이민구 자신의 능력을 펼쳐보겠다는 다짐이다. 전국 시대 조(趙)나라 평원군(平原君)이 문객인 모수(毛遂)에게 "어진 선비가 세상에 살아가는 것은 비유하자면 송곳이 주머니 속에 들어 있어서 그 끝을 당장 볼 수 있는 것과 같다. 지금 당신이 나의 문하에 있은 지 3년이나 되었는데, 아무도 당신을 칭송한 일이 없고 나도 들은 바가 없으니, 이는 당신에게 특별한 것이 없어서이다.〔夫賢士之處世也, 譬若錐之處囊中, 其末立見. 今先生處勝之門下三年於此矣, 左右未有所稱誦, 勝未有所聞, 是先生無所有也.〕"라고 하자, 모

공이 공 이루고 개선하는 날[38] 기다려	待公功成飮至日
공을 위해 공적비[39] 다시 새기리라	爲公重勒燕然碑

수가 "내가 진작 주머니 속에 들어갈 수만 있었다면 송곳 자루까지 다 나왔을 것이요, 그 끝만 보일 뿐이 아니었을 것이다.〔使遂蚤得處囊中, 乃穎脫而出, 非特其末見而已.〕" 라고 하였다. 그 뒤에 평원군과 함께 초나라에 가서 뛰어난 실력을 발휘하여 크게 인정을 받은 고사가 전한다.《史記 卷76 平原君列傳》

38 개선하는 날 : 음지(飮至)는 전장에서 돌아와 종묘에 고하고 술을 마시는 것이다. 《춘추좌씨전》 환공(桓公) 2년 기사에 "출전할 때에 종묘에 고하고, 개선해서 종묘에 고하고는 술을 마신 다음, 술잔을 놓고 공을 책훈하는 것이 예이다.〔凡公行, 告于宗廟, 反行, 飮至, 舍爵, 策勳焉, 禮也.〕"라고 하였다.

39 공적비 : 연연비(燕然碑)는 북방 오랑캐를 크게 격파하고 기념으로 세우는 비문을 뜻한다. 후한(後漢)의 두헌(竇憲)이 북선우(北單于)와 전투를 벌여, 1만 3천 급(級)을 베고 20여만 명을 포로로 잡는 등 대승을 거두었다. 그 후 연연산(燕然山)에 올라 반고(班固)로 하여금 글을 지어 기념비를 세우게 하였다.《後漢書 卷53 竇憲列傳》

저탄[40] 기행 10수

猪灘紀行 十首

들녘 해 쓸쓸히 저물고　野日蕭蕭暮
강바람 씽씽 차갑게 부네　江風蔌蔌寒
배 저어 구름 낀 절벽에 다가가니　移舟近雲壁
여울가에 아전들 마중 나왔네　候吏傍沙灘
계곡으로 두 깃발[41] 멀리까지 이끌고　谷引雙旌遠
깎아지른 절벽은 험난한 장벽이구나　厓懸一障難
해마다 말 탄 나그네는　頻年馬行客
감히 서울 바라보지 못하네　不敢望長安

2

피리와 북소리 다급히 들려오니　笳鼓催相送
먼지도 애써 참노라　塵埃强自寬
군대 일[42] 뒤늦게 만났으나　行間雖晚遇
몸 밖의 일은 덧없는 기쁨인 것을　身外卽浮懽
밤새 급보[43]에 놀라고　羽檄通宵警

40 저탄(猪灘) : 황해도 평산(平山)에 있는 예성강의 지류이다.

41 두 깃발 : 쌍정(雙旌)은 지방관이 되어 부임하는 것을 말한다. 당(唐)나라 때에 절도사나 관찰사에게는 조정을 하직하는 날 쌍정과 쌍절(雙節)을 하사하였다. 《新唐書 卷49 百官志》

42 군대 일 : 항간(行間)은 항오(行伍)의 사이라는 뜻으로, 군중(軍中)을 가리킨다.

세모에 갖옷은 해졌네 貂裘逼歲殘
서쪽 하늘에 태백성 떠 있으니[44] 金天有太白
다시 수루에 올라 바라보네 更上戍樓看

3

절제는 적이 없게 하는 데 있다 하니 節制懸無敵
도검[45]이 감히 속였겠는가 韜鈐敢自欺
관군이 방어한 지 한 달인데 官軍防月滿
부격[46]은 성화같이 달려오네 府檄奉星馳
머리 세었지만 어찌 병을 핑계할까 華髮寧辭病
낮은 벼슬[47]이나 대단히 어리석지는 않다네 青衫未博癡

43 급보 : 우격(羽檄)은 새의 깃을 꽂아서 나는 듯이 빨리 전한다는 뜻으로 만든 군사상의 격문이다.

44 서쪽……있으니 : 금천(金天)의 금은 서방을 나타내므로, 금천은 서쪽 하늘이다. 태백(太白)은 태백성으로, 금성(金星)의 별칭이며 장경(長庚)이라고도 한다. 저녁 무렵 서쪽 하늘에 가장 밝게 빛나는 별이다.

45 도검(韜鈐) : 태공망(太公望)의 병서(兵書)에 나오는 〈육도(六韜)〉와 〈옥검(玉鈐)〉의 병칭으로, 병법이나 용병술을 뜻한다.

46 부격(府檄) : 관부(官府)에서 징소(徵召)하는 격문(檄文)을 이른다. 후한(後漢) 때 효행이 뛰어났던 모의(毛義)가 노모를 봉양할 적에, 관부로부터 그를 수령(守令)으로 징소하는 격문이 이르자, 노모의 봉양을 위해 매우 기뻐하며 취임했다가, 노모가 죽은 뒤에는 벼슬을 그만두고 끝내 은거했던 고사가 있다. 《後漢書 卷69》

47 낮은 벼슬 : 청삼(青衫)은 품계가 낮은 관원의 복장을 가리킨다. 보통 실의에 빠진 하급 관리의 심정을 비유할 때 많이 쓰는데, 당나라 백거이(白居易)의 고사에서 연유한 것이다. 백거이가 강주(江州)의 사마(司馬)로 좌천되었을 때 지은 〈비파인(琵琶引)〉에 "좌석에서 제일 많이 운 사람이 누구인가, 강주 사마 푸른 적삼 눈물 젖어 축축하네.〔座

서릿바람 무릅쓰고 변방 나서니　　風霜出塞道
학질 귀신도 따라오누나　　瘧鬼却相隨

4
눈 올 기미에 행차 재촉하는데　　雪意催行色
변방 걱정에 낯빛 일그러지네　　邊虞入苦顔
바람은 들 너머 물 흔들고　　風驚野外水
해는 말머리 산으로 숨는구나　　日隱馬前山
오래 병 앓았으니 몸이야 아까우랴만　　久病身何惜
먼 길에 꿈만 홀로 돌아가네　　長征夢獨還
이제야 알겠구나 반정원이　　始知班定遠
늙어 양관 바라보던 마음을[48]　　垂老望陽關

5
기실[49]이 공명은 적어도　　記室功名薄

中泣下誰最多, 江州司馬青衫濕.〕"라는 구절이 나온다.《白香山詩集 卷12》

48 이제야……마음을 : 이민구가 집으로 돌아가고 싶은 마음을 표현한 것이다. 반정원(班定遠)은 후한(後漢) 때 서역(西域)에 종군하여 50여 나라를 평정하고 정원후(定遠侯)에 봉해진 반초(班超, 33～102)를 가리킨다. 반초가 오랫동안 변방에서 지방관으로 있다가, 늙어서는 고향 생각이 나서 상소하기를 "신이 감히 주천군을 바라지는 않으나, 단지 살아서 옥문관을 들어갈 수 있기를 원합니다.〔臣不敢望酒泉郡, 但願生入玉門關.〕"라고 하였다.《後漢書 卷77 班超列傳》

49 기실(記室) : 기록에 관한 사무를 담당하는 관리로, 지금의 서기(書記)나 비서관을 가리킨다. 진(晉)나라 원굉(袁宏)이 대사마(大司馬) 환온(桓溫)의 기실 참군(記室參軍)으로 있으면서, 포고문 작성의 지시를 받고는 곧장 말에 기대어 민첩하게 지어내

관문 지킨 세월 오래라네　封關歲月遙
재주 논하자면 영탈에 부끄럽지만[50]　論才慙穎脫
병든 몸이나마 초빙에 보답하려네[51]　扶病答弓招
눈 쌓여 강 다리 끊어졌고　雪漲河梁斷
추운 날 변방의 해 흔들리네　天寒塞日搖
이미 서리 내린 귀밑머리　從來霜後鬢
객지에서 더 늘지나 않으리　不向客中饒

6

요란하구나 서쪽 가는 군사들　藉藉征西士
남아는 활을 잡아야지　男兒要挽弓
오랑캐 잡을 날 헤아릴 수 있는데　擒胡應計日

어 칭찬을 받았다는 고사가 《세설신어(世說新語)》 〈문학(文學)〉에 보인다. 여기서는 이민구가 종사관이 되었기에 한 말이다.

50 재주……부끄럽지만 : 이민구가 자신의 재주가 부족하다고 겸사한 것이다. 영탈(穎脫)은 송곳날이 삐져나오는 것을 말한다. 전국 시대 조(趙)나라 평원군(平原君)의 식객인 모수(毛遂)가 "내가 일찍이 주머니 속에 들어있었다면, 벌써 송곳날 전체가 뾰족하게 빠져나왔을 것이다.〔早得處囊中, 乃穎脫而出.〕"라고 자신의 재주를 과시한 후에, 과연 초(楚)나라에 따라가서 회담을 유리하게 성사시켰던 고사가 있다. 《史記 卷76 平原君列傳》

51 병든……보답하려네 : 임무에 최선을 다하겠다는 말이다. 궁초(弓招)는 활로 선비를 부르는 것이다. 《춘추좌씨전》 소공(昭公) 20년 기사에 "옛날 우리 선대의 군주가 사냥을 할 적에는 깃발을 가지고 대부를 불렀고, 활을 가지고 사를 불렀고, 가죽 모자를 가지고 산지기를 불렀다.〔昔我先君之田也, 旃以招大夫, 弓以招士, 皮冠以招虞人.〕"라는 말이 있다. 여기서는 이민구가 장만의 지목을 받아 종사관이 되었기에 한 말이다.

격문 짓는 걸 공적이라 말하랴　　草檄敢言功
막부에 금성탕지의 대책 있고　　幕府金城策
군문에 옥장[52]의 위풍도 당당하네　　師門玉帳風
연연산의 하늘 닿을 듯한 돌에　　燕山倚天石
조만간 글 새길 문호 찾겠구나[53]　　早晚索文雄

7

해는 뉘엿뉘엿 넘어가는데　　靡靡日逾邁
앞길이 얼마나 남았는지 모르겠네　　不知前路長
구슬픈 피리 소리에 꿈 깨니　　哀笳驚遠夢
외로운 잠자리 타향에 있구나　　孤枕在他鄉
우주는 끝이 없는데　　宇宙無終極
속세에서 어찌 이리 바쁜지　　風塵有底忙
정처 없이 보낸 십 년 세월　　棲遑十年事
웃으며 양 잃은 것에 부치노라[54]　　一笑付亡羊

52 옥장(玉帳) : 군대에서 원수(元帥)가 거처하는 막사로, 옥처럼 견고하다는 뜻에서 붙여진 이름이다.

53 연연산의……찾겠구나 : 도원수 장만이 공로를 세우면 자신의 글로 공적비를 새길 것이라는 말이다. 연산(燕山)은 연연산(燕然山)을 가리킨다. 135쪽 각주39 참조.

54 웃으며……부치노라 : 망양(亡羊)은 전국 시대 양주(楊朱)의 이웃 사람이 양을 잃어버리고는 양주의 하인까지 동원하여 함께 양을 좇았으나, 갈림길이 많아서 끝내 양을 찾지 못하고 돌아왔다는 고사에서 온 말이다.《列子 說符》여기서는 오랜 세월 아무것도 얻지 못한 덧없는 인생을 표현한 것이다.

8

두 깃발[55]이 나를 이끌어　雙旌引我去
날마다 변방으로 가는구나　日日赴邊隅
칼 휘두르는 건 부질없는 마음 뿐　鳴劍心空在
말안장에 오를 힘도 없어라　憑鞍力已無
용문[56] 덕에 높은 벼슬에 오르고　龍門傾峻級
천리마 꼬리에 붙어 먼 길을 가네[57]　驥尾借長途
멀리 원사마[58]와 비교해 보면　遠比袁司馬
문장은 혹시라도 속이지 못하네　文章倘不誣

9

성안 까마귀들 추워 흩어지지 않는데　城鴉寒不散

55 두 깃발 : 쌍정(雙旌)은 지방관이 되어 부임하는 것을 말한다. 여기서는 이민구가 도원수 장만의 종사관이 되었기에 한 말이다.

56 용문(龍門) : 명망이 높은 사람을 비유한 것으로, 《후한서(後漢書)》 권67 〈이응열전(李膺列傳)〉에 "이응이 홀로 풍재(風裁)를 지녀서 명망이 높았으므로, 선비 중에 그의 인정과 대접을 받은 자가 있으면 용문에 올랐다고 지칭하였다."라고 한 것을 원용한 것이다.

57 천리마……가네 : 천리마의 꼬리에 붙는다는 것은 《사기(史記)》 권61 〈백이열전(伯夷列傳)〉에 "안연이 비록 학문에 독실했다 하더라도, 천리마 꼬리에 붙어서 행실이 더욱 드러났다.〔顔淵雖篤學, 附驥尾而行益顯.〕"라고 한 데서 온 말로, 학덕(學德)이 높은 이와 종유(從遊)함으로써 명성을 얻게 됨을 이르는 말이다.

58 원사마(袁司馬) : 송대 학자 원추(袁樞, 1131~1205)로, 자는 기중(機仲)이다. 저서에 《역전해의(易傳解義)》, 《동자문(童子問)》, 《학역색은(學易索隱)》, 《통감기사본말(通鑑紀事本末)》 등이 있으나, 《통감기사본말》을 제외한 책은 모두 실전되어 전하지 않는다. 《宋史 卷202 藝文志1, 卷389 袁樞列傳》

군사들 괴롭게도 갈 길 재촉하네	徒侶苦相催
세찬 바람에 매달린 깃발 부러지고	風急懸旌斷
된서리에 꽂은 깃털 꺾이네	霜嚴揷羽摧
세월 따라 머리 세었건만	髮隨年事變
명령[59] 받아 여기 왔네	跡爲簡書來
듣자니 강 따라 지키는 병사들	聞道緣河戍
늦게야 관문 연다네	關門晩始開

10

산 너머 해는 희미하고	熹微山外日
고개 마루 구름은 자욱하구나	晻靄嶺頭雲
삼라만상이 나그네를 지치게 하고	萬象疲游子
외로운 새는 옛 무리를 그리네	孤雌戀故群
기개 높아 일찍이 검을 말하더니	氣高曾說劍
세상 어지러워 종군하네	世亂且從軍
한바탕 지기의 시에 화답하여	一擬酬知己
설군[60] 향해 길게 노래하려네	長歌向薛君

59 명령 : 간서(簡書)는 옛날에 임금이 장수를 전장에 내보낼 때에 내리던 명령서이다. 《시경》 〈출거(出車)〉에 "어찌 돌아가고픈 생각이 없으랴만, 이 칙명이 두렵다네.〔豈不懷歸, 畏此簡書.〕"라고 한 데서 온 말인데, 이 시는 주(周)나라 장수가 천자의 명을 받들어 험윤(玁狁)을 정벌하여 평정하고 돌아오면서 부른 노래라고 한다.

60 설군(薛君) : 춘추 시대 월(越)나라 사람 설촉(薛燭)으로 칼을 잘 볼 줄 알았다고 한다. 《吳越春秋 卷2 闔閭內傳》

효성령

曉星嶺

대정강[61] 가에 눈이 한 자나 쌓였고	大定江邊一尺雪
효성령[62] 위에 새벽 서리 내렸네	曉星嶺上五更霜
새벽 참마 쉬지 않고 전진하는데	晨驂不息向前去
돌아가려는 봄 기러기 뒤따라오네	春雁欲歸猶後行
천 리 길 다했어도 오랑캐 경계 멀었으니	千里地窮夷界遠
백 년 늙은 몸은 먼 길 두렵구나	百年身老畏途長
그대더러 서쪽 오는 객에게 알리게 하니	憑君爲報西來客
소식 전해 내 마음 심란하게 마소	莫寄鄕書攪我腸

61 대정강(大定江) : 평안북도 천마군 북동부에 있는 강으로, 천마산에서 발원하여 청천강으로 흘러든다. 대령강(大寧江), 박천강(博川江)으로도 불린다.

62 효성령(曉星嶺) : 평안북도 박천군 가산면(嘉山面)에 있는 고개이다.

늙기까지

去老

늙기까지 며칠이나 남았을까	去老幾何日
삶을 마치는 해 있으리라	畢生應有年
어쩌다가 병든 몸 태우고	胡爲馱病骨
또다시 변방 끝으로 가려는가	又欲涉窮邊
바람 부는 모래밭 너머로 눈 쌓이고	雪漲風沙外
북과 뿔피리 소리 앞에 서리 날리네	霜飛鼓角前
외로운 마음 석양 바라보니	孤心向西照
만 리에 군대 깃발 따라왔네	萬里逐戎旃

강가에서

臨江行

작년 어디 있었나 남쪽 동래에 갔었고[63] 去年何在南征蠻
올해 어디 있는가 서쪽 오랑캐 막노라 今年何在西防胡
이미 일곱 명이 길에 나서니[64] 已將七人付道路
몸은 있어도 마음은 응당 없으리 皮肉尙在神應無
집에 편지 보내도 기러기 괴로워하는데 寄書家中雁飛苦
꿈속 혼백은 높은 관산을 아랑곳 않네 夢魂不度關山長
수루 차가운 변방에 전쟁의 북소리 울리고 戍寒塞絶戰鼓飛
강에 임해 군사 바라보니 마음 아프다 臨江視師情內傷
밤마다 봉화[65]가 눈 덮인 고개를 범하고 夜夜煙塵犯雪嶺
아침마다 격서가 언 강을 넘는구나 朝朝羽檄超氷河
서울 권세가들에게 전하노니 傳語洛陽權豪人
고운 옷에 성난 말 탄들 마음 어떠하랴 鮮衣怒馬心獨何

63 남쪽 동래에 갔었고 : 만(蠻)은 남쪽 오랑캐를 의미하는데, 여기서는 이민구가 선위사가 되어 동래에 갔던 사실을 말한 것이므로 동래로 풀이하였다.

64 이미……나서니 : 《효경》 〈간쟁장(諫爭章)〉에 "천자에게 간하는 신하 일곱이 있으면, 비록 무도하더라도 천하를 잃지 않는다.〔天子有爭臣七人, 雖無道, 不失其天下.〕"라고 하였다.

65 봉화(烽火) : 연진(煙塵)은 봉화 연기와 전장에 이는 먼지를 말하는데, 여기서는 봉화를 가리킨다.

청성진에서 자다

宿淸城鎭

백마 탄 장군이 직접 변방 살피러 가며	白馬將軍親按邊
밤에 깃발이 자유천에서 머무네	旌旗夜宿刺楡川
삼강[66]에 눈 내려 오랑캐 장막 희미하고	三江雨雪迷胡帳
정월의 모래바람 변방 밭에 불어오네	正月風沙接塞田
장교들 쇠 두드려 밤 경보 막고	列校摐金防暗警
진영에서 나무 잘라 중권[67] 지키네	排營斬木護中權
새벽 고각 소리 갈 길 재촉하니	平明鼓角催前發
일만 아궁이 찬 빛이 새벽 연기 거두네	萬竈寒光斂曙煙

66 삼강(三江) : 압록강이 세 갈래로 나뉘었으므로 삼강이라 한다.

67 중권(中權) : 장군이 있는 곳에서 권모(權謀)를 해나가는 것을 일컫거나, 또는 중심, 중요한 곳을 이르는 말이다. 《춘추좌씨전》 선공(宣公) 12년 기사에 "중군에는 대장이 있어 모의를 해 나가고, 후군에는 정병이 있어 강하다.〔中權後勁〕"라고 하였다.

갑암 봉수대

甲巖烽燧

오랑캐 접경 뭇 산의 정상	夷界群山頂
매달린 봉화 석양에 얽혔네	懸烽帶夕曛
하늘에 닿아 밤 달을 태우고	參天燒夜月
불을 짝해 가을 구름 꿰었네	伴火綴秋雲
강물 너머 오랑캐 땅과 합하고	隔水胡塵合
벼랑 따라 좁은 길 나뉘었네	緣厓鳥道分
변방 근심과 생활고에 시달리는	邊虞與生理
아 변방의 군대여	嗟爾塞垣軍

계반령

溪盤嶺

험한 연평 지났더니	已過延平險
계반령이 말머리에 가로 놓였네	溪盤馬首橫
앞산은 또 파령이라니	前山又巴嶺
구성은 어디란 말인가	何處是龜城
수레에 오른 것은 인사 때문이니	乘障因人事
되돌아간 나그네 마음 알겠네[68]	回車見客情
지난날 노닐던 사람의 귀밑털	向來游子鬢
온통 희끗희끗 빛나네	渾覺雪霜明

68 수레에……알겠네 : 한나라 왕양(王陽)의 고사를 인용하여, 험한 계반령을 앞에 두고 돌아가고픈 마음이 든다고 읊은 것이다. 장(障)은 군중에서나 사신이 타는 수레를 가리킨다. 회거(回車)는 수레를 돌린다는 의미이다. 왕양이 익주 자사가 되어 관부로 가다가, 공래산 구절판에 이르러 탄식하기를 "부모님께서 주신 몸으로 어찌 이 험한 곳에 오르다가 후에 병으로 죽겠는가.〔奉先人遺體, 奈何數乘此險, 後以病去.〕"라고 했다는 고사가 있다. 《漢書 卷76 王尊傳》

정월 22일 이괄의 반란 소식을 듣고 청북의 모든 군대에 격문을 보내 출전하게 하다

正月二十二日 聞李适叛 檄淸北諸軍赴難

참담한 난리 통에	慘惔干戈際
전장에서 격문 알리노라	煙塵羽檄聞
썩은 선비마저 칼 잡았으니	腐儒還仗劍
궁한 도적은 이미 고립된 군대[69]로다	窮寇已懸軍
반역의 기운이 하늘 끝까지 가려	逆氣迷天竟
연이은 봉화 한밤을 비춘다	連烽照夜分
변방의 십만 군사여	緣邊十萬士
힘써 임금의 은혜에 보답하라	努力答吾君

69 고립된 군대 : 현군(懸軍)은 이어지는 원군 없이 홀로 적지에 깊이 들어간 군대를 가리킨다.

정월 그믐에 대동강 가에서 노숙하다

正月晦日 露次大同江上

전황 다급하니 그믐인들 어찌 마다하랴	戰急寧違晦
강물 차가워 음기 가득 쌓였네	江寒尙積陰
외로운 충성을 부질없이 자부했지만	孤忠空自負
흉적들을 아직 잡아내지 못했네	群孼未成擒
서리 내린 들에 촘촘히 진영 배치하고	霜野排營密
모래바람 아궁이에 깊게 불어오네	風沙列竈深
한밤중에 울리는 도두[70] 소리	中宵有刀斗
변방에서 읊조리는 시와 어우러지네	和我塞垣吟

70 도두(刀斗) : 군대에서 쓰는 쇠그릇이다. 낮에는 밥을 짓고 밤에는 두드려 경계하는 데 사용하였다.

안현[71] 대첩

鞍峴大捷

다급한 상황에 어찌 쉴까[72]	魚鼎寧淹息
안현을 일찍 에워쌌네	鞍峯早合圍
성벽 단단하고 지형도 유리한데	壁堅兼地利
거친 우레로 하늘의 위엄마저 도와주네	雷疾協天威
차례대로 대궐 맑혀	次第淸丹禁
분명하게 자미성[73] 마주하니	分明對紫微
아침에 찾아온 상서로운 오색구름	朝來五雲氣
어거[74] 곁에서 날려 하네	欲傍翠華飛

71 안현(鞍峴) : 현재의 이화여자대학교 뒷산을 말하며, 길마봉이라고도 한다. 장만(張晚)은 1624년(인조2)에 남이흥(南以興), 정충신(鄭忠臣) 등과 함께 이곳에 진을 치고, 반란을 일으켜 서울에 들어온 이괄(李适) 일당과 접전을 벌여 그들을 진압하였다.

72 다급한……쉴까 : 반란군을 제압하기 위해 쉴 틈이 없다는 말이다. 어정(魚鼎)은 솥 안의 물고기라는 말로, 위기에 처한 것을 말한다. 양(梁)나라 구지(丘遲)의 〈여진백지서(與陳伯之書)〉에 "지금의 위태로운 상황을 비유하자면, 마치 물고기가 끓는 솥 속에서 노니는 것과 같고, 제비가 날아가는 장막 위에다 둥지를 트는 것과 같다.〔魚游于沸鼎之中, 燕巢于飛幕之上.〕"라고 하였다. 《文選 卷43》

73 자미성(紫微星) : 임금을 상징적으로 말한 것이다. 자미(紫微)는 자미원(紫微垣)에 있는 별로, 천제(天帝)가 거처하는 곳이라 한다.

74 어거 : 취화(翠華)는 푸른 깃털 장식의 깃발 혹은 수레로, 대가(大駕)나 제왕을 의미한다. 여기서는 임금의 수레라는 의미로 풀이하였다.

동주집

전집 제3권

詩시

갑자년(1624, 인조2) 2월에 경성(京城)을 수복(收復)하고, 영남 관찰사에 초배(超拜)되었다. 당시 36세였으니, 중흥 후 임명된 방백(方伯) 가운데 가장 젊었다. 3월에 업무를 시작하여 이듬해 4월에 부절(符節)을 반납하였다. 문서를 처리하는 사이에 지은 시가 실제로 많았다. 지금 남중의 사우(士友)들로 인해서 수십 편을 수록한다.

수복한 뒤에 영남 방백에 임명되어 조정을 떠나다
收復後 拜嶺南方伯辭朝

유량[1]이 흥 없었던 것 아니고	庾亮非無興
왕순[2]도 진정 젊은 나이였네	王珣政少年

1 유량(庾亮) : 진(晉)나라 사람으로, 자는 원규(元規)이다. 풍골이 준수하고 홍취가 높았던 인물이다. 《산당사고(山堂肆考)》 권3 〈유량등루(庾亮登樓)〉에 "진나라 유량(庾亮)의 자는 원규(元規)이다. 자사로 무창을 다스릴 때에, 좌사 은호의 무리가 가을밤 달빛 아래 남루에 올랐다. 얼마 뒤에 유량이 오자 여러 장수들이 일어나 피하려고 하였다. 유량이 말하기를 '그대들은 잠시 머물라. 내가 여기에 흥이 없지 않다.'라고 하고, 드디어 호상에 기대 은호 등과 함께 담화를 나누고 시를 읊었으니, 그의 탄솔함이 이와 같았다."라는 기록이 있다. 한편 송나라 고저(高翥)의 시에도 "유량이 황학루 달빛 아래 피리를 불었다.〔庾亮笛吹黃鶴月〕"라는 구절이 나온다. 《江湖小集 卷43 答武昌吳廣文》

2 왕순(王珣) : 진(晉)나라 사람으로, 환온(桓溫)의 인정을 받아 원진(袁眞)을 토벌하고 동정후(東亭侯)에 봉해졌다. 《진서(晉書)》에 "왕순의 자는 원림(元琳)이다. 약관의 나이에 진군 사현과 함께 환온의 속관이 되었는데, 환온이 그들을 존중하여 일찍이 이르기를 '사현은 나이 40에 깃발을 들고 부절을 잡을 것이며, 왕순은 마땅히 검은 머리의 재상이 될 것이니, 두 사람 다 쉽게 얻을 수 있는 인재가 아니다.' 하였다."라는 기록이 보인다. 《晉書 卷65 王珣列傳》

청춘에 부절 잡고 멀리 가니	青春持節遠
자색 인끈이 꽃에 비쳐 곱구나	紫綬映花鮮
사업은 다리에 기록한 뒤라서[3]	事業題橋後
쇠뇌를 지고 앞서 가는 광휘 누리네[4]	光輝負弩前
다만 최선의 노력 다해도	秖愁筋力盡
두터운 은혜 저버릴까 근심일세	虛玷渥恩偏

2

수많은 전투에 고향 멀리 떠나	百戰狐丘遠
타향에서 제비집 이루었네	他鄉燕壘成
돌아와 넓적다리에 상심했는데[5]	及歸傷髀肉

3 사업은……뒤라서 : 공명을 이루었다는 말이다. 《고금사문유취(古今事文類聚)》 권10 〈제교승사(題橋乘駟)〉에 "사마상여가 장안으로 가는 길에 촉군의 승선교를 지나게 되었는데, 그 다리 기둥에 '사마의 수레를 타지 않고는 다시 이 다리를 지나지 않으리라.'라고 썼다."라는 내용이 있다. 뒤에 그는 한 무제(漢武帝)에게 뛰어난 문장 실력을 인정받고 출세하였다. 여기서는 이민구가 이괄의 난을 평정하는 데 공헌하고, 도백으로 임명되어 부임하는 것이므로, 사마상여가 다짐했던 공명을 이미 이루었다고 한 것이다.

4 쇠뇌를……누리네 : 사마상여의 고사를 인용하여, 도백으로 임명되어 부임하는 행차의 모습을 읊은 것이다. 사마상여가 중랑장(中郎將)이 되어 고향인 파촉(巴蜀) 땅에 사신으로 갔을 적에 "촉군 태수 이하가 모두 교영하였으며, 현령은 몸소 쇠뇌를 등에 지고 앞장서서 달렸다."라는 고사가 전한다. 《史記 卷117 司馬相如列傳》

5 돌아와 넓적다리에 상심했는데 : 공무에 바빠 넓적다리의 살이 야위었음을 말한 것이다. 유비가 일찍이 형주(荊州)의 유표(劉表)에게 의탁해 있을 때, 하루는 변소에 갔다가 넓적다리에 살이 찐 것을 보고는 돌아와서 눈물을 줄줄 흘렸다. 유표가 까닭을 묻자, 대답하기를 "나는 항상 말안장을 떠나지 않았기 때문에 넓적다리의 살이 홀쭉했었는데, 지금은 말을 타지 않아서 넓적다리의 살이 많이 찌고 말았다. 세월이 달리는

다시 떠나 군무에 종사하네	復去事戎旃
길에는 삼월 풍경 지나고	道路經三月
강산에는 성이 줄지었네	江山擁列城
떠나는 마음 봄풀과 함께	離心共春草
유독 바라보는 경치 속에 생겨나네	偏向望中生

3

창으로 무슨 일을 이루었나	棨戟成何事
먼지 속에서 이 삶을 보내노라	塵埃送此生
먼 길에 머리털 모지라지고	髮緣長路短
큰 은혜에 이 한 몸 가볍네	身爲重恩輕
늦봄 변방에 꽃들이 시들지만	晩塞群芳歇
봄날 성곽은 가랑비에 산뜻하다	春城小雨明
도리어 말 돌려보낸 뒤에[6]	還從歸馬後
다시 관문 나서는 마음 동하네	更動出關情

말처럼 빨라서 몸은 늙어 가는데, 공업을 아직 이루지 못한 것이 슬퍼 우는 것이다.〔平常身不離鞍, 髀肉皆消, 今不復騎, 髀裏肉生. 日月若馳, 老將至矣, 而功業不建, 是以悲耳.〕"라고 했다는 고사가 있다. 《太平御覽 卷117 蜀先主》 여기서는 이민구가 여러 곳을 다니느라 넓적다리가 홀쭉하게 야윈 것을 보고 상심했다는 말이다.

6 말 돌려보낸 뒤에 : 귀마(歸馬)는 말을 돌려보낸다는 뜻으로, 전란이 끝났음을 의미한다. 여기서는 이괄의 난을 평정하였다는 말이다. 《서경》 〈무성(武成)〉에 "말을 화산의 남쪽으로 돌려보내고, 소를 도림의 들에 풀어놓아 천하에 무력을 사용하지 않겠다는 뜻을 보였다.〔歸馬于華山之陽, 放牛于桃林之野, 示天下弗服.〕"라고 하였다. 이는 주나라 무왕(武王)이 은나라 주(紂)를 멸한 뒤에 말과 소를 흩어서 다시 전쟁하지 않겠다는 뜻을 보인 것이다.

공검지[7]에서

公儉池

제방 버들은 새 정자 둘러싸고　　隄柳護新亭
호수 물결은 낮에도 어둡구나　　湖波當晝冥
맛난 순채 나물 여기서 나는데　　已專蓴菜美
푸른 벼 밭도 이 물에 의지하네　　兼倚稻田青
말술 마실 봄 풍경 남았으니　　斗酒春還在
꾀꼬리 소리 저물녘에 들을 만하여라　　流鶯晩可聽
가는 말에 가벼운 채찍을　　征驂有輕策
잠시 노부 위해 멈추라　　暫爲老夫停

7 공검지(公儉池) : 현재의 경상북도 상주시 공검면 양정리에 있는 저수지로, 삼한 시대에 축조되었다.

월파정[8]에서

月波亭

물길에선 배가 말이나 마찬가지 水驛船如馬
나루터에 해오라기 마치 사람 같네 津梁鷺似人
바람 머금은 고즈넉한 섬에 날 저물고 風含孤嶼晩
햇살 따뜻한 온 강은 봄날일세 日暖滿江春
경치가 우리 땅 같지 않은데 景物非吾土
연무 자욱한 물결에 떠가노라 煙波送此身
창랑에서 어부에게 묻는다면 滄浪問漁父
도리어 갓끈 먼지를 빨고 싶으리[9] 還欲濯纓塵

8 월파정(月波亭) : 현재의 경상북도 선산(善山) 지역에 있있던 정사를 가리키는 것으로 보인다. 다산(茶山) 정약용(丁若鏞)의 《여유당전서(與猶堂全書)》 권1에 〈등월파정(登月波亭)〉이라는 작품이 있는데, 그 소주에 "낙동강 가에 있으니 곧 선산 땅이다.〔在洛東之上, 卽善山地.〕"라고 하였다. 또 같은 책에 수록된 〈황주월파루기(黃州月波樓記)〉에 "우리나라에 월파정이라고 불리는 정자가 세 군데 있는데, 나는 세 곳에 모두가 보았다. 하나는 영남의 낙동강 가에 있다.〔東國之稱月波亭者三, 余得而盡見之, 一在嶺南之洛東.〕"라고 하였다. 이민구가 경상도 관찰사로 부임하는 중이므로, 이 정자를 가리키는 것으로 보인다.

9 창랑(滄浪)에서……싶으리 : 물이 맑다는 말이다. 초나라 굴원(屈原)의 〈어부사(漁夫辭)〉에 "창랑의 물이 맑으면 내 갓끈을 씻고, 창랑의 물이 흐리면 내 발을 씻는다.〔滄浪之水淸兮, 可以濯吾纓, 滄浪之水濁兮, 可以濯吾足.〕"라고 하였다.

노량에서 순천을 바라보다 병주를 생각하게 되다[10]

露梁望順天 有幷州之思

순천[11]이 서쪽 흰 구름 사이로 보이니	昇州西望白雲間
돛배로 하루면 다녀오리	一日風帆可往還
아스라한 봉우리들 푸르게 눈에 들어오니	縹緲數峯靑刺眼
사공이 해룡산[12]이라 말하네	舟人說是海龍山

10 노량(露梁)에서……되다 : 이민구가 노량에서 순천을 바라보며 아버지를 생각한 시로 보인다. 노량은 현재의 경상남도 남해군 설천면의 노량을 가리키는 것으로 보인다. 순천(順天)은 현재의 전라남도 순천시로, 이민구의 부친 이수광(李睟光, 1563~1628)이 1616년(광해군8) 순천 부사에 임명된 사실이 있다. 병주지사(幷州之思)는 병주를 생각한다는 말로, 당(唐)나라 적인걸(狄仁傑)이 병주의 법조 참군(法曹參軍)으로 부임할 적에 태항산(太行山)에 올라 멀리 남쪽으로 흰 구름 하나가 떠가는 것을 보고는, 저 구름 아래에 부모님이 계실 것이라면서 한참 동안 바라보며 사념에 젖다가, 구름이 보이지 않게 된 뒤에야 떠나갔다는 고사가 전한다.《新唐書 卷115 狄仁傑列傳》시에 백운(白雲)이나 왕환(往還) 등의 시어를 사용하고 있는 것으로 보아, 이민구가 아버지를 생각해서 지은 시가 분명해 보인다.

11 순천(順天) : 승주(昇州)는 순천의 옛 이름이다.

12 해룡산(海龍山) : 현재의 전라남도 순천시 홍내동과 오천동에 걸쳐 있는 낮은 야산이다. 지봉 이수광이 1618년(광해군10)에 편찬한《승평지(昇平誌)》〈창고(倉庫)〉에 "해룡산에 토성의 옛 터가 있다."라는 기록이 있다.

안음의 광풍루[13]에서

安陰光風樓

할아버지께서 시 지으신 곳 吾祖題詩處

높은 누대를 기쁘게 거듭 지나네 樓高愜再過

먼 산은 푸른 빛 변치 않았고 遙岑青不改

늘어선 나무는 비취빛 짙어라 列樹翠還多

고향은 학이 돌아온 때 같으니[14] 故國來如鶴

가는 세월 달리는 뱀처럼 흘렀네[15] 流年逝若蛇

지난 일을 어찌 떠올리랴 那堪懷往事

말 타고 이미 산하에 들어왔네 騎馬已山河

13 안음(安陰)의 광풍루(光風樓) : 안음은 현재의 경상남도 함양군 지역의 옛 지명이다. 광풍루는 경상남도 함양군 안의면에 있는 누각이다.

14 고향은……같으니 : 고향의 모습이 변하고 지인을 만날 수 없다는 말이다. 《수신후기(搜神後記)》 권1 에 정 영위(丁令威)가 영허산(靈虛山)에서 도를 닦고 신선이 되어 요동으로 돌아와 화표주에 앉아 시를 지었는데, 그 시에 "새여 새여 정 영위라, 집 떠난 지 천 년 만에 이제야 돌아왔네.〔有鳥有鳥丁令威, 去家千年今始歸.〕"라고 하였다.

15 가는……흘렀네 : 흐르는 세월이 빠름을 표현한 것이다. 소식의 《동파전집(東坡全集)》 권1 〈수세(守歲)〉에 "한 해가 가는 것을 알고 싶은가. 골짜기로 달려가는 뱀과 같구나.〔欲知垂盡歲, 有似赴壑蛇.〕"라고 하였다.

거창에서
居昌

골짜기 좁아 주민 적어도	峽束居人少
들 평평해 고을 살림 넉넉하네	郊平得縣饒
높은 숲이 큰 집에 그늘 드리우고	高林蔭脩棟
화려한 일산[16]이 수레 덮었네	華蓋偃征軺
더위 시달리다 맑은 물에 씻을 만하고	執熱淸堪濯
홍진 세상 싫었는데 조용히 잊을 수 있네	憎塵靜可銷
공무 여가에 마음 한적하니	公餘心境寂
반쯤 잠 귀신에게 불려가네	半被睡魔招

16 화려한 일산 : 화개(華蓋)는 그림과 수를 놓아 꾸민 큰 일산을 장대 끝에 단 의장물로, 흔히 높은 관리가 이용하는 물건으로 인용된다.

북경 가는 진주사에게 부치다

寄陳奏使朝京

구름과 물 어우러진 통진 드넓고　雲水通津闊
조종[17]하는 만 골짜기 깊어라　朝宗萬壑深
헌상이 오옥 따라가니[18]　軒裳隨五玉
근신에게 중임 맡기셨네[19]　舟楫寄千金
나라 떠도는 신세 평생의 한인데　歷國平生恨
먼 길 가는 만년의 마음일세　游方晩歲心
바다 바라보며 시 지을 터이니　應知臨海作
제나라와 노나라에 남은 소리 있으리[20]　齊魯有遺音

17 조종(朝宗) : 제후와 백관이 제왕(帝王)에게 조회하는 것을 말한다. 《서경》〈우공(禹貢)〉에 "장강과 한수가 바다로 모여든다.〔江漢朝宗于海〕"라는 말이 나온다.

18 헌상(軒裳)이 오옥(五玉) 따라가니 : 사신이 천자에게 조회하러 간다는 말이다. 헌상은 수레와 관복을 뜻하는 말로, 고관대작을 가리킨다. 오옥은 옛날 제후들이 천자에게 조회할 때 지니는 신부(信符)로서, 공(公)은 환규(桓圭), 후(侯)는 신규(信圭), 백(伯)은 궁규(躬圭), 자(子)는 곡벽(穀璧), 남(男)은 포벽(蒲璧)을 지녔다.

19 근신에게 중임 맡기셨네 : 조정의 대신을 뽑아 사신의 중요한 임무를 맡겼다는 의미이다. 주즙(舟楫)은 배와 노를 가리키는데, 세상을 건지는 재상과 대신을 비유한다. 《서경》〈열명 상(說命上)〉에 "큰 냇물을 건널 때는 너로써 주즙을 삼겠다.〔若濟巨川, 用汝作舟楫.〕"라고 하였다. 천금(千金)은 많은 돈인데, 여기서는 중요한 가치를 지닌 중요한 임무를 비유적으로 표현한 것이다.

20 제나라와……있으리 : 제로(齊魯)는 제나라와 노나라이다. 공자(孔子)와 맹자(孟子)가 출생한 지역으로 문교(文敎)가 성행하였기 때문에 학자가 많이 배출되어 예교(禮敎)가 성행하는 지역을 일컫는 말로 사용된다.

화원에서

花園

넘실넘실 물 넘치듯 벼꽃 일렁여
滮池水溢稻花漂

칠월 싸늘한 기운 먼 들판에 꿈틀대네
七月新涼動遠郊

노 저어 가는 저문 강 시름과 함께 드넓고
飛棹暮江愁外闊

매미 소리에 가을 생각이 시야에 아득하네
亂蟬秋思望中遙

먼 길이야 노년에 본래 잇닿아 있지만
長途老境元相接

머리털이 맑은 서리에 일찍 세는구나
危鬢清霜却早凋

외로운 꿈 관새로 막힌 줄도 몰라
孤夢不知關塞隔

돌아가려는 넋이 벌써 고향으로 내닫는다
歸魂已赴故鄕招

들길을 가다

野行

보름 남짓 머물다가　　宿留半月餘

문 나서니 벼 자랐네　　出門稻葉大

용모 변한 줄은 알지도 못하고　　不知容顔改

무르익은 계절 경물만 감상하네　　但賞時物薈

심경은 본래 아득히 멀지만　　心境本悠遠

실상 고요함과 서로 만나네　　實以靜相會

밝은 마음으로 만물 바라보니　　熙然視萬物

누가 형해를 벗어났던가　　孰是形骸外

세상살이 이미 다 아노니　　處世已自了

고단한 삶 진실로 쓸모없지　　勞生誠無賴

천지는 스쳐가는 객점이라　　乾坤猶傳舍

나그네로 살며 쉬어 갈 뿐　　客寓聊玩愒

오직 마음만 해처럼 밝아　　唯有靈臺日

깜깜한 속에서도 어둡지 않으련다　　冥冥當不昧

안동에서 석채례를 행하다

安東行釋菜

저녁 이슬이 뜰 국화 적시더니 夕露滋庭菊
가을 그늘 반궁 숲에 떨어지네 秋陰落泮林
담은 공자처럼 높고[21] 墻依夫子峻
벽은 노나라 궁궐처럼 두껍네 壁似魯宮深
영원히 제사 모시는 곳 俎豆千年地
높이는 제사 만국 백성의 마음일세 宗禋萬國心
향교에 우리 무리 많으니 賢關盛吾黨
광간을 선비들에게 권면하네[22] 狂簡勖青衿

21 담은 공자처럼 높고 : 《논어》 〈자장(子張)〉에 자복경백(子服景伯)이 숙손무숙(叔孫武叔)의 말을 빌려 자공이 공자보다 낫다는 말을 전하자, 자공이 "집에다 비유하자면 나의 담장은 어깨 높이라 나의 살림을 엿볼 수 있지만, 부자의 담장은 몇 길이라 문을 통해 들어가 보지 못하면, 종묘의 아름다움과 백관의 성대함을 알 수가 없다. 그런데 그 문으로 들어가 본 이도 사실 드무니, 숙손무숙의 말이 또한 당연하지 않은가."라고 한 말을 인용한 것이다.

22 향교에……권면하네 : 선비들을 진작시킨다는 말이다. 광간(狂簡)은 본래 의지만 지나치게 높고 실제 행사에는 착실하지 못한 것을 가리킨다. 공자가 진(陳)나라에 있을 때 "우리 무리의 제자들은 뜻은 크나 일에는 소략하여, 찬란히 문장을 이루었을 뿐, 그것을 마름질할 줄 모른다."라고 하였다. 《論語 公冶長》 그러나 재주가 소통되고 문장도 이루었으며 적극적으로 진취해 보려는 의욕이 왕성하기 때문에, 공자는 《논어》 〈자로(子路)〉에서 "중도를 행하는 선비를 얻어서 함께하지 못한다면, 반드시 광견한 사람을 취할 것이다. 광자는 나아가 취하고, 견자는 함부로 하지 않는 바가 있다."라고 하였다. 여기서는 선비들에게 진취적 자세를 견지하도록 권면한 것으로 보인다.

망호루[23]에서의 동방회

望湖樓榜會

서늘한 사일[24] 제비 처음 돌아가니	涼社初歸燕
가는 세월 달리는 뱀[25]보다 빠르네	徂年劇逝蛇
사귀는 정 그대 야박하지 않아	交情君不薄
이별의 아쉬운 마음 나는 더욱 많아라	別意我偏多
가을 누각에 물기운 맑고	水氣澄秋閣
등불이 이슬 젖은 연꽃에 어우러지네	鐙光雜露荷
누가 견디랴 누대 내려온 뒤에	誰堪下樓後
고개 돌려 아득한 산하 바라보는 마음을	回首邈山河

23 망호루(望湖樓) : 현재의 경상북도 안동시에 있는 누대이다. 《신증동국여지승람(新增東國輿地勝覽)》 권24 경상도(慶尙道) 안동대도호부(安東大都護府)의 누정(樓亭) 조에 "객관의 동쪽에 있다. 부사 박호겸이 세웠다.〔在客館東, 府使朴好謙建.〕"라는 기록이 있다.

24 서늘한 사일(社日) : 추사일(秋社日)을 가리킨다. 입춘 후 다섯 번째 무일(戊日)을 춘사일(春社日), 입추 후 다섯 번째 무일을 추사일이라 한다. 제비는 춘사일에 왔다가 추사일에 떠나고, 기러기는 춘사일에 떠났다가 추사일에 다시 돌아온다고 한다.

25 달리는 뱀 : 세월의 빠름을 의미한다. 161쪽 각주15 참조.

누대 위에서

樓上

아홉 자루 밝은 등[26] 밤에 붉게 흔들리고	九枝華燭夜搖紅
붉은 열두 난간 이슬 속에 있구나	十二朱欄露氣中
구슬픈 음악으로 아득한 심사 흔들지 말라	莫奏商絃撼遙思
누대 근처 높은 숲에 벌써 가을바람 분다	近樓高樹已秋風
누런 주렴 붉은 기둥 물 맑은 가을	緗簾朱棟水明秋
달빛이 화려한 누대 남쪽 반을 비추네	月映南端半綺樓
귀하고 화려한 자리에 맘껏 취하니	珍重華筵不惜醉
깊은 밤 이슬이 전공후[27]를 적시누나	夜深露濕鈿箜篌

26 아홉……등 : 구지(九枝)는 옛 등(燈)의 이름으로, 등잔대 하나에 여러 개의 등불을 매단 것을 말한다.

27 전공후(鈿箜篌) : 자개로 장식한 공후를 말한다. 《이의산시집주(李義山詩集注)》 권1 〈대증(代贈)〉에 "어떤 사람이 말하기를 '공후의 빈 곳을 자개로 장식한 것을 전공후라고 한다.' 하였다.〔或曰, 箜篌取其空中, 以鈿飾之, 曰鈿箜篌.〕"라고 하였다.

망호루에서

望湖樓

오래도록 나그네로 떠도는데	飄梗長爲客
지는 오동잎이 또 가을 알리네	零梧又報秋
서늘한 기운이 더위 달래 주고	微涼憐道暍
흐르는 세월 변방 시름 속에 들어오네	流序入邊愁
해 넘도록 고향 이별했는데	故國經年別
가는 구름 종일토록 떠 있네	行雲盡日浮
쓸쓸히 비 내리는데	蕭蕭滿天雨
홀로 망호루에 오른다	獨上望湖樓

2

흩날리는 비가 높은 누각에 뿌리고	飛雨灑高閣
산들바람이 서늘한 저녁에 불어오네	輕風乘夕涼
잎에 맺힌 이슬 언뜻 보았는데	稍看垂葉露
온 숲이 서리 맞은 단풍으로 변하려 하네	欲變滿林霜
북쪽 바라보니 별자리 아득한데	北望星辰遠
남쪽 와서 세월 많이 흘렀네	南征歲月長
시름 속에 벗 만나면	端憂遇知己
관찰사의 술에 한번 취하리	一醉使君觴

밤에 낙동강을 건너다 8월 14일

夜渡洛東江 八月十四日

밤 차가운데 가을 강 건너려	夜寒涉秋水
밝은 달빛 속에 갈대밭에 있네	月明蘆葦中
사공은 노래하며 노 저어 가는데	榜人歌自往
떠도는 나그네는 길 더욱 - 원문 판독 불가 -	浮客路彌▨
물결 드넓어 안개 뿌옇게 이니	漭沆堪游霧
오르내림을 다만 바람에 맡기노라	沿洄但信風
좋은 기약 은하수에 있으니[28]	佳期在河漢
내일은 성궁[29]에 도착하리	明日到星宮

28 좋은……있으니 : 은하수에까지 올라가 보겠다는 표현이다. 한 무제(漢武帝) 때 장건(張騫)이 뗏목을 타고 황하의 근원을 한없이 거슬러 올라가다가 어느 마을에 당도했는데, 한 여인은 방에서 베를 짜고 한 남자는 소를 끌고 은하(銀河)의 물을 먹이고 있었다. 장건이 여기가 어디냐고 묻자, 그 여인이 돌을 하나 주면서 말하기를 "그대가 돌아가 촉(蜀)에 이르거든 엄군평(嚴君平)을 찾아가서 물어보시오."라고 하였다. 돌아와서 엄군평에게 물으니, 답하기를 "이것은 직녀(織女)의 베틀 받침돌이다. 아무 해 아무 달 아무 날에 객성(客星)이 견우성(牽牛星)을 침범했는데, 그날이 바로 그대가 은하에 갔던 그때이다."라고 하였다. 《太平御覽 卷8》

29 성궁(星宮) : 천궁(天宮)과 같은 말인데, 보통 높은 누대를 가리키는 말로 사용된다. 앞서 은하수를 말했으므로, 직녀가 머무는 곳을 상징하는 말로 보아도 될 듯하다. 여기서 이러한 말을 인용하고 있는 것은 속세의 갈등을 잊으려는 시인의 상상이다.

소나무 그늘

松陰

솔 그늘 대 바람 넉넉히 맑고	松陰竹籟有餘淸
작은 연못 연잎에 흰 이슬 맺혔네	小沼芙蕖白露生
누대가 은하에 가까워 새벽빛 무르익고	樓近星河饒曙色
산이 태백성에 이어져 가을 소리 일찍 오네	山連太白早秋聲
서울은 날로 멀어져 소식 막혔고	長安日遠音塵隔
변방 찬 서리에 머리털만 세었네	關塞霜寒鬢髮明
누가 회남의 계수 잡은 곳 생각했던가	誰念淮南攀桂處
왕손은 돌아가고픈 마음 저버렸네[30]	王孫空負欲歸情

30 누가……저버렸네 : 산중에 머물러 은거할 마음도 없는데 부질없이 고향으로 돌아가지도 못한다는 말이다. 반계(攀桂)는 《초사(楚辭)》〈초은사(招隱士)〉에 "계수나무 가지를 부여잡으며 편히 오래 머무른다네.〔攀援桂樹兮聊淹留〕"라고 한 데서 나온 말로, 은사가 향기로운 계수나무를 사랑하여 산중에 머물러 산다는 뜻이다. 또 같은 글에 "왕손은 유람 길 떠나셔서 아직도 아니 오시는데, 봄풀은 싹이 돋아 어느새 무성해졌구나.〔王孫遊兮不歸, 春草生兮萋萋.〕"라는 구가 있으므로 이렇게 읊은 것이다.

8월 14일 밤에

八月十四夜

한밤 흰 이슬이 높은 하늘 씻어 내고	三更白露洗高旻
수죽에 안개 덮여 공기 싱그럽네	水竹煙霏爽氣新
밝은 달은 오늘 밤 한을 알지 못하는가	明月不知今夜恨
맑은 가을 타향 사람을 환히 비추네	淸秋分照異鄕人
볕 따르는 기러기는 참으로 나그네 같은데	隨陽旅雁眞如客
방에 들어온 쓰르라미 울음 애써 친해지네	入室寒蟹强自親
멀리 서울 바라보니 구중천인 듯	遙望京華九天上
외로운 뗏목 은하 나루에 이를 방도 없네	孤槎無計到星津

추석에 달을 보지 못하다

中秋不見月

하늘의 투기하는 아낙 현묘한 베틀 놀려	天關妬婦弄玄機
뜬구름 보내더니 맺혀 돌아가지 않네	爲遣浮雲結不歸
외로운 밤 항아[31]는 부질없이 흐릿하고	獨夜姮娥徒脈脈
삼경의 천궁[32]은 더욱 아른거릴 뿐	三更閶闔轉依依
공연히 달[33] 따라 시름겨운 눈 치켜떴다가	虛隨老兎懸愁眼
문득 휘장 밝히는 성긴 반딧불 마주하네	却對疏螢點薄幃
고향 산하와 본디 떨어져 있으니	故國江山元自隔
비바람에 어두워짐 그대로 맡겨 두련다	任教風雨晦淸輝

31 항아(姮娥) : 달의 이칭이다. 본래 후예(后羿)의 처인데, 남편이 서왕모(西王母)에게서 얻은 불사약을 훔쳐 먹고 달 속으로 도망쳤다는 전설이 있다. 《搜神記 卷14》

32 천궁 : 창합(閶闔)은 하늘에 있는 천제(天帝)의 궁궐문을 가리킨다. 또 창합풍(閶闔風)이라 하여, 정서풍(正西風)의 가을바람을 의미하기도 한다. 《설부(說郛)》 권109상(上)에 "팔절의 바람을 팔풍이라 하니, 입춘에는 조풍, 춘분에는 명서풍, 입하에는 청명풍, 하지에는 경풍, 입추에는 양풍, 추분에는 창합풍, 입동에는 부주풍, 동지에는 광막풍이 이른다.〔八節之風, 謂之八風, 立春條風至, 春分明庶風至, 立夏淸明風至, 夏至景風至, 立秋凉風至, 秋分閶闔風至, 立冬不周風至, 冬至廣莫風至.〕"라고 하였다. 여기서는 달이 보이지 않는 상황을 말하고 있으므로, 천궁으로 풀이하였다.

33 달 : 노토(老兎)는 달을 가리킨다. 《동파시집주(東坡詩集註)》 권5 〈호아(虎兒)〉에 "늙은 토끼는 달 속의 물건이라, 빠른 말을 타지 않고 두꺼비를 탄다네.〔老兎自謂月中物, 不騎快馬騎蟾蜍.〕"라고 하였는데, 그 주에 "달 속에 토끼와 두꺼비가 있다.〔月中有兎與蟾蜍〕"라는 내용이 보인다. 여기서는 임금의 주변에서 소인들이 농간을 부려서 자기의 처지가 외로움을 비유적으로 말한 것이다.

지난해는 관새에서 맑은 빛 바라보며　去年關塞對淸光
술자리 파하고 집 생각에 남몰래 상심했지　罷酒思家黯自傷
오늘 밤은 뜬구름이 사정 알아주는데　今夜浮雲還解事
타향에서 꺼져가는 등불에 또 옷 적시네　異鄕殘燭也霑裳
만 리의 날씨 일정하기 어려워　陰晴萬里應難定
은하수를 삼경에 바라볼 수 없네　河漢三更不可望
묻노니 광한궁 정전[34]의 나무는　借問廣寒前殿樹
가을 맞아 몇 가지나 자랐는가　秋來能得幾枝長

34 광한궁(廣寒宮) 정전(正殿) : 광한(廣寒)은 달 속의 선궁(仙宮)인 광한궁으로 달을 의미하고, 전전(前殿)은 정전과 같은 의미이다.

겨울옷

寒衣

맑은 다듬이 소리 난간에 들려오니	淸砧移近曲欄頭
힘은 여린데 날씨 추워 그 소리 그치지 않네	力弱天寒杵未收
가을 서리와 밤 달 다하도록 두드리고	擣盡秋霜兼夜月
이별의 눈물과 시름을 함께 꿰매네	緘將別淚與離愁
처음엔 실 맺어 꿰매기 어려운데	初盤結縷縫猶澁
그리운 마음[35] 서글퍼 가위질 또 멈추네	爲惜回文翦復休
하늘 멀리 강산이 만 리까지 뻗었으니	空外江山一萬里
도착할 때는 눈바람에 변방 캄캄하겠네	到時風雪暗邊州

35 그리운 마음 : 회문(回文)은 아내가 남편을 그리워한다는 의미이다. 전진(前秦) 때 두도(竇滔)가 진주 자사(秦州刺史)가 되어 멀리 유사(流沙)로 가게 되자, 그의 아내 소씨(蘇氏)가 그리운 마음을 담아 전후좌우 어디로 읽어도 문장이 되는 〈회문선도시(回文旋圖詩)〉를 지어 비단에 수놓아 보냈다는 고사에서 유래하였다. 《晉書 卷96 烈女列傳 竇滔妻蘇氏》

경산에서
京山

경산 빈 관아에 장막 깊게 드리웠는데	京山虛館下帷深
홀로 짝한 푸른 등이 마음 비추네	獨伴靑燈照寸心
만 권 읽은 생애 늙은 좀 비슷하고	萬卷生涯依老蠹
한 가지의 삶 추운 새를 느끼노라[36]	一枝棲息感寒禽
맑은 가을에 나그네는 백발이 한스럽고[37]	淸秋客恨潘郎鬢
말년의 인정은 계자의 돈이 최고라네[38]	末路人情季子金

36 한……느끼노라 : 외로운 신세를 나뭇가지 하나에 의지해 사는 새에 비유하여 읊은 것이다. 《장자(莊子)》 〈소요유(逍遙遊)〉에 "초요가 넓은 숲 속에 깃들어 살아도, 나뭇가지 하나에 불과하다.〔鷦鷯巢於深林, 不過一枝.〕"라고 하였다.

37 맑은……한스럽고 : 객지에서 세월을 보내며 늙는 것을 안타까워하는 표현이다. 반랑(潘郞)은 진(晉)나라 반악(潘岳)을 가리키는데, 그의 〈추흥부(秋興賦)〉에 "내 나이 32세에 비로소 이모를 보았다.〔余春秋三十有二, 始見二毛.〕"라고 하였다. 이모(二毛)는 두 가지 색의 머리털이라는 말로, 흰 머리카락을 가리킨다. 《文選 卷13》

38 말년의……최고라네 : 계자(季子)는 전국 시대의 유세가(遊說家)인 소진(蘇秦)의 자(字)이다. 소진이 일찍이 진(秦)나라에 가서 벼슬하고자 진왕(秦王)에게 열 번이나 글을 올려 그를 설득하려 했지만, 벼슬을 얻지 못한 채 검은 담비 갖옷이 다 해지고 여비로 가져간 황금 100근도 다 떨어졌다. 마침내 고향으로 돌아갔는데, 그의 형수(兄嫂), 제수(弟嫂), 처첩(妻妾) 등 가족들이 모두 그를 냉대하였다. 뒤에 그가 육국(六國)의 왕들을 합종설로 유세하여 종약(從約)을 체결하고, 육국의 상인(相印)을 차고 낙양(洛陽)을 지날 적에는 그의 형수 등 가족들이 그를 감히 쳐다보지도 못한 채 행차 앞에 엎드려 있었다. 소진이 형수에게 "어째서 전일에는 거만하게 대해 놓고, 오늘은 공손해졌는가.〔何前倨而後恭也〕"라고 하자, 그 형수가 얼굴을 가리고 대답하기를 "계자의 지위가 높고 돈이 많은 것을 보았기 때문이다.〔見季子位高而金多也〕"라고 하였다.

외로운 잠은 진나라 변방 꿈에 놀라는데	孤枕自驚秦塞夢
새 시에는 월나라 소리 반쯤 섞였네[39]	新詩半雜越中吟

소진이 탄식하여 말하기를 "가령 나에게 낙양의 부곽전 이경만 있었다면, 내가 어찌 오늘날 육국의 상인을 찰 수 있었겠는가.〔且使我有洛陽負郭田二頃, 吾豈能佩六國相印乎.〕"라고 하였나.《史記 卷69 蘇秦列傳》

39 새……섞였네 : 고향이 그립다는 표현이다. 월중음(越中吟)은 월나라 노래를 말하는데, 전국 시대 월나라 사람 장석(莊舃)의 고사에서 나왔다. 장석이 초(楚)나라에서 벼슬하여 높은 관직에 올라 부귀를 누리게 되었다. 그가 병들었을 때, 초나라 왕이 "장석은 월나라의 미천한 사람이었다. 지금 초나라에서 벼슬하여 관직이 높고 부귀를 누리고 있으니 아직도 월나라를 그리워하겠는가.〔潟故越之鄙細人也. 今仕楚執珪貴富矣, 亦思越不.〕"라고 하였다. 신하가 대답하기를 "무릇 사람이 고향을 생각하는 것은 몸이 아플 때입니다. 저 사람이 월나라를 그리워한다면 월나라 소리를 할 것이고, 그렇지 않다면 초나라 소리를 할 것입니다.〔凡人之思故, 在其病也. 彼思越則越聲, 不思越則楚聲.〕"라고 하므로 사람을 시켜 들어보게 하니, 여전히 월나라 소리를 하고 있었다는 고사가 전한다.《史記 卷70 陳軫列傳》

가을밤

秋夜

비낀 강 서북쪽으로 서울 바라보니 橫河西北望長安
늦가을 된서리에 온 숲 시들었네 秋盡繁霜萬壑殘
잎 떨어뜨리는 찬바람을 나무마다 원망하고 落葉緖風千樹怨
달 밝은 높은 누대도 새벽녘에 싸늘하네 危樓華月五更寒
베틀에 글자 있으련만 돌아갈 기약 아득한데 機中有字歸期闊
기러기 발에 편지 없고 가는 길 어려워라 雁足無書行路難
늙은 토끼와 은빛 두꺼비[40] 한스러우니 老兎銀蟾一種恨
어느 때나 빛 얻어 눈물 자국 말려 주려나 何時得照淚痕乾

40 늙은……두꺼비 : 달을 가리킨다. 전설에 의하면 달 속에는 두꺼비와 토끼가 있다고 한다. 173쪽 각주33 참조.

밤에 곡소리를 듣다

夜聞哭

나는 마음 여린 사람이라	我自弱心人
슬픈 곡소리 차마 듣지 못하네	不忍聞善哭
게다가 고요한 한밤중이라	況當靜夜分
늙은이 눈물 하염없이 이어지네	老淚迸相續
중간에 슬픔과 걱정 많이도 겪어	中經慼憂來
이 마음 더욱 아프구나	此懷轉彌酷
슬퍼할 일 진실로 많아	爲悲固萬端
애잔함이 듣는 이야기마다 따라오네	一哀隨所觸
정에 이끌려 쉽게 휩쓸려 가니	緣情旣易流
본성 지킴이 독실하지 못함을 한하네	執性恨未篤
슬프구나 저 참마 푼 어진 이와	慨彼脫驂仁
아침 해 뜰 때까지 이야기 나누네[41]	晤言逮朝旭

41 슬프구나……나누네 : 탈참(脫驂)은 망자(亡者)를 애도하며 보답하는 예의를 표하는 것을 의미한다. 공자(孔子)가 일찍이 위(衛)나라에서 옛날의 관사(館舍) 주인의 상(喪)을 만났다. 들어가 곡하고 나와서는 자공(子貢)에게 "참마를 풀어서 부의를 하라."라고 하였다. 자공이 참마를 풀어서 부의하는 것은 너무 과중하지 않겠느냐고 말하자, 공자가 "내가 방금 들어가 곡할 때에 한번 슬퍼함을 만나서 이내 눈물을 흘렸으니, 나는 눈물에 따르는 예를 표하지 않는 것을 싫어하노라."라고 말한 데서 온 말이다. 《禮記 檀弓上》 오언(晤言)은 서로 뜻이 통하여 정답게 이야기 나누는 것을 뜻한다. 《시경》 〈동문지지(東門之池)〉에 "저 아름다운 숙희여, 더불어 이야기할 만하구나."라고 하였다. 여기서는 대화할 대상이 없어서 《논어》만 밤새 읽었다는 말이다.

일본으로 가는 회답사 정립[42]을 전송하다

送回答使鄭岦日本

동서로 풍토 다르고 아득히 먼 이웃	風壤東西杳隔隣
밤낮으로 가도 구름 파도 넓어 끝이 없네	雲濤日夜浩無津
문신 새기는 남쪽 오랑캐[43] 땅에	須令百越文身地
삼한에 정씨 있음을 다시 알게 하시길[44]	再識三韓鄭姓人
옥 부절이 언뜻 봉래도[45] 새벽 지나면	玉節乍經蓬島曙
사신 행차[46] 꽃다운 봄을 스치리라	星槎定拂若華春

42 정립(鄭岦) : 1574~1629. 본관은 연일(延日), 자는 여수(汝秀)이다. 1624년(인조2) 3월 25일에 회답사(回答使)에 임명되었다. 8월에 도성을 출발하여 이듬해 3월에 부산으로 돌아왔다. 《恬軒集 卷33 嘉善大夫工曹參判鄭公墓誌銘》

43 남쪽 오랑캐 : 백월(百越)은 고대 중국의 남방인 월(越) 지방에 사는 오랑캐들의 총칭이다. 여기서는 일본을 가리키는 말로 사용되었다.

44 삼한(三韓)에……하시길 : 일본에 알려진 정씨 말고도 정립과 같이 훌륭한 정씨가 있음을 알리라는 말이다. 여기서 정성(鄭姓)은 누구인지 확실하지 않다. 다만 포은(圃隱) 정몽주(鄭夢周)가 1377년 9월에 사신의 임무로 일본에 간 일이 있고, 정립과 본관이 같은 점으로 미루어 볼 때, 정몽주를 가리키는 것으로 보인다.

45 봉래도 : 봉도(蓬島)는 신선이 산다고 하는 삼신산(三神山) 가운데 하나인 봉래산(蓬萊山)을 가리키는데, 여기서는 일본을 가리킨다.

46 사신 행차 : 성사(星槎)는 사신이 타는 배를 가리킨다. 어떤 사람이 바닷가에 살면서 해마다 음력 8월이 되면 어김없이 뗏목이 떠오는 것을 보고, 그 뗏목에 양식을 가득 싣고 수십 일 동안 갔더니, 멀리 궁실(宮室)에는 베 짜는 아낙들이 많고 물가에는 소를 끌고 와 물을 먹이는 사내가 있었다. 그가 돌아와서 점술(占術)로 유명한 엄군평(嚴君平)에게 물어보았더니 "모년 모월 모일에 객성(客星)이 견우성(牽牛星)을 범하였다."라고 하였다. 소를 끌고 있던 사내가 견우였던 것이다. 이 고사로 인하여 사행(使行)을

돌아오는 행장에 천금의 칼은 필요 없고	歸裝不蓄千金劍
상자 가득한 문장만이 가난에 대적하리[47]	溢篋瓊琚也敵貧

성사라고 한다. 《博物志 卷10》

47 돌아오는……대적하리 : 일본에 다녀오면서 귀한 물건을 받아오지 말고 좋은 글을 지어 오라는 말이다. 경거(瓊琚)는 아름다운 옥인데, 흔히 상대방이 보내 준 아름다운 시를 뜻하는 말로 쓰인다. 《시경》 〈목과(木瓜)〉에 "내게 목과로 주거늘, 경거로 보답한다.〔投我以木瓜, 報之以瓊琚.〕"라고 하였다.

부사 강홍중[48]을 전송하다

送副使姜弘重

육오[49] 헤치며 누선이 바다 질러갈 때 橫海樓船蹴六鼇
봉래의 경치 붉은 도포[50]에 비치리 蓬萊雲物照猩袍
문장이 파도 기운 담아 씩씩해지고 文章氣挾波濤壯
하늘 높이 이름 날려 해와 달 같으리 霄極名懸日月高
오나라 나그네는 호대 선물 알았는데[51] 吳客已知酬縞帶
한나라 신하는 어찌 포도를 귀히 여겼나[52] 漢臣何意重蒲萄

48 강홍중(姜弘重) : 1577~1642. 본관은 진주(晉州), 자는 임보(任甫), 호는 도촌(道村)이다. 회답부사(回答副使)에 임명되어 정립(鄭岦), 신계영(辛啓榮) 등과 함께 일본에 사신으로 다녀온 일을 기록한 《동사록(東槎錄)》이 전한다. 1624년(인조2) 9월 22일에 이민구가 부산으로 찾아와 함께 주연을 베푼 일이 《동사록》에 보인다.

49 육오(六鼇) : 바다 속에서 삼신산(三神山)을 머리로 이고 있다는 여섯 마리의 자라이다. 용백(龍伯)의 나라에 거인이 있는데, 낚시로 이 자라 여섯 마리를 한꺼번에 낚았다고 하였다. 《列子 湯問》 이백(李白)의 〈등고구이망원해(登高邱而望遠海)〉에 "육오의 죽은 뼈엔 이미 서리가 내렸으니, 삼산은 흘러가서 어디에 있는고.〔六鼇骨已霜, 三山流安在.〕"라고 하였다. 《李太白文集 卷3》

50 붉은 도포 : 성포(猩袍)는 성성이의 핏빛처럼 붉다 하여 붙은 이름으로, 고관대작이 입는 홍포(紅袍)이다.

51 오(吳)나라……알았는데 : 귀중하게 여기는 것으로 깊은 우의(友誼)를 표현한다는 말이다. 춘추 시대 오나라 계찰(季札)이 정(鄭)나라를 방문하여 자산(子產)을 만났는데, 예전처럼 잘 아는 사이로 여겨서 흰 비단 띠〔縞帶〕를 주자, 자산은 모시옷〔紵衣〕을 주었다는 고사가 있다. 그 주석에 "오나라는 흰 것을 귀중히 여기고, 정나라는 모시를 귀중히 여기기 때문에, 각각 자기가 귀중히 여기는 물품을 서로 선사한 것이다.〔吳地貴縞, 鄭地貴紵, 故各獻己所貴.〕"라고 하였다. 《春秋左氏傳注疏 卷39 襄公29年》

돌아와 《도경》의 먼 곳 살펴보면 歸來試閱圖經遠
사신의 수고로움을 비로소 알리라 始覺輶車使者勞

부상의 돋는 해 우리나라[53] 비추고 扶桑初日照鯷岑
십도[54]의 갈바람 엷은 구름 흩는구나 十島秋風散薄陰
진시황의 돌다리는 하늘가에 끊어지고[55] 秦帝石梁天外斷
노중련[56]의 푸른 바다는 눈앞에 깊네 魯連滄海眼中深

52 한(漢)나라……여겼나 : 한나라 때에 장건(張騫)이 중랑장(中郎將)에 임명되어, 오손(烏孫)과 대완(大宛) 등 여러 나라에 사신으로 갔다가 돌아올 적에 포도(葡萄)를 가지고 왔다. 《博物志》

53 우리나라 : 제(鯷)는 고대에 동해 바다 가운데에 있는 종족의 이름인데, 우리나라를 가리킨다. 《한서(漢書)》 〈지리지 하(地理志下)〉에 "회계(會稽)의 바다 바깥에 동제인(東鯷人)이 살고 있는데, 20여 개의 나라로 나누어져 있다."라고 하였다.

54 십도(十島) : 십주(十洲)라고도 한다. 신선이 산다는 열 개의 섬으로, 조주(祖洲), 영주(瀛洲), 현주(玄洲), 염주(炎洲), 장주(長洲), 원주(元洲), 유주(流洲), 생주(生洲), 봉린주(鳳麟洲), 취굴주(聚窟洲)를 가리킨다. 《說郛 卷66 海內十洲記》

55 진시황의……끊어지고 : 진시황이 바다를 건너서 해 돋는 곳을 보고자 하여 돌다리를 놓으려고 하였는데, 해신(海神)이 나타나서 다리 기둥을 세워 주었다. 진시황이 이를 고맙게 여겨 만나 보려고 하니, 해신이 말하기를 "내 모습이 추하니, 내 모습을 그리지 않기로 약속한다면 만나겠다."라고 하였다. 이에 진시황이 들어가 해신과 만났는데, 진시황의 좌우 사람들이 몰래 해신의 발을 그렸다. 그러자 해신이 성을 내면서 빨리 나가라고 하였다. 진시황이 말을 타고 곧장 나왔는데, 말 뒷다리가 석교에서 미처 떨어지기도 전에 석교가 무너졌다는 고사가 있다. 《藝文類聚 卷79》

56 노중련(魯仲連) : 노련(魯連)은 노중련을 가리킨다. 전국 시대 제(齊)나라 사람으로, 진(秦)을 황제로 높이자는 신원연(新垣衍)의 제안을 받고 "내가 동해에 몸을 던져 죽을지언정 진나라의 백성이 될 수는 없다.〔連有蹈東海而死耳, 吾不忍爲之民也.〕"라고 하였다. 《史記 卷83 魯仲連列傳》

갠 구름은 두 깃발의 빛을 끌어들이고　晴雲細引雙旌色
빗물은 때때로 북소리를 내는구나　空水時鳴疊鼓音
예부터 남아는 먼 이별 가벼이 여기니　自古男兒輕遠別
그대에게 줄 것은 옥호[57] 같은 마음 뿐　贈君唯有玉壺心

57 옥호(玉壺) : 맑은 마음을 뜻한다. 당나라 시인 왕창령(王昌齡)의 〈부용루송신점(芙蓉樓送辛漸)〉에 "낙양 친구가 만약 묻거든, 한 조각 빙심이 옥호에 있다고 하게.〔洛陽親友如相問, 一片氷心在玉壺.〕"라고 한 구절에서 유래하였다. 《古今詩刪 卷21》

서장관 신계영[58]을 전송하다

送辛書狀啓榮

예악은 오나라 계찰처럼 훌륭하고[59]	禮樂吳公子
시서는 한나라 육가처럼 뛰어나네[60]	詩書陸大夫
배와 수레 타고 먼 나라[61]로 가니	舟車重譯遠
풍토 다른 오랑캐 땅이라네	風壤百蠻殊

58 신계영(辛啓榮) : 1577~1669. 본관은 영산(靈山), 자는 영길(英吉), 호는 선석(仙石)이다. 1624년(인조2) 회답사 정립, 회답부사 강홍중과 함께 서장관의 신분으로 일본에 다녀왔다.

59 예악은……훌륭하고 : 신계영을 칭찬한 말이다. 오공자(吳公子)는 오나라 계찰(季札)을 가리킨다. 노(魯)나라에 사신으로 가서 주(周)나라의 음악을 듣고 열국(列國)의 치란 흥망을 알았다고 한다. 《史記 卷31 吳太伯世家》

60 시서는……뛰어나네 : 신계영의 문장 솜씨를 기린 말이다. 육대부(陸大夫)는 한나라 육가(陸賈) 가리킨다. 그는 남월(南越)에 사신으로 가서 주선을 잘한 결과, 월왕 위타(尉他)로부터 황금을 듬뿍 선물로 받고 돌아왔다. 《史記 卷97 陸賈列傳》《논어》〈자로(子路)〉에 "《시경》 3백 편의 시를 아무리 잘 외운다 하더라도 정사를 맡겨 통달하지 못하며, 사방에 사신으로 나가서 전대를 잘하지 못한다면, 또한 무슨 소용이 있겠는가.〔誦詩三百, 授之以政, 不達, 使於四方, 不能專對, 雖多, 亦奚以爲.〕"라는 말이 있다.

61 먼 나라 : 중역(重譯)은 한 나라의 사신이 왕래할 때에 이중, 삼중의 통역을 거치는 것을 말하므로, 먼 나라를 의미한다. 주공(周公)이 성왕(成王)을 대신하여 섭정하던 때에 천하가 태평해지자, 월상씨(越裳氏)가 중역(重譯)을 통하여 와서 주공에게 꿩을 바치며 말하기를 "우리나라의 노인들이 말하기를 '하늘이 오래도록 거센 비바람을 내리지 않고, 바다에도 파도가 일지 않은 지 지금 3년이 되었으니, 아마도 중국에 성인이 있는 듯한데, 왜 가서 조회하지 않느냐.' 하므로 왔습니다."라고 했다는 고사가 있다. 《韓詩外傳 卷5》

밤 저자에선 교주[62]를 자랑하고	夜市鮫珠薦
가을 돛배에선 월나라 베를 나르겠지	秋帆越布輸
서리 내려 귤과 유자 익고	天霜深橘柚
사람들은 갈대숲으로 나가겠지	人物出菰蘆
글자는 왕희지의 획을 파괴하였고	字破羲之畫
집에는 부처 그림을 간직한다네	家藏釋氏圖
이기려는 마음은 시퍼런 칼날도 가볍게 여기고	勝心輕白刃
이익을 노려서 붉은 차조기[63] 쫓는다네	射利逐丹蘇
거북이[64]가 때때로 궤를 열고 나오고	龜寶時開柙

62 교주(鮫珠) : 남해의 바다 속에 교인(鮫人)이 사는데, 눈물을 흘리면 진주가 된다고 한다. 남해(南海) 밖에서 물고기처럼 물속에 거하며 비단을 짜는 교인이 물 밖으로 나와 인가에 묵으면서 비단을 팔고 헤어질 적에, 이별을 아쉬워하며 자기의 눈물로 진주를 만들어 주인의 그릇에 가득 채워주고 떠났다는 전설이 진(晉)나라 좌사(左思)가 지은 〈오도부(吳都賦)〉 주(註)에 나온다.

63 붉은 차조기 : 단소(丹蘇)는 자소(紫蘇)를 가리키는 것으로 보인다. 그 잎이 땀을 내며 속을 조화시키는 효능이 있어 해수(咳嗽), 곽란(癨亂), 각기(脚氣), 심복통(心腹痛) 등을 다스리는 약재로 사용된다.

64 거북이 : 구보(龜寶)는 거북이를 말한다. 《천중기(天中記)》 권57에 "구보는 원구(元龜), 공구(公龜), 후구(候龜), 자구(子龜) 등 네 종류가 있다."라고 하면서 각각의 크기를 설명하였다. 또 《설부(說郛)》 권33 상(上)에 "서태위(徐太尉) 언약(彦若)이 광남(廣南)으로 갈 때 작은 바다를 건너게 되었는데, 물이 낮은 곳에서 유리병 하나를 얻었다. 그 속에 어린아이 주먹 크기의 작은 거북이 있었는데, 길이는 1촌(寸) 쯤이고, 병 속에서 끊임없이 움직였다. 병의 목이 아주 작았으므로 어떻게 그 속에 들어갔는지 알 수 없었다. 저녁때가 되자 배가 한 쪽으로 기우는 것을 알고 살펴보니, 많은 거북들이 배로 올라오고 있었다. 언약이 두려워하여 유리병을 바다에 던지자 거북들이 흩어졌다. 조금 뒤에 언약이 뱃사람에게 말하자, 뱃사람이 '그것이 이른바 구보이니, 세상에 드문 영물입니다. 그런 영물을 만나고도 갖지 못했으니 안타깝습니다.〔此所謂龜寶也, 希世

가마우지는 저물녘 호수로 들어오네 魚鷹晩入湖
줄지어 춤추는 이들에게 금전 던져 주고 金錢飛舞佾
은 부채로 노래에 가락 맞추네 銀箑節歌呼
색다른 풍속이 눈을 놀라게 하겠지만 異俗曾驚眼
이별하는 자리에 탄식을 일으키네 離筵更起吁
구름 물결 사이 이별하는 길에 雲波間別路
술 따르는 이 마음 외로워라 斟酌此情孤

之靈物, 惜其遇而不能有.」'라고 했다."라는 이야기가 나온다.

일본 승려 현방[65]에게 주다

寄日本僧玄方

바다 너머 소식 아득히 기약하기 어려운데	雲溟消息杳難期
남국도 서릿바람에 귤과 유자 늘어지네	南國霜風橘柚垂
백록의 현묘한 이야기 한밤에 꿈꾸고[66]	白簏玄談中夜夢
불사[67]의 염불 소리 해 넘도록 그립네	花宮禪梵隔年思
서로 만났던 곳에서 홀로 술잔 대하니	淸樽獨對相逢地
이별 아쉬워했던 중양절이라 더 놀랍구나	佳節還驚惜別時
계수는 아득히 날마다 천 리를 흐르는데[68]	桂水茫茫日千里

65 현방(玄方) : 1622년(광해군14) 이민구가 선위사로 동래(東萊)에 갔을 때 일본 사신단에 포함되었던 인물이다.

66 백록(白簏)의……꿈꾸고 : 현방이 들려 주었던 현묘한 이야기가 그립다는 말이다. 백록은 흰 상자를 말한다. 《산당사고(山堂肆考)》 권119 〈청상백록(靑箱白簏)〉에 "승 보연(寶淵)이 의소(義疏)를 널리 필사하여 서쪽으로 돌아가려고 하자, 같은 절에 머물던 혜제(慧濟)가 말하기를 '옛날에 사씨는 푸른 상자가 이르지 않아 문장을 짓지 못하였다. 지금 그대는 흰 상자가 오지 않으니 절대 이치를 강구할 수 없다.〔昔謝氏, 靑箱不至, 不得作文章, 今卿白簏未來, 判無講理.〕' 하였다. 그러자 보연이 '그렇지 않다. 이것은 개를 때리는 몽둥이이다.〔不然, 此乃打狗杖耳.〕' 하였다."라는 내용이 있다. 양신(楊愼)의 《단연여록(丹鉛餘錄)》 권9에 "진나라에 선비들의 말만 청표하고 현묘할 뿐만 아니라, 승려들의 말도 들을 만하다.〔晉世, 不惟士人語淸標玄致, 而釋子輩語, 亦復可聽.〕"라고 하면서 위의 이야기를 소개하고 있다.

67 불사(佛寺) : 화궁(花宮)은 불사를 가리키는 말이다.

68 계수(桂水)는……흐르는데 : 남조 양(南朝梁)의 시인 강엄(江淹)의 시에 "계수는 나날이 천리를 흐르는데, 평소의 회포 그 물에 부치노라.〔桂水日千里, 因之平生懷.〕"라

탕혜휴[69]의 시를 전해 주는 이 없구나 無人傳道惠休詩

이때가 중양절이니 바로 작년 헤어진 날이기 때문에 이렇게 읊었다.

는 시구가 있다. 《江文通集 卷4 休上人怨別》

69 탕혜휴(湯惠休) : 남조 송(南朝宋)의 승려로, 시문(詩文)에 능하여 세조(世祖)로부터 환속의 명을 받고 탕(湯)이라는 성을 하사받았다. 여기서는 현방을 가리킨다.

검령

劍嶺

울산 동쪽 20리 지점에 있다.

땅 귀신[70]이 공을 이룬 곳이며	富媼成功地
우공도 옮길 생각 그만둔 산이라네[71]	愚公息慮山
하늘로 솟아 단련한 돌[72]들 남아 있고	入天餘鍊石

70 땅 귀신 : 부온(富媼)은 지신(地神)을 말한다. 《한서(漢書)》 〈예악지(禮樂志)〉에 "후토(后土)의 부온이 삼광(三光)을 밝힌다."라고 했는데, 그 주(註)에 장안(張晏)의 말을 인용하여 "온은 늙은 어머니를 일컫는 말이다. 땅이 어머니가 되므로 온이라 한다. 해내가 안정된 것은 부온의 공이다.〔媼老母稱也, 坤爲母, 故稱媼. 海內安定, 富媼之功耳.〕"라고 하였다.

71 우공(愚公)도……산이라네 : 산이 너무 높다는 표현이다. 우공은 우공이산(愚公移山)의 고사에 등장하는 인물이다. 《열자(列子)》 〈탕문(湯問)〉에 "북산(北山)의 우공이 나이가 아흔에 가까웠는데, 집 앞에 태항산(太行山)과 왕옥산(王屋山)이 막혀 있는 것이 싫어서, 그 산을 옮기려고 자손들을 데리고 삼태기에 산을 파 담아 발해(渤海) 바닷가로 날라다 부었다. 지수(智叟)가 웃으며 말하기를 '그대의 여생에 산의 일부분도 파내지 못할 것이다.'라고 하였다. 우공이 길게 탄식하며 말하기를 '그대는 마음이 고루하구나. 내가 죽으면 아들이 있고, 아들은 손자를 낳을 것이고, 그 손자는 또 아들을 낳을 것이다. 자자손손 끊임없이 이어질 것인데, 산은 더 높아지지 않을 것이니, 산이 어찌 평지가 되지 않겠는가.'라고 하자, 지수가 대답을 못하였다. 산신(山神)이 산이 사라지는 것이 두려워서 상제(上帝)에게 보고하니, 상제가 우공의 정성에 감동하여 그 산들을 옮겨 주었다."라고 하였다. 태항산을 옮기려고 했던 우공이지만, 검령은 너무 높아 차마 엄두도 내지 못한다는 말이다.

72 단련한 돌 : 상고 시대에 복희씨(伏羲氏)의 누이인 여와씨(女媧氏)가 오색(五色)의 돌을 달구어 뚫어진 하늘을 기웠다는 고사를 인용한 것이다. 《사기(史記)》 〈삼황기(三皇紀)〉에 "공공씨(共工氏)가 축융씨(祝融氏)와 싸우다가 이기지 못해 성이 나서

통하는 골짜기는 관문처럼 막혀 있네 通谷限封關
둘러싸여 검할[73]을 보존할 수 있으니 環衛存鈐轄
제방을 험한 곳에 설치하였네 提防設險艱
가을바람이 해를 불어 秋風吹日馭
아득히 험한 산[74]에 오르네 杳杳上孱顔

부주산(不周山)을 머리로 들이받아 무너뜨리자 천주(天柱)가 끊어졌으므로, 여와씨가 오색의 돌을 달구어 하늘을 기웠다."라고 하였다.

73 검할(鈐轄) : 지방의 벼슬 이름이다. 《송사(宋史)》 〈직관지(職官志)〉에 "총관검할사(總管鈐轄司)는 군려(軍旅)와 둔수(屯戍)의 일을 맡아 본다."라고 하였다.

74 험한 산 : 잔안(孱顔)은 큰 산이 우뚝 서 있는 모습을 말한다.

기행
紀行

하루 종일 들길을 이리저리 걷다 보니　野行終日路縱橫
어느 고을 가을 구름에 온갖 곡식 여무네　一縣秋雲萬寶成
전란 겪은 십 년 사정 노인에게 듣고　兵火十年聞故老
마을 몇 곳에서 남은 백성 보노라　村墟幾處見餘生
서릿바람 하늘 끝 나무에 끊이지 않고　霜風不斷天邊樹
날씨는 바닷가 성에 늘 어둑하구나　日氣長霾海上城
부절 잡고 다스려도[75] 작은 보탬도 없어　持節旬宣無寸補
눈에 가득한 - 원문 판독 불가 - 누굴 위해 밝은가　黃▨滿眼爲誰明

75 다스려도 : 순선(旬宣)은 감사(監司)의 직무를 말한다. 《시경》 〈강한(江漢)〉의 "임금님이 소호에게 명하시기를, 왕명을 두루 선포하라 하시다.〔王命召虎, 來旬來宣.〕"라는 말에서 나왔다.

망신루[76]의 운자에 맞춰 짓다

望辰樓次韻

계동의 민풍 팔민[77]과 흡사해　　溪洞民風似八閩
생선 비린내 나그네는 익숙지 않네　　魚腥不慣客來人
수레 몰아 다시 어디를 유람하려는가　　襜帷更欲游何處
푸른 바다 보이는 동쪽은 이미 땅끝인데　　滄海東頭已絶垠

그 후에 고을 사람들이 민땅은 오랑캐 풍속이 행해지는 곳이니, 민(閩)자를 고치는 것이 좋겠다고 청하였다. 그 뜻이 가상하여 다른 글자로 고쳤다.

동해에 달 올라 고운 노을 흩어지고　　東溟月出散瓊霞
거북이 머리의 영봉[78] 우뚝 솟았다　　鼇頂靈峯露嶪峨

76 망신루(望辰樓) : 경상북도 포항시 북구 흥해읍 성내리에 있는 누대를 지칭하는 것으로 보인다. 1546(명종1)에 흥해 읍성 동편에 건축하였으며, 1809(순조9)에 중수하였다. 박장원(朴長遠)의 《구당집(久堂集)》 권1 〈망신루부(望辰樓賦)〉에 "이것은 어쩌면 두보의 시 '높은 누대에서 북극성을 바라보네.'라는 뜻을 취한 것이 아니겠는가.〔此豈非杜子美之句危樓望北辰之意乎.〕"라고 하였다.

77 팔민(八閩) : 중국 복건성(福建省)의 별칭이다. 옛 민땅으로 여덟 부(府), 주(州), 군(軍)을, 원나라는 복주(福州), 흥화(興化), 건녕(建寧), 연평(延平), 정주(汀洲), 소무(邵武), 천주(泉州), 장주(漳州)의 팔로(八路)를, 명나라는 팔로를 팔부(八府)로 고쳤는데, 청나라가 이어받으면서 생긴 이름이다. 중국의 복건성이 바닷가에 위치해 있으므로, 역시 바닷가에 위치한 계동의 풍속을 이렇게 표현한 듯하다.

78 거북이 머리의 영봉(靈峯) : 영봉은 동해 가운데에 있다는 삼신산(三神山)으로, 봉래(蓬萊), 방장(方丈), 영주(瀛洲)를 가리키는 것으로 보인다. 이 삼신산을 여섯 마리의 자라가 머리에 이고 있다고 한다.

광한궁[79] 앞 계수나무 베어다가　斫却廣寒前殿桂
가을 오면 바다 신선의 배[80] 만들리라　秋來擬作海仙槎

동쪽 해 뜨는 곳 오랑캐들 조용하니[81]　扶桑日域靜群蠻
공무 한가로워 강호의 풍류 즐기네　江海風流簿領閑
다만 누대에 항상 달빛 비춰　但使樓臺常貯月
거문고 연주에 머리 숙이지 않게 했으면　不妨絃奏更低鬟

서늘한 들판에 가을걷이 한창이고　寒郊穫稻歲功登
한밤 어망에 좋은 고기 걸렸네　更有嘉魚落夜罾
한 섬 술[82] 그대는 절로 익숙하고　一石留髡君自慣

79 광한궁(廣寒宮) : 달 속에 있다는 전설상의 궁전 이름이다. 당 현종(唐玄宗)이 8월 보름날 꿈속에서 달 속을 거닐다가 광한청허(廣寒淸虛)라는 편액(扁額)이 걸려 있는 궁전에 유람하였다고 한다.

80 바다 신선의 배 : 8월이면 바다 위에 신선이 떼를 지어 배를 타고 왔다 간다고 한다.

81 동쪽……조용하니 : 영남의 바닷가가 평화롭다는 의미이다. 부상(扶桑)은 동해에 있다는 나무 이름인데, 전설에 따르면 해가 부상 아래에서 나와 가지를 스치고 떠오른다 하여, 해 뜨는 곳을 뜻하기도 한다. 여기서는 일본에 특이한 동향이 없다는 의미이다.

82 한 섬 술 : 유곤(留髡)은 순우곤(淳于髡)을 술자리에 머무르게 한다는 말로, 많은 술을 마신다는 의미이다. 전국 시대 제(齊)나라 위왕(威王)이 술자리를 열어 놓고, 순우곤에게 "선생은 얼마나 마시면 취하십니까.〔先生能飮幾何而醉〕"라고 묻자, 순우곤이 "신은 한 말을 마셔도 취하고 한 섬을 마셔도 취합니다.〔臣飮一斗亦醉, 一石亦醉.〕"라고 하였다. 위왕이 "선생이 한 말을 마셔도 취한다면 어떻게 한 섬을 마실 수 있단 말입니까. 그 말을 들을 수 있겠습니까.〔先生飮一斗而醉, 惡能飮一石哉. 其說可得聞乎.〕"라고 하였다. 순우곤이 "대왕의 앞에 술을 차려놓은 상태에서 집법하는 신하가

나도 백 잔 술[83]에 조금은 능하다네　　百觴中聖我差能

강남의 〈석석염〉[84] 노래 듣노라니　　聽唱江南昔昔鹽
이경의 고운 달빛 누대 위로 오른다　　二更華月上堂簾
누가 이 밤 대궐 바라봄을 가련히 여겨　　誰憐此夜中宸望
높은 누각 북쪽 처마 트이도록 만들었나　　爲豁危樓向北簷

옆에 있고 어사가 뒤에 있다면, 제가 두려워서 구부리고 마시다가 한 말도 못 마시고 곧바로 취할 것입니다.……해가 지고 취흥이 일어 남녀가 무릎을 맞대고 신발이 뒤섞이며 술잔과 접시가 낭자하고 집 안에 등불이 꺼질 무렵, 안주인이 저를 잡아두고 손님들을 돌려보낸 뒤에 엷은 속적삼의 옷깃을 헤치며 색정의 향내를 풍기면, 이때는 제가 가장 기뻐서 한 섬이라도 마실 수 있습니다.〔賜酒大王之前, 執法在傍, 御史在後, 髡恐懼俯伏而飮, 不過一斗徑醉矣.……日暮酒闌, 合尊促坐, 男女同席, 履舃交錯, 杯盤狼藉, 堂上燭滅, 主人留髡而送客, 羅襦襟解, 微聞薌澤, 當此之時, 髡心最歡, 能飮一石.〕" 라고 하였다.《史記 卷126 滑稽列傳 淳于髡》

83 술 : 중성(中聖)은 중성인(中聖人)의 준말로, 술에 취해 있음을 표현한 은어이다. 이백(李白)의 〈증맹호연(贈孟浩然)〉에 "달에 취하여 자주 술을 마시네.〔醉月頻中聖〕" 라는 글이 있다.《李太白文集 卷7》

84 석석염(昔昔鹽) : 악부곡사의 이름으로, 수(隋)나라 설도형(薛道衡)의 작품에 처음으로 보인다. 석석(昔昔)은 밤마다〔夕夕〕의 의미이며, 염(鹽)은 악부체(樂府體)의 하나이다.

동지
冬至

작년 동지에 북쪽 변방[85]의 길손 되어	去年冬至客龍荒
변방 외로운 성에서 눈서리 만났었지	絶塞孤城對雪霜
만 리 멀리서 관문 닫은[86] 이날인데	萬里閉關還此日
한밤의 고향 꿈 또 타향에서 꾸누나	二更歸夢又他鄕
빠른 세월에 귀밑머리 세는데	匆匆歲序欺雙鬢
끝없는 하늘의 마음을 일양에서 느끼네[87]	袞袞天心感一陽
버선 실처럼[88] 볼품없는 재주 부끄러운데	自愧寸能猶襪線
나아질 길 없이 해만 길어지네	無因添得日暉長

85 북쪽 변방 : 용황(龍荒)은 북쪽 변방을 뜻한다. 용은 흉노족이 하늘에 제사를 지내던 용성(龍城)을 가리키고, 황은 멀리 떨어진 변방이라는 뜻의 황복(荒服)을 가리킨다. 이민구가 1623년(인조1)에 장만(張晩)의 종사관이 되어 함경도에 머무른 적이 있었으므로, 여기서 용황은 함경도 지역을 뜻한다.

86 관문 닫은 : 폐관(閉關)은 동짓날을 의미한다. 《주역》 〈복괘(復卦) 상(象)〉에 "동짓날에 관문을 닫아 장사꾼과 여행자가 다니지 못하게 하며, 임금은 사방을 시찰하지 않는다.〔至日閉關, 商旅不行, 后不省方.〕"라는 내용이 있다.

87 끝없는……느끼네 : 11월이 되어 양(陽) 하나가 생성되었음을 말한 것이다.

88 버선 실처럼 : 말선(襪線)은 여러 가지 기예가 있으나 어느 하나도 능통하지 못한 사람, 또는 재능이나 학문이 보잘것없음을 비유하는 말이다. 오대(五代) 시대 한소(韓昭)가 여러 가지 재주를 익혀 전촉(前蜀)의 후주(後主)에게 은총을 받자, 조사(朝士) 이태하(李台蝦)가 "한소의 재주는 버선을 꿰맨 실처럼, 풀어도 쓸 만한 긴 실이 나오지 않는 것과 같다.〔韓八座事藝, 如拆襪線, 無一條長.〕"라고 비웃은 고사가 있다. 《天中記 卷29》

군위[89]로 가는 길에

軍威道中

세월이 내 수레 따라 흐르는데 　歲月隨吾轂
아득히 먼 길을 가는구나 　悠悠行路中
무단하게 양쪽 귀밑머리는 　無端雙鬢髮
늦가을 쑥처럼 새하얗게 되는구나 　有似九秋蓬
맑은 물에 찬 기운 더해지고 　白水寒增浪
푸른 산에 저물녘 바람 나부낀다 　蒼山暮轉風
적막한 초가집의 삶이지만 　蕭條一茅屋
완전히 궁한 것은 아니라네 　是計未全窮

2

피리와 북소리 푸른 산 너머로 들리고 　笳鼓青山外
역참은 붉은 언덕 동쪽에 있구나 　郵亭赤岸東
눈은 떨어지자마자 녹아버리고 　纔消到地雪
무지개는 하늘을 반으로 나누었다 　半截映天霓
석양은 성긴 숲을 통과하고 　落景通林缺
행인과 새는 다투어 제집 찾아간다 　行人競鳥棲
나그네 혼은 불러도 돌아오지 않으니 　旅魂招不返
이 속에서 돌아갈 길 헤매고 있네 　歸路此中迷

89 군위(軍威) : 현재의 경상북도 군위군 지역을 가리킨다.

장연 부사 정세미[90] 만사

鄭長淵 世美 挽詞

영남에서 하루에도 몇 번씩 그대 생각인데	嶺外思君日幾回
문득 부음에 놀라 의심[91] 일으키네	忽驚災疾起蛇杯
벼슬한 세월 가을 골짜기처럼 시들었고	名途歲月凋秋壑
술 마시며 놀던 산하 무덤에 가깝다	酒肆山河近夜臺
사방 떠도는 신세 두 눈에 눈물 흐르는데	海內飄零雙眼淚
하늘 끝 소식은 백 년의 슬픔일세	天涯消息百年哀
봄빛은 고작 양이 생긴 뒤라서[92]	春暉只在陽生後
서릿바람에 풀 꺾이듯 애간장이 끊어지네	腸斷風霜寸草摧

90 정세미(鄭世美) : 1583~1624. 본관은 동래(東萊), 자는 사원(士元), 호는 동와(東窩)이다. 《성호전집(星湖全集)》 권60 〈장연부사증이조참판정공묘갈명(長淵府使贈吏曹參判鄭公墓碣銘)〉에 의하면, 정세미는 1622년(광해군14)에 장연 도호부사(長淵都護府使)에 임명되었다.

91 의심 : 사배(蛇杯)는 사영배궁(蛇影杯弓)의 준말로, 술잔 속에 비친 활의 그림자를 뱀으로 착각한다는 뜻이다. 공연한 의심과 걱정으로 고민하는 것을 비유하는데, 여기서는 정세미의 죽음을 믿을 수 없었다는 말이다.

92 봄빛은……뒤라서 : 일양(一陽)이 비로소 생기는 11월이라는 말이다. 정세미는 1624년(인조2) 10월 20일에 장연에서 운명하였다.《星湖先生全集 卷60 長淵府使贈吏曹參判鄭公墓碣銘》

요절한 딸을 애도하다

悼夭

내가 관산으로 갈 적에	我行關山道
헤어지던 딸아이 모습 삼삼하다	兒女森別面
생각해 보니 예전에 뱀 꿈 꾸었다며[93]	憶昔夢維蛇
편지로 봉래에 전해 왔었지[94]	書至蓬萊傳
어찌하여 물거품과 그림자 사라지듯[95]	如何泡影滅
삼 년 세월이 번개처럼 흘러갔나	三歲劇流電
삶과 죽음 분명치 않으니	去來殊恍惚
이 마음을 다스려 달랠 수 있을까	達情理堪遣
부끄럽게도 아비 되어	所愧爲人父

93 뱀 꿈 꾸었다며 : 딸을 낳을 태몽이다. 《시경》〈사간(斯干)〉에 "대인이 꿈을 점치니, 곰과 큰 곰의 꿈은 남자를 낳을 상서로운 조짐이고, 큰 뱀과 뱀의 꿈은 여자를 낳을 상서로운 조짐이다.〔大人占之, 維熊維羆, 男子之祥, 維虺維蛇, 女子之祥.〕"라고 하였다.

94 편지로……왔었지 : 봉래(蓬萊)는 동해에 있다는 삼신산(三神山) 가운데 하나이다. 여기서는 1622년(광해군14) 이민구가 선위사의 임무를 띠고 동래(東萊)에 있을 때, 부인이 그곳으로 태몽 소식을 전해왔다는 말이다.

95 물거품과 그림자 사라지듯 : 덧없는 세상을 의미한다. 《금강반야바라밀경(金剛般若波羅密經)》〈응화비진분(應化非眞分)〉에 "이 세상의 모든 현상은 꿈과 같고 허깨비와 같고 물거품과 같고 그림자와 같고, 또한 아침 이슬이나 번갯불과 같으니, 응당 이렇게 보아야 할 것이다.〔一切有爲法, 如夢幻泡影, 如露亦如電, 應作如是觀.〕"라는 말이 나온다.

날 때도 죽을 때도 보지 못했구나　　生死俱未見
옥 같은 네 모습 눈에 아른거려　　瑜環眼中戲
감히 마음에 담아 그리워하지도 못한다　　不敢留心戀
첩첩이 둘러싸인 고향 산기슭에　　纍纍故山麓
수많은 무덤들 늘어서 있는데　　結冢今已遍
눈 내린 아득한 하늘에　　茫茫雪後天
찬 구름만 변화무쌍하구나　　極目寒雲變

신녕[96]의 대숲

新寧竹林

창 밖 대나무 흔들리는 소리 스산하니	窓外蕭蕭竹萬竿
밤에 부는 바람 대숲에 몰아친다	夜來風碎碧琅玕
까닭 없이 순 임금의 조정을 꿈꾸는데[97]	無端一夢虞庭會
생황과 풍경 소리 꿈 깬 뒤에 쓸쓸하다	笙磬遺音覺後寒

96 신녕(新寧) : 현재의 경상북도 영천시 신녕면 지역이다.

97 순(舜) 임금의 조정을 꿈꾸는데 : 우정(虞庭)은 우순(虞舜), 즉 순 임금의 조정을 가리킨다. 《서경》 〈익직(益稷)〉에 "소소 음악을 아홉 번 연주하니, 봉황새가 날아와 법도에 맞춰 춤을 추었다.〔韶簫九成, 鳳凰來儀.〕"라는 구절이 나온다. 이는 태평성대를 이룬 임금의 덕을 기린 말인데, 이민구가 대숲에 있으면서 봉황을 꿈꾸고 태평시대를 기원했다는 말이다.

전 고한행

前苦寒行

강에 광풍 일어 강물 역류하고　獰飆攪河河逆流
들녘 나무는 끊임없이 바스락거린다　野樹窣窣鳴未休
모래바람 문득 일어 누렇게 앞을 가리니　塵沙忽起翳黃霾
우마는 위축되고 나그네는 시름하네　牛馬猬縮行人愁
영남 관찰사는 높은 벼슬아치 되어　嶺南觀察自達官
예전부터 검은 갖옷 준비해 추위 대비했지　久辦羔裘營一寒
작년 관서에서도 춥지 않았는데　去年西塞不受凍
오늘 가는 길은 참으로 고되구나　今日行路眞艱難
아아 길가에 부서진 집 한 채　咄哉道傍一破屋
질솥에 연기 없고 곡소리만 사흘 이어지네　土銼無煙三日哭
주린 쥐는 아침에 동이의 곡식 뒤집고　飢鼠朝翻盎中糧
누더기 걸친 이는 밤에 소름 돋는구나[98]　懸鶉夜擁身上粟
옷 나부끼는 말 앞의 군졸은 어떠하며　況如飄然馬前卒
눈 내리는 변방 지키는 관군은 어떠할까　況如官軍戍邊雪
변방에 끝없이 눈 쌓여 봄기운 더딘데　邊雪無垠春色遲
눈길 돌려 관산 바라보니 속만 타는구나　轉望關山心內爇

98 누더기……돋는구나 : 현순(懸鶉)은 현순백결(懸鶉百結)로, 누더기 옷을 말한다. 신상속(身上粟)은 추울 때 몸에 돋는 소름을 가리킨다.

후 고한행

後苦寒行

어제 추위는 노래라도 했는데	昨日之寒歌思發
오늘 추위는 노래조차 막히네	今日之寒歌思鬱
긴 강은 한밤에 이미 얼음 덮였고	長河已合半夜氷
대지는 천 길 눈에 온통 묻혔네	厚地全埋千丈雪
겨울 찬 기운[99]이 만 리 남국까지 퍼져	玄冥萬里動南國
남방도 온통 하얘 동주마저 꺾이겠네[100]	朱厓一白銅柱折
사람들은 작년에도 이와 같아	人言舊歲也如此
대숲이 다 시들었었다 하네	令我篁林盡委絶
대숲이야 시든들 어찌 상심하랴만	篁林委絶亦何傷
대나무 열매 맺지 않을까 걱정일세	但恐琅玕實不結
열매 맺지 않으면 봉황이 먹질 못하니	琅玕不結鳳無食
한밤에 탄식하며 피눈물 흘린다	歎息中宵淚成血

99 겨울 찬 기운 : 현명(玄冥)은 겨울 귀신의 이름이다. 《예기》 〈월령(月令)〉에 "겨울철의 상제(上帝)는 전욱(顓頊)이요, 그 귀신은 현명이다."라는 기록이 보인다.

100 남방도……꺾이겠네 : 추위의 기세가 남쪽까지 퍼져 대단하다는 표현이다. 주애(朱崖)는 중국 남방에 있는 지명으로, 가장 험준하고 멀리 떨어져 있기 때문에, 대신이 죄를 지으면 이곳으로 귀양을 보냈다. 한 무제(漢武帝) 때 월(越)을 평정하고 설치하였다고 한다. 《漢書 卷6 武帝紀》 동주(銅柱)는 후한(後漢)의 복파장군(伏波將軍) 마원(馬援)이 교지국(交趾國)을 원정(遠征)한 뒤, 두 개의 구리 기둥을 세워 한나라와 남방 외국의 경계선을 표시했다는 기둥이다. 《後漢書 卷24 馬援列傳》

서당의 동료들에게 술잔을 보내며 시 두 수로 권하다
寄兕觥書堂諸寮侑以兩詩

술잔에 주후의 노래 전하고[101] 兕傳周后詠
사냥은 초왕 때부터 가까이했네[102] 獵自楚王親
절차탁마에 본래 비유할 수 있고 磋切元堪喻
신명과 통하는 데는 이만한 게 없지 通明固絶倫
신선의 무리 한가로운 날 많으니[103] 仙曹豐日暇
술[104]은 천진하게 만들어 주네 美祿引天眞
서로서로 술 권하며 觴政能相及
봄날 그대와 한강에서 만나길 기약한다 期君漢水春

101 술잔에……전하고 : 이 시는 시굉(兕觥)을 보내면서 지은 시이므로, 이 구는《시경》〈권이(卷耳)〉의 "내 우선 저 뿔잔에 술을 부어, 길이 서글퍼하지 않으리라.〔我姑酌彼兕觥, 維以不永傷.〕"라는 내용을 말한 것이다.

102 사냥은……가까이했네 : 초(楚)나라에는 운몽택(雲夢澤)이라는 큰 연못이 있어서 예로부터 여기에서 수렵(狩獵)을 많이 해왔다.

103 신선의……많으니 : 독서당에서 공부하는 관리들에게 한가한 시간이 많다는 말이다. 선조(仙曹)는 당(唐)나라 때 상서성(尙書省) 소속의 각 부서를 가리키는 말이었는데, 일반적으로 조정의 좋은 부서를 가리키는 말로 쓰인다. 여기서는 독서당에서 사가독서하는 관리들을 가리킨다.

104 술 : 미록(美祿)은 천지미록(天之美祿), 즉 세상에서 가장 아름다운 식록(食祿)이라는 말로, 술의 별칭이다.《한서(漢書)》권24〈식화지(食貨志)〉에 "술은 하늘이 내려 준 아름다운 식록이니, 제왕이 그것으로 천하를 기른다.〔酒者, 天之美祿, 帝王所以頤養天下.〕"라는 말이 나온다.

2

호숫가 아름다운 풍광	湖上諸名勝
풍류는 날마다 여기에 있네	風流日在玆
화려한 명성은 천고의 사업이요	聲華千古業
술에 취함은 백 년의 기약일세	爛熳百年期
스스로 흠뻑 취한 정취 즐길 뿐	自得昏酣趣
누가 실컷 마시는 스승이랴[105]	誰爲痛飮師
그대에게 청하노니 잠시 술잔 내려놓고	請君停一吸
시나 몇 수 지어 보시게	試賦幾篇詩

105 누가……스승이랴 : 두보(杜甫)가 친구 정건(鄭虔)에게 준 시에 "형식 모두 잊고서 너니 나니 하는 사이, 통음하는 것이야말로 진정 나의 스승일세.〔忘形到爾汝, 痛飮眞吾師.〕"라는 표현이 나온다.《杜少陵詩集 卷3 醉時歌》

연이를 곡하다[106]

又哭鳶

한 쌍의 진주[107] 열흘 사이 죽으니　雙珠零落一旬間
곡하며 서울 바라봄에 피눈물 흐른다　哭望長安血淚斑
너는 이미 청산에서 개미굴과 이웃했는데　汝已靑山隣蟻穴
나는 지금 백발로 세상에 살아 있구나　吾今白首傍人寰
찬 구름 걸린 산마루 나무만 눈에 보이는데　寒雲嶺樹偏當眼
섣달 강가 매화는 너를 꼭 닮았구나　臘月江梅巧學顔
층층이 쌓인 얼음 천지에 가득하여　淼淼層氷滿天地
굽이치는 물[108]에서 불제하고[109] 올 길 없네　無由曲水祓除還

106 연이를 곡하다 : 이 시는 이민구가 죽은 자식을 애도한 작품이다. 연(鳶)은 죽은 아이의 이름일 것으로 추측되지만 고증할 수 없다.

107 한 쌍의 진주 : 쌍주(雙珠)는 자질이 뛰어난 두 형제를 가리키는 말이다. 한(漢)나라 공융(孔融)이 위원장(韋元將)과 위중장(韋仲將) 두 형제를 보고, 그 부친 위휴보(韋休甫)에게 보낸 편지에 "늙은 조개 속에서 진주 두 알이 나올 줄은 생각지도 못하였다.〔不意雙珠生于老蚌〕"라고 한 고사가 있다.《三輔決錄》여기서는 이민구의 죽은 자식을 뜻하는 말로 사용되었다. 이만부(李萬敷)의 《식산집(息山集)》 문집(文集) 권21 〈이조참판동주이공묘갈명(吏曹參判東州李公墓碣銘)〉에 "이민구에게는 원규(元揆)와 중규(重揆) 두 아들이 있었으나, 모두 강화도에서 죽었다.〔公有二子元揆重揆, 俱歿于江都.〕"라고 하였다. 이 외에는 이민구의 자손에 대해 확인할 자료가 없으므로, 여기서 쌍주가 정확히 누구를 가리키는지는 파악할 수 없다. 다만 《동주집(東州集)》 전집(前集) 권3 〈도요(悼夭)〉라는 작품이 이민구가 요절한 딸을 위해 지은 것으로 보이고, 이 작품의 제목에 우(又)가 붙은 점, 또 열흘 사이〔一旬間〕라고 한 것으로 보아, 〈도요〉에서 애도한 요절한 딸에 이어 또 다른 자녀가 죽은 것으로 보인다.

108 굽이치는 물 : 곡수(曲水)는 고대에 음력 3월 삼짇날 물가에서 연회를 벌여, 술을 마시며 일 년의 재앙을 떠내려 보내던 일을 뜻하였다. 후대에는 물이 빙 돌아 흐르도록 수로(水路)를 만들고, 그 위에 술잔을 띄워 마시며 즐기는 놀이를 이르는 말로 사용하였다.

109 불제(祓除)하고 : 불제는 액(厄)을 물리친다는 뜻이다. 3월 상사(上巳)일에 향초를 삶은 물에 목욕하는 행사를 말한다. 《周禮 春官 女巫 疏》

지극한 슬픔

至哀

살아서는 품속에 품었더니	平生在懷抱
죽어서는 풀숲에 버렸구나	死葬棄草莽
바람 모질고 눈마저 깊이 쌓였는데	風嚴山雪深
네 유골은 고통이 없겠느냐	爾骨得無苦
하늘이여 네가 무슨 죄란 말이냐	天乎汝何辜
나를 아비로 둔 탓이로다	諒以我爲父
헤어질 때의 어여쁜 말들	婉孌別時語
콕콕 가슴 속에 박힌다	鑿鑿鏤肝腑
해맑고 고운 눈과 눈썹	淸揚好眉眼
며칠 만에 흙이 되었구나	幾日化爲土
자식에 대한 정[110] 누군들 면하랴	情鍾誰可免
이 애달픈 마음 영원하리라	一哀足千古

110 자식에 대한 정 : 진(晉)나라 때 왕융(王戎)이 일찍이 아들을 잃었을 때, 산간(山簡)이 찾아가 보니 왕융이 비통함을 감당하지 못하였다. 산간이 말하기를 "어린애는 품 안의 물건이거늘, 어찌 이 지경에 이른단 말인가.〔孩抱中物, 何至於此.〕"라고 하였다. 왕융이 말하기를 "성인은 정을 잊는 것이고, 가장 하등인은 정을 다하지 못하는 것이며, 정을 다 쏟을 수 있는 것은 바로 우리들에게 있다.〔聖人忘情, 最下不及情, 然則情之所鍾, 正在我輩.〕"라고 한 고사가 있는데, 정종(情鍾)은 여기에서 유래한 말이다.《晉書 卷43 王戎列傳》 여기서는 죽은 자식에 대한 슬픔을 의미하는 말이다.

아침 해

初日

창틈으로 아침 해가 가는 햇살 희롱하더니	窓間初日弄輕絲
문득 보니 붉은 기운 상하로 옮겨 가네	忽見游紅上下移
바빠서 무엇 때문에 급한지 모르다가	忙去不知緣底急
늙어서야 저놈에게 속은 줄 알았네	老來方覺被渠欺

곡강[111]에서의 봄날 뱃놀이

曲江春泛

푸른 산 아래 말 세우고	停騎蒼山下
봄 강물에 배 띄웠노라	春江試放舟
세 발 쯤[112] 저무는 해 남아	三竿留返照
아홉 굽이를 순조롭게 내려가네	九曲順安流
뾰족 바위 암벽에 늘어섰고	石峭排巖壁
텅 빈 하늘 누선 가까이 닿을 듯	天虛近柁樓
아마도 무이동에서	疑從武夷洞
산뜻하게 참다운 놀이 이어가는 듯[113]	蕭灑嗣眞遊

2

들 밖에 두 척 배 띄우고	野外排雙舸
술동이 앞에 아홉 언덕[114] 세노라	尊前數九皐

111 곡강(曲江) : 현재의 경상북도 영양군에 있는 하천 이름이다.

112 세 발 쯤 : 삼간(三竿)은 바지랑대 세 개를 의미한다. 소식(蘇軾)의 〈과해득자유서(過海得子由書)〉에 "문 밖에는 삼간 높이 솟은 해, 강관에는 한 잎에 드는 가을.〔門外三竿日, 江關一葉秋.〕"이라고 하여, 해가 이미 높이 올랐음을 노래하였다. 여기서는 반조(返照)라고 했으므로, 지는 해를 가리키는 말로 사용되었다.

113 아마도……듯 : 무이동(武夷洞)은 주희가 정사(精舍)를 짓고 강학하던 무이산(武夷山)을 의미한다. 곡강의 뱃놀이를 무이구곡(武夷九曲)의 뱃놀이에 빗대어 말한 것이다.

114 아홉 언덕 : 구고(九皐)는 《시경》 〈학명(鶴鳴)〉에 보이는 말로, 그 시에 "학이

성 근처는 잡초만 우거졌는데	近城猶莽蒼
노 저어 나가니 돌산이구나	移棹已巖嶅
창은 돛대에 이어져 나란하고	棨戟連桅竝
거문고 소리 물결에 어우러져 흥겹다	琴書隱浪高
봄바람에 햇살 따뜻하니	春風日舒暖
남은 흥은 강가 복숭아꽃 피길 기다리리	留興待江桃

3

강물 차가워 술잔 재촉했더니	江寒催進酒
바다에 닿자 이미 취기 도네	下海已微醺
그물 쳐 놓고 바람 자길 바라다가	設網須風定
석양에 뱃머리 돌리네	迴舟待日曛
노랫소리 맑게 박자에 맞고	徵歌淸赴節
투무[115]는 하늘하늘 구름 같구나	鬪舞懶如雲
부끄럽다 돌아오는 길 저물어	却愧歸途晚
정자 언덕에 늘어선 횃불 분명하네	亭皐列炬分

구고에서 우니, 그 소리가 하늘에 들린다.〔鶴鳴于九皐, 聲聞于天.〕"라고 하였다. 여기서는 곡강의 굽이진 물길을 표현한 것으로 보인다.

115 투무(鬪舞) : 몇 사람이 조를 나누어 교대로 나오며 추는 춤이다.

천왕봉[116]에 오르다

上天王峯

갠 하늘에 천 길 솟은 멧부리	晴霄竦嶽擢千尋
높은 곳에 올라 골짜기 내려다보네	接上岧嶢俯洞陰
한낮에도 구름안개가 나무 끝을 덮고	白日雲霞埋樹頂
푸른 봄에도 눈과 얼음이 개화를 막네	青春氷雪禁花心
할거했던 영웅들 조석으로 다르지만	英雄割據猶朝暮
높은 산 깊은 바다 고금이 그대로	山海崇深自古今
천지간에 백 년 사는 사람 외로이 서서	俯仰百年人獨立
솔솔 부는 바람에 홍금 펼쳐본다	天風稍稍動披襟

116 천왕봉(天王峯) : 지리산의 최고봉으로 해발 1,915m이다.

향적사[117]에서

香積寺

산허리의 향적사	山腰香積寺
흰 구름 덮인 산마루에 솟았네	亦出白雲巓
위로는 화개현[118]을 굽어보고 화개는 고을 이름이다	上界臨花縣
가운데 봉우리 눈 내리는 하늘에 의지했네	中峯倚雪天
중은 간 데 없고 불전은 열려 있어	僧亡春殿闢
나그네 이르러 등잔불 매달았네	客至夜燈懸
삼나무 회나무에서 잔잔한 바람 소리 이니	杉檜微風響
의상도 한층 깨끗한 듯	衣裳一灑然

117 향적사(香積寺) : 지리산 천왕봉의 서쪽에 있었던 절로, 현재는 그 터만 남아 있다. 이육(李陸)의 〈유지리산록(遊智異山錄)〉에 "지리산은 또 두류산이라고도 한다.……산 위에 최고봉이 둘이 있는데, 동쪽은 천왕봉, 서쪽은 반야봉이다. 서로 백여 리가 떨어져 있고, 항상 구름으로 가려 있다. 천왕봉에서 조금 내려와 서쪽으로 가면 향적사가 있다.〔智異山又名頭流,……上有峯之最高者二, 東曰天王, 西曰般若, 相距百餘里, 常有雲氣蔽之, 自天王稍下而西, 有香積寺.〕"라고 하였다. 《續東文選 卷21》

118 화개현 : 화현(花縣)은 현재의 경상남도 하동군 화개면 일대에 있던 옛 고을이다.

용유동[119]에 내려오다

下龍游洞

지는 해와 흐르는 물	落日與流水
다만 깊은 바다만 생각해	但思滄海深
동과 서로 분주히 달리는데	東西各奔逝
늙고 병든 몸 문득 찾아왔네	老病忽侵尋
세상을 살려니 하루살이 가련하고	閱世憐飛蟣
산에 깃들자니 상금[120]에게 부끄럽다	棲山愧尙禽
아침 되어 신선 계곡 나오려니	朝來出仙洞
꽃과 새들이 돌아가는 마음 조롱하네	花鳥弄歸心

119 용유동(龍游洞) : 현재의 경상남도 함양군 휴천면 문정리에 있는 용유담(龍遊潭)을 가리킨다.

120 상금(尙禽) : 후한의 상장(尙長)과 금경(禽慶)을 가리킨다. 상장은 향장(向長)이라고도 한다. 《후한서(後漢書)》 권113 〈향장열전(向長列傳)〉에 "향장의 자는 자평이니, 하내 조가 사람이다. 은거하며 벼슬하지 않았고, 성품이 중화를 숭상했으며, 《노자》와 《주역》을 좋아하였다.……《주역》의 〈손괘〉와 〈익괘〉를 읽다가 탄식하며 말하기를 '내가 이미 부유함이 가난함만 못하고 존귀함이 비천함만 못하다는 것을 알았지만, 죽음이 사는 것과 비교할 때 어떠한지는 모르겠다.'라고 하였다. 건무 연간에 자녀들을 모두 성혼시키고 집안일을 모두 끊은 채 관여하지 않고, 마치 자신이 죽은 것과 같이 하라고 하였다. 그리고는 서로 잘 지내던 북해 금경과 함께 오악 명산을 두루 돌아다녔는데, 끝내 그 마지막을 알 수 없었다.〔向長字子平, 河內朝歌人也. 隱居不仕, 性尙中和, 好通老易.……讀易至損益卦, 喟然歎曰, 吾已知富不如貧貴不如賤, 但未知死何如生耳, 建武中, 男女娶嫁旣畢, 勅斷家事勿相關, 當如我死也. 於是, 遂肆意與同好北海禽慶, 俱遊五嶽名山, 竟不知所終.〕"라고 하였다. 이 글의 소주에 "고사전에는 향장의 향이 상으로 되어 있다.〔高士傳, 向字作尙.〕"라고 하였다.

무계[121]에서

茂溪

물결 잠잠해 배는 멈춰 있는 듯　　波定船如在
뱃전 움직이면 강둑 오는 듯　　舷移岸欲來
물결 따라 내려가니 물거품 열리고　　漂流開聚沫
가볍게 떠가니 뜬 먼지 흩어지네　　輕薄散浮埃
깃발 펄럭이자 졸던 갈매기 날고　　旌節眠鷗起
징소리 피리 소리에 정찰 기병 돌아오네　　鐃笳候騎回
가는 길에 무슨 급한 일 있더냐　　征途有底急
해 저물어도 오가며 노닌다　　落日且沿洄

121 무계(茂溪) : 현재의 경상북도 고령군 일대로, 옛날 무계진(茂溪津)이라는 나루가 유명했던 지역이다.

풍산[122]에서

豐山

봄 술 취한 채 가마 타고 肩輿帶春酒
졸다 깨니 옛 풍산일세 睡盡古豐山
오솔길 풀잎에 신록 더하고 徑草添新綠
숲 속 꽃은 옛 빛깔 바랬네 林花減舊斑
먼 길에 아름다운 경치 실컷 보고 長途饒美景
멋진 구절을 여가 속에 얻었는데 佳句得餘閑
문득 마을 보리밭 바라보니 忽見村田麥
백성들 걱정이 내 얼굴에 오른다 民憂上我顔

122 풍산(豐山) : 현재의 경상북도 안동시 풍산읍 일대에 있던 옛 현(縣)이다.

밤기운
夜氣

마음은 밤기운처럼 처음에 맑고 화평하여	靈臺夜氣始淸和
한 줄기 맑은 근원 고요히 움직이지 않다가	一脈澄源靜不波
나중에 인사를 좇아 움직이니	向晩却隨人事動
춘추 시대 이래 혼란한 시절 많았네[123]	春秋以後亂時多

123 마음은……많았네 : 야기(夜氣)에 관한 내용은 《맹자》 〈고자 상(告子上)〉에 보인다. 그 주에 "맹자가 야기에 관한 말씀을 하시니, 학자에게 대단히 도움이 되었다.〔孟子發此夜氣之說, 於學者, 極有力.〕"라는 말이 나온다. 이 이야기를 소재로 삼아 시대가 혼란해진 원인을 읊은 것이다.

산음[124] 팔영

山陰八詠

긴 대나무가 섬돌 모퉁이 두르고　　脩竹環階戺
높은 산이 창 앞에 솟았네　　崇山湧戶庭
동각 뒤에 매화 옮겨 심으니　　移梅東閣後
분명 난정보다 좋으리라[125]　　別是勝蘭亭

위는 제금당(製錦堂)[126]에서 매화 심기이다.

환아정[127]에 오르니　　自登換鵝亭
마음 홀려 혼미하네　　昏惑迷心緖
뜨거운 바람 부는 유월에도　　六月炎風時

124 산음(山陰) : 현재의 경상남도 산청군의 옛 지명이다.

125 분명 난정(蘭亭)보다 좋으리라 : 난정은 중국 절강성 회계현 산음(山陰) 지방에 있던 정자로, 동진(東晉) 때에 많은 명사들이 그곳에서 모임을 갖고 놀았는데, 왕희지(王羲之)가 지은 〈난정서(蘭亭序)〉가 유명하다. 난정이 있는 산음과 이민구가 읊고 있는 산음의 음이 같기 때문에 이렇게 말한 것이다.

126 제금당(製錦堂) : 산음현 관아에 있는 당 이름이다.

127 환아정(換鵝亭) : 현재의 경상남도 산청군 산청리에 있었던 정자이다. 《신증동국여지승람(新增東國輿地勝覽)》 권31 경상도 산음현 누정 조(條)에 환아정을 소개하였는데 "객관 서쪽에 있으며 강물을 굽어본다. 현감 심린이 건축하였고, 화산 권반이 왕희지의 고사를 취하여 명명하였다.〔在客館西, 俯瞰江流, 縣監沈潾建, 花山權攀取王右軍事命焉.〕"라고 하였다. 왕희지의 고사란 왕희지가 평소 거위 요리를 무척 즐겼는데, 하루는 맛 좋게 생긴 거위를 얻기 위해 주인의 요구대로 《도덕경(道德經)》을 써 주고, 그 댓가로 거위를 얻었다는 일화를 말한다.

천하의 더위를 알지 못하는구나 不知天下暑

위는 환아정에서의 피서이다.

먼 물가에 풍파가 많고 遠渚多風波
가까이 모래섬에 연꽃 우거졌네 近洲饒芰荷
중류에서 밝은 달빛 따라 오르며 中流溯明月
〈채릉가〉[128] 소리 듣노라 聽唱採菱歌

위는 경호(鏡湖)[129]에서 달밤의 뱃놀이이다.

맨발로 가벼운 배 희롱하며 赤足弄輕舸
용암에서 마름을 캐네 龍巖去採蘋
물이 맑든 흐리든 상관없으니 非關水淸濁
씻고사 해노 이미 티끌 없다네[130] 欲濯已無塵

위는 용암(龍巖)에서 발 씻기이다.

저녁 해가 넓은 여울 비추니 落日照廣灘
금빛 모래밭 차갑게 빛나네 金沙的皪寒
누가 알랴 누대 위의 나그네가 誰知樓上客

128 채릉가(採菱歌) : 악부(樂府) 청상곡(淸商曲)의 이름이다.

129 경호(鏡湖) : 환아정 근처에 있는 물 이름이다.

130 물이……없다네 : 이 구는 초나라 굴원(屈原)의 〈어부사(漁夫辭)〉에 "창랑의 물이 맑으면 내 갓끈을 씻고, 창랑의 물이 흐리면 내 발을 씻는다.〔滄浪之水淸兮, 可以濯吾纓, 滄浪之水濁兮, 可以濯吾足.〕"라는 내용을 차용한 것이다.

다시 그림처럼 보는 줄을　　更作畫圖看

위는 잔탄(潺灘)에서 물 건너는 사람 헤아리기이다.

사람들은 참군의 시름 말하는데　　人言參軍愁
나는 참군의 즐거움 말하려네[131]　　我言參軍樂
턱 괴고 아침마다 바라보니　　拄笏自朝朝
이 산에 좋은 경치 있다네　　茲山有勝托

위는 턱 괴고 봉우리 바라보기이다.

가장 높은 봉우리 독녀암[132]　　獨女最高峯

131 사람들은……말하려네 : 참군(參軍)은 진(晉)나라 왕휘지(王徽之)를 가리킨다. 아래 구에 보이는 주홀(拄笏)도 그와 관련된 고사이다. 왕휘지는 본성이 잗단 세속 일에 전혀 얽매임이 없었다. 그가 일찍이 환충(桓沖)의 기병 참군(騎兵參軍)으로 있을 적에, 한번은 환충이 그에게 말하기를 "경이 부에 있은 지 오래되었으니, 요즘에는 의당 사무를 잘 알아서 처리하겠지.〔卿在府日久, 比當相料理.〕"라고 하였다. 그러나 그는 아무런 대꾸도 하지 않은 채 고개를 쳐들고 수판으로 뺨을 괴고는 엉뚱하게 "서산이 이른 아침에 상쾌한 기운을 불러온다.〔西山朝來, 致有爽氣耳.〕"라고 했다. 《晉書 卷80 王徽之列傳》 이 고사는 세속 일에 얽매이지 않고 초연히 유유자적하는 풍도를 가리키는 말로 사용되고 있다. 여기서는 왕휘지가 보잘것없는 관직에 얽매여 시름했던 것이 아니라 서산의 상쾌한 기운을 즐겼다고 하면서, 이민구 자신이 봉우리를 바라보는 즐거움을 말하고 있는 것이다.

132 독녀암 : 경상남도 함양군의 독바위를 가리킨다. 산청 쪽 화개 사람들은 상투를 닮았다 하여 상투바위라고 한다. 《속동문선(續東文選)》 권21 김종직의 〈두류기행록(頭流記行錄)〉에 "신열암을 찾으니,……암자 동북에 바위가 있는데, 독녀암이다.……한 부인이 바위 사이에 돌을 포개서 집을 만들고, 그 가운데서 독서하며 도를 닦아 공중으로 올라갔기 때문에 그렇게 부르게 되었다.〔訪新涅無僧,……菴東北有巖曰獨女.……有一婦人累石巖間, 讀書其中, 鍊道沖空, 故爲號云.〕"라고 기록되어 있다.

푸르고 푸르러 연무만 자욱하네　　蒼蒼但煙霧
어찌 알랴 과주의 신선이[133]　　寧知果州仙
단약 굽는 곳에 있지 않음을　　不在鍊丹處

위는 독녀암에서 신선 찾기이다.

내 어찌 물고기의 즐거움[134]을 알랴만　　予豈知魚樂
물고기의 시름은 조금 알 만하네　　魚愁差可知
쟁반에서도 펄떡거리니　　登盤便撥剌
호량[135]에 있던 때를 볼 수 있네　　仍見濠梁時

위는 성남에서 물고기 보기이다.

133 과주(果州)의 신선이 : 과주선(果州仙)은 당나라 정원(貞元) 연간의 여도사(女道士) 사자연(謝自然)을 가리킨다. 그녀는 본래 과주 남충현(南充縣)의 한녀(寒女)였다. 《촉중광기(蜀中廣記)》 권28 〈광안주(廣安州)〉에 "당나라 정원 10년 갑술년에 과주의 여자 사자연이 대낮에 신선이 되어 하늘로 올라갔다. 자사 이견이 장계로 보고하였다.〔唐貞元十年, 歲在甲戌, 果州女子謝自然, 白日昇仙, 刺史李堅以狀聞.〕"라는 기록이 보인다. 《고금사문유취(古今事文類聚)》 전집(前集) 권34 〈사자연(謝自然)〉에 "과주 남충현의 한녀 사자연은 어리고 어리석어 아는 것이 없는데, 듣자니 신선이 되었다네.〔果州南充縣, 寒女謝自然, 童騃無所識, 但聞有神仙.〕" 하였다. 양신(楊愼)의 《승암집(升菴集)》 권73에도 사자연에 대해 언급하고 있는데, 그 글에 "한문공은 신선을 믿지 않았지만, 〈사자연〉이라는 한 수의 시에서는 진실로 있다고 믿었다. 대개 당시에 분명하게 본 사람이 있었고, 공도 또한 분명히 들었기 때문인 듯하다." 하였다.

134 물고기의 즐거움 : 《장자(莊子)》 〈추수(秋水)〉에, 장자가 친구인 혜시(惠施)와 함께 호량(濠梁)을 거닐다가 피라미가 한가롭게 노니는 것을 보고 "이것이 물고기의 즐거움이다.〔是魚之樂也〕"라고 하자, 혜시가 "그대는 물고기가 아닌데, 물고기의 즐거움을 어떻게 안단 말인가.〔子非魚, 安知魚之樂.〕"라고 반박하면서 벌어지는 토론이 보인다. 이 시는 《장자》의 고사를 염두에 두고 작성한 것이다.

135 호량(濠梁) : 위의 각주 참조.

동주집

전집 제4권

詩시

병인년(1626, 인조4)에 승정원에서 근무하고 있었다. 당시에 영남유생들이 통문을 돌리며 경거망동하므로 체포하여 심문하였다. 나는 저들은 이미 선비라는 이름이 있고, 또 물을 것이 없으니 매질하는 것은 마땅하지 않다고 아뢰었다.[1] 이에 임금께서 사사로이 비호한다고 의심하여 임천 군수로 좌천[2]시키시므로 8월에 군에 도착하였다. 이듬해 정월 양서(兩西 황해도와 평안도)로 오랑캐들이 밀고 들어오니[3] 임금께서 강화로 피난하셨다. 조정에서 처음에는 나에게 창의사(倡義使)를 겸하게 하고, 얼마 뒤에 호소사(號召使) 김장생(金長生)[4]에게 배속시켰다. 일이 겨우 안정되자 병으로 면직하고 돌아왔다. 군에 머문 기간이 300일인데, 그 동안 지은 시고(詩稿)가 약간 있었다. 가을 이후로 수원 촌락에서 쓴 수십 편을 붙여 기록한다.

1 당시에……아뢰었다 : 이 일의 배경은 《인조실록》 4년 윤6월 6일 기사에 자세히 보인다. 내용을 요약하면, 경상 감사 원탁(元鐸)이 유생 이유도(李有道)가 그의 사송(詞訟) 가운데 경상 관찰사를 모욕하는 말이 있다고 하여, 그를 가두고 형신(刑訊)하다가 죽게 하였다. 이에 이유도의 친척인 이홍중이 원중(院中)의 제생(諸生)과 여러 고을에 통문을 돌려 방백을 비방하였다. 이 일로 조정이 이홍중 등을 붙잡아와 세 차례에 걸쳐 형신하였는데, 당시 좌부승지로 있던 이민구는 이홍중이 무더운 날씨에 혹시 상할 수도 있어 염려된다며 형신을 멈추고 법에 의해 논단하는 것이 옳다고 건의하였다.

2 임천 군수(林川郡守)로 좌천 : 《인조실록》 4년 7월 18일 기사에 "이민구를 임천 군수로 삼았다. 이민구가 승지로 있을 때 편파적이었기 때문에, 이 명이 있게 된 것이다.〔李敏求爲林川郡守, 敏求爲承旨時, 有偏私之失, 故有是命.〕"라는 내용이 있다.

3 이듬해……들어오니 : 1627년(인조5) 1월 중순부터 3월 초순까지 벌어진 정묘호란(丁卯胡亂)을 말한다.

4 김장생(金長生) : 1548~1631. 본관은 광산(光山), 자는 희원(希元), 호는 사계(沙溪)이다. 1627년 정묘호란 때 의병을 모아 공주로 온 세자를 호위하였다. 《沙溪遺稿 卷13 諡狀》

임천 군수에 특지로 제수되어 조정에서 하직 인사를 드리며 짓다

特除林川郡 辭朝有作

숲 바람 부는 들녘 쓸쓸히 조용하고	林風野日靜蕭蕭
서늘한 가을 하늘 암담하게 공허하구나	西候涼天黯泬寥
대궐에 한 번 상소하고 승정원의 숙직 떠나	北闕一封違省直
천 리 남쪽 고을에서 민요 듣게 되었네	南州千里聽民謠
바닷가 고을살이 임금 은혜 무거운데	專城海岱君恩重
센 머리로 산 넘고 물 건너 먼 길 떠나네	危鬢關河客路遙
대궐의 구중문이 두 눈에 아른거려	閶闔九門雙眼表
금천교[5]에서 머리 돌리지 못하네	不堪回首禁川橋

5 금천교(禁川橋) : 궁궐 정문 안에 흐르는 물을 금천이라고 부르는데, 그 위에 놓여진 다리를 가리킨다.

서쪽 교외에서 술 마시며 작별하다

西郊飮餞

옅은 햇살에 가을 잎 밝게 빛나고	淡日明秋葉
차가운 띠풀이 가느다란 샘물줄기 덮었네	寒茅覆細泉
정은 벗님 술에 더 깊어지고	情深故人酒
내쫓긴 신하 전별연에 마음 다 털어놓네	意盡逐臣筵
황량한 들판에 기러기 처음 날아와	野瘦初迎雁
성긴 숲에 매미 소리 그쳤네	林疏已息蟬
남쪽 물가[6] 천 리 길에	湖湘千里道
돌아보며 거듭 눈물 흘리겠네	回望重潸然

6 남쪽 물가 : 호상(湖湘)의 호는 동정호(洞庭湖), 상은 상강(湘江)을 의미하는데, 모두 중국의 남쪽에 있다. 여기서는 이민구가 부임하는 임천을 가리키는 말이다.

술에 취해 허유선[7]의 부채에 쓰다

醉書許惟善扇頭

다리 서쪽으로 함께 가며 흰 구름 마주하니	共向橋西對白雲
이내 덮인 들과 숲에 벌써 석양 물드네	野林遙靄已生曛
내일이면 친구를 보지 못하겠지만	故交明日不相見
줄지어 나는 기러기 울음소리 때때로 들으리	塞雁一行時復聞
백년 인생에 나는 반 늙었는데	宇宙百年吾半老
노을 낀 골짜기 풍경을 그대는 뉘와 나눌까	煙霞萬壑爾誰分
백마강에도 학사들 모임 있겠지만[8]	馬江亦有焚魚會
함께 취할 사람은 없겠지	只是無人共醉醺

7 허유선(許惟善) : 허보(許寚, 1585~1659)로, 본관은 양천(陽川), 자는 유선, 호는 동강(東岡)이다. 《동주집(東州集)》 문집(文集) 권10 〈처사동강허공묘갈명(處士東岡許公墓碣銘)〉에 "내가 군보다 네 살 어리지만 어려서부터 친하게 지냈고, 장성해서는 서로 막역한 사이가 되었다.〔余於君少四歲, 幼相狎, 長相慕莫逆.〕"라고 하였으니, 이 시의 고교(故交)라는 시어를 이해할 수 있다.

8 백마강에도……있겠지만 : 마강(馬江)은 이민구가 부임하는 임천 일대에서 금강(錦江)을 백마강이라 부르므로, 금강을 의미한다. 분어(焚魚)는 은어를 태운다는 말로, 두보(杜甫)의 시에 "벽산 학사가 은어를 불태웠다.〔碧山學士焚銀魚〕"라는 구가 있다. 《杜少陵詩集 卷21 題柏學士茅屋》 은어는 당나라 때에 5품 이상의 관원이 차는 것이다. 그것을 불태운다는 것은 벼슬을 버렸다는 말이다. 임천에도 함께 모일 학사는 있을 것이라는 표현이다.

소사[9]에서

蘇沙

가을 깊은 찬 들판에 초목 시드는데	秋半寒郊草木黃
객은 기러기 따르고 기러기는 볕 좇네	客行隨雁雁隨陽
강 건너는 북쪽 언덕에서 경기도 끝나고	橫河北岸王畿盡
해지는 서편에 바다 길게 뻗었네	落日西偏海岱長
팔에 매단 좌동어[10] 내 잘못 때문이지만	繫肘左銅眞自誤
군수[11]에게 무슨 바쁜 일 있으랴	折腰斗米有何忙
서울은 점점 멀어지고 가림[12] 다가오니	神京漸遠嘉林近
고기랑 새우랑 물가 고을에서 늙으리	應共魚蝦老水鄉

9 소사(蘇沙) : 현재의 경기도 부천시 소사구 지역이다.

10 좌동어(左銅魚) : 좌동(左銅)은 좌동어를 말한다. 이것은 지방관이 차는 패물인데, 구리로 만든 물고기 형태의 부절(符節)의 왼쪽 반을 말한다. 두목(杜牧)의 〈춘말제지주농수정(春末題池州弄水亭)〉에 "마흔 넷 지방관, 양쪽에 좌동어 찼네.〔使君四十四, 兩佩左銅魚.〕"라는 내용이 보인다. 《御定全唐詩 卷522》

11 군수 : 절요(折腰)는 허리를 굽힌다는 뜻이고, 두미(斗米)는 적은 녹봉을 의미하는 것으로, 이민구가 임천 군수로 나가는 것을 의미한다. 진(晉)나라 도잠(陶潛)이 팽택 령(彭澤令)으로 있다가, 오두미(五斗米) 때문에 허리를 굽힐 수 없다면서 고향으로 돌아갔다는 고사가 있다. 《晉書 卷94 隱逸列傳 陶潛》

12 가림(嘉林) : 현재의 충청남도 부여군 임천면의 옛 이름이다.

신풍[13]의 시골집

新豐村舍

그윽한 샘물 우물에서 솟아나고	幽泉通井甃
가을 낙엽 홰나무 뿌리 덮었네	秋葉覆槐根
지는 해가 베틀 소리 재촉하고	落景催鳴杼
차가운 산이 닫힌 문과 마주했네	寒山對掩門
타향에서 풍속 살펴보니	他鄉見風俗
한 집에서 기쁘게 어우러졌네	一室喜淸溫
일찍이 알았네 바삐 떠도는 사람	早覺棲棲者
진실로 늙은 농부[14]에게 부끄러운 줄을	眞慙老灌園

13 신풍(新豐) : 현재의 충청남도 공주시 신풍면 일대이다.

14 농부 : 관원(灌園)은 전원에 물을 댄다는 말로, 농부가 됨을 말한다. 춘추 시대의 고사(高士) 진중자(陳仲子)가 벼슬을 마다하고 아내와 함께 산양(山陽)으로 피해 가서, 남의 과수원에서 물을 대는 일을 하며 숨어 살았다고 한다. 《史記 卷83 鄒陽列傳》

밤에 군의 경계를 지나다

郡境夜行

십 리 앞에 가림 다가오니	十里嘉林近
밤길도 힘들지 않아라	宵行也不難
다만 좁은 산길이라	只愁山路狹
가을 이슬에 옷 젖을까 걱정일세	秋露滿衣寒

2

맑고 얕은 시내 건너니	淸淺沙河渡
남쪽으로 백마강 나루에 통하네	南通白馬津
얄밉게도 가을 달빛이	生憎霜月卜
또렷하게 나그네를 비추네	歷歷照行人

군에 도착하다
到郡

옛말에 가림은 바다와 가깝다더니 舊說嘉林近海灣
고작 말발굽 사이에 있네 嘉林只在馬蹄間
먼지바람 속에 도착하니 꿈만 같은데 風塵到此還如夢
이제부터 공무로 한가할 틈 없겠네 簿領從今未博閑
들 밖 저물녘 강물이 성곽 감싸 흐르고 野外暮江浮近郭
역 주변 가을빛은 차가운 산에 떨어지네 驛邊秋色落寒山
뉘 알랴 적막한 회양의 방에서 誰知寂寞淮陽閤
당시 굳게 문 닫고 아픈 몸 지킨 줄을[15] 牢鎖當年病守孱

우연히 호서에서 한 관리 되어 偶向湖州寄一官
헝클어진 귀밑머리로 남관[16] 썼네 蕭條雙鬢戴南冠
맑은 가을 객은 먼 삼상에서 눈물 흘리고[17] 淸秋客淚三湘遠

15 뉘……줄을 : 회양(淮陽)은 한 무제(漢武帝)의 특명으로 회양 태수(淮陽太守)에 부임했던 급암(汲黯)을 가리킨다. 그가 동해 태수로 부임하였을 때, 병이 많아 방 안에 누워 나오지 않았는데, 1년 여 만에 동해가 잘 다스려졌다.〔黯多病, 臥閨閤內不出, 歲餘東海大治.〕 그 뒤에 회양에 부임해서도 동해에서와 같이 고을을 다스렸는데, 회양의 정치가 맑게 되었다.〔黯居郡如故治, 淮陽政清.〕 그는 병든 몸으로 이러한 치적을 이루고, 7년 뒤에 그곳에서 죽었다.《史記 卷120 汲鄭列傳 汲黯》

16 남관(南冠) : 춘추 시대 초(楚)나라 사람이 쓰던 모자를 말한다. 남쪽 지방의 관원이 되었음을 의미한다.

17 맑은……흘리고 : 삼상(三湘)은 초나라 굴원(屈原)이 조정에서 방축(放逐)된 뒤

석양 조수 소리 백제에 차갑게 울리네	落日潮聲百濟寒
뒹구는 쑥처럼 이미 나그네 신세 되었으니	身事已隨蓬自轉
세상살이 귤과 함께 신물나네	世情唯共橘同酸
요동 정백[18]의 떠돌던 한은	遼東亭伯流離恨
거문고 있어도 차마 타지 못하네	縱有鳴琴不忍彈

에 거닐었던 상강(湘江) 언덕을 가리킨다. 여기서는 백마강 일대를 가리키는 말로 사용되었으며, 이민구 자신도 조정에서 쫓겨났다고 생각하기 때문에 이렇게 말한 것이다.

18 정백(亭伯) : 후한(後漢) 때 사람 최인(崔駰)의 자(字)이다. 그는 당시 실권자였던 대장군(大將軍) 두헌(竇憲)에게 밉보여, 요동(遼東) 장잠현(長岑縣)으로 쫓겨난 일이 있다. 《後漢書 卷82 崔駰列傳》

홀로 앉아 있다가

獨坐

덩굴 덮인 빈 담장에 서리 내리는데	薜荔空墻天雨霜
구름 끝 기러기 그림자 아득하기만	雲端鴻雁影茫茫
환담[19]은 산과 물 지나 서울 멀리 떠났고	桓譚去國關河遠
양복[20]은 오랜 세월 돌아갈 생각 가졌지	楊僕思歸歲月長
도깨비들 타향에서 덧없이 문답하지만	魑魅異鄕空答問
별들은 북극성을 길이 바라보네	星辰北極永瞻望
강남 천 리 저녁 단풍 숲에서	江南千里楓林夕
〈초혼부〉[21] 아니라도 절로 마음 아프네	不待招魂也自傷

19 환담(桓譚) : 후한(後漢) 사람으로, 자는 군산(君山)이다. 오경(五經)을 두루 익혀 문장에 능하였다. 광무제(光武帝)가 도참설(圖讖說)에 의거하여 의심된 일을 결정하려 하자, 환담은 "저는 참서를 읽지 않았습니다.〔臣不讀讖〕"라고 답하였다. 광무제가 그 까닭을 묻자, 환담은 "참서는 경이 아닙니다.〔讖之非經〕"라고 직간(直諫)하였는데, 광무제가 노하여 육안군 승(六安郡丞)으로 내보냈다. 환담은 육안으로 가는 도중에 병들어 죽었다.《後漢書 卷58 桓譚列傳》

20 양복(楊僕) : 한 무제(漢武帝) 때 누선 장군(樓船將軍)으로 순체(荀彘)와 함께 조선왕 우거(右渠)를 정벌했으나, 패전하여 서인이 되었다.《史記 卷115 朝鮮列傳》

21 초혼부(招魂賦) : 초혼(招魂)은《초사(楚辭)》의 〈초혼부〉를 가리킨다. 초나라의 굴원(屈原)이 소인들의 참소를 받고 조정에서 쫓겨난 뒤에 지은 글이다. 또는 굴원의 제자인 송옥(宋玉)이 지었다고도 한다.

저물녘에 앉아 있다가

夕坐

동헌은 숲에서 멀찍이 떨어졌고 郡閣排林逈
산성은 짙은 안개 속에 숨었네 山城隱霧深
모기와 파리 해 비친 창에 모여들고 蚊蠅聚窓日
새들은 뜰 그늘로 숨는다 鳥雀避庭陰
쫓겨남이 내 성품에 평안하지만 放逐安吾性
타향살이에 나그네 마음 알겠네 羈棲見客心
긴 노래로 그윽한 뜻 달래도 長歌遣幽意
월나라 사람의 신음 소리와는 같지 않아라[22] 未似越人吟

22 월나라……않아라 : 이민구가 타향에서 관직 생활을 하고 있지만, 장석(莊舃) 만큼 고향을 그리는 마음이 간절하지는 않다는 말이다. 전국 시대 장석이 초(楚)나라에서 벼슬하여 높은 관직에 올라 부귀를 누리게 되었다. 그가 병들었을 때 초나라 왕이 "장석은 월나라의 미천한 사람이었다. 지금 초나라에서 벼슬하여 관직이 높고 부귀를 누리고 있으니, 아직도 월나라를 그리워하겠는가.〔潟故越之鄙細人也. 今仕楚執珪貴富矣, 亦思越不.〕"라고 하였다. 신하가 대답하기를 "무릇 사람이 고향을 생각하는 것은 몸이 아플 때입니다. 저 사람이 월나라를 그리워한다면 월나라 소리를 할 것이고, 그렇지 않다면 초나라 소리를 할 것입니다.〔凡人之思故, 在其病也. 彼思越則越聲, 不思越則楚聲.〕"라고 하므로 사람을 시켜 들어보게 하니, 여전히 월나라 소리를 하고 있었다는 고사가 전한다.《史記 卷70 陳軫列傳》

저녁 풍경을 바라보며

夕望

강변 마을에 가을 안개 맑아	澤國澄秋靄
구름 낀 들판에 세모 경치 풍겨나네	雲郊莽歲寒
어찌 멀리 보는 눈이 없으랴만	豈無窮遠眼
끝내 서울은 막혔어라	終是隔長安
기러기 한 마리도 남쪽으로 오지 않으니	一雁南飛斷
오리 한 쌍 북으로 가기 어려워라[23]	雙鳧北去難
서글픈 마음에 숲 비탈에 기대섰더니	含悽倚林磴
석양이 서산으로 내려간다	落日下西巒

23 오리……어려워라 : 쌍부(雙鳧)는 한 쌍의 오리라는 뜻으로, 현령(縣令)을 비유하는 상투적인 표현이다. 동한(東漢)의 왕교(王喬)가 섭 현령(葉縣令)에 부임한 뒤에, 서울에 올 때마다 두 마리의 들오리를 타고 왔는데, 그 들오리를 잡고 보니, 옛날 상서성(尙書省)에 있을 적에 하사받은 신발 한 짝만 남아 있었다는 전설에서 유래한 것이다. 《後漢書 卷112上 方術列傳 王喬》 여기서는 이민구가 서울에서 오는 소식이 없어서 서울로 돌아가기 어려운 신세라는 표현이다.

허대[24]가 방문하다

許岱來訪

일없이 빈 골짜기로 달아나 책만 읽으니[25]	無事逃空只下帷
누구에게 반가운 눈빛으로 흉금 펼치랴	誰將青眼展心期
타향에서 그대 만나리라 생각도 못했는데	殊方見汝初難料
만년에 사람 만날 때면 절로 서글프네	暮境逢人每自悲
강가 높은 바람 타고 나그네 멀리 왔으니	江上高風爲客遠
하늘 끝에 해 지도록 전송 늦어지네	天邊落景送歸遲
알겠다 초나라 변방에서 초혼하던 날이	偏知楚塞招魂日
장안에서 술 즐기던 때와 같지 않았으리[26]	不似長安載酒時

24 허대(許岱) : 1586～1662. 본관은 양천(陽川)이다. 임해군(臨海君, 1574～1609)의 처조카이며, 기타 자세한 인적 사항은 미상이다.

25 일없이……읽으니 : 먼 지방에서 책만 읽고 있다는 의미이다. 도공(逃空)은 빈 골짜기로 달아난다는 뜻으로, 아는 이들과 멀리 떨어져 있어 소식이 그리워지는 것을 의미한다. 《장자(莊子)》〈서무귀(徐无鬼)〉에 "텅 빈 골짜기에 숨어 사는 사람은……다른 사람이 걸어오는 발자국 소리만 들어도 기뻐하는 것이다.〔夫逃虛空者,……聞人足音跫然而喜矣.〕"라고 하였다. 하유(下帷)는 장막을 내린다는 뜻으로, 독서를 의미한다. 서한(西漢)의 학자 동중서(董仲舒)가 장막을 드리운 채 강론을 하였으므로, 제자들 중에서도 그 얼굴을 한 번도 보지 못한 자가 있었으며, 독서에 심취한 나머지 3년 동안 집의 뜨락을 내다보지도 않았다는 고사가 전한다. 《史記 卷121 儒林列傳 董仲舒》

26 초나라……않았으리 : 굴원의 고사를 인용하여 임천에서 허대를 만났지만, 서울에서 지내던 때와는 같지 않다고 말한 것이다. 초혼(招魂)은 《초사(楚辭)》의 편명인 〈초혼부(招魂賦)〉를 가리킨다.

빈 숲

空林

안개 낀 빈 숲은 점차 황혼에 물드는데	空林煙景漸黃昏
안석에 기댄 채 쓸쓸히 석문[27] 끼고 있네	隱几蕭條擁席門
시골에 날 저물도록 일없이 조용해도	村巷鷄棲人事靜
거미줄 친 금서[28]에 도의 기틀 있구나	琴書蛛網道機存
울 밑 어지러운 대는 부질없이 우는 퉁소이고	籬根亂竹虛鳴籟
돌 사이 폭포는 차갑게 씻긴 근원이네	石竇飛泉冷滌源
여기에 마음 맞아 이은 이룬다면	卽此會心成吏隱
누가 가서 급고원[29]을 물으랴	誰能去問給孤園

27 석문(席門) : 석문은 거적을 걸친 문으로, 이민구 자신의 거처를 겸사로 말한 것이다. 한(漢)나라 진평(陳平)이 소싯적에 가난해서 빈민가에 살았는데, 그때 해진 거적으로 문을 쳤는데도 문 밖에 장자(長者)의 수레바퀴 자국이 많이 나 있었다는 석문궁항(席門窮巷)의 고사가 있다. 《史記 卷56 陳丞相世家》

28 금서(琴書) : 금서는 거문고와 서책인데, 이것들을 즐기며 지내는 전원의 흥취를 의미한다. 도잠(陶潛)의 〈귀거래사(歸去來辭)〉에 "친척들과의 정담을 즐거워하고, 거문고와 서책을 즐기면서 시름을 푼다.〔悅親戚之情話, 樂琴書以消憂.〕"라고 하였다.

29 급고원(給孤園) : 석가(釋迦)가 머물던 절인 기수급고독원(祇樹給孤獨園)의 준말이다. 이 절은 원래 인도 사위국(舍衛國) 바사닉왕(波斯匿王)의 태자인 기타(祇陀)의 원림(園林)이었는데, 급고독장자(給孤獨長者)가 그 땅을 사서 석가에게 바쳤기 때문에, 두 사람의 이름을 병칭한 것이다. 일반적으로 사찰을 뜻한다.

가림수[30]에서

嘉林藪

땅 넓은 곳에 가림수	地闊嘉林藪
날 개니 나무 등성이 덩그러니	天晴獨樹原
종이 귀신 내보내고[31]	奴星堪送鬼
무양의 말이 혼을 부를 듯[32]	巫語擬招魂
이슬 젖은 국화 차가움을 금하기 어려운데	露菊難禁冷
가을 해는 따뜻한 햇살 보내려 않네	秋陽不肯暄
관아 부엌에 새 술 빚었으니	官廚有新釀
깨었다 취했다 천지에 맡기네	醒醉任乾坤

30 가림수(嘉林藪) : 《신증동국여지승람(新增東國輿地勝覽)》 권17 〈임천군(林川郡) 산림(山林)〉에 "군의 동쪽 1리에 있다.〔在郡東一里〕"라고 기록되어 있다. 조선 시대에 조성되었으며, 왕버들 7주를 포함하여 임황 35주가 있었다고 한다.

31 종이 귀신 내보내고 : 성(星)은 종을 가리킨다. 당나라 한유(韓愈)의 종 이름이 성이었던 데에서 기인하였다. 한유의 〈송궁문(送窮文)〉에 "주인이 종을 시켜 버들 엮어 수레 만들게 하고, 풀을 묶어 배를 만든 뒤,……빈궁하게 만드는 귀신에게 세 번 읍하며 고한다.〔主人使奴星, 結柳作車, 縛草爲船,……三揖窮鬼而告之.〕"라는 내용이 있다. 《唐宋八大家文鈔 卷10》

32 무양(巫陽)의……듯 : 무양은 옛날 신무(神巫)의 이름이다. 《초사(楚辭)》 〈초혼(招魂)〉에 "상제가 무양에게 이르기를 '하토(下土)에 있는 사람을 불러다 나를 보좌하게 할 것이니, 그대는 이산(離散)된 그의 혼백(魂魄)을 찾아 나에게 데려오도록 하라.' 하였다."라는 말이 있다.

남당[33]에서

南塘

하늘 끝 병 많은 몸 강가에 누워	天涯多病臥江皐
나그네의 외로운 마음 파도 소리 듣누나	客枕危魂聽暗濤
늦가을 뜬 구름은 바다에 엷게 피어나고	秋晩浮雲生海薄
깊은 밤 밝은 달은 산 높이 솟았어라	夜深明月出山高
티끌세상 말년에 두 눈은 남아	風塵末路餘雙眼
뜻한 일 노년에 흰 머리 상심하네[34]	志業衰年感二毛
흑초 해지도록 돌아가지 못했으니[35]	敝盡黑貂歸未得
친구들 중 그 누가 제포를 주려나[36]	故人誰贈一綈袍

33 남당(南塘) : 임천의 남쪽에 있는 지명이다. 장유(張維)의 《계곡집(谿谷集)》 권8 〈용졸당기(用拙堂記)〉에 "백마강이 서남쪽으로 흐르다가 가림군 남쪽 지점에 이르러 남당강이 된다.〔白馬之江, 西南流, 至加林郡之南, 爲南塘江.〕"라고 하였다.

34 뜻한……상심하네 : 세운 뜻을 이루지 못해 슬프다는 말이다. 이모(二毛)는 흰 머리를 말한다. 진(晉)나라 반악(潘岳)의 〈추흥부(秋興賦)〉 서(序)에 "내가 서른두 살에 흰머리가 나기 시작했다.〔余春秋三十有二, 始見二毛.〕"라는 내용이 보인다. 《藝文類聚 卷3》

35 흑초(黑貂)……못했으니 : 오랜 세월 객지에서 지냄을 말한다. 흑초는 검은 담비 가죽으로 만든 갖옷이다. 전국 시대 낙양(洛陽) 사람 소진(蘇秦)이 합종책(合縱策)을 주장하면서 제후를 설득하러 돌아다닐 적에, 조나라의 대신 이태(李兌)로부터 검은 담비 가죽옷과 황금 100일(鎰)을 받고서 진(秦)나라에 들어갔는데, 오래도록 그의 주장이 받아들여지지 않아 가죽옷도 모두 해지고 황금도 다 떨어져서 꾀죄죄한 몰골로 초라하게 돌아온 구폐금진(裘敝金盡)의 고사가 전한다. 《戰國策 趙策1, 秦策1》

36 친구들……주려나 : 벗을 그리는 간절한 마음을 읊은 것이다. 제포(綈袍)는 두꺼

정자 언덕에서
亭皐

정자 언덕에서 어둑한 들판 굽어보다	亭皐俯野陰
흥취 식어 오르지 않네	意倦罷登臨
황새는 둥구나무에 깃들고	水鸛盤喬木
바람 탄 까마귀 앞다퉈 저문 숲으로	風烏競暮林
하늘의 운행은 사물의 변화에서 보고	天機看物態
형체의 부림 받음에서 인심을 느끼네	形役感人心
센 머리 맑은 가을 뒤에	霜鬢淸秋後
부질없이 백옥 비녀 부끄럽네[37]	空慙白玉簪

2

울 밑에 남은 햇볕 짧고	籬根餘景短

운 명주로 만든 솜옷이다. 전국 시대 위(魏)나라 범수(范雎)가 중대부(中大夫) 수가(須賈)를 섬기다가 그의 참소로 매를 맞고 거의 죽을 지경에 이르렀다. 나중에 그는 진(秦)나라로 도망가 장록(張祿)으로 개명하고 정승이 되었다. 그러던 어느 날 수가가 진나라에 사신으로 오자 해진 옷차림으로 그를 찾아갔는데, 수가는 그가 정승이 된 줄도 모르고 추위에 떨고 있는 것이 가련하여 누비옷〔綈袍〕 한 벌을 주었다. 그 후 수가가 모든 사실을 알고 어쩔 줄 모르며 죄를 청하자, 범수는 그가 옛 친구를 생각하여 누비옷을 준 은정이 있다 하여 용서하였다.《史記 卷79 范雎列傳》

37 센……부끄럽네 : 벼슬살이하는 자신이 부끄럽다는 말이다. 두보(杜甫)의 시에 "천지간에 부질없이 머리만 긁적이며, 백옥의 비녀를 자꾸만 뽑는구려.〔天地空搔首, 頻抽白玉簪.〕"라는 표현이 있다.《杜少陵詩集 卷22 樓上》

마을에 안개 짙게 깔렸네	村靄逗煙深
바다 가까워 가을에도 눅눅하고	海近秋還瘴
산 높아 날이 쉬 어두워진다	山高晝易陰
천지 사이에 출처 결정하기 어려운데	乾坤迷出處
서신도 간간이 오다 말다	書素間飛沈
적막한 풍상 속에	寂寞風霜裏
집집마다 저녁 다듬이 소리 울리네	千家響暮砧

서각에서

西閣

서각 바람 부는 처마에서 저녁 창으로 보니	西閣風簷俯夕欞
찬 띠풀에 이슬 젖고 별빛 흩어지네	寒茅縟露散華星
반딧불에 이미 남은 더위 가셨는데	螢光已自收餘熱
어부는 어찌 홀로 깨어 있음을 꺼릴까	漁父何須忌獨醒
긴 밤 관산에서 낙엽 소리 듣고	永夜關山聞落木
높은 가을 물결에서 부평초 보노라	高秋波浪見浮萍
쓸쓸히 앉아 서울까지 거리 따져 보니	蕭條坐算秦京遠
멀고 가까운 역참[38]이 팔십 개나 된다	長短郵籤八十亭

38 역참 : 우첨(郵籤)은 역관(驛館)이나 역선(驛船) 등에서 야간에 시각을 알리는 대오리이다. 여기서는 역참으로 풀이하였다.

객사에서

客舍

객사의 단풍 숲에 저녁연기 둘렀는데	客舍楓林帶暮煙
나그네 마음과 벼슬살이 모두 쓸쓸하구나	旅情官況共悽然
선물이 눈에 가득해도 나와 무슨 상관[39]	甁罌滿眼何關我
문자가 사람을 속이는지 하늘에 묻고 싶네	文字欺人欲問天
연못가의 초췌한 모습 어제 일 아닌데[40]	澤畔形容非昨日
올해도 산속 계수나무 숲에 있네[41]	山中桂樹又今年
장형처럼 〈귀전부〉 짓지 못한 채[42]	張衡未就歸田賦

39 선물이……상관 : 병앵(甁罌)은 선물을 말한다. 소식(蘇軾)의 〈양주이토물기소유(揚州以土物寄少游)〉에 "회남의 풍속이 선물을 일삼아, 방법을 서로 전해 끝까지 축적하네.〔淮南風俗事甁罌, 方法相傳竟留蓄.〕"라고 하였다. 《東坡全集 卷26》

40 연못가의……아닌데 : 임천 군수로 부임하여 많은 시간이 지났음을 의미한다. 택반형용(澤畔形容)은 초나라 굴원(屈原)이 참소를 입고 쫓겨나서 지은 〈어부사(漁父辭)〉에서 "굴원이 쫓겨나 강가에서 노닐고 못가를 거닐면서 시를 읊조리매, 안색이 초췌하고 형용에 생기가 없었다.〔屈原旣放, 游於江潭, 行吟澤畔, 顔色憔悴, 形容枯槁.〕"라는 내용을 인용한 것이다.

41 올해도……있네 : 벼슬을 떠나 전원으로 돌아가고픈 마음을 읊은 것이다. 한(漢)나라 때 회남(淮南) 소산(小山)의 무리가 초나라 굴원을 동정하며 〈초은사(招隱士)〉라는 시를 지었는데, 그 첫머리에 "계수나무 더부룩하게 무더기로 난 그윽한 산속〔桂樹叢生兮山之幽〕"이라는 내용이 나온다. 산중계수(山中桂樹)는 이 내용을 말한 것으로, 올해도 그런 생각을 가지고는 있지만 실행하지 못했다는 의미이다.

42 장형(張衡)처럼……채 : 〈귀전부(歸田賦)〉는 후한(後漢)의 문신 장형(78~139)이 지은 부(賦)다. 전원으로 돌아가려는 결심과 한적한 전원생활 및 은거하는 모습을

그저 가을 성에서 둥글어지는 달만 보네　　　空對秋城月向圓

표현하였다. 여기서는 이민구가 장형처럼 전원으로 돌아가지 못하고 있음을 스스로 한탄한 것이다.

방 한 칸

一室

방에 향불 피우고 푸른 산 마주한 채 一室香爐對碧山
공문서도 드물어 상관하지 않네 簿書稀少不相關
가을 깊어 용과 뱀은 깊은 골짜기로 숨고 龍蛇大壑秋深蟄
저물녘 기러기 찬 들판에 돌아오네 鴻雁寒郊日暮還
노쇠하여 머리카락 절로 세는데 潦倒鬢絲從自白
들쭉날쭉 울 밑 국화는 누굴 위해 아롱지나 參差籬蕊爲誰斑
공명이 서호의 장과 매우 비슷하니[43] 功名絶似西湖長
풍경을 관리하느라 한가하지 않구나 管領風煙也未閑

43 공명(功名)이……비슷하니 : 임천 군수로 나와 있는 이민구 자신의 행적이 소식(蘇軾)과 매우 흡사하다는 말이다. 서호장(西湖長)은 소식을 가리킨다. 《학림옥로(鶴林玉露)》 권14에 "동파가 항주와 영주의 군수가 되었는데, 두 곳에 모두 서호가 있다.〔東坡守杭守穎, 皆有西湖.〕"라고 하였고, 《동파전집(東坡全集)》 권70 〈영주도임사집정계(潁州到任謝執政啓)〉에 "외직으로 나와 두 고을 맡으니, 문득 서호의 우두머리 되었네.〔出典二邦, 輒爲西湖之長.〕"라고 하였다.

차가운 골짜기

寒峽

조그만 마을 골짜기에 의지해 있어	小聚纔依峽
숲 성글어지자 비로소 호수 보이네	疏林始見湖
국화와 사람 같이 파리하고	菊和人共瘦
구름과 달도 함께 외롭구나	雲伴月同孤
요동의 학은 되지 못하고[44]	未化遼東鶴
부질없이 태사의 오리만 날리네[45]	空飛太史鳧
돌아가고픈 꿈 이룰 수 없으니	無由踐歸夢
길은 날마다 우거진다	行路日榛蕪

44 요동(遼東)의……못하고 : 도를 익혀 신선이 되지 못했다는 말이다. 요동학(遼東鶴)은 한(漢)나라 때 요동 사람 정 영위(丁令威)가 도를 닦다가 학으로 변하여 날아온 고사를 말한다. 《搜神後記 卷1》

45 부질없이……날리네 : 이민구 자신이 임천 군수로 재직하고 있다는 말이다. 태사부(太史鳧)는 왕교(王喬)와 관련된 고사이다. 236쪽 각주23 참조.

가을 하늘

秋天

가을 하늘은 모양도 가지가지라	秋天饒氣色
하루에도 몇 번씩 흐렸다 맑았다	不日再陰晴
늘그막에 중양절 만났는데	晚景重陽節
외로운 신하가 백제성에 있구나	孤臣百濟城
깊은 시름은 하찮은 벼슬 때문	窮愁從薄宦
병 많아지자 덧없는 인생 알게 되네	多病見浮生
괴이하다 성도의 점쟁이는	每怪成都卜
빈 주렴에서도 성대한 명성 보전했네[46]	空簾保盛名

46 성도(成都)의……보전했네 : 벼슬살이를 하지 않고도 성대한 명성을 지녔던 엄준(嚴遵)의 풍모를 동경한 것이다. 엄준의 자는 군평(君平)이며, 양웅(揚雄)의 스승이기도 하다. 그는 평생 벼슬을 사양하고 촉 땅 성도 시내에서 점을 쳐주며 살았는데, "하루에 몇 사람만 점을 쳐주고, 100전을 벌어서 먹고 사는 데 충분하면, 가게 문을 닫아 발을 내리고 《노자》를 강의하였다. 박식하여 통하지 않는 것이 없었으며, 노자와 장주의 뜻에 따라 십만여 자의 글을 지었다.〔裁日閱數人, 得百錢足自養, 則閉肆下簾而授老子, 博覽亡不通, 依老子嚴周之指, 著書十萬餘言.〕"라고 하였다. 《漢書 卷72 王貢兩龔鮑傳》

9일에 은진 현감 박이길[47]과 강가에서 만나기로 했는데 마침 뜸을 뜨느라 가지 못하다

九日期恩津宰朴而吉江上 適施灸不果赴

남으로 뻗은 찬 들판에 강 비껴 흘러	寒郊南池暮江斜
이웃 고을 수령이 각각 건너편에 있네[48]	比邑雷封各一涯
맑은 바람 쐴 때마다 옥수 생각하는데	每遡淸風懷玉樹
도리어 가을 물 따라 갈대 한하네[49]	還從秋水恨蒹葭
고질병을 삼 년 묵은 쑥에 맡겼더니	沈痾已付三年艾
근심스런 눈 공연히 구일 꽃에 놀라네[50]	愁眼空驚九日花

47 박이길(朴而吉) : 박응선(朴應善, 1575~1636)으로, 본관은 무안(務安), 자는 이길, 호는 초정(草亭)이다. 학문을 독실하게 하고 행실에 힘써, 1623년(인조1) 이조로부터 학행으로 천거되어 은진 현감(恩津縣監)에 발탁되었다. 《順菴集 卷22 草亭朴先生墓誌銘 並序》

48 님으로……있네 : 임천 군수 이민구와 은진 현감 박응선이 금강을 사이에 두고 고을살이를 하고 있다는 말이다. 뇌봉(雷封)은 작은 고을의 수령을 뜻한다. 현(縣)은 보통 사방 100리 정도 되는 고을인데, 천둥이 치면 그 소리가 100리쯤 진동한다 하여, 현령(縣令)을 뇌봉이라고 하였다.

49 맑은……한하네 : 박응선을 옥수(玉樹)에, 이민구 자신을 겸가(蒹葭)에 견주어 박응선을 미화하고 자신을 낮춘 것이다. 〈하후현전(夏侯玄傳)〉에 "일찍이 임금을 만났을 때, 황후의 동생 모증과 나란히 앉게 하였는데, 하후현이 부끄러워하여 탐탁찮게 여기니, 그 기색이 얼굴에 나타났다.〔嘗進見, 與皇后弟毛曾竝坐, 玄恥之不悅, 形之於色.〕"라는 기사가 있다. 《三國志 卷9 魏書》 당시의 모습을 본 사람들은 "억새풀이 옥나무 옆에 기대어 있는 것과 같다.〔蒹葭倚玉樹〕"라고 평가했다는 고사가 있다. 《世說新語 卷下之上 容止 第14》

치료해 점차 건강 회복되리니	藥餌漸能扶我健
가을 달이 구름 모래 비출 때를 기약하세	更期霜月浸雲沙

50 고질병을……놀라네 : 이민구가 뜸을 뜨느라 박응선과의 약속을 지키지 못했다는 말이다. 삼년애(三年艾)는 3년 묵은 쑥이라는 말로, 구하기 힘든 좋은 약을 말한다. 《맹자》〈이루 상(離婁上)〉에 "지금 천하에 왕노릇을 하려는 것은 마치 7년 묵은 병에 3년 묵은 약쑥을 구하는 것과 같으니, 이제부터라도 미리 약쑥을 저축해 두지 않는다면 종신토록 얻지 못할 것이다.〔今之欲王者, 猶七年之病, 求三年之艾也, 苟爲不畜, 終身不得.〕"라고 하였다. 구일화(九日花)는 박응선과 약속한 날이 9일이기 때문에 이렇게 읊은 것이다.

9일에 국화를 마주하니 작년 승정원에서 바친 것이 떠올라 느낌이 있었다

九日對黃花 憶上年銀臺進奉有感

정원지기가 승정원에 국화 바치기에	園官時菊貢銀臺
금 쟁반에 받쳐 임금께 올리고 돌아왔지	曾奉金盤薦御回
하늘이 먼저 다른 꽃들 피게 하여	天上自先群品發
세상에 겨우 한 가지 핀 것만 보는구나[51]	人間纔見一枝開
변방 풍경에 되레 눈이 휘둥그레져	邊隅物態還驚眼
울 밑 시름겨운 나그네 홀로 술잔 드노라	籬下羈愁獨把杯
아마도 임금께서 상중에 계실 터이니	遙想九重方在疚
지금 가을 풍경에도 봉래의 문 닫혔으리[52]	卽今秋色閉蓬萊

51 하늘이……보는구나 : 다른 꽃들은 봄에 먼저 피었다가 지고, 중양절에 국화만 볼 수 있다는 말이다.

52 아마도……닫혔으리 : 인조(仁祖)가 생모(生母) 인헌왕후(仁獻王后, 1578~1626)의 상을 치르고 있기 때문에, 가을이 무르익어 국화가 피었어도 그 풍경을 즐기지 못할 것이라는 말이다. 인헌왕후는 능성 구씨(綾城具氏)로 구사맹(具思孟)의 딸이다. 《인조실록》 4년 1월 14일 기사에 "이날 밤 계운궁이 졸서하였다.〔是夜, 啓運宮卒逝.〕"라는 기사가 보이는데, 계운궁은 인헌왕후가 머물던 궁의 이름이다. 봉래(蓬萊)는 선경(仙境)이니, 여기서는 대궐을 의미한다.

올빼미[53] 소리를 듣다

聞服

집 뒤 홰나무에 날마다 모여드는 소리를 들었다.

내가 삼가 조정의 명을 받아　　粤余祗朝命
가림 골짜기로 쫓겨났네　　投竄嘉林谷
관청 사방에 이웃 없어　　官居絶四隣
좌우에 거친 나무만 즐비하네　　左右羅荒木
산 높아 날마저 쉬 저무는데　　山高時易晏
해 기울자마자 올빼미 소리 들린다　　日斜已聞服
처음엔 기침하는 듯 울더니　　嗷嗷初若欬
다시 곡하는 듯 지저귀네　　啾啾復疑哭
하인들이 불길하다며　　僕奴强解事
불 끄고 서둘러 훠이훠이 쫓는구나　　滅燭競嗔逐
아 하늘이 조화를 주재하여　　噫天主化權
만물을 길러 내지　　群品無不畜
해 뜨는 동산에서 봉황이 울고[54]　　鳴朝有鳳凰

53 올빼미 : 시제(詩題)의 복(服)은 복(鵩)의 의미로 쓰였기에 올빼미로 풀이하였다. 《사기(史記)》 권84 〈가생열전(賈生列傳)〉에 "초나라 사람들이 올빼미를 복(服)이라고 한다.〔楚人, 命鴞曰服.〕"라는 말이 있는데, 그 주에 "《이물지》에 산효라는 것이 있는데, 몸에 아름다운 색깔이 있으므로 지역 사람들이 그 모양에 따라 복이라고 명명하였다.〔異物志有山鴞, 體有文色, 土俗因形名之曰服.〕"라고 하였다.

54 해……울고 : 《시경》 〈권아(卷阿)〉에 "봉황이 우네, 저 높은 산봉우리에서. 오동이 자라네, 저 해 뜨는 동산에서.〔鳳凰鳴矣, 于彼高岡. 梧桐生兮, 于彼朝陽.〕"라고 하였다.

밤에는 박쥐가 난다네　　夜飛有蝙蝠
인간 세상은 참으로 밝은 곳이지만　　人境實陽明
그윽한 요물들[55] 진실로 숨어 있다네　　幽妖固攸伏
남방은 예부터 낮고 습하니　　南方舊卑濕
이놈들 모여 살기 마땅해라　　是物宜聚族
게다가 저 찬 협곡도 겹겹이라　　況伊寒峽重
온갖 새들의 동산이라네　　茲惟萬羽囿
나는 죄과를 따라　　余從末議科
죽음 피해 바닷가로 물러났지　　逭死屏海隩
평소 교유한 인물 많지만　　平生富交游
만나면 몹시 찡그린다네　　相見輒深蹙
힘써 관리와 백성 대하지만　　黽勉對吏民
부끄러운 마음 어찌 면하라　　寧免中情恧
그래서 텅 빈 곳으로 도망쳤더니[56]　　故來逃空虛
이놈들 서식지 침범한 꼴　　唐突其棲宿
누가 누구의 집에 들어갔건　　誰爲入誰室
화복을 논할 수 없도다　　未可論禍福
선배의 말이 진실로 징험 있다면　　前言苟有徵
올빼미야 네가 빨리 떠나거라　　服汝去當速

55 그윽한 요물들 : 유요(幽妖)는 몰래 숨어 있는 악귀로, 간신(奸臣)을 비유하는 말로 사용된다.

56 텅……도망쳤더니 : 도공허(逃空虛)는 《장자(莊子)》 〈서무귀(徐无鬼)〉에 보이는 말이다. 237쪽 각주25 참조.

내 죄는 쉽사리 사면되기 어렵지만　我罪難遽赦
그래도 죽지는 않으리라[57]　而不至大戮
밀어내도 떠나지 않고　推擠亦不去
끝까지 이 산기슭 지키리라　終守茲山麓
건강 지켜 온갖 병 이기고　身健百疾消
죽과 밥으로 살집 불리리라　粥飯長肌肉
어진 하늘이 못난 사람 불쌍히 여겨　仁天閔下愚
은혜롭게 장수의 복을 내리리니　惠然降壽祿
올빼미가 곧잘 재앙 만든다지만　服雖善爲災
어찌 멋대로 뒤집겠는가　安能任反覆
도깨비와도 한 무리 되었는데　魑魅與爲曹
하물며 너는 하늘이 기르는 물건임에랴　矧汝天所育
가의는 너무 경솔하여　賈生太煩促
부 지어 스스로 운명 점쳤지만　作賦以自卜
나는 늙고 성품이 우둔하여　吾老性頑鄙

57 선배의……않으리라 : 전언(前言)은 한 문제(漢文帝) 때 가의(賈誼)의 말을 가리킨다. 가의가 좌천되어 장사왕(長沙王)의 태부(太傅)로 있을 때, 올빼미가 날아와 가의의 집에 앉았다. 가의는 장사로 귀양 왔고, 장사는 지대가 낮고 습기가 많은 지역이었으므로, 스스로 장수하지 못할 것이라고 여겨 슬퍼하다가, 부(賦)를 지어 자신의 마음을 달랬다고 한다.〔賈生旣以適居長沙, 長沙卑濕, 自以爲壽不得長, 傷悼之, 乃爲賦以自廣.〕 그때 지은 부(賦)가 〈복조부(鵩鳥賦)〉이다. 그 작품에 “날이 저물자 올빼미가 내 집에 모여들어 지붕에 앉네.……들의 새가 들어와 사니 주인이 장차 죽을 것이라네.〔日施兮服集予舍, 止于坐隅,……曰野鳥入處兮, 主人將去.〕”라는 말이 있다. 가의는 33세에 죽었다.《史記 卷84 賈生列傳》 여기서는 가의의 고사를 인용하면서, 이민구 자신은 죽지 않을 것이라고 말하고 있는 것이다.

보고 듣는 것이 다 익숙하네[58] 習慣成耳目
제물의 이치[59] 시로 지어 爲詩齊物理
미혹한 하인들 경계하노라 庶用警迷僕

58 가의(賈誼)는……익숙하네 : 가의는 올빼미가 날아온 것을 보고 슬퍼한 나머지 〈복조부〉를 지었지만, 이민구 자신은 우둔하고 느긋하여 이상한 현상을 보고 들어도 개의치 않는다는 말이다.

59 제물(齊物)의 이치 : 《장자(莊子)》 〈제물론(齊物論)〉에 "생(生)이나 죽음이나 옳음과 그름이 모두 제일(齊一)하여 다르지 않다."라고 하였다.

흥을 달래다

遣興

드넓은 부여 땅	地闊扶餘國
강물이 푸른 바다로 이어지네	江連碧海潮
천년 제왕의 기운 다하고	千年王氣盡
구월이라 장기도 없구나	九月瘴煙消
기러기 소리에 서릿바람 세차지만	鴻雁風霜急
임금과 어버이 생각에 멀리서 눈물 흘리노라	君親涕淚遙
희끗희끗 양쪽 귀밑머리	蕭蕭雙鬢髮
참으로 성명의 조정 저버렸네	眞負聖明朝

아버지의 편지를 받다

得親書

서울로 처음 편지 보냈더니	京洛初傳信
집에서 답장이 왔네	家庭有報書
만금이 어찌 중하랴	萬金寧喩重
열흘도 너무 멀어라	十日已知疏
오랜 병에 약 복용하며	藥物長年病
풍상 속에 늘그막 인생 덧없는데	風霜暮景虛
이런 때 끝없는 회상에	此時回望極
마음이 남김없이 부서진다	心碎定無餘

보름날 밤

望夜

낙엽 지고 바람 거센데	葉盡風虛勁
밝게 핀 꽃에 이슬 짙게 맺혔네	花明露暗團
처마 너머로 은하수 아른대고	星河簷外動
깊은 밤 다듬이 소리 처량하다	砧杵夜深寒
게을러 사람들 교만하다 의심하는데	懶拙人疑慢
한가로이 지내다 보니 해가 저물려 하네	優游歲欲闌
삼경에 둥근 달 바라보며	三更對圓魄
남쪽 끝 가까이에 줄곧 앉았노라	堅坐近南端

새벽에 공산 순영[60]에 가다

曉行公山巡營

서리 내린 새벽 들에는 구름 한 점 없고	五更霜落野雲空
바람 거센 갈대밭에 외기러기 울어대네	蘆葦驚風響斷鴻
뿌연 달빛 아른거려 강물 흰데	煙月逈浮江面白
새벽 등불 물속에 비쳐 붉구나	曙燈遙點水心紅
바삐 사는 세상 누가 병든 이 동정하랴	驅馳世路誰憐病
노쇠한 신세 귀신도 궁하다 비웃네	潦倒身名鬼笑窮
띠 두르고 허리 굽히는 일 다 괜찮지만[61]	束帶折腰俱自可
머리 센 반늙은이 싫어라	秖嫌華髮半成翁

60 공산 순영(公山巡營) : 공주 감영을 가리킨다. 공산은 공산성(公山城)을 지칭한다. 현재의 충청남도 공주시 산성동에 있는 백제 시대의 산성이다. 금강변의 야산에 계곡을 둘러싼 포곡식 산성으로 진남루(鎭南樓), 공북루(拱北樓)의 남북 문루와 암문(暗門), 치성(雉城), 고대(高臺), 장대(將臺), 수구문(水口門) 등의 방어시설이 있다. 순영(巡營)은 팔도의 감사가 직무를 보던 관아이다.

61 띠……괜찮지만 : 하급관리로서 관복을 갖춰 입고 상급관리에게 예를 다할 수 있다는 말이다. 《진서(晉書)》 권94 〈도잠(陶潛)〉에 "군에서 독우를 보내 현에 이르렀는데, 아전이 '마땅히 띠를 두르고 뵈어야 합니다.'라고 아뢰었다. 도잠이 탄식하며 말하기를 '내가 오두미 때문에 허리를 굽히고 굽실굽실 향리의 소인을 섬길 수는 없지 않겠는가.' 하였다.〔郡遣督郵至縣, 吏白應束帶見之. 潛歎曰, 吾不能爲五斗米折腰, 拳拳事鄕里小人邪.〕"라는 말이 나온다. 속대(束帶)와 절요(折腰)는 도잠의 이 고사를 인용한 것이며, 이민구가 공주 감영에 감사를 만나러 갔기 때문에 이렇게 말한 것이다.

백마강
白馬江

언덕 아래 돌아 나가는 못물 푸르고	岸側洄潭碧
차가운 산에 흩어진 안개 짙구나	山寒潰霧黃
배를 저어 먼저 말을 건네고	撐舟先濟馬
뗏목 이어 반은 다리 되었네	結舫半成梁
흐르는 세월에 행인들 늙고	經閱行人老
흥망 속에 옛 땅은 황폐한데	興亡故國荒
신령한 용이 가고 돌아오지 않아	神龍去不返
천 년 세월 마음만 아득하다	千載意茫茫

공북루[62]

拱北樓

산성 성가퀴[63]로 강물 굽어보니	山城睥睨瞰江平
강의 반은 모랫둑이 물 막았네	江半沙梁壅水成
가고 머무는 뜬 구름 천 리의 풍경이고	去住浮雲千里色
가을날 여기 오르니 백 년의 마음이네	登臨秋日百年情
관방과 금대가 겹겹 요새 이루고	關防襟帶開重險
성 쌓고 울짱 만들어 사영을 제어하네	版築儲胥控四營
풍상에 시든 낙엽 눈에 가득한데	滿目風霜對搖落
높은 누대의 백발이 이때에 새로워라	危樓華鬢此時明

62 공북루(拱北樓) : 현재의 충청남도 공주시 공산성에 있는 누대이다. 원래 이 자리에 있던 망북루(望北樓)를 1603년(선조36)에 중수하여 공북루라 개명하였다. 높은 기둥을 세워 2층의 누각(樓閣)을 만들었는데, 위층에는 누마루를 깔고 아래층은 통행로로 삼았다.

63 성가퀴 : 비예(睥睨)는 성가퀴를 말한다. 《천중기(天中記)》 권13 〈성(城)〉에 "성 위의 담을 비예라고 하니, 구멍으로 비상한 상황을 살펴보는 것이다.〔城上垣謂之睥睨, 於孔中睥睨非常也.〕"라고 하였다.

석양
微陽

서산으로 가느다란 햇살 다하자	微陽依岫盡
구름 사이로 초승달 떠오른다	纖魄映雲生
시름겨운 눈은 추위에 눈물 흐르고	愁眼寒仍涕
나그네 마음은 남모르게 스스로 놀라네	羈心暗自驚
고기랑 새우랑 짝해 산다지만	魚蝦終作侶
견마의 충정을 어찌 잊으랴[64]	犬馬豈忘情
애끊는 호가 소리 울리는 저녁	腸斷胡笳夕
산들이 들쭉날쭉 아득히 막아섰네	關山莽不平

64 견마(犬馬)의……잊으랴 : 관리로서의 임무를 저버릴 수 없다는 말이다. 견마는 임금과 나라를 위해 작은 정성이나마 다하려는 노력을 말한다. 이 시는 이민구가 공주 순영에 갔다가 임천으로 돌아가면서 지은 것으로 보이는데, 날은 저물고 갈 길은 남았기에 이렇게 읊은 것이다.

썰렁한 걸상

寒榻

썰렁한 걸상 조용히 놓였고	寒榻依棲靜
희미한 등불 외로이 빛나네	殘燈照眼孤
선비로 혼란한 세상 아파했는데	爲儒傷世亂
오랜 나그네 신세 가는 세월 애달프다	久客惜年徂
초목 우거진 뭇 산의 바깥이고	草木群山外
풍운 몰아치는 깊은 물가에서[65]	風雲積水隅
종래 많은 날을 취해 있기에	從來千日醉
곤궁한 처지도 알지 못하네	不省在窮途

65 초목……물가에서 : 서울에서 멀리 떨어진 금강변의 임천을 말하고 있는 것이다.

차가운 비

寒雨

늦가을 비바람에 굳게 문 닫으니	高秋風雨閉門深
골짜기 먼 봉우리로 석양 잠긴다	峽口遙岑暮景沈
그윽한 물굽이 높은 바위 밑으로 흐르고	幽澗自通危石底
뜬 구름이 몰려와 옛 성 어둑어둑	浮雲偏傍古城陰
마을 가 솟은 나무 쓸쓸한 눈에 들어오고	村邊獨樹當寒眼
하늘 가 외로운 배는 멀리 가고픈 맘 매였네	天際孤舟繫遠心
강호에 누워 지는 해 아파하며	一臥江潭傷歲晏
평소 마음을 흰머리로 다 읊어 본다	平生意盡白頭吟

서리 내리는 밤

霜夜

골짜기마다 된서리 내린 밤	萬壑繁霜夜
숲마다 단풍 고운 가을	千林錦樹秋
관산 밖 길에 움츠린 몸인데	側身關外道
역 서쪽 누대에 앓아누웠네	臥病驛西樓
기러기는 산을 따라 사라지고	落雁隨山滅
차가운 구름만 바다 위로 떠오르네	寒雲出海浮
늘그막 나그네의 한은	暮年爲客恨
담비 갖옷을 아까워함이 아니라네	非是惜貂裘

차가운 안개

寒霧

동틀 무렵 강 안개 짙더니	天明江霧重
저물녘 더욱 어두워지네	日晩轉陰森
표범이 숨으려 하나 골짜기 어이 찾을까[66]	豹隱寧尋谷
까마귀 울려고 해도 숲을 분간 못하네[67]	烏啼不辨林
거문고와 책은 추위에 더욱 윤나지만	琴書寒更潤
발은 쌀쌀해지면 도리어 사라지네	簾箔爽還沈
고향을 무슨 수로 바라볼까	故國何由望
산천에 절로 안개 짙어라	山川只自深

66 표범이……찾을까 : 안개가 짙다는 것을 표현함과 동시에 은둔하려고 해도 할 방법이 없다는 말이다. 표은(豹隱)은 표범이 숨는다는 말로, 능력 있는 사람이 은둔함을 가리킨다. 《열녀전(列女傳)》 권2 〈도답자처(陶答子妻)〉에 "남산에 검은 표범이 있는데, 안개 속에서 7일 동안 있으면서도 내려와 먹지 않는 것은 어째서이겠는가. 그 털을 윤택하게 하여 무늬를 만들려고 하는 것이다. 그러므로 숨어서 해를 피하는 것이다.〔南山有玄豹, 霧雨七日而不下食, 何也. 欲以澤其毛, 而成文章也, 故藏而遠害.〕"라는 말이 보인다. 이 시는 안개를 읊고 있으므로, 이민구가 이 고사를 이끌어 자신의 마음을 비유적으로 나타낸 것이다.

67 까마귀……못하네 : 위의 구와 마찬가지로 안개가 짙다는 사실과 함께 사면령이 내려지려고 해도 내려질 수 없다는 말이다. 남조(南朝) 송나라 유의경(劉義慶)이 강주자사(江州刺史)에서 파직되었을 때, 그의 첩이 밤중에 까마귀 우는 소리를 듣고 말하기를 "내일은 틀림없이 사면령이 내릴 것입니다.〔明日應有赦〕"라고 하였는데, 그해에 다시 남연주 자사(南兗州刺史)로 기용되었고, 〈오야제(烏夜啼)〉라는 작품을 지었다고 한다. 《舊唐書 卷29 音樂2》

마음을 달래다

遣意

강호에 머무는 나그네 신세	江海淹羈旅
금서로 쓸쓸한 나날 보낸다	琴書送寂寥
승냥이와 범의 소굴에서 사노라니	身棲豺虎穴
봉황새 나는 조정과는 막혔어라	跡阻鳳凰朝
어느 친구가 이 아픔 함께 하랴	故舊誰同病
평생 조롱 면치 못했네	平生未解嘲
끝없이 임금과 어버이 그리는 마음	君親無限意
오늘 밤 머리 다 세겠네	髮白盡今宵

차가운 시내

寒澗

차가운 시내 청량하게 석양 가에 흘러	寒澗泠泠落日邊
풀뿌리와 모래톱에 끊어질 듯 이어지네	草根沙尾斷還連
겨우 돌 벽돌 돌아 그윽한 우물로 통하고	纔縈石甃通幽井
몰래 호량[68] 지나 먼 샘으로 달려간다	暗過濠梁赴遠泉
도랑물이 푸른 바다에 어찌 간여하랴만	溝澮何曾間滄海
흘러가 끝내 적은 물이라도 보태려 하네	朝宗終欲效微涓
청문의 외밭이 가깝다면	青門瓜地如相近
전원에 물주며 만년을 보내리라[69]	自灌閑園送暮年

68 호량(濠梁) : 본래는 장자(莊子)와 그의 친구 혜자(惠子)가 노닐던 호수(濠水) 위의 다리를 말한다. 여기서는 산골물이 통과하는 다리가 놓인 하천을 지칭한 것으로 보인다.

69 청문(青門)의……보내리라 : 벼슬에서 물러나 전원의 한가한 삶을 누려보겠다는 말이다. 청문은 한(漢)나라 때 장안성(長安城) 동남쪽에 있던 문 이름이다. 《사기(史記)》 권53 〈소상국세가 제23(蕭相國世家第二十三)〉에 "소평은 옛 진나라 동릉후이다. 진나라가 망한 뒤에 포의로 가난하게 지내면서 장안성 동쪽에 오이를 심었는데, 오이 맛이 좋았으므로 세상 사람들이 동릉과라고 불렀다.〔召平者, 故秦東陵侯, 秦破爲布衣貧, 種瓜於長安城東, 瓜美, 故世俗謂之東陵瓜.〕"라는 기록이 보인다.

10월에 내리는 비

十月雨

산골짝에 밤새 빗소리 울리더니	峽雨終夜鳴
날 저물도록 그치지 않네	日晏殊未歇
푸르던 언덕 색깔 침침하고	沈沈蒼厓色
흙과 돌이 무너져 내렸네	土石互崩裂
깊고 가파른 저 골짜기	崢嶸哀壑底
참담하게 얼음 이미 얼었구나	慘惔氷已結
날씨가 오래 따뜻했으니	天氣久暄妍
갑자기 추워질 줄 몰랐네	不謂遽凜烈
집 뒤 우뚝한 회화나무	亭亭舍後槐
만추에도 푸른 잎 생생하여	碧葉晩猶活
음지에서 아름다움 뽐내며	陰衢擢矯夭
그 절개 드러내려는 듯하더니	似欲標其節
거센 바람이 모질게 불던 새벽	嚴風戰悲曉
마른 가지들 볼품없이 부러졌네	狼藉枯枝折
진실로 늦게 시드는 자질 없다면[70]	諒無後凋質
눈서리를 어떻게 버텨 낼까	焉以保霜雪

70 진실로……없다면 : 소나무와 잣나무처럼 변치 않는 지조를 가지지 못했다는 말이다. 공자(孔子)가 "날씨가 추워진 뒤에야 송백이 뒤에 시드는 줄을 알 수 있다.〔歲寒然後, 知松柏之後凋也.〕"라고 하였다. 《論語 子罕》

나그네는 날마다 주리고 병든 채	旅人日貧病
삼 년을 무명옷 하나로 지냈네	三載一布褐
부질없는 노래로 따뜻한 봄 바랐는데	空歌望陽春
이토록 혹한의 세월 만났구나	涉此苦寒月
〈실솔편〉[71] 읊조리노라니	詠歎蟋蟀篇
어느덧 새벽에 이르렀네	殷勤至明發

71 실솔편(蟋蟀篇) : 〈실솔편〉은 《시경》의 편명이다. 그 시에 "귀뚜라미가 마루에 있으니, 이 해도 드디어 저물었도다. 지금 우리가 즐기지 아니하면, 세월이 지나가 버릴 것이네.〔蟋蟀在堂, 歲聿其莫. 今我不樂, 日月其除.〕"라고 하였다.

눈
雪

객지에 풍상이 온 산에 몰아치더니	客裏霜風振四山
찬 눈에 변방 관문 어둑어둑	又看寒雪暗邊關
먼 하늘 기러기는 정처 없이 날아가고	天長旅雁飛難定
날 저물어 사람들 자취도 끊어졌네	日暮行人斷不還
바닷가에서 고기 잡고 나무하는 신세지만	身落漁樵滄海畔
마음은 밤하늘 별들 사이에 걸렸네	心懸霄漢列辰間
세월 갈수록 거울 등지게 되니	流光匣鏡偏相負
시름 속에 잠시나마 젊음 머물겠나	肯爲窮愁暫駐顔

눈 내린 뒤에

雪後

눈 그쳐 세상 온통 희니	雪罷乾坤素
산 차갑고 마을은 산뜻하다	山寒郡邑淸
호수 구름은 뭉게뭉게 피어나고	湖雲生未已
성의 해는 무정하게 지는구나	城日落無情
혈육의 소식이 중요하지	骨肉音書重
풍진 세상일은 가볍기만	風塵世事輕
강가에서 몇 잔 술 마시며	江邊數杯酒
한가로이 누워 덧없는 명예 웃노라	高臥笑浮名

달

月

한 번 서울 달과 이별하고　一別秦中月
세 번 바닷가의 현월 보네[72]　三看海上弦
차고 기우는 사이 해 저무니　盈虧成歲暮
떠나온 사람 마음 애틋하네　離別感人偏
물 차가워 얼음이 깨끗한 빛 머금었고　水冷氷含淨
산 싸늘해 눈과 함께 곱구나　山寒雪共鮮
뉘라서 이 밤을 견디랴　誰堪當此夜
비단 장막 사이로 외로운 잠자리 비추네　羅幌照孤眠

72 한 번……보네 : 이민구가 임천에 도착한 것이 8월이고, 위에 〈시월우(十月雨)〉라는 작품과 아래에 〈시월십사야상재숙계운궁(十月十四夜上齋宿啓運宮)〉이라는 작품이 있으므로, 임천에서 석 달간 머문 셈이다. 현월(弦月)은 반달이 활모양이기 때문에 이렇게 부르는 것이다.

10월 14일 밤 임금께서 계운궁 망제를 위해 재숙하시다[73]

十月十四夜 上齋宿啓運宮

달빛 아스라한 궁궐[74] 고요하고	月逈鉤陳靜
된서리에 비원의 수목 시들겠지	霜嚴禁籞殘
하늘의 운행이 별전을 감돌고	天行廻別殿
밤기운이 재단에 엄숙하리	夜氣肅齋壇
시종하는 사람[75] 지금 누가 있을까	法從今誰在
군왕도 이날은 추우실텐데	君王此日寒
서울에서 오는 이 적어	京華少來使
평안하신지 물을 길 없구나	無路問平安

73 10월……재숙하시다 : 계운궁(啓運宮)은 인조의 생모인 인헌왕후가 머물던 궁이다. 251쪽 각주52 참조. 《승정원일기》 인조 4년 10월 13일 기사에 "정광성이 계하기를 '모레는 혼궁의 망제가 있고, 내일은 재계하시는 날이니, 이 이틀 동안 보실 일을 아뢰지 않겠습니다.' 하였다.〔鄭廣成啓曰, 明明日魂宮望祭, 明日齋戒, 此兩日視事, 不爲取稟.〕"라는 기사가 보인다. 따라서 14일에 인조는 인헌왕후의 망제를 대비해서 재계하였음을 알 수 있다.

74 궁궐 : 구진(鉤陳)은 하늘의 자미원(紫微垣) 안에 있는 별로, 천자의 육군(六軍), 근위군 등을 상징하는데, 전하여 궁중(宮中)을 가리킨다.

75 시종하는 사람 : 법종(法從)은 임금이 행차할 때에 가까이에서 시종하는 사람을 가리킨다.

홍경택[76]이 찾아오다

洪景澤來訪

평생 우정 그대가 가장 정성스러워	百年交誼最勤渠
먼지 속 말 몰아 외로운 곳[77] 찾아왔네	跨馬塵埃問索居
반가운 눈빛으로 맞으니 가을 끝자락	青眼乍回秋盡後
백발로 마주하니 밤이 막 깊어 가네	白頭相對夜闌初
성 모퉁이 갠 달이 술잔 속에 차갑고	城隅霽月侵杯冷
골짜기 찬바람이 빈 의자 흔드네	峽口寒風動榻虛
사립문 거듭 두드림을 아끼지 마소	莫惜柴衡重剝啄
늙고 병든 몸 기꺼이 어초랑 지낸다오[78]	已甘衰病混樵漁

76 홍경택(洪景澤) : 홍집(洪霙, 1582~1638)으로, 본관은 풍산(豐山), 자는 경택, 호는 연자(燃髭)이다.

77 외로운 곳 : 삭거(索居)는 이군삭거(離群索居)의 줄임말로, 벗들을 떠나 홀로 지낸다는 뜻이다. 공자의 제자 자하(子夏)가 서하(西河)에 은둔해 있었는데, 아들이 죽자 너무 슬퍼한 나머지 실명(失明)하였다. 증자(曾子)가 문병을 오자, 자하는 죄도 없는 자신에게 불행이 찾아왔다고 한탄하였다. 이에 증자가 자하의 죄를 낱낱이 따지자, 자하가 그 말에 수긍하면서 "내가 지나쳤다, 내가 지나쳤다. 내가 벗들을 떠나 홀로 머물러 지낸 지가 너무 오래되었다.〔吾過矣, 吾過矣. 吾離羣而索居, 亦已久矣.〕"라고 하였다. 《禮記 檀弓上》

78 사립문……지낸다오 : 홍집에게 거듭 방문하여 고담준론을 나누자고 당부하는 말이다. 어초(漁樵)는 고기 잡고 나무하는 사람이라는 말로, 이민구가 임천에서 촌부(村夫)들과 어울려 살아가는 모습을 표현한 것이다.

홍경택이 청풍 임지[79]로 돌아가다

洪景澤還淸風任所

나그네 새들 우연히 한 숲에 깃들었다가	羇禽棲宿偶同林
빠른 바람에 함께 날려 해도 할 수 없네	風迅俱飛力不任
하늘가 돌아가는 배는 찬 골짜기 멀어지고	天際歸帆寒峽遠
눈 내리는 가운데 시름은 저문 강에 깊네	雪中愁眼暮江深
빈 집에 걸상 매다니 고인 떠나서고[80]	虛齋懸榻高人去
옛 역 멈춘 구름을 이별한 말에서 읊겠지[81]	古驛停雲別馬吟
다른 날 〈산수곡〉[82] 서로 생각하여	他日相思山水曲

79 청풍 임지 : 《승정원일기》 인조 4년 8월 15일 기사에 홍집을 청풍 군수로 삼는다는 기록이 있다.

80 빈……떠나서고 : 진번(陳蕃)의 고사를 인용하여 홍집이 떠난 것을 아쉬워한 것이다. 현탑(懸榻)은 어진이나 친한 벗을 깍듯이 대우한다는 뜻이다. 〈서치전(徐穉傳)〉에 "진번이 태수가 되었다.……다른 빈객은 접대하지 않다가도, 서치만 오면 특별히 의자 하나를 내려놓고, 그가 가면 다시 매달아 두었다.〔陳蕃爲太守,……不接賓客, 唯穉來, 特設一榻, 去則縣之.〕"라는 말이 나온다. 《後漢書 卷83 徐穉列傳》

81 옛……읊겠지 : 홍집이 돌아가면서 이민구를 그리워하며 시를 지을 것이라는 말이다. 〈정운(停雲)〉은 도잠(陶潛)의 《도연명집(陶淵明集)》 권1에 수록된 시의 제목이다. 그 서문에 "〈정운〉은 친구를 생각하는 것이다.〔停雲, 思親友也.〕"라고 하였다.

82 산수곡(山水曲) : 백아(伯牙)와 종자기(鍾子期)의 고사에서 유래한 것으로, 〈유수곡(流水曲)〉, 〈고산유수곡(高山流水曲)〉, 〈아양곡(峨洋曲)〉이라고도 한다. 백아가 거문고를 잘 탔는데 종자기는 이것을 잘 알아들어, 백아가 마음속에 높은 산을 두고 거문고를 타면, 종자기가 "아, 훌륭하다. 험준한 것이 태산과 같다.〔善哉, 峨峨兮若泰山.〕"라고 하였으며, 백아가 마음속에 흐르는 물을 두고 거문고를 타면, 종자기가 "아,

거문고와 옥갑에 남은 소리 있으리라　　　　朱絲玉匣有遺音

훌륭하다. 넘실대는 것이 강하와 같다.〔善哉, 洋洋兮若江河.〕"라고 하였다. 이를 지음(知音)이라 하여, 친구 간에 서로 상대의 포부나 경륜을 알아줌을 비유하게 되었다. 《列子 湯問》

구름 낀 날

陰日

산에는 근심어린 구름 덮이고	山擁愁雲合
침침한 뜨락에 낙엽만 쌓이네	庭昏落葉堆
스산하게 싸락눈 내리는데	蕭蕭微霰下
소슬한 바람에 작은 방 열어 두네	颯颯小堂開
이 천지에 임금과 어버이 떨어져	天地君親隔
모습은 세월 따라 늙음을 재촉하네	形容歲月催
강호에 가을 이미 다하였으니	江潭秋已盡
기러기도 날아오지 않는다	鴻雁斷飛回

밤에 일어나

夜起

새벽 빈 휘장이 낮게 드리웠는데	微明虛幌向人低
앞 숲 첫닭 울음소리에 꿈 깨었네	夢覺前林第一鷄
높은 봉우리가 강북을 가리고	危嶂蔽虧江水北
찬 조수 소리 바다 서쪽에 적막하다	寒潮寂寞海天西
문장의 도에 평생 졸렬하였고	文章有道平生拙
갈림길 많은 세상 늙도록 헤매는구나	世路多歧至老迷
객지에서 도깨비와 친하지 않을 수 있으랴	客裏敢辭魑魅狎
바닷가 깊숙한 곳 숨어 살기 딱 좋다	瘴鄉深處合幽棲

오랜 나그네

久客

풍진 세상에 오랜 나그네 되어	久客風塵裏
우주 사이 긴 회포 끝없어라	長懷宇宙間
물은 흘러 골짝으로 돌아오길 생각하고	水流思返壑
구름 무거워 산 떠나기 애석해하네	雲重惜離山
고국에 좋은 경치 넉넉하지만	故國餘形勝
떠도는 인생 지병 속에 사노라	浮生寄病孱
가여워라 세모에도	自憐當歲暮
칼 두드리며 돌아갈 줄 모르네[83]	彈鋏不知還

83 칼……모르네 : 객지에서 불우한 생활을 하고 있다는 말이다. 탄협(彈鋏)은 칼을 두드린다는 의미로, 전국 시대 제(齊)나라 풍환(馮驩)이 손잡이를 노끈으로 감은 칼을 두드리며, 맹상군(孟嘗君)에게 처우 개선을 요구했던 고사가 있다. 그 노래에 "장협이여 돌아가야 할까보다. 밥에 고기반찬이 없구나.〔長鋏歸來乎, 食無魚.〕"라고 하였다. 《史記 卷75 孟嘗君列傳》

고을 수령

領邑

수령 되니 천지의 너그러움 깊이 알아　領邑深知天地寬
임금 은혜에 감격해 공연히 눈물만 흘리네　感恩空有淚汍瀾
마을에 성곽 둘러 있어 우양이 싫어하고　村墟帶郭牛羊病
들 물이 강에 이어져 기러기는 춥겠지만　野水連湖雁鶩寒
차조는 도령의 술잔에 이바지하고[84]　秔秫自供陶令酌
생선은 유랑의 소반과 같지 않네[85]　魚鮮不似庾郎盤
이제 밀려난 신세 익숙하다만　從今一任推擠慣
시인이 녹만 축낸다 읊을까 부끄럽다　但愧風人詠素餐

84 차조는……이바지하고 : 고을에서 생산되는 차조로 술을 빚어 마실 수 있다는 말이다. 도령(陶令)은 진(晉)나라 도잠(陶潛)을 가리킨다. 도잠이 일찍이 팽택 령(彭澤令)을 지내다가, 전원으로 돌아가 시와 술을 벗하며 유유자적하게 살았다.

85 생선은……않네 : 밥상에 생선이 반찬으로 올라온다는 말이다. 유랑(庾郎)은 남조(南朝) 제(齊)나라의 유고지(庾杲之)를 가리킨다. 〈유고지전(庾杲之傳)〉에 "청빈함을 스스로 힘써서, 밥을 먹을 때 오직 구저, 약구, 생구 잡채만 있었다.〔淸貧自業, 食唯有韮葅蘥韮生韮雜菜.〕"라고 하였다. 《南齊書 卷34 庾杲之列傳》 이처럼 채소만 먹었던 유랑과는 달리 이민구는 생선 반찬을 먹을 수 있다고 말한 것이다.

고향을 바라보며

望鄕

하늘 끝 먼 지역의 망향대	天涯地逈望鄕臺
소식은 호서에 아득히 오지 않네	消息重湖敻不來
가지 위 까치는 다른 날의 기쁨 전하는데	枝鵲自傳他日喜
변방 기러기는 때늦은 슬픔 간절하다	塞鴻虛切後時哀
마음 끌리는 골육 어찌 볼 수 있을까	關情骨肉何由見
풍진 세상 병든 신세 돌아갈 생각도 못하네	扶病風塵未擬廻
뉘 알랴 깊은 산골 잔설 날리는 밤[86]	誰識亂山殘雪夜
백발로 시름겨워 남모르게 방황함을	白頭愁思黯低徊

86 깊은……밤 : 난산잔설야(亂山殘雪夜)는 《맹호연집(孟浩然集)》 권1 〈제야(除夜)〉에 보이는 구(句)이다. 《중묘집(衆妙集)》에는 최도(崔塗)의 작품으로 소개되어 있기도 하다.

작은 시장

小市

작은 시장에 까마귀 막 모이는데	小市鴉初集
높은 숲에 해는 이미 기우네	高林景已斜
흐르는 물 추위에도 머물지 않고	水流寒不住
첩첩 산봉우리 끊어졌다 다시 가로막네	山衆斷還遮
흥취 일면 그윽한 골짜기에 나아가고	興遠臨幽壑
공무 한가해 만아[87] 손 놓았네	官閑放晚衙
들판에 가을 안개 걷히니	前郊秋靄盡
십 리 밖 인가도 보인다	十里見人家

87 만아(晚衙) : 고대엔 지방관들이 하루에 두 차례 공관에 나가 하급 관리들의 보고를 듣고 필요한 일을 처리하였는데, 아침에 보는 일을 조아(早衙), 저녁에 보는 것을 만아라고 하였다.

영광 군수 정몽뢰[88]에게 부치다

寄靈光守鄭夢賚

좋은 시대에 좌동어[89] 각각 찼는데	明時各佩左銅魚
한 줄기 강물에 서신도 막혔구나	一帶江湖阻尺書
영포에서 늘그막 관리로 머물고[90]	靈浦暮年淹吏隱
가림에서 저물녘 관사 닫았네[91]	嘉林落日閉官居
풍진 세상에 오랫동안 사귀었으니	交期久許風塵際
이별의 한 내리는 눈에 다시 놀라네	離恨還驚雨雪初
못난 신세 늙고 병들어	養拙乾坤覺衰病
백발로 서로 그리는데 고을 누각 비었네	白頭相憶郡樓虛

88 정몽뢰(鄭夢賚) : 정양필(鄭良弼, 1593~1661)로, 본관은 동래(東萊), 자는 몽뢰, 호는 추천(秋川)이다. 《승정원일기》 인조 6년 2월 26일 기사에 "전라 감사의 서목. 영광 군수 정양필의 병이 심하므로 파출할 일.〔全羅監司書目. 靈光郡守鄭良弼, 病重罷黜事.〕"이라는 기록이 있으므로 그가 영광 군수였음을 알 수 있다.

89 좌동어(左銅魚) : 군수가 되었다는 말이다. 좌동어는 지방관이 차는 패물인데, 구리로 만든 물고기 형태의 부절(符節)의 왼쪽 반을 말한다. 두목(杜牧)의 〈춘말제지주농수정(春末題池州弄水亭)〉에 "마흔 넷 지방관, 양쪽에 좌동어 찼네.〔使君四十四, 兩佩左銅魚.〕"라는 내용이 보인다. 《御定全唐詩 卷522》

90 영포(靈浦)에서……머물고 : 정양필이 영광 군수로 재직하고 있다는 말이다. 영포는 영광이고, 이은(吏隱)은 하급관리가 되어 이록(利祿)에 연연하지 않으며 은자처럼 사는 것을 말한다.

91 가림(嘉林)에서……닫았네 : 임천 군수로 재직하는 자신을 읊은 것이다. 가림은 임천의 옛 지명이다.

진공장의 〈유람〉에 맞춰 짓다[92]

次陳孔璋游覽

나그네 길 계절 경치에 감회 이는데	羈游感時景
산과 골짜기가 멀리 가고픈 마음 이끄네	山壑延遠心
흐르는 시내에서 소리 울리고	逝川有流響
상쾌한 바람은 고운 소리 일으키네	淸飆振奇音
추운 까마귀는 가지 가릴 겨를도 없이	寒鴉不擇枝
옛 숲으로 돌아가려 할 뿐	但欲歸故林
이슬 맺혀 서리가 이미 새하얀데	露結霜已白
우는 학은 부질없이 그늘에 있구나[93]	鳴鶴空在陰
누가 만 리 나그네로 하여금	誰令萬里客
근심스레 그윽한 흉금 아프게 하나	愁然傷幽襟

92 진공장(陳孔璋)의……짓다 : 공장은 진림(陳琳, ?~217)의 자이다. 그는 후한 말기의 정치가로, 서주(徐州) 광릉군(廣陵郡) 사람이다. 건안칠자(建安七子) 중 한 사람이다. 〈유람(游覽)〉은 《석창역대시선(石倉歷代詩選)》 권2에 〈진림유람시(陳琳游覽詩)〉라는 제목으로 수록되어 있다.

93 우는……있구나 : 《주역》 〈중부괘(中孚卦) 구이(九二)〉에 "우는 학이 그늘에 있거늘, 그 새끼가 화답하도다. 나에게 좋은 벼슬이 있으니, 내가 그대와 함께 하리로다.〔鳴鶴在陰, 其子和之. 我有好爵, 吾與爾靡之.〕"라고 하였다. 이 효사는 그윽한 곳에 있으면서도 신의를 잃지 않았으므로 동류들이 서로 응함을 말하는 것인데, 여기서 '부질없이'라고 하였으니 동류의 호응이 없음을 의미한다.

진왕의 〈송응씨〉에 맞춰 짓다[94]

次陳王送應氏

천도는 본래 아득한 법　天道本悠遠
사람의 도리는 상도를 따라야지　人理固循常
정다운 교분이 어찌 초목과 같으랴만　交懿豈草木
문득 이슬이 서리 되었네[95]　忽如露爲霜
어려서 진심으로 친한 사이라　少小結心親
즐기는 바가 진실로 끝이 없었네　所樂諒無方
만년에 처지 달라져　晩途有參差
세모에 남북으로 헤어지네　歲暮載陰陽
한 말 술도 진실로 부족하지만　斗酒誠自薄
이별하며 술잔 기울이길 바라노라　臨別願傾觴
속마음은 장한 뜻에 부끄러워　中情愧壯意
감히 애끊어진다 말 못하네　不敢告斷腸

94 진왕(陳王)의……짓다 : 진왕은 삼국 시대 위(魏)나라의 문장가 조식(曹植)을 말한다. 〈송응씨(送應氏)〉는 《조자건집(曹子建集)》 권5에 수록되어 있으며, 전체 2수(首)이다.

95 문득……되었네 : 벗과 함께 하지 못하고 세월만 덧없이 흐름을 말한 것이다. 《시경》 〈겸가(蒹葭)〉에 "긴 갈대 푸르른데, 흰 이슬이 서리가 되었네. 저기 바로 저 사람이, 물 저편에 있도다. 물길 거슬러 올라가나, 험한 길이 멀기도 하네.〔蒹葭蒼蒼, 白露爲霜. 所謂伊人, 在水一方. 遡阻從之, 道阻且長.〕"라고 하였다. 이 시는 보고 싶은 사람이 물 가운데 있기에 물길을 오르내리면서 한번 만나려고 애를 쓰지만, 끝내 만나지 못함을 아쉬워하여 부른 노래이다.

뜬구름이 바닷가 산에서 나오니 浮雲出海嶠
해는 저물고 하늘길 멀어라 日沒天路長
나에게는 날개 없으니 顧我無羽翼
어찌 함께 날아갈까 焉以共飛翔

고언선의 〈증부〉에 맞춰 짓다[96]

次顧彦先贈婦

모진 바람 산골짝을 흔들더니	嚴風振林壑
싸락눈이 섬돌에 하얗다	微霰皓階闥
홀로 지내려니 기쁜 일 드물고	獨處鮮爲懽
사람 그리다가 해 저물어 가네	懷人歲將末
상투 틀고 은애 맹세했는데	結髮締恩誓
늘그막에 멀리 떨어졌네	抵老有契闊
기러기 편에 편지 부쳐도	寄書假鴻翼
먼 길에 전달하기 어렵네	天長路難達
이별하고 옛날 그려보니	睽離感疇昔
함께한 세월 현괄과 다투네[97]	流景競弦筈
그대 생각 솟아나는 샘물 같아	思君譬泉水
밤이나 낮이나 길이 끝이 없네	日夜長不竭

96 고언선(顧彦先)의……짓다 : 고언선의 〈증부〉는 《문선(文選)》 권24에 〈위고언선 증부 2수(爲顧彦先贈婦二首)〉라는 제목으로 수록되어 있으며, 이민구가 사용한 운자는 두 번째 작품의 운자와 같다.

97 함께한……다투네 : 부인과 함께 지낸 세월이 대단히 짧음을 말한다. 현괄(弦筈)은 활시위와 오늬로, 본래 사람의 만남과 헤어짐이 일정하지 않음을 비유하는 말이다. 구양수(歐陽脩)의 《문충집(文忠集)》 권132 〈옥루춘(玉樓春)〉에 "사람의 만남과 헤어짐 현괄 같아, 늙어가며 풍정은 더욱 이별을 아파하네.〔人生聚散如弦筈, 老去風情尤惜別.〕"라는 내용이 보인다.

탄신절을 멀리서 축하하다

誕節遙賀

빈 뜰 찬 화톳불이 한겨울 추위 녹이고	虛庭寒燎破窮陰
절하고 춤추는 별빛 북극 임해 있겠지[98]	拜舞星光北極臨
성인이 천 년 만에 나와 왕위에 오르시고	聖作千年開寶曆
칠 일 만에 양 생기니 하늘 뜻 알겠네[99]	陽生七日見天心
붉은 성에 의장 펼치니 조정 위의 고요하고	朱城仗引朝儀靜
대궐 향로 불에 새벽빛 짙으리	紫殿鑪薰曙色深
강호의 이 마음 진실로 괴로운데	湖海此情良自苦
흰머리에 부질없이 옛 화려한 비녀 꽂았네	白頭虛戴舊華簪

98 절하고……있겠지 : 임금의 생신을 축하하는 모습을 그린 것이다. 배무(拜舞)는 조정의 하례 의식(賀禮儀式) 때 백관(百官)이 무릎을 꿇어 절하고 발을 구르며 춤추는 의식을 말한다. 북극(北極)은 임금을 의미한다.

99 칠 일……알겠네 : 《주역》 〈복괘(復卦) 단(彖)〉에 "그 도를 반복하여 7일 만에 와서 회복한다는 것은 하늘의 운행이다.〔反復其道, 七日來復, 天行也.〕"라고 한 데서 인용한 것으로, 음양 소장(消長)의 도가 반복하여 번갈아 찾아오는 것을 말한다.

저녁
夕

산골 해가 또 지려는데	山日又將落
물가 구름 끝내 가지 않는다	湖雲終不歸
서책은 수북한 속에 던져두고	抛書從亂帙
지팡이 끌고 사립문에 기대었네	曳杖倚衡扉
바람 거세니 새매는 사나워지고	風急胡鷹厲
날 추워 늙은 말 굶주리는데	天寒老驥饑
서쪽 숲의 새들은	西林有鳥雀
둥지에서 함께 의지하는구나	棲宿共因依

꿈을 기록하여 관찰사 권반[100]에게 올리다

紀夢奉權使相 盼

내가 여름철에 승정원에서 숙직하다가 꿈에 길천군 권반 공과 술을 마셨다. 지은 시 한 편이 꿈에서 깬 뒤에 기억이 났지만, 오직 경련(頸聯)과 낙구(落句)는 자세하지 않았다. 대개 나는 옛날 공의 막속(幕屬)이었으므로, 시의 뜻이 이러했던 것이다. 가을에 나는 주제넘은 말을 하다가 가림 군수로 나가게 되었는데, 공이 마침 충청도 관찰사가 되었다. 같은 지역으로 부임하게 된 운수와 계절의 기후가 지난번과 완연히 같았기에, 술을 나누는 사이에 감회가 있었다. 그러므로 이어서 완성하였다.

막부의 문상 자형에게 부끄러웠으니[101] 幕府文章愧子荊
만난 자리에 감개한 이 마음 분명하네 逢場感慨此心明
당시 쓴 격문 헛 장려에 부끄러웠고 當時草檄慙虛奬
늙어 찾아뵈니 옛정 그립구나 垂老登門戀故情

100 권반(權盼) : 1564~1631. 본관은 안동(安東), 자는 중명(仲明)이다. 길창군(吉昌君)에 봉해진 권근(權近)의 자손이 영락하였으므로, 습봉(襲封)하여 길천군(吉川君)이 되었다. 1595년(선조28)에 문과(文科)에 합격하였다. 1604년 안주(安州) 목사를 지내고, 1626년(인조4)에 충청 관찰사가 되었다.《蒼石集 卷18 資憲大夫刑曹判書吉川君權公行狀》

101 막부의……부끄러웠으니 : 자신의 문장 솜씨가 부족하다는 겸사이다. 자형(子荊)은 진(晉)나라 손초(孫楚)의 자(字)이다. 뛰어난 문장 실력을 지녔으며, 석포(石苞)의 휘하에서 군사(軍事)에 참여하여 공을 세웠다.《晉書 卷56 孫楚列傳》

열 잔 술로 묵은 해 즐김 마다하지 말라 莫惜十觴歡舊歲
한 달만 더 지나면 새해라네 更過一月轉新正
사사로운 은혜 휘장 거둔 날 입었으니 私恩已荷褰帷日
쇠뇌 지고 앞장서는 걸음 가볍겠네[102] 便覺前驅負弩輕

102 사사로운……가볍겠네 : 이민구가 충청 관찰사로 부임하는 권반과 술자리를 함께하게 되었으므로, 권반을 위해 행차에 앞장서서 나가겠다는 말이다. 건유(褰帷)는 백성을 직접 대면하고 보살피려는 방백의 성의를 가리키는 말이다. 후한(後漢)의 가종(賈琮)이 기주 자사(冀州刺史)가 되어 부임할 때, 수레에 올라 휘장이 드리워져 있는 것을 보고 "자사는 마땅히 멀리 보고 널리 들으면서 미악을 규찰해야 하거늘, 어찌 휘장을 드리워서 스스로 가릴 수가 있겠는가.〔刺史當遠視廣聽, 糾察美惡, 何有反垂帷裳以自掩塞乎.〕"라고 하고, 휘장을 걷어 올리게 하였다.《後漢書 卷61 賈琮列傳》여기에서 유래하여, 건유는 방백의 부임을 가리키게 되었다. 여기서는 권반이 충청 관찰사로 나가는 것을 말한다. 부노(負弩)는 쇠뇌를 짊어진다는 말로, 방백의 부임 행차 앞에 쇠뇌를 짊어지고 가며 빛내는 것을 말한다. 사마상여가 중랑장(中郞將)이 되어 고향인 파촉(巴蜀) 땅에 사신으로 갔을 적에 "촉군 태수 이하가 모두 교영하였으며, 현령은 몸소 쇠뇌를 등에 지고 앞장서서 달렸다.〔蜀太守以下郊迎, 縣令負弩矢先驅.〕"라는 고사가 전한다.《史記 卷117 司馬相如列傳》

승지 이천장이 부쳐온 시[103]에 화답하다

酬李承旨 天章 寄詩

맑은 가을 이별의 꿈 승정원에서 헤어져	淸秋別夢散銀臺
홀로 가을 기러기 짝해 만 리 길 왔네	獨伴霜鴻萬里來
늙어 가는 천지에도 반가운 친구 있어	垂老乾坤靑眼在
깊이 시름하는 강해에 편지 돌아왔네	窮愁江海素書回
섣달에 핀 매화는 이제 꺾을 만한데	梅花破臘初堪折
겨울 지낸 대는 반쯤 부러졌어라	竹樹經寒半欲摧
서울에서 즐기던 곳 아련히 떠올리니	遙憶長安行樂處
벗님은 누굴 위해 술동이 여시려나	故人尊酒爲誰開

103 승지(承旨)……시 : 이천장(李天章)은 이명한(李明漢, 1595~1645)으로, 본관은 연안(延安), 자는 천장, 호는 백주(白洲), 시호는 문정(文靖)이다. 이명한의 《백주집(白洲集)》 권8에 〈기자시(寄子時)〉라는 작품이 있으며, 그 아래에 이민구의 시가 부록(附錄)되어 있다. 자시(子時)는 이민구의 자이다.

추운 밤

寒夜

늙어 잠마저 없으니	老況渾無睡
객지 심사 갈수록 편치 않다	羈心轉不寧
성긴 울타리로 먼 불빛 새어들고	疏籬穿遠火
차가운 나무에 숱한 별빛 얽혔어라	寒木綴繁星
우주 넓어 게으른 사람 수용하니	宇宙容衰懶
강호에서 술 즐기며 사노라	江湖寄醉醒
밤새 빈 골짜기에 누웠노라니	終宵臥空峽
빈 골짝 메아리가 시름 속에 들리네	虛響動愁聽

옛일을 회상하다

懷古

흰머리의 동중서[104]	白首江都相
선비로 경술 지켰네	爲儒守一經
주나라 예악에 뜻을 두어	志存周禮樂
한나라 조정에 멀리했지	身遠漢朝廷
후대에 왕도와 패도 밝혀 주었으니	後代明王霸
남긴 글에서 그 모습 떠올리네	遺文想典刑
천 년 뒤 서글피 바라보는 마음	千秋悵望意
감히 떠도는 신세 한탄하지 못하네	未敢恨飄零

104 동중서(董仲舒) : 강도상(江都相)은 전한(前漢)의 경학가 동중서(기원전 197~기원전 104)를 가리킨다. 경제(景帝) 때에 박사가 되었으며, 무제(武帝) 때에는 강도상과 교서 상(膠西相)을 역임하였으므로 이렇게 부른다.

행역

行役

공무에 매인 세월 언제나 바빠	行役流光每較忙
나그넷길 끝나지 않았는데 머리 세었네	客程不盡鬢毛蒼
삼만 육천 일 짧음을 이미 아는데	已知三萬六千短
동서남북으로 멀리도 다녔네	更覺東西南北長
바닷가에 봄기운 돌아 기러기 날아가고	海岸春生胡雁矯
호서의 성에 날 따뜻해 매화 향기롭네	湖城地暖臘梅芳
관전에만 꼭 차조가 적합한 것 아니니	官田未必偏宜秫
어딘들 돌아가 경작하면 고향 맛 아니랴[105]	何處歸耕非我鄕

105 관전(官田)에만……아니랴 : 도잠(陶潛)의 고사를 인용하여 차조를 심어 술을 담아 먹겠다고 읊은 것이다. 《용재수필(容齋隨筆)》 권8 〈도연명(陶淵明)〉에 "연명이 팽택에 있을 때, 공전마다 차조를 심게 하고 말하기를 '내가 술에 취해야 만족한다.' 하였다.〔淵明在彭澤, 悉令公田種秫曰, 吾常得醉於酒, 足矣.〕"라는 기록이 있고, 도잠의 시에도 "차조 찧어 맛난 술 담았다가, 술 익으면 내 따라 마시리라.〔舂秫作美酒, 酒熟吾自斟.〕"라는 구절이 있다. 《陶淵明集 卷2 和郭主簿》

공주 여관에서 "깊은 산골 잔설 날리는 밤에 외로운 등불 마주한 타향 사람"[106]이라는 시구를 운자로 열 편을 짓다

公山旅次 用亂山殘雪夜孤燭異鄉人攄成十篇

난 亂

수레 돌려 성 북쪽으로 달려가니	回轅赴城陰
빌린 집 강 언덕에 임했어라	僦屋臨江岸
긴 생각에 기쁜 일 드물어	長懷鮮爲懽
홀로 부르는 노래 번번이 탄식일세	獨謠屢成歎
나그네 새의 울음소리 세모에 서글프고	羈禽歲暮悲
이웃의 다듬이 소리 깊은 밤에 요란하다	隣杵夜深亂
누가 알았으랴 서울 사람이	誰知洛陽生
눈물 다하도록 한양에 돌아가지 못할 줄을	涕盡未歸漢

산 山

비루한 세속은 끝내 살기 어려운데	傖俗終難寓
떠도는 사람 아직도 돌아가지 않네	流人却未還
무단히 금리[107]에 머물러	無端淹錦里

106 깊은……사람 : 맹호연의 《맹호연집(孟浩然集)》 권4에 수록된 〈제야(除夜)〉라는 작품의 일부인데, 여기서는 이 시구의 각 글자를 운자로 삼아 시를 지은 것이다.

107 금리(錦里) : 이민구가 임천에 머물고 있을 때 쓴 시이므로, 금강(錦江)을 의미하는 것으로 보이나 자세하지는 않다. 참고로 두보(杜甫)의 "까만 각건 쓰신 우리 금리 선생, 뜰에서 밤만 주워도 굶지는 않겠구려.〔錦里先生烏角巾, 園收芋栗不全貧.〕"라는

밤마다 진관[108] 떠올리네 每夜憶秦關
사물에 부림 당함은 몸 밖에서 비롯되거늘 物役從身外
몸이 또 세간에 있구나[109] 形容且世間
나그네 시름겨워 바라볼 수도 없는데 羈愁不可望
찬 눈발에 앞산이 어둡다 寒雪暗前山

잔 殘

여관에 앓아누워 臥病旅人館
돌아가려 해도 길 험해 슬프구나 欲歸悲路難
구름 낀 산 그림자 넓은 들 침범하고 雲山侵野闊
고각 소리 찬 강가에 퍼지네 鼓角動江寒
겨울 포근해 얼음 온통 얇고 冬煖氷都薄
봄기운 생동해 눈도 사라져 가네 春生雪向殘
긴 칼[110] 의지해 애써 노래하려 해도 勞歌依長鋏
시름겨워 곡을 이루지 못하네 愁絶不成彈

시구가 있는데, 여기의 금리를 인용한 것으로 보인다.《杜少陵詩集 卷9 南鄰》

108 진관(秦關) : 진(秦)나라 수도인 함양(咸陽)의 관문인데, 여기서는 서울을 의미한다.

109 사물에……있구나 : 사람은 세상의 부와 명예 등에 마음을 빼앗기게 되므로, 이러한 외적 요인을 제거해야만 물역(物役)에서 벗어날 수 있는데, 여전히 자신은 세상 속에서 살아가고 있다는 말이다.

110 긴 칼 : 장협(長鋏)은 긴 칼을 말하는데, 풍환(馮驩)이 자신의 불우함을 한탄한 고사가 있다. 280쪽 각주83 참조.

설雪

한나라 훌륭한 신하 경통[111]　敬通漢名臣
노년까지 굳은 절개 넉넉했지　晚途饒苦節
가난에도 외로운 절조 지녀　居窮抱孤貞
늘그막 이별도 달게 여겼지[112]　抵老甘契闊
비유하자면 저 그늘진 벼랑의 소나무가　譬彼陰崖松
겨우내 눈서리에 덮인 것과 같구나　經寒抱霜雪
속마음 진실로 편안하다면　中心苟自寧
굶주림인들 어찌 마다할까　焉以辭飢渴

야夜

사람들은 노년 슬퍼하고　人情悲暮年
나그네는 긴긴 밤 꺼리지　客意疚長夜
어이할까 갈림길 만나　如何值二途
외로운 멍에 풀 곳 없네[113]　莫適稅孤駕

111 경통(敬通) : 후한(後漢) 풍연(馮衍)의 자(字)이다. 그의 아내가 사납고 질투가 심하여 잉첩(媵妾)을 거느릴 수 없게 하였다. 《후한서(後漢書)》 권58하 〈풍연열전(馮衍列傳)〉에 "자식들이 집안일을 하였고, 노년에는 결국 집에서 쫓겨나 곤궁하게 지냈으나, 큰 뜻이 있어 빈천을 근심하지 않았다.〔兒女常自操井臼, 老竟逐之, 遂埳壈於時, 然有大志, 不戚戚於賤貧.〕"라고 하였다.

112 늘그막……여겼지 : 풍연이 만년에 부인에게 쫓겨난 일을 가리킨다. 위의 각주 참조.

113 어이할까……없네 : 갈림길에서 어디로 가야할지 알 수 없다는 말이다. 탈가(稅駕)는 말의 멍에를 벗긴다는 뜻이다. 전하여 길흉이 장차 어떻게 변할지 알 수 없다는 의미로 사용된다. 《사기(史記)》 권87 〈이사열전(李斯列傳)〉에 "지금 신하들의 지위가

매서운 바람이 틈을 파고들고 嚴風緣隙來
찬 눈이 처마 따라 내리네 寒雪承簷下
돌아갈 길 막연하니 歸路方杳然
시름을 풀 수 없구나 愁腸不可化

고 孤

찬 연못가에 밥 짓는 연기 비었고 寒澤曠煙火
삭풍에 재두루미 울어대네 北風鶬鴰呼
언덕 가에 민가 적어 閭閻依岸少
말 탄 사람 숲 자락에서 외롭구나 鞍馬傍林孤
세상은 돌아가는 나그네 머물게 하는데 宇宙淹歸客
문장은 못난 선비 저버리네 文章負豎儒
곤궁한 길에서 늙은 준마의 뜻은[114] 窮途老驥志
세모에도 없지 않다네 歲晩不能無

촉 燭

달 숨어도 까치 아니 날고 月隱鵲休飛

나보다 높은 사람이 없으니, 나의 부귀가 극에 달했다고 할 만하다. 사물은 극에 다다르면 쇠퇴하는 법이니, 나는 탈가할 곳을 알지 못하겠다.〔當今人臣之位, 無居臣上者, 可謂富貴極矣. 物極則衰, 吾未知所稅駕也.〕"라는 내용이 있다.

114 늙은 준마의 뜻은 : 위 무제(魏武帝)의 〈보출하문행(步出夏門行)〉에 "늙은 천리마는 구유에 누웠어도 뜻은 언제나 천리 밖이요, 열사는 비록 늙었어도 장한 그 마음 변함이 없네.〔老驥伏櫪, 志在千里, 烈士暮年, 壯心不已.〕"라는 구절이 있다. 전하여 장대한 회포나 혹은 불평한 마음을 토로하는 것을 형용한다.

밤 다하니 닭 울음 이어지네	更盡鷄音續
짧은 꿈은 돌아가지도 못하고	短夢不成歸
긴 노래는 곡조 맞추지 못하네	長歌靡次曲
분수 따라 출처를 미덥게 하고[115]	處分信行違
시운 편안히 여겨 화복[116] 따랐건만	安時徇倚伏
덧없는 인생 끝내 나그네 되어	浮生終旅人
온갖 근심으로 새벽 촛불 마주했어라	百慮對晨燭

이 異

속세에 응하려니 날마다 힘든 삶인데	應俗日勞生
사문에도 일이 많구나	斯文亦多事
우둔한 성품 세상과 어울리지 못해	頑疏世不諧
일찍부터 성격대로 살았노라	夙尙性所寄
나그네 시름 풀려 할 뿐	只自寬旅游
그윽한 뜻 달래는 것 아닌데	非關遣幽意

115 분수……하고 : 자신의 분수에 맞게 세상에 나가고 물러난다는 말이다. 행위(行違)는 출처(出處)를 의미한다. 《주역》〈건괘(乾卦) 문언(文言)〉에 "세상을 피해 숨어 살면서도 근심이 없고, 남의 인정을 받지 못해도 고민하지 않아, 즐거운 세상이면 행하고 걱정스런 세상이면 떠나가서, 뜻이 확고해서 뽑을 수 없는 것이 잠룡이다.〔遯世无悶, 不見是而无悶, 樂則行之, 憂則違之, 確乎其不可拔, 潛龍也.〕"라고 하였다.

116 화복(禍福) : 의복(倚伏)은 화와 복이 서로 원인이 되어 변천하는 것을 말한다. 《노자(老子)》〈순화(順化)〉에 "화는 복이 기대어 있는 바이고, 복은 화가 숨어 있는 바이다.〔禍兮福之所倚, 福兮禍之所伏.〕"라고 하였다.

유유하구나 상성[117]의 노래여	悠哉商聲謳
나를 위해 바람도 달라지네	爲我風色異

향 鄕

멀리 온 나그네 얼마나 옮겨 다녔나	遠客何遷次
고생고생 다시 남쪽 마을일세	艱難更越鄕
인정은 느낌대로 따르는데	人情隨感觸
세상길은 출처에 매였구나[118]	世路局行藏
천지에 새해 다가오는데	天地新年逼
산하는 백제의 땅 길기도 하네	山河百濟長
서울 바라볼 방법 없으니	無由見京國
귀밑머리만 세어간다	只益鬢毛蒼

인 人

나그네는 곤궁한 새를 읊는데	客有吟窮鳥
누가 학린[119]을 위문할까	誰來問涸鱗

117 상성(商聲) : 오음(五音)의 하나로, 계절로는 가을에 배속(配屬)된다. 애잔하고 높은 곡조이다.

118 인정은……매였구나 : 사람의 감정은 느낌에 따라 달라지는데, 이민구는 관직에 매여 감정대로 할 수 없다는 말이다. 행장(行藏)은 뜻을 얻으면 세상에 도를 행하고, 얻지 못하면 물러나 은거하는 것을 말한다. 《논어》 〈술이(述而)〉에 "쓰임을 받으면 행하고, 버림을 받으면 숨는다.〔用之則行, 舍之則藏.〕"라고 하였다.

119 학린(涸鱗) : 수레바퀴 자국에 고인 물에 있는 물고기로, 몹시 위급한 지경에 처한 것을 뜻한다. 《莊子 外物》

마음은 숲 밖을 헤매고	魂迷群木外
눈은 한껏 강가를 바라보네	目極大江濱
나그네 귀로 막혀	行李淹歸路
나무꾼과 어울리니 주인에게 부끄럽네	樵薪愧主人
하물며 남은 해 보내고	況堪殘歲曆
또 새봄을 시작하는 때에야	又建一年春

정묘년(1627, 인조5) 정월 초하루

丁卯元日

폭죽 소리가 추운 잠을 깨우니	爆竹驚寒寢
먼 타향에 옛 풍속 전해지네	殊方故俗傳
닭 울음소리에 묵은해 마감하고	鷄聲分舊歲
새벽빛에 새해 시작하네	曙色進新年
머나먼 변경에 던져진 신세	忽覺投荒遠
속절없이 백발만 늘었어라	空知得白偏
도소주가 백엽주 따르리니	屠蘇隨柏葉
몇 사람에게 앞을 양보하려나[120]	合讓幾人先

120 도소주(屠蘇酒)가……양보하려나 : 자기보다 젊은 사람이 몇이나 되겠느냐는 말이다. 도소(屠蘇)와 백엽(柏葉)은 모두 술 이름으로, 이 술을 마시면 사기(邪氣)를 쫓을 수 있다고 한다. 《어정월령집요(御定月令輯要)》 권5 〈도소주(屠蘇酒)〉의 주석에 "온 가족이 동쪽을 향하고, 젊은 사람으로부터 어른에 이르기까지 차례대로 마신다.〔擧家東向, 從少至長, 次第飮之.〕"라고 하였으므로, 이 술을 마실 때 젊은 사람부터 마신다는 사실을 알 수 있다. 그러므로 이민구가 몇 사람에게 앞을 양보하게 될 것인가라고 자문한 것은 자기보다 젊은 사람이 몇 사람이나 되겠느냐는 말이다.

정월 19일에 들으니 오랑캐가 의주를 침범하여 승패를 가늠할 수 없다고 하였다
正月十九日 聞虜犯義州 未卜勝敗

오랑캐 기병이 천혜의 요새 침범하여	虜騎輕天險
고립된 성 일찍 포위되었네	孤城早受圍
성인의 무를 써야 할 터인데	只應勞聖武
누가 군대를 통솔할까	誰是摠戎機
조정에서는 위기를 몹시 걱정하는데	廟略憂危切
변방에서는 승전보 드물구나	邊書報捷稀
먼지바람 속에 흰머리 돌려	風塵回白首
서쪽 바라보며 오래도록 눈물 뿌린다	西望涕長揮

신씨에게 시집간 딸[121]과 이별하다

別申氏女

사람이 혼란한 세상 만나	人生遭世亂
부모와 자식이 서로 헤어졌네	父子各異方
너는 어디로 가려는가	汝去欲何向
너의 시댁은 완양이지	汝舅在完陽
완양이 멀지 않지만	完陽非遠地
떠났는지 살고 있는지 알 수 없네	去住不可詳
여자가 이미 시집갔으니	女子旣事人
행방은 남편 따라야지	行止隨家郎
슬픈 것은 골육의 정이라	所悲骨肉情
이별하려니 어수선한 시절 만났구나	離別値搶攘
떠나는 어미는 돌아보지 않은 채	別母不回顧
아이를 내 곁에 남겨두었네	留子寄我傍
네 마음을 생각해 보니	言念爾中懷
칼로 심장 도려내듯 아프겠지	刃割迫心腸
파도에 흔들리는 부평초 같은 인생	風濤一萍蕩
만남을 어찌 기약할 수 있을까	會合焉所常

121 신씨에게 시집간 딸 : 이만부(李萬敷, 1664~1732)가 지은 이민구 묘갈명에 "딸은 세마 신변에게 시집갔다.〔女適申昪洗馬〕"라고 하였다. 《息山集 卷21 吏曹參判東州李公墓碣銘 幷序》

너를 위로하여 떠나보내고	慰汝出門去
우러러 밝은 햇살 바라본다	仰視白日光
하염없이 흐르는 눈물 거두고	收我淚縱橫
너의 긴 곡소리 듣네	聽汝哭聲長
어찌해야 재앙을 물리치고	何當豁氛祲
널 데리고 고향으로 돌아갈까	挈汝歸故鄉

한식

寒食

혼란한 세상 벼슬 물러나기 어려우니	亂世妨投紱
변방의 전란 끝나지 않았네	邊虞未解兵
타향에서 한식[122] 만났는데	異鄕逢熟食
병 많아 외로운 성에 머물렀네	多病滯孤城
비바람에 가는 봄 한하노니	風雨經春恨
몇 해 성묘 못한 마음 슬프구나	松楸隔歲情
만 줄기 눈물로 옷 적시며	沾衣萬行淚
쓸쓸히 청명절 보낸다	寂寞過淸明

122 한식(寒食) : 숙식(熟食)은 한식일(寒食日)의 별칭이다. 한식일에는 불을 금하므로 전날 음식을 익혀 두었다가, 이날 찬 음식으로 먹기 때문에 이른 말이다.

남당 주인[123]에게 주다

贈南塘主人

높은 오두 어른 둥근 못에서 술 마시며[124]	鼇頭千丈飮回塘
갈매기 노는 드넓은 바다 바라보겠지	浮眼鷗波極海長
늙은 군수 책 빌려 읽고 지식 퍽 늘었으니	老守借觀知暴富
승경 독점한 필부 소장한 책 참 많네	匹夫專勝信多藏
선림의 석양은 뿌연 안개 속에 밝고	禪林落景明虛靄
물가 미풍이 저물녘 시원함 보내오는데	浴渚微風送晩涼

123 남당 주인(南塘主人) : 미상이나 민성휘(閔聖徽, 1582~1647)로 추측된다. 민성휘의 본관은 여흥(驪興), 자는 사상(士尙), 호는 용졸당(用拙堂)이다. 장유(張維)의 《계곡집(谿谷集)》 권8 〈용졸당기(用拙堂記)〉에 "백마강이 서남쪽으로 흐르다가 가림군 남쪽 지점에 이르러 남당강이 되는데, 이 강 연안에 당우 한 채가 있다.……이 집이 바로 관찰사 민사상씨의 별장이다.〔白馬之江, 西南流, 至加林郡之南 爲南塘江, 有瀕江而堂,……閔觀察士尙甫之別業也.〕"라는 말이 보인다. 또한 아래에 〈지졸당팔영용택당운(趾拙堂八詠用澤堂韻)〉이라는 작품이 있는데, 지졸당(趾拙堂)은 민성휘의 아우 민성복(閔聖復)의 호이다. 이민구가 임천 군수로 재직하고 있고, 용졸당과 지졸당이 모두 그 근처에 있었으며, 민성복과의 교유가 있었던 점으로 미루어 볼 때, 남당 주인은 민성휘일 가능성이 높다.

124 높은……마시며 : 남당 주인이 남당에서 술 마시는 모습을 말한 것이다. 오두(鼇頭)는 당송(唐宋) 시대 한림학사와 승지(承旨) 등의 관리들이 조회할 때 큰 자라가 새겨진 궁궐 섬돌의 정 중앙에 섰기 때문에, 한림원에 들어가는 것을 "오두에 오른다.〔上鼇頭〕"라고 표현하였다. 또 과거에서 장원급제한 사람을 가리키는 말로도 사용된다. 남당 주인으로 추측되는 민성휘가 우승지를 지낸 일이 있으므로, 여기서 오두는 그를 가리키는 말이다.

문 앞에 좋은 메벼도 있으니	更有門前秔稻美
한가히 누워 여유 누리는 그대 부러워라[125]	羨君高臥到羲皇

125 한가히……부러워라 : 민성휘의 여유로운 삶을 동경한 것이다. 희황(羲皇)은 복희씨(伏羲氏)를 가리킨다. 그 시대의 백성들이 근심 없이 순박하고 한적하게 살았으리라 생각하여, 은자들이 자칭 희황상인(羲皇上人)이라 하였다. 도잠(陶潛)이 여름에 북창 아래 누워 있다가, 맑은 바람이 불어오자 스스로 복희씨 시대의 사람이라 하였는데, 이백(李白)이 이를 차용하여 지은 〈희증정율양(戲贈鄭溧陽)〉에 "소금은 본래 줄이 없고, 술 거를 땐 갈건을 사용하지. 맑은 바람 부는 북창 아래 누워, 스스로 태곳적 사람이라 하네.〔素琴本無絃, 漉酒用葛巾. 淸風北窓下, 自謂羲皇人.〕"라고 하였다.

서울에서 돌아오는 길에 사근원[126]에 오르다

自京回 登沙斤院

무성한 숲에 바람 불고 이슬 내리는 날	風露高林日
밭두둑이 어지러이 물과 함께 푸르구나	畦塍亂水青
나그네 마음 들에 임해 아득하고	客心臨野遠
남은 꿈은 시내 건너며 깨네	殘夢度溪醒
객지에서 늙어감 어찌 막으랴	旅次那禁老
천지 사이 잠시 머물 뿐	乾坤只暫停
도성 떠나며 눈물 흘렸던 사람	仍將去國淚
다시 역참 남쪽 정자에 오르네	又上驛南亭

126 사근원(沙斤院) : 현재의 경기도 광주시 지역에 있었던 사근내원(沙斤乃院)을 가리키는 것으로 보인다. 《신증동국여지승람(新增東國輿地勝覽)》 권6 경기도 광주목(廣州牧) 역원(驛院) 조(條)에 "사근내원은 주의 서쪽 50리에 있다.〔沙斤乃院, 在州西五十里.〕"라고 하였다.

택당의 운자를 써서 지졸당의 팔경을 읊다[127]

趾拙堂八詠 用澤堂韻

향림의 저녁 종소리 香林晚鍾

서리 내리고 목어 소리[128] 울리더니　鯨音霜後發
물 건너 다시 구름 뚫고 퍼져 가네　度水復穿雲
사찰[129]이 가까이 있어　爲是招提近
산들바람에 끊겼다 다시 들린다　微風斷更聞

당도의 저녁 조수 堂島晚潮

포구 저 멀리 바라보이는 모래섬　極浦望中洲
아득한 파도 십 리 밖에 있네　冥波遽十里

127 택당(澤堂)의……읊다 : 택당은 이식(李植, 1584～1647)으로, 본관은 덕수(德水), 자는 여고(汝固), 호는 택당이다. 지졸당(趾拙堂)은 민성복(閔聖復)의 호이다. 한준겸(韓浚謙)의 《유천유고(柳川遺稿)》 〈지졸당서(趾拙堂敍)〉에 "여흥 관찰사 민성휘 씨는 나와 오랫동안 친분이 있었지만, 그 아우 민성복은 이름만 들었을 뿐 만나보지 못했다.……어느 날 민성복 공이 나에게 읍하고 말하기를 '……제가 가림의 강가에 집을 짓고……지졸이라고 편액을 걸었습니다.〔驪興牧伯閔君士尙氏, 與余有舊, 其弟士初, 嘗聞名而未之面也.……一日, 士初公揖余而言曰,……惟是不肖築室於嘉林湖海之上,……扁之以趾拙.〕' 하였다."라는 기록이 있다. 이것으로 미루어볼 때, 지졸당은 민성복이 지은 것이다.

128 목어(木魚) 소리 : 경음(鯨音)은 절에서 나무로 고기 형상을 만든 목어를 두드려 나는 소리이다. 또는 범종(梵鐘)의 소리라고도 한다.

129 사찰 : 초제(招提)는 범어(梵語) caturdeśa의 음역(音譯)으로, 사원(寺院)의 별칭이다.

뽕밭과 푸른 바다[130] 桑田與滄海
날마다 창문 안에 있구나 日在軒窓裏

용연[131] 낙조 龍淵落照

저물녘 햇빛이 물 위에 반짝이고 滉瀁三竿日
텅 빈 듯 백 길 깊이 맑구나 虛涵百丈淸
연못 속 작은 용은 淵中小龍子
감히 광채를 희롱하지 못하네 不敢弄光明

웅포[132]의 돌아가는 돛단배 熊浦歸帆

용당[133]에서 웅포 바라보니 龍塘望熊浦
배들이 줄지어 오가네 歷歷船來去
석양이 부들 돛에 비추니 落日映蒲帆

130 뽕밭과 푸른 바다 : 밀물과 썰물이 반복되면서 개펄이 드러나기도 하고 바다가 되기도 하는 모습을 말한 것이다.

131 용연(龍淵) : 미상이다. 이곡(李穀)의 〈주행기(舟行記)〉에 "기축년 5월 16일에 진강 원산으로부터 밤에 배를 타고 거슬러서 용연에 이르렀다.……그 이튿날에 부여성 낙화암 아래에 이르렀다.〔己丑之歲仲夏旣望, 自鎭江圓山, 夜半登舟, 泝流至龍淵.……明日, 至扶餘城落花岩下.〕"라고 하였으므로, 백마강 줄기에 용연이라 불리는 곳이 있었던 것은 분명하다.

132 웅포(熊浦) : 현재의 충청남도 부여군 양화면에 있는 포구이다.

133 용당(龍塘) : 금강 하구에 있는 용당진(龍塘津)을 가리킨다. 이유원(李裕元)의 《임하필기(林下筆記)》 권13 〈문헌지장편(文獻指掌編)〉에 "넷째는 금강인데,……강경을 거쳐 옥구를 지나 용당진이 된다.〔四曰錦江,……經江景, 過沃溝, 爲龍塘津.〕"라고 하였다.

훨훨 새가 날아가는 듯　　翩然如鳥擧

대숲의 맑은 바람 竹塢淸風

이미 숲 가득 바람 머금었고　　已含滿林風
평상 놓을 터도 있다네　　復有容床地
대낮에 생황 소리 들리니　　白日聽笙簧
난새와 봉황이 날개 치며 날아올 듯　　翛翛鸞鳳至

송정에 눈 개인 풍경 松亭霽雪

온 숲 소나무 다 덮여　　渾埋萬林虯
높은 둥지에 학 있는지 모르겠는데　　不辨危巢鶴
홀연히 바람 불어와　　忽爾天風來
떨어지는 깃털만 보이네[134]　　唯看毛羽落

성산 칠봉 星山七峯

시원한 바람에 창문 밀쳐 열었더니　　爽氣排簷牖
연기 낀 하늘에 일곱 점이 푸르구나　　煙空七點靑
누가 알랴 송나라 도읍에 떨어진 돌이　　誰知宋都石
다섯 개의 별이었음을[135]　　自是五天星

134 떨어지는 깃털만 보이네 : 실제 학의 깃털이 보인다는 말이 아니라, 쌓인 눈이 날리는 모습을 읊은 것이다.

135 누가……별이었음을 : 《춘추(春秋)》 희공(僖公) 16년 기사에 "봄 정월 무신삭에 송에 돌이 떨어지니 다섯 개였다.〔春王正月戊申朔, 隕石于宋, 五.〕"라는 기록이 있다. 여기서 이민구는 당시 떨어진 운석이 반드시 다섯 개였다는 것을 누가 알겠느냐고 묻고

성흥의 무너진 성첩[136] 聖興殘堞

고색창연한 백제성　　蒼然百濟城
한 줄기가 푸른 산의 중턱에 걸쳤네　　一抹靑山半
석양은 짙은 구름 속으로 졌는데　　落日下層陰
희미한 노을은 아직도 남았어라　　殘霞猶不斷

있는 것인데, 성산의 봉우리가 일곱 개이기 때문에 이렇게 말한 것이다.

136 성흥(聖興)의 무너진 성첩 : 임천군 북쪽에 있는 성흥산 석성(石城)을 가리킨다.

천안 연정에 차운하다

天安蓮亭次韻

연못에 초가을 기운 피어나고	池塘水氣早涼生
난간에 뜬 빛 긴 밤을 밝히는데	欄檻浮光永夜明
슬프다 한 해 보낸 호서의 나그네	惆悵一年湖外客
푸른 연잎 비바람에 마음 가누지 못하네	綠荷風雨不勝情

관직을 그만둔 후에 비에 막히다

解官後 阻雨

해 넘긴 병에 인끈 던졌는데	投紱經年病
어젯밤에 가을바람 불었지	秋風昨夜生
돌아가고 싶어도 강물 가득하니	欲歸江水滿
잠시 구름 개길 기다리네	暫待海雲晴
고향은 시름겨운 꿈을 이끌고	故國牽愁夢
외로운 성에는 석별의 정 둘렀네	孤城帶別情
가을 매미가 위태로운 잎을 안고	涼蟬抱危葉
생각 있어 사람 가까이서 우는구나	着意近人鳴

부로에게 주어 이별하다

贈父老爲別

뽕나무 아래라도 진실로 정들면	桑下眞成戀
타향이 곧 고향이라[137]	他鄕是故鄕
부로의 말에 정이 묻어나는데	情關父老語
병든 신세라 이별의 술잔 두렵구나	病怯別離觴
궂은비에 시내와 들녘은 어둑하고	苦雨川原晦
뭉게구름 바다까지 길게 뻗었네	屯雲海岱長
그대 보았나 가을 제비도	君看秋日燕
화려한 대들보[138] 싫어 떠나는 듯	亦似厭雕梁

137 뽕나무……고향이라 : 이민구가 임천 군수로 있으면서 지역 백성들과 정이 들었기 때문에, 비록 타향이지만 고향처럼 느껴진다는 말이다. 상하(桑下)는 잠시 머무는 곳을 의미한다. 《후한서(後漢書)》 권30 〈양해열전(襄楷列傳)〉에 "승려는 뽕나무 아래에서 사흘 밤을 묵지 않는다. 오래 머물러 은애가 생기게 하지 않으려는 것이니, 정진이 지극한 것이다.〔浮屠不三宿桑下, 不欲久生恩愛, 精之至也.〕"라고 하였다.

138 화려한 대들보 : 조량(雕梁)은 그림이나 문양을 새겨 넣고 화려하게 단청한 대들보를 가리키는 말로, 벼슬살이를 의미한다.

새벽길을 가며

曉行

벼 벤 논에 밑동만 짧게 남았고	穫稻稻根短
새벽 별빛 물에 잠겨 차갑구나	晨星浸水寒
연기 나는 외로운 주점 아득한데	人煙孤店遠
닭 울음소리에 밤은 다하는구나	鷄唱五更殘
센머리에 가을바람 불어오니	衰鬢秋風入
나그네 읊조림 저물녘까지 이어지리	羈吟暮景闌
이 풍진 속에 또한 무슨 일로	塵埃又何事
말 몰아 서울로 가는가	跋馬向長安

오막살이[139]

衡門

이 아래는 수원의 집에서 지은 작품이다

오막살이 가을날 고즈넉한데	衡門秋日靜閑居
대 그늘 반 묘 남짓 맑게 드리웠네	竹樹淸陰半畝餘
백발로 임천 군수[140] 사직하니	白首初辭玉湖長
벼슬길 끝내 한 통 글에 막혔네	靑雲終阻一封書
야인으로 동쪽 울타리 국화 따는데[141]	野人自採東籬菊
이웃 사람이 물가 물고기 나눠주네	隣俗相分下渚魚
거문고와 술에 우리의 도가 있다면	但使琴尊吾道在
느긋한 걸음을 수레 탄 것에 비하리라[142]	肯將安步比乘車

139 오막살이 : 형문(衡門)은 나무를 가로질러 만든 보잘것없는 문으로, 안분자족(安分自足)하는 은자(隱者)의 거처를 뜻한다. 《시경》 〈형문(衡門)〉에 "초라한 오막살이라도 다리 뻗고 살지어다. 철철 흐르는 샘물 배고픔이야 면하리라.〔衡門之下, 可以棲遲. 泌之洋洋, 可以樂飢.〕"라고 하였다.

140 임천 군수 : 옥호장(玉湖長)은 옥호의 우두머리라는 의미인데, 당시 이민구가 임천 군수를 사임하고 수원에 머물렀으므로 이와 같이 풀이하였다.

141 야인으로……따는데 : 진(晉)나라 도잠(陶潛)이 팽택 령을 그만두고 전원생활을 즐긴 일을 차용한 것이다. 도잠의 시에 "동쪽 울타리 밑에서 국화 따다가, 멀리 남쪽 산을 바라본다.〔採菊東籬下, 悠然見南山.〕"라고 하였다. 《陶淵明詩 卷3 飮酒》

142 거문고와……비하리라 : 도(道)만 있다면 야인으로서의 한가한 삶도 만족하겠다는 말이다. 제 선왕(齊宣王)이 안촉(顔斶)에게 후한 대접을 제안하자, 안촉이 사양하고 떠나면서 "늦게 먹는 것으로써 고기 맛과 진배없게 하고, 천천히 걷는 것으로써 수레에 앉은 것과 진배없게 한다.〔晩食以當肉, 安步以當車.〕"라고 하였다. 《戰國策 齊策4》

서평부원군 한준겸[143] 만사
西平府院君韓公浚謙挽詞

거닐며 전영 꿈꾼 말 듣지 못했는데	不及逍遙夢奠楹
마구간 말이 오경에 놀랐다 하네[144]	徒聞櫪馬五更驚
어찌 덕업을 만시에 말하랴만	寧將德業形哀詠
일찍이 탐욕 물리쳐 성명 보존하였네[145]	曾擺脂膏保盛名

143 한준겸(韓浚謙) : 1557~1627. 본관은 청주, 자는 익지(益之), 호는 유천(柳川), 시호는 문익(文翼)이다. 인조반정으로 딸이 인열왕후(仁烈王后)로 책봉되자, 돈녕부영사(敦寧府領事)로 서원부원군(西原府院君)에 봉해졌다. 선조로부터 영창대군(永昌大君)의 보필을 요청받은 유교칠신(遺敎七臣)의 한 사람이다.《東州集 文集 卷8 領敦寧府事西平府院君韓文翼公墓誌銘 幷序》

144 거닐며……하네 : 뜻밖의 부음(訃音)을 듣게 되었다는 말이다. 전영(奠楹)은 훌륭한 사람의 죽음을 가리킨다.《예기주소(禮記註疏)》 권7에 "은나라 사람은 두 기둥 사이에 빈소를 마련하였다.……나는 은나라 사람이다. 내가 어젯밤 꿈에 두 기둥 사이에 앉아서 전헌을 받았다.……명왕이 나오지 않으니 천하에 누가 나를 높이겠는가. 내가 장차 죽을 것이다.〔殷人殯於兩楹之間.……丘也殷人也. 予疇昔之夜, 夢坐奠於兩楹之間.……夫明王不興, 而天下其孰能宗予. 予殆將死也.〕"라고 하였는데, 7일 뒤에 과연 공자가 운명하였다. 여기서는 한준겸이 전영을 꿈꾸었다는 말을 듣지 못했다고 하였으므로, 이민구가 그의 죽음을 예상하지 못했다는 말이다. 역마오경경(櫪馬五更驚)은 한기(韓琦)와 관련된 고사로 "그가 죽기 전날 밤 고을에 큰 별이 떨어져 마구간의 말들이 모두 놀랐다.〔韓琦薨前一夕, 大星隕州治, 櫪馬皆驚.〕"라는 기록이 전한다.《宋史全文 卷12上》

145 일찍이……보존하였네 : 한준겸의 청렴함을 기린 것이다. 지고(脂膏)는 기름진 고기를 의미한다. 동한(東漢)의 공분(孔奮)이 부유한 고장(姑臧) 고을에 7년 동안 수령으로 있으면서 청렴하게 지냈는데, 어떤 이가 공분을 비웃으며 말하기를 "기름덩어리

가을 언덕에 눈물 남았으니　　秋日丘原餘涕淚
뉘 집 객사에서 반갑게 맞아 줄까　　誰家門館見逢迎
깊은 슬픔 범인과 견줄까만　　深心敢與凡人比
조정 위해 노성한 이를 아까워하노라　　但爲公朝惜老成

봉황 수레 흔들흔들 옛 서울 떠나가니　　鳳轄翩翩別舊京
차가운 강 물결에 돌아가는 명정 보내네　　寒江波浪送歸旐
가성의 밝은 해를 어느 해에 보았던가[146]　　佳城白日何年見
지난밤 둥구나무에 가을바람 불었네　　喬木秋風昨夜生
우주 아득한데 인물은 다하였고　　宇宙芒芒人物盡
의관 쓸쓸하니 조정이 가볍구나　　衣冠落落廟朝輕
산언덕이 서문 길은 아니지만　　山阿不是西門路
양담이 취한 뒤의 마음과 같구나[147]　　只似羊曇醉後情

속에 두었건만, 제 몸 하나도 윤기가 흐르게 하지 못한다.〔置脂膏中, 不能自潤.〕"라고 한 고사가 전한다.《東觀漢記 卷15 孔奮列傳》

146 가성(佳城)의……보았던가 : 한준겸의 죽음을 의미한다. 가성은 무덤을 뜻한다. 한나라 등공(滕公)이 말을 타고 가다가 동도문(東都門) 밖에 이르렀을 때, 말이 울면서 앞으로 나아가지 않은 채 발로 오랫동안 땅을 굴렀다. 사졸(士卒)을 시켜 땅을 파 보니 깊이 석 자쯤 들어간 곳에 석곽(石槨)이 있고, 거기에 "가성이 울울하니, 3천 년 만에 해를 보도다. 아, 등공이여! 이 실에 거처하리라.〔佳城鬱鬱, 三千年見白日, 吁嗟滕公, 居此室.〕"라는 글이 새겨져 있었다. 이에 등공이 "아아, 운명이구나. 내가 죽으면 곧 이곳에 안장할지어다.〔嗟乎天也, 吾死, 其卽安此乎.〕"라고 하였는데, 사망하자 마침내 이곳에 장사하였다.《西京雜記 卷4》

147 산언덕이……같구나 : 한준겸의 죽음을 슬퍼하여, 《진서(晉書)》 권79 〈사안열전(謝安列傳)〉에 나오는 양담(羊曇)의 고사를 차용한 것이다. 동진(東晉)의 명재상인

사안에게 양담이라는 외조카가 있었는데, 양담이 총명하여 생전에 무척 사랑하였다. 사안이 죽은 뒤에 양담은 매우 슬퍼서 사안의 무덤이 있는 서문(西門)쪽으로는 다니지 않았다. 어느 날 양담은 술에 취하여 자신도 모르는 사이 서문으로 가게 되었는데, 주위 사람들이 여기가 서문이라고 알려주자, 양담은 "살아서 화려한 집에 머물더니, 죽어서는 산언덕에 돌아가네.〔生存華屋處, 零落歸山丘.〕"라는 삼국 시대 위(魏)나라 조식(曹植)의 〈공후인(箜篌引)〉을 높이 읊조리고는 통곡하면서 가버렸다. 이후 양담취(羊曇醉)의 고사는 죽은 친척이나 친구를 그리워할 때 자주 사용되고 있다.

수원 부사 이시백[148]과 함께 독성[149]에 오르다

同李水原時白 登禿城

외로운 성 오솔길에 구름 덮였는데	孤城徑路繞寒雲
이 부사와 함께 말을 달려가네	飛騎相隨李使君
바다 향해 뻗은 산은 저 멀리서 끊어지고	山向海門低處盡
물은 들 복판을 가로질러 흐르네	水從原野畫中分
선림의 시원한 바람 풍경 소리 전하는데	禪林爽籟傳虛磬
객탑 가을 풍광에 저녁노을 마주했네	客榻秋光對暮曛
소슬한 백년 인생 돌아봄에 한스러워	蕭瑟百年臨眺恨
외기러기와 나팔 소리 누대에 기대 듣노라	斷鴻殘角倚樓聞

148 이시백(李時白) : 1581~1660. 본관은 연안(延安), 자는 돈시(敦詩), 호는 조암(釣巖), 시호는 충익(忠翼)이다. 《壽谷集 卷6 外曾祖議政府領議政延陽府院君李忠翼公墓表》 이시백을 수원 부사에 임명한다는 내용이 《인조실록》 2년 8월 24일 기사에 보인다.

149 독성(禿城) : 독산성(禿山城), 혹은 독성산성(禿城山城)이라고도 한다. 현재의 경기도 오산시 지곶동에 있는 산성으로, 도성(都城)의 문호와 관련된 전략상의 요충지이다.

높은 곳에 오르다[150]

登高

구월 구일 타향살이 늙은 병 재촉하는데　九日僑居老病催
누구에게 이끌려 여기에 올랐나　何人牽率此登臺
눈 돌리니 국화떨기 추위에도 피었기에　叢花傍眼寒仍發
지팡이 짚고 애써 한 번 왔노라　拄杖扶吾强一來
천지 손님 기러기 도착하고　天地賓朋鴻雁到
강호 소식 잉어가 돌아오네[151]　江湖書信鯉魚回
적막한 수유회[152] 다른 해에 모이면　茱萸寂寞他年會
온 골짝 바람서리에 낙엽 서글프리　萬壑風霜落木哀

150 높은 곳에 오르다 : 중양절에는 높은 곳에 오르는 풍속이 있었다. 《임하필기(林下筆記)》 〈문헌지장편(文獻指掌編) 절일(節日)〉에 "중추절에는 달맞이를 하며, 9월 9일 중양절에는 높은 곳에 오르고……이와 같은 것들은 모두 옛날의 풍속이다.〔中秋玩月, 九日登高,……皆古俗也.〕"라고 하였다.

151 강호(江湖)……돌아오네 : 이어(鯉魚)는 기러기와 함께 소식을 전해 주는 매개로 잘 등장하며, 그 자체로 서신(書信)을 의미하기도 한다. 《고문진보(古文眞寶)》 〈음마장성굴행(飮馬長城窟行)〉에 "길손 먼 곳에서 와서, 내게 잉어 한 쌍 주었지. 동자 불러 삶게 했더니, 뱃속에 한 척 편지가 들어 있구려.〔客從遠方來, 遺我雙鯉魚. 呼童烹鯉魚, 中有尺素書.〕"라고 하였다.

152 수유회(茱萸會) : 중양절에 자줏빛 주머니에 수유를 가득 담아 허리에 차고 높은 산에 올라가 국화주를 마시며 사기(邪氣)를 물리치는 풍속이 있었다. 《續齊諧記》

시골살이 20수
村居 二十首

오랫동안 성남의 집 사랑하여	舊愛城南築
팔에 찬 좌동어 또 던졌네[153]	新抛肘左銅
중년에 전원생활 서투른데	田園中歲薄
늦가을 골목길 텅 비었구나	門巷九秋空
집 손질하며 박 덩굴도 거두고	理屋收瓜蔓
울타리 세워 국화떨기 보호하네	栽籬護菊叢
시향은 참 배울 만하니	尸鄕眞可學
마침내 축계옹 되리라[154]	終作祝鷄翁

2

섭현 수령의 두 마리 오리	葉宰雙鳧舃
멀리 궁궐로 날려 보냈네[155]	歸飛禁闥遙

153 팔에……던졌네 : 이민구가 임천 군수를 사직했다는 말이다. 좌동(左銅)은 좌동어(左銅魚)로 지방관이 차는 부절이다. 284쪽 각주89 참조.

154 시향(尸鄕)은……되리라 : 세상을 피해 은자적 삶을 살겠다는 말이다. 시향은 지명이다. 《열선전(列仙傳)》 권상(上) 〈축계옹(祝雞翁)〉에 "축계옹은 낙양 사람이다. 시향의 북쪽 산 아래 살면서, 백여 년 동안 닭을 길러 천여 마리가 되었다.〔祝雞翁者, 洛人也. 居尸鄕北山下, 養雞百餘年, 雞有千餘頭.〕"라고 하였다.

155 섭현(葉縣)……보냈네 : 이민구가 임천 군수를 사직했다는 말이다. 섭재(葉宰)는 섭 현령(葉縣令)을 지낸 동한(東漢)의 왕교(王喬)를 가리킨다. 부석(鳧舃)은 현령을 말한다. 236쪽 각주23 참조.

애오라지 고향 찾아가다가	聊尋下鄕路
잠시 북산 나무꾼에게 머물렀네	暫偶北山樵
난세에 기꺼이 편안히 누워	亂世甘高枕
미친 노래를 한 표주박에 부치네[156]	狂歌寄一瓢
누가 알랴 장중울이	誰知張仲蔚
성명한 조정에 나가지 않고 늙은 줄을[157]	已老聖明朝

3

게으른 성품 가는 세월 상심하여	懶性傷年往
돌아와 종일토록 쉬노라	歸來鎭日休
응당 벼슬살이 싫지만	自應嫌束帶
감히 갖옷 입기는 마다 않네[158]	未敢厭披裘

156 미친……부치네 : 안빈낙도(安貧樂道)하는 삶을 살겠다는 말이다. 공자가 이르기를 "어질다, 안회여. 한 소쿠리의 밥과 한 표주박 물로 누추한 시골에서 지내는 것을, 남들은 그 곤궁한 근심을 감당치 못하거늘, 안회는 그 즐거움을 바꾸지 않으니, 어질다, 안회여.〔賢哉回也. 一簞食一瓢飮, 在陋巷, 人不堪其憂, 回也不改其樂, 賢哉回也.〕"라고 하였다. 《論語 雍也》

157 누가……줄을 : 벼슬에 나가지 않고 늙어가겠다는 말이다. 장중울(張仲蔚)은 후한(後漢) 때 사람으로, 박학다식하고 천문과 시부(詩賦)에 능했음에도 몸을 숨기고 벼슬하지 않은 채 늘 빈한하게 살았다. 그리고 그가 일체 외출하지 않다 보니, 그의 집 마당에는 사람의 키를 넘을 만큼 쑥대가 우거졌다고 한다. 《高士傳 卷中 張仲蔚》

158 감히……않네 : 초야의 삶이 싫지 않다는 말이다. 피구(披裘)는 고고하게 숨어 사는 사람을 뜻하는 말이다. 춘추 시대 갖옷을 입고 나무를 하면서 연릉 계자(延陵季子)를 준엄하게 꾸짖은 은사 피구공(披裘公)의 고사와 한(漢)나라 엄광(嚴光)이 숨어 살면서 갖옷을 입고 낚시를 했다는 고사가 전한다. 《論衡 卷4 書虛篇》

궁벽한 땅이라 먼지바람 날리고 地僻風塵際
차가운 성에 초목은 가을로 접어드니 城寒草樹秋
강호에 기러기 돌아오면 江湖鴻雁到
기꺼이 너와 짝하리라 甘與爾同儔

4

밤나무 자란 숲 정자 언덕에 栗樹林亭畔
사립문 닫고 들 늙은이 살아가네 柴門野老居
성긴 울에는 묵은 풀 우거졌고 疏籬依宿莽
낙엽은 찬 도랑에 쌓였어라 落葉擁寒渠
만생 차조는 술 빚기 적당하고 晩秫宜供酒
그윽한 창은 책 읽기 좋구나 幽窓可讀書
백 년 의탁하겠다던 뜻을 百年棲託意
늙었으니 어찌하려는가 衰謝欲何如

5

들 넓어 흥취 불러일으키고 野闊延吾興
시내 길어 나그네 시름 끌어가네 川長引客愁
흐렸다 맑았다 가을 날씨 쉬 변하고 陰晴秋易變
뜨고 지는 해와 달에 한 해 저물려 하네 日月歲將周
새들 돌아오니 온 숲에 어둠 내리고 鳥雀千林暝
안개와 노을에 한 골짜기 그윽하다 煙霞一壑幽
타향살이 근심 많아 僑居關百慮
석양에 서쪽 누대 기대섰네 落景倚西樓

6

세상의 기심 사라져	世路機心息
시골집에서 게으른 성품대로 살아가네	郊扉懶性成
들 구름은 피어나 그대로 머물고	野雲生自住
강호의 해 졌는데도 밝은 빛 남았네	湖日落猶明
고요한 가운데 잠시 거문고 타니	暫撥琴書靜
맑은 궤석 사랑스럽네	祗憐几席淸
쓸쓸한 한 골짜기에	蕭然一丘壑
일 없어 다시 마음 끌리네	無事更關情

7

병들었어도 몸이 있어서	病後身猶在
가을 되자 흥취 없지 않네	秋來興不無
마음대로 아이들이 알게 하고[159]	任從兒輩覺
기꺼이 늙은 농부와 함께하네	甘與老農俱
완적은 깨어 있던 시간 적었고[160]	阮籍醒時少
방덕공은 외로이 자취 감췄지[161]	龐公隱跡孤

159 마음대로……하고 : 진(晉)나라 때 왕희지(王羲之)가 사안(謝安)에게 말하기를 "늘그막에 이르러서는 의당 음악을 즐겨서 근심을 풀어야 하는데, 항상 아이들이 알까 염려하는 생각에 즐기는 맛이 감소된다."라고 하였다. 《晉書 卷80 王羲之列傳》 여기서는 아이들이 알거나 말거나 개의치 않고 흥을 즐긴다는 의미이다.

160 완적(阮籍)은……적었고 : 완적의 자는 사종(嗣宗)이며, 죽림칠현(竹林七賢)의 한 사람이다. 그는 현실이 불만스러워 세상사에 전혀 관심을 두지 않고, 술을 즐겨 마시며 노장(老莊)의 설에 심취한 채 살았다. 《晉書 卷49 阮籍列傳》

어찌 길이 은거한다 말하랴만	何堪語長往
끝내 곤궁한 길 멀리하리라	終是遠窮途

8

초가 누각에서 쓸쓸히 바라보노라니	草閣憑寒望
검푸르게 땅거미 밀려온다	蒼然暮色來
농사 흉년이라 상심하고	爲農傷歲歉
풍경에는 늙은 신세 서글프네	卽事感年頹
물 줄었어도 흐름은 급하고	水落歸流駛
숲 성겨 돌아가는 새들 서두르네	林疏去翼催
산언덕 계수나무 잡는 곳에서[162]	山阿攀桂處
늙고 병든 몸으로 또 머뭇거린다	衰疾且遲回

9

세월은 흘러가는 물 같아	年光猶逝水
저녁에 핀 꽃 이미 서리 맞았네	夕蕊已經霜
세는 머리를 어찌 막으랴	有鬢那禁白

161 방덕공(龐德公)은……감췄지 : 방공(龐公)은 후한(後漢) 때 제갈량(諸葛亮)이 존경했던 은자(隱者)로, 한 번도 도회지에 발을 들여놓지 않았던 방덕공을 말한다. 유표(劉表)의 간청도 뿌리친 채, 처자를 데리고 녹문산(鹿門山)에 들어가 약초를 캐며 살았다. 《後漢書 卷83 逸民列傳 龐公》

162 계수나무 잡는 곳에서 : 반계(攀桂)는 계수나무를 잡아당긴다는 말로, 은자들이 사는 곳을 말한다. 《초사(楚辭)》 〈초은사(招隱士)〉에 "계수나무 가지를 부여잡으며 편히 오래 머무른다네.〔攀援桂樹兮聊淹留〕"라고 하였다.

무심히 술잔에 국화 띄우네 無心更泛黃
하늘의 운행은 항상 끊임없는데 天機常袞袞
사람의 일은 갈수록 아득하기만 人事轉茫茫
사문의 일 헤아려 보니 斟酌斯文感
후대 사람들 상심하게 할 뿐 徒令後代傷

10

초가집 서너 채도 보이지 않으니 草屋無三四
구름 덮인 숲 멀리 몇 겹이런가 雲林遠幾重
그윽하고 고독함에 관심 있는 것 아니라 非關好幽獨
나약하고 게으름 길러 볼까 하노라 只擬養孱慵
도를 배우자니 왕열에게 부끄럽지만[163] 學道慙王烈
벼슬살이는 병단을 사모하네[164] 爲官慕邴容
가을 농토에 수확이 적지만 秋田雖少穫
내 저녁밥쯤은 지을 만하네 晩飯足吾供

163 도를……부끄럽지만 : 신선술을 배우지 못한다는 말이다. 왕열(王烈)은 진(晉)나라 사람으로, 양생법(養生法)을 닦은 인물이다. 그는 항상 석수(石髓), 즉 석종유(石鐘乳)를 먹었으며, 나이 328세가 되도록 젊은이의 얼굴과 같았는데, 한번 태항산(太行山)에 들어간 후로는 종적을 알 수 없었다고 한다.

164 벼슬살이는 병단(邴丹)을 사모하네 : 높은 관직에 연연하지 않는다는 말이다. 병용(邴容)은 병단을 가리킨다. 그의 자가 만용(曼容)인데, 병단의 병과 만용의 용을 따서 표현한 것이다. 그는 한(漢)나라 사람으로 항상 자신의 덕을 닦으며 관직 생활을 하는 중에 600석 이상의 자리에는 결코 몸담으려 하지 않다가, 왕망(王莽)이 집권하자 바로 사직하고 고향으로 내려갔다. 《漢書 卷72 兩龔傳》

11

가을 해는 빛도 부족해	秋日色猶薄
차가운 하늘에 저녁 시간 쉬 생긴다	寒霄陰易生
변방 기러기는 끝내 머물지 않고	塞鴻終不住
가지에 앉은 까치는 자주 놀라네	枝鵲自多驚
난세에 슬픈 뿔피리 소리 들리니	亂世聞悲角
깊은 산에서 나란히 밭 갈기를 생각하네	深山憶耦耕
숲 바람이 머리카락 날려	林風吹鬢髮
서리 기운 저물녘에 더욱 맑아라	霜氣晚彌淸

12

들 나루는 모래 따라 모양 바뀌고	野渡隨沙改
찬 다리는 물 따라 밑바닥 드러내네	寒橋逐水低
고기와 새우가 가을 저자에 널렸고	魚蝦秋市散
골목에는 저물녘 새들이 깃들었네	門巷暮禽棲
손님 떠나 의자 걸어 두고[165]	客去須懸榻
나는 늙어 청려장에 몸 맡겼네	吾衰任杖藜
앞 숲이 점점 성글어져	前林漸疏豁
마른 잎이 그윽한 오솔길에 떨어지네	枯葉下幽蹊

165 손님……두고 : 친한 벗이 오지 않음을 말한 것이다. 현탑(懸榻)은 의자를 걸어 둔다는 뜻으로, 후한(後漢)의 진번(陳蕃)과 관련된 고사이다. 276쪽 각주80 참조.

13

성곽 밖에 농사일 드물어　郭外稀田事
가을 되어도 수확 적어라　秋來寡歲功
농사는 항상 부족해 괴롭지만　爲農常苦乏
빌붙어 살며 궁함을 사양하랴　寄食敢辭窮
발걸음이 산속에 두루 미쳐　步屧山中遍
그윽한 오솔길 나무 밑으로 나 있네　幽蹊樹底通
서리 내린 아침 상수리 주울 때　霜朝拾橡果
마땅히 원숭이에게 양보하지 않으리　應不讓狙公

14

병 낫자 아침 게으름 줄어　病起朝慵減
숲 사립문 서리 내린 새벽에 여네　林扉啓曉霜
지팡이 짚고 굽은 오솔길 찾아들어　杖藜尋徑曲
약초 캐느라 덤불 헤치네　斸藥破榛荒
자취 감춰 만나는 사람 드물어　遯跡逢人罕
노래하며 심사 길게 논해보네　行歌論意長
시든 꽃을 쇠한 얼굴로 마주한 채　殘花對衰鬢
홀로 중양절 보내노라　獨自過重陽

15

남과 어울리지 못하는 성격이라　諧合旣非性
상황에 따라 나아가고 물러났지[166]　行違隨所遭
남들은 사마상여[167]처럼 게으르다 의심했지만　人疑馬卿慢

나는 녹문[168]의 높은 풍모 좋아했네 吾愛鹿門高
저자 가까워 물고기 야채 구할 수 있고 近市通魚菜
이웃집에 술도 있다네 隣家具酒醪
백년 인생 산야에서의 흥취 百年山野興
가을날에 넘실넘실 넘치네 秋日正滔滔

16

군수 사직은 절개 자랑하려 함이 아니었고 辭邑非姱節
밭을 구함은 노년을 위해서지 求田爲暮年
어찌 곡식을 구할 곳 없으랴 豈無通菽粟
인가도 가까이 있는 걸 亦有近人煙
들녘 나무 맑은 날 의지할 만하고 野樹晴堪倚
뜰 대나무 푸르러 사랑스럽다 庭篁翠可憐
남쪽 담장에서 처마 햇살 받으며 南墻負簷日
마음껏 아침잠 자련다 隨意竟朝眠

17

책상에 다른 물건은 없고 几案無餘物

166 상황에……물러났지 : 시대 상황에 따라 출처를 정했다는 말이다. 행위(行違)는 세상에 나아가고 물러나는 출처를 의미한다. 301쪽 각주115 참조.

167 사마상여(司馬相如) : 마경(馬卿)은 한(漢)나라 때의 사마상여를 가리킨다. 그의 자가 장경(長卿)이므로 이렇게 불렀다.

168 녹문(鹿門) : 한(漢)나라 말년에 도덕으로 이름난 방덕공(龐德公)이 녹문산(鹿門山)에 숨어 살았으므로, 그를 가리켜 녹문이라고 하였다. 330쪽 각주161 참조.

예전에 지은 글만 있네 圖書只舊題
두려움 떨치니 비좁은 곳도 편안하고[169] 匡恍容膝穩
지팡이 짚으니 몸도 반듯해지네 拄杖竝身齊
이웃마다 부르고 맞이해서 邀請皆隣舍
돌아오면 낮닭 우는 시간 지나네 歸來過午鷄
찬 시냇물 줄지 않아 寒溪流未減
말 탄 사람 가을 진흙탕 피해 가네 騎馬避秋泥

18

닭 울자 사람들도 일어나 鷄鳴人亦起
서리 달 아래 새벽 방아 소리 차갑구나 霜月曙舂寒
만물이 다 분수 따르니 萬物皆隨分
내 삶을 감히 편안히 여기노라 吾生敢自安
땔감 묶으니 가을 길 좁고 束薪秋徑細
지붕 손질로 한 해 일 마쳤네 升屋歲功殫
밭 갈고 우물 파며[170] 늙어 가리니 耕鑿從玆老

169 비좁은 곳도 편안하고 : 진(晉)나라 도잠(陶潛)의 〈귀거래사(歸去來辭)〉에 "남쪽 창가에 기대어 오만한 마음 부치니, 무릎을 들여놓을 만한 방이 편안함을 알겠네.〔倚南窓以寄傲, 審容膝之易安.〕"라고 한 데서 온 말로, 아주 비좁은 집에서 청빈한 생활을 즐기며 유유자적하는 것을 의미한다.

170 밭……파며 : 경착(耕鑿)은 밭 갈고 우물 판다는 뜻으로, 태평 시대를 구가한다는 말이다. 요(堯) 임금 때에 어느 노인이 지었다는 〈격양가(擊壤歌)〉에 "해가 뜨면 일어나고 해가 지면 쉬면서, 샘을 파서 물마시고 밭을 갈아서 밥 먹을 뿐이니, 임금님의 힘이 도대체 나에게 무슨 상관이랴.〔日出而作, 日入而息, 鑿井而飮, 耕田而食, 帝力於我何有哉.〕"라는 말이 나온다. 여기서는 세상에 관심을 두지 않고 전원에서 살아가겠다

〈벌단〉에 부끄러움 없으리라[171] 能無愧伐檀

19

탁 트인 처마 앞에 소나무가 가리고 簷豁交松蓋
텅 빈 뜰에 대나무 그늘 깔리네 庭虛受竹陰
타향살이에도 이런 운치 있으니 僑居還有此
모든 것이 이처럼 성정에 맞구나 適性摠如今
한강 동작나루는 멀고 江漢銅津遠
구름 낀 관악산 깊네 雲山冠嶽深
세상 시름 잊지 못하고 未能遺世慮
고개 돌려 걱정하네 回首覺勞心

20

풀밭에 앉아 오래 술잔 돌리다가 草坐傳杯久
냇물에 친 고기 그물 더디게 거두네 溪漁捲網遲
된장으로 알맞게 요리하니 已調鹽豉適
기름져 꽤 먹기 좋구나 最與腹腴宜
들녘 해는 성긴 나무에 걸리고 野日銜疏樾
서릿바람이 굽은 언덕에 몰아치네 霜風振曲陂

는 말이다.

171 벌단(伐檀)에 부끄러움 없으리라 : 지위만 차지하여 남의 비난을 받는 일은 없을 것이라는 말이다. 〈벌단〉은 《시경》 〈위풍(魏風)〉의 편명이다. 하는 일 없이 자리만 차지하고 녹봉을 받으면서, 현자(賢者)의 벼슬길을 막는 것을 풍자한 시이다.

취해서 보니 장인어른[172] 생각은	醉看吾舅意
돌아가는 길에 손자 안아 보는 것이겠지	歸路擁孫兒

172 장인어른 : 이민구의 장인(丈人)은 윤휘(尹暉, 1571~1644)이다. 윤휘의 본관은 해평(海平), 자는 정춘(靜春), 호는 장주(長洲), 시호는 장익(章翼)이다.《東州集 文集 卷10 刑曹判書長洲尹公墓碣銘 幷序》

안개 낀 새벽에 동작나루를 건너다

霧曉 渡銅津

먼 성 새벽길 나선 말 서리 밟는 소리 나고	遙城曉馬蹋霜鳴
모래톱에 도착해 뜨는 해 바라보네	正到沙中見日生
기러기는 날아가기도 하고 머물기도 하는데	旅雁自飛還自宿
찬 파도는 끝도 없고 소리도 없다	寒波無際復無聲
나루 정자는 세월 흘러도 여전하고	津亭閱世依依在
강변 나무는 사람 맞이해 차례로 지나네	江樹迎人歷歷行
세모에 안개 속을 오르내리니	歲暮沿洄雲霧裏
흐르는 물에 잠시 갓끈 씻고 싶구나[173]	臨流暫欲濯吾纓

173 갓끈 씻고 싶구나 : 탁오영(濯吾纓)은 내 갓끈을 씻는다는 말로, 세속을 초탈하여 고결한 자신의 신념을 지키는 것을 뜻한다. 초(楚)나라 굴원(屈原)이 지은 〈어부사(漁父辭)〉의 "창랑의 물이 맑으면 나의 갓끈을 씻고, 창랑의 물이 흐리면 나의 발을 씻으리라.〔滄浪之水淸兮, 可以濯我纓. 滄浪之水濁兮, 可以濯我足.〕"라는 말에서 나왔다.

이 별좌가 자라를 보내 주다

李別坐惠鼈

시월 물살 급하고	十月河流疾
모래 차가워 고기들 깊이 숨는데	沙寒水物沈
어떻게 자라를 보내 주었나	何能致圓腹
여기에서 깊은 정을 알겠구나	卽此見深心
등껍질 떼어 내고 솥에 조리하니	解甲新調鼎
금처럼 진귀한 음식 맛보았네	嘗珍可直金
평생 긴 칼 두드리다가	平生一長鋏
오늘에야 시름겨운 노래 그쳤네[174]	今日罷愁吟

174 평생……그쳤네 : 평생 좋은 음식을 먹지 못하다가 비로소 맛있는 음식을 먹었다는 해학적 표현이다. 장협(長鋏)은 풍환(馮驩)과 관련된 고사로, 그가 칼을 두드리며 "장협아, 돌아가야겠다. 밥에 고기가 없구나.〔長鋏歸來乎, 食無魚.〕"라고 하였다. 280쪽 각주83 참조. 이민구는 이 노래에서 식무어(食無魚)를 염두에 두고, 이제 자라를 먹게 되었으므로, 시름겨운 노래를 그칠 수 있게 되었다고 한 것이다.

사촌 동생이 그물로 참새를 잡다

從弟網雀

석양이 숲에 걸려 지는 때에	落景懸林盡
초가에서 날아드는 새 바라보네	茅茨見鳥過
문 밖에 오는 손님 없어	自無門外客
부질없이 눈 속에 그물 치는구나	謾有雪中羅
약한 새들 놀라 도망치다 걸리고	弱羽驚還觸
무리로 나는 새들 흩어졌다 다시 모이네	群飛散更多
썰렁한 부엌에서 담박하게 요리해 내오니	寒廚供薄味
자는 새를 쏘는 것과 어떻게 생각해야 하는가[175]	弋宿意如何

175 자는……하는가 : 그물로 새를 잡는 것이 공자의 "주살질은 하였으나 잠자는 새를 맞추지는 않았다.〔弋不射宿〕"라는 뜻에 맞는지 맞지 않는지 생각해 본다는 말이다. 《論語 述而》

구름

陰

찬 하늘 구름 가려 갑자기 싸늘해지고	寒空陰翳忽凄凄
햇빛은 아스라이 숲 서쪽으로 넘어가네	日色蒼茫林木西
성 위 누런 구름에 새들 사라지고	城上黃雲高鳥盡
냇가 흰 눈에 벗님 없구나	溪前白雪故人迷
자취 감추려 누운 용[176] 달게 여기고	風塵晦迹甘龍臥
몸 보전하려면 〈마제〉 배워야지[177]	世路全身學馬蹄
듣자니 도성 거리에 수레 가득하다는데	聞道九街車轍滿
뉘 집 골목길에 길이 나려는가[178]	誰家門巷欲成蹊

176 누운 용 : 와룡(臥龍)은 운우(雲雨)를 얻지 못한 용처럼 시운(時運)을 만나지 못한 영웅호걸을 말하는데, 제갈량(諸葛亮)이 일찍이 남양(南陽)의 초려(草廬)에 은거하고 있을 적에, 서서(徐庶)가 "제갈공명은 사람 중의 와룡이다.〔諸葛孔明者, 臥龍也.〕"라고 유비(劉備)에게 추천하면서, 한번 찾아가 보기를 권했다는 고사가 전한다. 《三國志 卷35 蜀書 諸葛亮傳》

177 몸……배워야지 : 〈마제(馬蹄)〉는 《장자(莊子)》의 편명이다. 세상에서는 백락(伯樂)을 훌륭한 말의 조련사라고 하지만, 그것이야말로 말의 참된 본성을 해치는 것이라고 주장하며 자연 그대로 두어야 한다는 내용이다. 두보(杜甫)의 〈과소수서작사북과림(課小豎鉏斫舍北果林)〉에 "야박한 풍속은 사람 만나길 회피하나니, 몸 보전하려면 〈마제〉를 배워야 하리.〔薄俗防人面, 全身學馬蹄.〕"라고 하였다.

178 뉘……나려는가 : 누구의 집으로 사람들의 발걸음이 이어지겠느냐는 말이다. 사마천(司馬遷)이 한(漢)나라 장군 이광(李廣)의 인품을 극찬하면서 "복사꽃과 오얏꽃은 말이 없지만, 그 나무 밑에는 절로 길이 이루어진다.〔桃李不言, 下自成蹊.〕"라고 평하였다. 《史記 卷109 李將軍列傳》

동주집

전집 제5권

詩시

역사를 노래하다
詠史

한이 사나운 진을 이어 일어나	西京繼虓秦
가혹한 정치 없애고 돈후한 정치 수립했네	掃苛復樹惇
두 번 전수하자 공묵 숭상하여[2]	再傳尙恭嘿
덕화로 백성 구제했네	玄化濟斯民
힘써 원기를 회복하고	力欲回元氣
흐름을 열어서 끝없이 떨치려 하였네	開流振無垠
주발과 장상여가 말을 머뭇거린 것은[3]	周張口囁嚅

1 묘유록(卯酉錄) : 정묘년(1627, 인조5)부터 계유년(1633, 인조11)까지의 기록이다. 그러나 월사(月沙) 이정귀(李廷龜, 1564~1635)의 만사가 수록되어 있는 것으로 보아, 1633년 이후의 작품도 포함된 것으로 파악된다.

2 두 번……숭상하여 : 한 문제(漢文帝)의 문치(文治)를 말한 것이다. 공묵(恭嘿)은 공묵(恭默)과 같은 말로, 임금이 공경하는 마음으로 말없이 치도(治道)를 심사숙고하는 것을 말한다. 《서경》 〈열명 상(說命上)〉에 "나로써 세상을 바로잡도록 하였으나, 나는 덕이 훌륭하지 못한 것을 두려워하여, 이 때문에 말하지 않고서 경건한 자세로 침묵하며 도를 생각하고 있었는데, 꿈속에서 하늘이 나에게 훌륭한 재상을 보내 주셨다.〔以台正于四方, 台恐德弗類, 玆故弗言, 恭默思道, 夢帝賚予良弼.〕"라고 하였다.

허물 부끄러워 함부로 내뱉지 않아서라네　恥過曾不宣
젊은 사람들아 시끄럽게 떠들지 마라　年少勿嘵嘵
장자[4]는 스스로 참되게 한다네　長者自任眞
부화뇌동하여 풍속이 날로 쇠퇴하더니　容容俗日敝
임금 곁에는 무능한 신하만 늘어섰네[5]　帷幄列具臣
공자의 도가 쇠퇴하자　孔師肉無血
문을 쓸고 수레 먼지에 절하였네[6]　掃門拜佞塵

3 주발(周勃)과……것은 : 주장(周張)은 강후(絳侯) 주발과 동양후(東陽侯) 장상여(張相如)를 가리킨다. 한나라 문제(文帝) 때에 장석지(張釋之)가 문제에게 "주발과 장상여는 장자라고 일컬어지지만, 사무에 대하여는 말을 잘 하지 못하였습니다. 어찌 저 관리인의 거침없이 말 잘하는 것을 본받겠습니까.〔周勃張相如稱爲長者, 兩人言事, 曾不出口. 豈效此嗇夫, 喋喋利口捷給哉.〕"라고 말한 바 있다.《通鑑節要 卷7 漢紀 太宗孝文皇帝上》

4 장자(長者) : 덕을 갖추어 존경을 받는 훌륭한 인물이라는 말인데, 여기서는 주발과 장상여를 지칭하는 말이다.

5 임금……늘어섰네 : 임금 곁에 꼭 필요한 충신은 없고, 숫자만 채우는 무능한 신하들이 많았다는 말이다. 구신(具臣)은 겨우 신하의 수효나 채울 뿐 큰 역량을 발휘하지 못하는 신하를 가리키는데,《논어》〈선진(先進)〉에 "중유와 염구는 구신이라고 할 수 있을 뿐이다.〔由與求也, 可謂具臣而已.〕"라는 말이 있다.

6 문을……절하였네 : 권력자에게 아첨함을 말한 것이다. 소문(掃門)은 남의 집 대문 앞을 쓴다는 말이다. 전한(前漢)의 위발(魏勃)이 제상(齊相)으로 있던 조참(曹參)을 만나려고 하였으나 뜻대로 되지 않자, 조참의 사인(舍人)의 대문 앞을 청소해 준 인연으로 조참을 만나, 그의 주선으로 내사(內史)에 임명된 고사가 있다.《史記 卷52 齊悼惠王世家》 배영진(拜佞塵)은 귀인의 수레에서 나는 먼지를 보고 절한다는 뜻으로, 권세 있는 사람에게 아첨함을 이르는 말이다. 진(晉)나라 때 반악(潘嶽)과 석숭(石崇)이 가밀(賈謐)에게 아첨하여, 그가 출타할 때마다 수레바퀴에서 이는 먼지에 절을 하였다고 한다.《晉書 卷55 潘岳列傳》

온 세상이 사악하고 사나운 사람 칭송하자 匝海頌奸剽
아첨하는 무리들이 신나라[7]를 이루었네 群諂成僞新
달콤한 음식이 어찌 맛있지 않으랴마는 食甘豈不美
진한 술은 결국 사람 망친다네 醇醲終敗人

2

광무제[8]가 끊어진 기강 이으려 眞人紹絶綱
진작시켜 당대의 현인을 권면했네 激揚厲時喆
존귀한 천자의 자리 굽혀 屈此黃屋尊
저 엄광의 절개를 따랐네[9] 徇彼桐江節
처사들이 일어나 종횡으로 달리며 處士起橫騖
의를 부르짖어 기치를 높이 걸었네 倡義奮高揭

7 신(新)나라 : 위신(僞新)은 왕망(王莽)이 세운 신나라를 가리킨다. 사람들이 그 정통성을 인정하지 않고 거짓 신나라라는 의미로 위신이라 하였다.

8 광무제(光武帝) : 진인(眞人)은 천명을 받아 천하를 통일한 황제를 이르는 말이다. 《사기(史記)》 〈진시황본기(秦始皇本紀)〉에 "진시황이 '나는 진인을 사모한다.'라고 하며, 자신을 진인이라 하고 짐이라고 하지 않았다.〔始皇曰, 吾慕眞人, 自謂眞人, 不稱朕.〕"라는 내용이 보인다. 여기서는 한나라 광무제를 지칭한다. 그의 이름은 유수(劉秀)이며, 왕망(王莽)에게 찬탈당한 한(漢)나라를 재건하였다.

9 존귀한……따랐네 : 광무제가 엄광(嚴光)의 절개를 인정했다는 말이다. 황옥(黃屋)은 노란 비단으로 덮개를 한 천자의 수레를 말한 것으로, 천자를 가리키는 말로 전용하였다. 동강(桐江)은 후한 때 동강에서 낚시질하며 은거하였던 엄광을 가리킨다. 엄광은 한나라를 중흥한 광무제와 같이 공부했던 친구이다. 광무제가 즉위하여 엄광을 간의대부(諫議大夫)에 제수하였으나, 사양하고 부춘산(富春山)에 은거하여 동강에서 낚시질하며 세상에 나오지 않았다. 《後漢書 卷113 嚴光列傳》 광무제가 엄광의 절개를 따랐다는 것은 세상에 나오지 않고 은거하며 사는 엄광을 탓하지 않았다는 뜻이다.

자황으로 인물평 고치니[10] 雌黃改月評
생사[11]가 말에 의해 달라졌네 霜露變頰舌
조정은 위항으로 옮겨져[12] 朝廷移委巷
나라의 운명[13] 실낱같이 위태했지 九鼎係絲髮
드디어 간악한 내시들로 하여금 遂令奸閹徒
곁눈질하며 나라 망하기를 기다리게 했네 側目待癰決

10 자황(雌黃)으로 인물평 고치니 : 사람에 대한 평가가 바뀌는 것을 의미한다. 자황은 진(晉)나라 손성(孫盛)의 《진양추(晉陽秋)》에 "왕연(王衍)은 말을 잘하였는데, 자기 마음에 들지 않으면 사실과 다르게 고쳐 말했기 때문에, 당시 사람들이 구중자황(口中雌黃)이라 하였다."라는 고사에 보이는 말이다. 《文選 卷28 廣絶交論》 옛날에는 누런 종이에 글을 써서 잘못된 곳이 있으면, 자황을 칠하여 지우고 다시 그 위에 썼다. 그래서 자황은 자구(字句)의 첨삭(添削)을 뜻하는 말로 쓰이며, 자기 마음대로 남을 비판하는 것을 신구자황(信口雌黃)이라 한다. 월평(月評)은 월단평(月旦評)으로, 인물을 평가하는 것을 말한다. 한나라 때 허소(許劭)가 향당의 인물을 논핵하기를 좋아하여 매월 초에 인물을 다시 품평하였으므로, 여남(汝南) 사람들이 이를 두고 월단평이라고 하였다. 《後漢書 卷68 許劭列傳》

11 생사 : 상로(霜露)는 우로(雨露)와 상설(霜雪)의 줄임말이다. 봄이면 만물이 우로를 받아 생육하고, 가을이면 상설이 추위를 떨쳐 만물을 숙살(肅殺)하므로, 은택과 책벌(責罰), 또는 살고 죽는 의미로 사용되었다.

12 조정은 위항(委巷)으로 옮겨져 : 후한(後漢)의 장양(張讓)과 단규(段珪)를 비롯한 환관들이 당시 황제인 소제(少帝)와 진류왕(陳留王)을 데리고 곡문(穀門)으로 나가 도망하였으나, 장양 등이 황하에 빠져 죽자, 소제가 말을 타고 낙사(洛舍)로부터 남쪽으로 간 사실을 말한다. 소제는 북망산 아래에서 동탁(董卓)을 만나 환궁한 뒤, 동탁에 의하여 폐위되고 홍농왕(弘農王)으로 강등되었다가 죽었다.

13 나라의 운명 : 구정(九鼎)은 하우씨(夏禹氏)가 구주(九州)의 쇠붙이를 모아 주조한 것을 말하는데, 하(夏), 은(殷), 주(周) 시대를 전해 내려오면서 천하를 차지한 제왕, 혹은 왕조의 정통성을 상징하는 보배로 여겨 왔다. 《史記 卷12 孝武本紀》

슬프다 북문의 옥[14]이여 嗟哉北門獄
맹렬한 벼락에 원통한 피를 뿌렸네 急霆灑冤血
큰 불이 곤강 태우니[15] 大火爇崑崗
뜨거운 재는 나라 망하고야 없어졌지 炎燼暮隨滅
날카로운 칼이 어찌 강하지 않으랴마는 利劍豈不剛
너무 날카로우면 부러짐을 조심해야지 太銳愼中折

3

진나라가 천하를 차지하니[16] 金行掇神器
남긴 공적 낭고에서 시작됐지[17] 貽積由狼顧

14 북문(北門)의 옥 : 북문옥(北門獄)은 당고(黨錮)의 화로, 후한 영제(靈帝) 때 환관들의 전횡을 막기 위해, 진번(陳蕃)과 이응(李膺) 등이 대장군 두무(竇武)와 함께 환관을 모살(謀殺)하려다가 실패한 사건이다. 이 사건으로 인하여 진번과 이응 등 100여 명이 피살되었고, 700여 명이 사형, 유배, 구금되었다. 《後漢書 卷67 黨錮列傳》

15 큰……태우니 : 곤강(崑岡)은 중국의 곤륜산(崑崙山)이다. 《서경》 〈윤정(胤征)〉에 "불이 곤강을 태우면 옥과 돌이 모두 탄다.〔火炎崑岡, 玉石俱焚.〕"라고 하였는데, 이는 어떤 큰 환란을 만나면 사람의 선악을 가리지 않고 모두 피해를 당한다는 뜻이다. 여기서는 북문(北門)의 옥으로 많은 인재들이 죽은 것을 말한다.

16 진(晉)나라가 천하를 차지하니 : 사마염(司馬炎, 236~290)이 진(晉)나라를 세웠다는 말이다. 금행(金行)은 오행 가운데 금을 말하는데, 사마염의 진나라는 금덕(金德)으로 일어났다고 한다. 사마염은 삼국의 하나인 위(魏)나라 원제(元帝)의 선양을 받아, 낙양에 도읍을 정하고 진나라를 세웠다.

17 남긴……시작됐지 : 진(晉)나라 개국이 사마의(司馬懿)에서부터 발단되었다는 말이다. 사마의는 진나라 초대 황제 사마염(司馬炎)의 조부이다. 낭고(狼顧)는 몸은 앞을 향하면서 이리처럼 고개만 돌려 뒤를 보는 것을 뜻하는 말인데, 사마의가 그런 상(相)을 지녔다고 한다. 《진서(晉書)》 권1 〈선제기(宣帝紀)〉에 "위 무제가 영웅호걸의

달은 날마다 줄어드는 것이며　桂枝日銷落
좀은 안에서 먹지 밖에서 먹지 않지　中蝎非外蠹
서로 대립하여[18] 진의 옛터를 주장하니　參商主晉墟
천도는 진실로 돌고 돈다네　天道諒回互
종횡으로 날뛰는 궁성의 군대와　縱橫魏闕兵
융족과 갈족이 어찌 너의 친구리오　戎羯豈汝故
궁궐은 쇠락하여 초야로 변하고　皇居墜草莽
종실은 고난에 빠졌네　宗籍淪風雨
중원이 마침내 전복되고　中州遂蕩覆
한 마리 말이 궁색하게 남으로 건너갔지[19]　一馬窘南渡

뜻이 있었는데, 사마의가 낭고의 상이라는 말을 듣고 증험해 보고 싶었다. 그리하여 사마의를 불러 앞으로 걸어가게 한 다음 뒤를 돌아보게 하였더니, 얼굴은 바로 뒤를 향하는데 몸은 움직이지 않았다. 일찍이 세 마리 말이 같은 구유에서 먹는 꿈을 꾸고 매우 언짢아하여, 태자 조비에게 '사마의는 남의 신하로 있을 사람이 아니다. 틀림없이 너의 가사에 관여할 것이다.' 하였다.〔魏武帝有雄豪志, 聞有狼顧相, 欲驗之. 乃召使前行, 令反顧, 面正向後而身不動. 又嘗夢三馬同食一槽, 甚惡焉, 因謂太子丕, 曰司馬懿非人臣也, 必預汝家事.〕"라는 말이 있다.

18 서로 대립하여 : 삼상(參商)은 삼성(參星)과 상성(商星)으로, 서로 대립하여 화목하지 못함을 뜻한다. 《춘추좌씨전》 소공(昭公) 원년(元年)에 "옛날 고신씨에게 두 아들이 있었는데, 큰 아들은 알백이고 작은 아들은 실침이다. 두 사람은 광림에서 살았는데, 서로 친목하지 못하여 날마다 싸웠다. 요 임금이 이를 좋지 않게 여기시고, 알백은 상구에 옮겨 별을 주관하게 하였는데, 상나라 사람이 여기에서 일어났기 때문에 이 별을 상성이라 하였다. 실침은 대하에 옮겨 삼성을 주장하게 하니, 당나라 사람이 여기에서 일어났다.〔昔, 高辛氏有二子, 伯曰閼伯, 季曰實沈. 居于曠林, 不相能也, 日尋干戈, 以相征討. 后帝不臧, 遷閼伯于商丘, 主辰, 商人是因, 故辰爲商星. 遷實沈于大夏, 主參, 唐人是因.〕"라는 말이 있다.

강직한 세마 강씨여	侃侃江洗馬
그대의 계책 훌륭하지 못했네[20]	爾計非至數

4

진왕이 뛰어난 지혜 발휘하여	秦王奮英才
우뚝 천하의 황제 되었네[21]	獨立帝天下
삽시간에 천하를 평정하고	指顧淸八極
병기를 돌려 천하를 쓸어버렸지	回鋒彗九野
강한 군대 머나먼 변방까지 진격하여	侃師獵月窟
정복한 땅을 종묘사직에 바쳤네	獻廟兼釁社
이름난 왕들로 궁궐을 호위하게 하였으니	環衛編名王

19 한 마리……건너갔지 : 사마예(司馬睿)가 동진을 세운 것을 말한다. 서진 말에 중원에 대란이 발생하여, 사마씨(司馬氏)의 다섯 친왕(親王)이 난리를 피해 강남(江南)으로 옮긴 뒤, 원제(元帝) 사마예가 동진을 세웠는데, 이 일을 두고 "다섯 필의 말이 장강을 건너가서 한 마리의 말이 용이 되었네.〔五馬遊渡江, 一馬化爲龍.〕"라는 동요가 유행했다고 한다.《晉書 卷28 五行志中》

20 강직한……못했네 : 강세마(江洗馬)는 진(晉)나라 태자세마 강통(江統)인데, 융적(戎狄)이 중화를 어지럽히니 마땅히 일찍이 그 근원을 끊어야 한다고 생각하여, 〈사융론(徙戎論)〉을 지어 융적을 중화에 두지 말고 그들의 옛 강토로 돌려보내 자기 강토에서 살게 해야 한다고 주장하였다.《通鑑節要 晉紀 孝惠皇帝九年》 강통의 〈사융론〉은 융적과의 화합을 도모하지 않고 융적은 불인(不仁)하다는 이민족에 대한 편견에 기초하고 있어서, 한족과 이민족의 모순을 더욱 격화시킬 수 있는 방책이었다. 이후 서진은 망하여 강남지방으로 쫓겨나 동진을 세우고, 오호십육국(五胡十六國) 시대가 전개된다.

21 진왕(秦王)이……되었네 : 당나라 태종 이세민(李世民, 600~649)이 황제가 되었음을 말한다. 진왕은 당 태종이 즉위하기 전의 봉호(封號)이다.

진의 절도사가 어찌 거짓을 실제라 하였으랴	鎭節胡實假
천보[22] 말년에 이르러	及乎天寶末
번방의 우두머리 중국의 반을 차지했지	酋藩半諸夏
변방 오랑캐가 추악한 무리 선동하여	雜種煽遺腥
왕위가 역참의 객사에서 끝났어라[23]	神器終傳舍
훌륭하다 《춘추》의 필법이여	至哉麟經筆
음탕한 음악이 아악 어지럽힘을 경계하였네	哇聲戒亂雅

22 천보(天寶) : 당나라 현종(玄宗) 때 742년부터 756년까지 사용한 연호이다.

23 왕위가……끝났어라 : 756년에 현종이 마외역(馬嵬驛)에서 장사(將士)들의 분노를 달래기 위하여 양귀비(楊貴妃)를 죽이고, 숙종에게 왕위를 물려 준 일을 말한다.

치아와 백발 노래

齒髮吟

터럭은 세어 이미 시든 풀 같고	白如已衰草
이는 흔들려 금방 떨어질 나뭇잎 같다	危如將落葉
불행한 인생 늙은 몸뚱이 되어	蹉跎老形具
늘그막이 빨리도 찾아왔다	迫此暮景急
지난날 생각하니 이갈이 할 때에[24]	憶昔毁齒齡
더벅머리가 눈을 가렸지	髧髮垂映睫
어느덧 곱던 모습 사라지고	轉眄失姸好
문득 거울도 족집게도 팽개쳤네	忽欲廢鏡鑷
비유하면 저 길가는 사람이	譬彼征行人
끝없이 산 넘고 물 건넘과 같아라	悠悠跋還涉
어찌 오랜 세월 겪었음을 알랴	寧知所歷遠
갑자기 만년[25] 되었어라	遽覺濛汜及
지난날 안다까울 것 없어라	往日不可惜
오는 해가 끝없이 이어지느니	來年浩相接
산을 내려오는 빠른 수레 있지만	下山有迅軌
물을 거슬러 오르는 좋은 배는 없구나	上水無利楫

24 이갈이 할 때에 : 훼치(毁齒)는 젖니가 빠지는 7, 8세쯤을 이르는 말이다.

25 만년(晩年) : 몽사(濛汜)는 해가 넘어가는 곳을 말한다. 장형(張衡)의 〈서경부(西京賦)〉에 "해가 부상(扶桑)에서 떠올라 몽사로 넘어간다."라는 말이 있다. 여기서는 인생의 만년을 이르는 말로 쓰였다.

변하여 조화의 기미를 타더라도	委蛻乘化機
청춘을 어찌 오래도록 유지하랴	繁華詎長執
칠 척 몸뚱이 함부로 사사롭게 하여	七尺妄自私
애써 세상에 화합하는 신세 되었네	骨肉强因合
법도를 따라 시대의 쓰임에 순응하고	遵途順時用
달관하여 남은 눈물 면하리라	達觀免餘泣
마음을 가라앉혀 득실에 맞게 하나니	冥心契得喪
이것이 내가 안락하게 사는 법이라네	是吾安樂法

무진년(1628, 인조6) 정월 초하루 입춘일에

戊辰元日立春

봄 문턱에 들어서는 삼원일[26]	春入三元日
세상에 난 지 사십 년이네[27]	人開四十年
졸졸 흐르는 샘물은 여전히 눈 녹은 물인데	泉鳴猶雪水
매화 향기 바람과 안개 속에 진동한다	梅動已風煙
서쪽 변방에 전란 멈춰[28]	西塞休兵馬
남산에서 임금의 주연이 열렸네	南山捧御筵
임금님 거둥길에 술동이 마련했으니[29]	衢尊近黃道
흠뻑 취해 태평천하 만끽하네	醉向太平天

26 봄……삼원일(三元日) : 삼원일은 연(年), 월(月), 일(日)의 시작인 정월 초하루를 말한다. 무진년의 입춘이 정월 초하루와 겹쳤기 때문에 이렇게 읊은 것이다.

27 세상에……년이네 : 이민구는 1589년(선조22)에 태어났으므로, 1628년(인조6) 무진년에 40세였다.

28 서쪽……멈춰 : 1627년 발생한 정묘호란(丁卯胡亂)이 끝났음을 말한다.

29 임금님……마련했으니 : 구준(衢尊)은 누구나 마실 수 있도록 길거리에 마련해 놓은 술동이를 말하는데, 임금의 어진 정사를 이르는 전고(典故)로 사용된다. 황도(黃道)는 임금이 거둥할 때 다니는 길이다.

금강연우석별지도에 추가하여 쓰다

追題錦江煙雨惜別之圖

돌아오는 뱃길 드넓게 펼쳐져	歸來川路浩漫漫
조각배 강물 타고 푸른 물결 가르네	一葦乘流破碧瀾
태수의 깃발이 강가로 나오자	太守干旌江上出
미인이 거문고를 좌중에서 타는구나	佳人琴瑟座中彈
웅진 옛 나루에 흰 안개 덮였고	熊津古渡含煙白
백제 외로운 성에 찬 비 내린다	百濟孤城帶雨寒
도성 고향이야 보이지 않지만	日下鄉關望不見
구름 떠가는 서북쪽이 서울이지	浮雲西北是長安

게으름에 젖다

習懶

게으름에 젖어 늘 힘이 없다며	習懶尋常道力微
침상과 의자에 스스로 의지하네	匡床隱几自相依
까마귀가 잔설 살피며 고목에 날아들고	鴉翻古木窺殘雪
새들은 석양 다투며 찬 가지에 모인다	鳥聚寒枝競落暉
늘그막엔 문장도 조용한 일 아니고	老去文章非靜業
병 앓는 몸에 술은 해롭지	病中盃勺是危機
세로에서 몸 빼내기 참으로 어려우니	抽身世路眞難便
봄 산에 자라는 나물 그냥 둘 수밖에	一任春山長蕨薇

담양 부사 이윤우[30]를 전송하다

送李潭陽潤雨

자주색 인끈 차고 관직에 나가는 날	紫綬當官日
청위에서 막 승진한 때라네[31]	青闈進秩初
칭송은 군주의 성스러움에 돌리고	稱遭歸主聖
말은 조정이 비게 됨을 안타까워하네	語重惜朝虛
병든 몸이라 조리할 것을 생각하니	病自思調閤
영예로 여김은 숙직 싫어서가 아니라네	榮非厭直廬
임금이 특히 사랑하여 큰 고을 맡겼으니	偏私隆郡寄
꿈에서도 도성 맴돌겠지[32]	懸夢遶辰居
임금은 남은 부석[33] 하사하시고	內賜餘鳧舃

30 이윤우(李潤雨) : 1569~1634. 본관은 광주(廣州), 자는 무백(茂伯), 호는 석담(石潭)이다. 1628년(인조6) 2월에 담양 부사(潭陽府使)에 임명되었다.《東溟集 卷8 通政大夫工曹參議知製教李公墓誌銘 幷序》

31 청위(青闈)에서……때라네 : 청위는 세자궁을 뜻한다. 김세렴(金世濂, 1593~1646)의 《동명집(東溟集)》 권8에 수록된 〈통정대부공조참의지제교이공묘지명(通政大夫工曹參議知製教李公墓誌銘)〉을 살펴보면 "무진년 봄에 보덕에서 품계가 올라 절충이 되었으니, 세자의 가례를 지냈기 때문이다. 담양 부사로 나갔다.〔戊辰春, 由輔德進階折衝, 以經世子嘉禮也. 出補潭陽府使.〕"라는 기록이 보인다. 이로 보아 이윤우가 세자시강원에서 세자의 교육을 담당하다가 승진하였음을 알 수 있다.

32 꿈에서도 도성 맴돌겠지 : 꿈에서도 임금을 그리워할 것이라는 말이다. 신거(辰居)는 《논어》 〈위정(爲政)〉의 "북극성이 자리를 잡고 있음에 뭇별들이 그에게로 향한다.〔北辰居其所, 而衆星共之.〕"라는 말에서 나온 것으로, 황제가 거하는 도성이나 궁궐을 가리킨다.

고을에서는 새매 깃발 그리네[34]	州圖借隼旟
금성산성이 철마봉에 임해 있듯이[35]	金城臨鐵馬
지방 관원[36]이 중앙 관원[37]보다 나을 수 있네	銅印壓銀魚
풍속 어루만져 마땅히 칼을 없애야 하나니	撫俗宜銷劍
노니는 장정은 본래 김매지 않는다네[38]	游丁本廢鉏
성대한 은혜에 보답하는 길은	只應酬盛渥

33 부석(鳧舃) : 오리 신발이라는 말인데, 여기서는 이윤우를 담양 부사에 임명한 것을 가리킨다. 후한(後漢)의 왕교(王喬)가 섭 현령(葉縣令)으로 있으면서 매월 삭망(朔望) 때마다 수레도 타지 않고 먼 길을 와서 조회에 참석하였다. 그것을 괴이하게 여긴 임금이 내막을 알아보게 하니, 그가 올 때마다 오리 두 마리가 동남쪽에서 날아왔다. 그물을 쳐서 그 오리를 잡아놓고 보니, 바로 왕교의 신이더라는 고사에서 온 말이다. 《後漢書 卷112上 方術列傳 王喬》

34 고을에서는……그리네 : 담양에서 새로 부임하는 이윤우를 맞이하기 위해 준비한다는 말이다. 준여(隼旟)는 주군(州郡)의 장관이 머무는 곳에 세우는 깃발이다.

35 금성산성이……있듯이 : 금성산성은 전라남도 담양군 금성면의 금성산에 있는데, 이 산의 주봉이 철마봉이다.

36 지방 관원 : 동인(銅印)은 지방 관원이 차는 동호부(銅虎符)를 말한다.

37 중앙 관원 : 은어(銀魚)는 은어대(銀魚袋)의 약칭인데, 은으로 만든 물고기 모양의 패식(佩飾)이다. 당(唐)나라 때 5품 이상의 관리가 궁궐에 출입할 때 이것을 신표(信標)로 사용하였다. 《두시비해(杜詩批解)》 권22 〈백학사모옥(柏學士茅屋)〉에 "푸른 산의 학사가 은어를 태워 버리고, 흰말 타고 달려와 바위 밑에 사는구나.〔碧山學士焚銀魚, 白馬却走身巖居.〕"라는 말이 보인다.

38 풍속……않는다네 : 이윤우가 담양 부사로 부임하여 선정(善政)을 행하기 바란다는 말이다. 소검(銷劍)은 칼을 녹여 없앴다는 말인데, 한 선제(漢宣帝) 때 발해 태수(渤海太守) 공수(龔遂)가 도둑들에게 말하기를 "너희가 큰 칼을 팔아 소를 사고, 작은 칼을 팔아 송아지를 사서 농사를 지어라. 왜 소와 송아지를 몸에 차고 다니느냐."라고 했던 고사를 인용한 것이다. 《漢書 卷89 龔遂傳》 유정(游丁)은 유랑하는 장정으로, 군적(軍籍)에 들지 않은 사람을 말한다.

결국 황폐한 농토를 관리함에 있다네 終在理荒畬
호남에서는 유고의 노래 들릴 테고[39] 湖甸聞襦袴
한림원[40]에서는 간하던 글 생각하겠네 鑾坡想諫書
돌아오려면 오이가 몇 번 익어야 하나[41] 旋期瓜幾熟
이별하며 조금 핀 버들을 주노라[42] 離贈柳微舒
예부터 사이좋은 지기였기에 舊好唯知己
청아한 말로 늘 나를 일깨웠지 淸言每起余
주제넘게 손초의 막부에 같이 있게 되어[43] 謬同孫楚幕

39 호남에서는……테고 : 이윤우가 선정을 베풀어 지역의 백성들이 송축하는 노래를 부를 것이라는 말이다. 유고(襦袴)는 백성들이 어진 정사에 감복하여 부르는 송가(頌歌)라는 뜻이다. 동한(東漢)의 염범(廉范)이 촉군 태수(蜀郡太守)로 부임하여, 금화(禁火)와 야간 통행금지 등 옛 법규를 개혁하여 주민 편의 위주의 정사를 펼치자, 백성들이 "우리 염숙도여, 왜 이리 늦게 오셨는가. 불을 금하지 않으시어 백성이 편케 되었나니, 평생 속옷도 없다가 지금은 바지가 다섯 벌이라네.〔廉叔度, 來何暮. 不禁火, 民安作, 平生無襦, 今五袴.〕"라고 노래하였다고 한다.《後漢書 卷31 廉范列傳》

40 한림원(翰林院) : 난파(鑾坡)는 한림원을 가리킨다. 당(唐)나라 한림학사(翰林學士)들이 금란전(金鑾殿)에 있었으므로 이렇게 부른다.

41 돌아오려면……하나 : 이윤우가 임기를 다 채우고 돌아오는 때가 언제냐는 말이다. 관원의 임기가 차는 것을 과만(瓜滿)이라고 하므로 이렇게 읊은 것이다.

42 이별하며……주노라 : 전별함을 말한다. 한(漢)나라 사람들이 헤어질 때에는 장안(長安) 동쪽 패교(覇橋)에 와서 버들가지를 꺾어 작별 선물로 주곤 하였으므로, 버들가지가 증별(贈別) 혹은 송별의 비유로 쓰이게 되었다.《三輔黃圖 卷6 橋》

43 주제넘게……되어 : 손초(孫楚)는 진(晉)나라 사람으로, 자가 자형(子荊)인데, 석포(石苞)의 휘하에서 참군(參軍)으로 있으면서 공을 많이 세웠다. 두보(杜甫)의 〈증좌복야정국공엄공무(贈左僕射鄭國公嚴公武)〉에 "비서로는 하손이요, 작전 참모는 자형이다.〔記室得何遜, 韜鈐延子荊.〕"라는 구절이 있다. 이윤우의《석담집(石潭集)》〈석담선생연보(石潭先生年譜)〉에 의하면, 이윤우는 56세(1624, 인조2)에 함경도 선유어

나란히 수레 왼쪽에 앉았네[44]	許竝左沖輿
먼 길 떠나는데 어찌 쉬 이별할까	遠道那輕別
깊은 정에 탄식만 나오누나	深心却累歔
봄기운 무르익은 백제 땅	春濃百濟國
드넓은 대방[45]의 옛 터이지	地闊帶方墟
한강가의 나무들 맑게 서로 이어졌고	漢樹晴相引
강가의 매화는 떨어져 성글구나	江梅落已疏
부슬부슬 하늘 가득 비 내리는데	霏霏滿天雨
온통 가는 수레를 따르고 싶네	渾欲趁征車

담양부 금성산성에 철마봉이 있다.

사(宣諭御使)로 임명되었는데, 이때 이민구와 함께 장만(張晩)의 막하에 있었던 것으로 보인다.

44 나란히……앉았네 : 현자(賢者)로 대우 받았다는 말이다. 좌충여(左沖轝)는 현자를 앉게 하려고 수레의 왼쪽 자리를 비워둔다는 말이다. 전국 시대 위(魏)나라 은사(隱士) 후영(侯嬴)이 나이 일흔에도 집이 가난하여 대량(大梁) 이문(夷門)의 문지기 노릇을 하면서 세상에 숨어 살았는데, 신릉군(信陵君)이 예(禮)를 갖추어 그를 맞이하며 사람들을 많이 모아놓은 뒤 수레의 왼쪽 자리에 그를 태우고 가서 상객(上客)으로 대우한 고사가 있다.《史記 卷77 信陵君列傳》

45 대방(帶方) : 전라북도 남원시의 옛 이름이다. 담양은 전라남도에 속하지만 남원과는 가까운 거리에 있다. 옛날에는 담양이 대방에 속해 있었던 듯하다.

고의

古意

부추 자를 때 뿌리 상하게 말고 刈韭莫傷根
오이 먹을 때 씨 남겨야지 食瓜且留子
올해도 참 맛났지만 今年固自佳
내년은 더 맛나겠지 來歲尤當美

2
옷에 앉은 먼지 털지 말고 莫揚衣上塵
신에 묻은 흙을 씻지 말라 莫洗履前土
흙이 없으면 신 뚫리고 無土履則穿
먼지 없으면 옷 낡나니 無塵衣則故

순천 부사 강대수[46]를 전송하다

送姜順天大遂

봄날 도성의 벼슬살이 참 무료한데	春城官況正無憀
도처에 흐드러진 꽃들 쓸쓸함 부추긴다	着處繁華惱寂寥
또 눈에 어리는 이의 부임을 전송하니	又送眼中人作郡
하늘 밖 조수가 드나드는 바닷가라지	只聞天外海通潮
석류꽃 흩날리는 영선각과	榴花小雨迎仙閣
귤 향기 은은한 연자교도 있다네[47]	橘樹微香燕子橋
슬프다 왕손이 옛적 노닐던 곳[48]	怊悵王孫舊遊地
지금은 아득히 풀만 무성하리	至今芳草綠迢迢

46 강대수(姜大遂) : 1591~1658. 본관은 진주(晉州), 자는 면재(勉哉)·학안(學顔), 호는 추간(秋磵)·한사(寒沙)이다. 허목(許穆)의 《기언별집(記言別集)》 권24에 수록된 〈승정원우승지강공묘갈명(承政院右承旨姜公墓碣銘)〉에 "무진년(1628, 인조6)에 순천으로 나갔다.〔戊辰, 出順天.〕"라는 내용이 있으므로, 강대수가 순천 부사로 나간 것은 1628년의 일로 보인다.

47 석류꽃……있다네 : 순천의 명승지를 읊은 것이다. 영선각(迎仙閣)의 위치는 정확하지 않으나, 이수광(李睟光, 1563~1628)의 《지봉집(芝峯集)》 권18 〈승평록(昇平錄)〉의 주에 "승평은 순천의 다른 이름이다.〔昇平, 順天別名.〕"라는 설명이 있고, 같은 곳에 〈영선각(迎仙閣)〉이라는 시가 수록되어 있다. 또 정필달(鄭必達, 1611~1693)의 《팔송집(八松集)》 권1 〈송이대옥지임승평부(送李大玉之任昇平府)〉의 주에 "이수 삼산과 손죽도, 조계산, 송광사, 북공당, 영선각은 모두 순천부에 있다.〔二水三山, 損竹島曹溪山松廣寺拱北堂迎仙閣, 皆在順天府.〕"라고 하였으므로, 영선각이 순천에 있었음을 알 수 있다. 연자교(燕子橋)는 순천 남문 밖에 있던 다리이다.

48 왕손(王孫)이……곳 : 이민구의 아버지 이수광이 1616년(광해8)부터 1619년까지 순천 부사로 있었던 것을 말한다. 이민구는 태종의 7세손이다.

사천장에서 도잠의 운자를 이용해 이자릉을 위해 짓다[49]

斜川莊 用陶韻 爲李子陵賦

내 보니 진 징사[50]는	吾觀晉徵士
일찍이 참다운 쉼[51] 알았지	早悟得眞休
광달한 운치 그윽한 승경에 부쳤으니	曠韻寄幽勝
곧 냇가의 놀이에 부합하네[52]	乃契川上游
자릉이 멀리 사모하는 마음 일어나	子陵起遐慕
지은 집이 물가에 있네[53]	發興在臨流

49 사천장(斜川莊)에서……짓다 : 사천은 경기도 양평군 옥천군 용천리에 있는 내의 이름인데, 이경엄(李景儼, 1579~1652)이 이곳에 집을 짓고 사천장이라 하였다. 자릉(子陵)은 연릉부원군(延陵府院君) 이호민(李好閔)의 아들로, 연천군(延川君)에 봉해진 이경엄을 가리킨다. 그의 본관은 연안(延安), 자는 자릉, 호는 현기(玄磯)이다. 도잠(陶潛)이 사천에서 놀면서 지은 〈유사천(遊斜川)〉이라는 시가 전해오는데, 이경엄의 사천장과 지명이 같기 때문에 도잠 시의 운자를 사용하여 지은 것이다.

50 진 징사(晉徵士) : 동진의 도잠을 가리킨다. 징사는 학식과 덕행이 뛰어난 은자가 천거되어 조정에 나오는 것을 의미한다.

51 참다운 쉼 : 진휴(眞休)는 진정한 퇴휴(退休)라는 뜻으로, 소식(蘇軾)의 〈차운자유서왕진경화산수이진경화 이수(次韻子由書王晉卿畫山水而晉卿和二首)〉에 "눈앞에 보인 이 경계는 망상을 도울 뿐이니, 몇 사람이나 숲속의 진정한 퇴휴자일까.〔此境眼前聊妄想, 幾人林下是眞休.〕"라고 한 데서 유래하였다.

52 냇가의 놀이에 부합하네 : 도잠이 사천에서 유람한 것이 공자가 흐르는 물을 보고 도체(道體)의 본연(本然)과 같음을 감탄했던 뜻과 맞는다고 읊은 것이다. 공자가 일찍이 냇가에서 이르기를 "흘러가는 것이 이러하구나, 밤낮을 쉬지 않는구나.〔逝者如斯夫, 不舍晝夜.〕"라고 하였다. 《論語 子罕》

53 자릉(子陵)이……있네 : 이경엄이 도잠의 〈유사천〉을 동경하여 사천장을 물가에

흡족한 마음을 만나는 것에 맡겼으니	愜情任所遭
물결 따라 떠 있는 갈매기 같아라	汎若隨波鷗
거문고 연주와 시 읊기를 삼경에서 하니[54]	絃歌爲三徑
거처가 한 언덕에 의지했구나	居止依一丘
우거진 송추[55]의 아래	翳然松楸下
외진 곳이라 오는 벗도 드물어라	地僻罕朋儔
어찌 마을에 술이 없으랴	豈無社中酒
기꺼이 시골 노인과 수작하네	樂與村翁酬
아련하다 선배의 뜻	悠哉先達意
또한 지금 사람 같았던가	亦如今人不
고작 두어 두락 밭이 있어	有田只二頃
홍수와 가뭄이 근심일 뿐	水旱唯我憂
천지 사이에서 살아가며	俛仰天壤間
삶 마치도록 다시 무엇을 구하랴	卒歲復焉求

지었다는 말이다.

54 거문고……하니 : 이경엄의 사천장이 은거지로 좋다는 의미이다. 삼경(三徑)은 세 오솔길로 은자의 거처를 말한다. 한(漢)나라 장후(蔣詡)는 자가 원경(元卿)인데, 왕망(王莽)이 집권하자 벼슬에서 물러나 향리인 두릉(杜陵)에 은거하였다. 그 뒤로 집의 대밭 아래에 세 개의 오솔길을 내고, 벗 구중(求仲)과 양중(羊仲) 두 사람하고만 교유하였다. 《蒙求 蔣詡三逕》

55 송추(松楸) : 주로 무덤가에 심는 나무로, 선영(先塋)을 의미하는 말이다.

석채일에 입으로 읊다
釋菜日 口占

엄숙한 사당 새벽녘에	肅肅宮墻曙
유생과 주자들 가득하다[56]	青衿冑子盈
영원히 제사 모시니	千秋奉俎豆
천하에 교화와 문명을 지극히 펼치셨네[57]	環海極聲明
벽에 보관한 경서 살펴보지 않고서	未暇窺藏壁
부질없이 전영이 증험된 것만 안다면[58]	空知驗奠楹

56 유생(儒生)과 주자(冑子)들 가득하다 : 석채를 행하기 위해 문묘에 모인 사람들이 많다는 말이다. 청금(青衿)은 유생을 일컫는 말로, 《시경》〈자금(子衿)〉에 "푸르고 푸른 그대의 옷깃이여〔青青子衿〕"라는 표현이 보인다. 주자는 임금이나 경대부의 맏아들을 이르는데, 전하여 널리 국자학생(國子學生)의 뜻으로 쓰인다.

57 천하에……펼치셨네 : 문묘에 배향된 선현들의 교화가 세상에 널리 행해졌음을 의미한다. 성명(聲明)의 성은 석(錫), 난(鸞), 화(和), 영(鈴) 등의 방울소리를 가리키고, 명은 해와 달과 별 등을 깃발에 그려 하늘의 밝은 것을 상징한 것으로, 거식(車飾), 의장(儀仗) 등의 제도를 뜻한다. 《春秋左氏傳 桓公2年》

58 벽에……안다면 : 경학을 익히지 않고 공자만 높인다면 의미가 없다는 말이다. 장벽(藏壁)은 벽서(壁書)로, 진 시황(秦始皇)이 서적을 불태우는 것을 염려하여, 공자의 옛집 벽 속에 넣어 두었던 경서를 가리킨다. 공등(孔騰)의 자는 자양(子襄)인데, 진(秦)나라 법이 엄함을 염려하여, 《서경》, 《효경(孝經)》, 《논어》를 공자가 살던 옛집 벽 속에 넣어 두었다. 《孔子家語》 이것을 한 문제(漢文帝) 때에, 노 공왕(魯恭王)이 공자의 옛집을 헐다가 찾아낸 일이 있다. 전영(奠楹)은 공자가 두 기둥 사이에 앉아서 제사를 받는 꿈을 꾸었는데, 이를 통해 자신의 죽음을 예지하고는 와병 7일 만에 세상을 떠났다는 고사를 가리킨다. 《禮記 檀弓上》

우리 도는 후학에게 부끄러울 터	斯文慙後死
백발노인 옛 경서 배우던 사람이네	白首舊經生

강가에서 술에 취해 읊어서 호남 방백으로 가는 형님[59]과 이별하다

江上醉占 奉別伯氏湖南方伯之行

긴 강물 끊임없이 눈에 들어오는데	長川脈脈眼中來
비바람은 무슨 맘으로 저물녘 재촉하나	風雨何心向暮催
강 위의 외로운 배 참으로 떠나가면	江上孤舟眞自去
성 모퉁이 두 말은 함께 돌아가지 못하리	城隅竝馬不成回
정회 일어 지는 해에 삼첩 노래하며	關情落景歌三疊
병든 몸으로 맑은 가을에 술 한 잔 기울이네[60]	扶病淸秋酒一杯
이별의 슬픔으로 해 다하도록 언짢을 터	已辦別懷終歲惡
자형화는 내일부터 피지 않겠네[61]	紫荊明日且禁開

59 호남(湖南)……형님 : 이민구의 형은 이성구(李聖求, 1584~1644)이다. 《승정원일기》 인조 6년 7월 16일 기사에 이성구를 전라도 관찰사로 임명한다는 기록이 있다.

60 정회……기울이네 : 이별을 아쉬워하며 이별주를 나눈다는 말이다. 삼첩(三疊)은 대표적 이별시로 일컬어지는 〈양관삼첩(陽關三疊)〉을 염두에 둔 표현인데, 그 시에 "그대에게 권하노니 한 잔 술 더 기울이라. 서쪽으로 양관 나가면 친구 없다오.〔勸君更進一杯酒, 西出陽關無故人.〕"라고 하였다.

61 자형화(紫荊花)는……않겠네 : 형제간의 이별을 의미한다. 자형(紫荊)은 자형나무로, 남조(南朝) 때 전진(田眞) 형제 세 사람이 분가(分家)하려고 재산을 나누는데, 정원의 자형나무까지도 삼등분할 목적으로 쪼개려고 하자, 이튿날 자형나무가 말라 죽었다. 형제들이 크게 뉘우치고 분가를 철회하니, 자형나무가 다시 살아났다는 이야기가 양(梁)나라 오균(吳均)의 《속제해기(續齊諧記)》에 나온다. 자형나무의 꽃은 서로 뭉쳐 피므로, 형제에게 비유된다.

산골 마을

山村

오솔길 난 높은 숲 너머	細路高林外
고즈넉한 마을이 거친 물 서쪽에 있네	孤村亂水西
산골 울타리는 호랑이 굴 이웃하고	山籬隣虎穴
바람과 이슬 속에 닭 집들 보인다	風露見鷄棲
오래된 우물은 덤불에 묻혔고	古井埋榛草
새로 일군 밭은 찔레 덩굴로 에웠구나	新田護蒺藜
봄날 진창길에 말이 빠지지 않게 하려고	春泥防沒馬
허물어지는 언덕을 오르락내리락하노라	隤岸試高低

성문에서 새벽에 출발하다

城門曉發

높은 산등성에 지는 달빛 흐릿하게 남았고	高隅落月淡餘輝
짙은 이슬에 먼지 젖어 날리지 않는다	重露輕塵浥不飛
도성의 안개와 노을 봄 나무에 어우러지고	禁里煙霞春樹雜
성문의 수레와 말은 새벽 종소리에 드물구나	城門車馬曙鍾稀
세 변방의 격문 밤새도록 들어오니	三邊羽檄通宵入
군복 입은 상장군은 언제 돌아오려나	上將戎衣幾日歸
난세에 밭 구하는 게 못난 계책 아니니[62]	亂世求田非拙計
강남에서 옛 동산 고사리는 탈이 없다네	江南無恙故山薇

62 난세(亂世)에……아니니 : 세상의 중요한 일에 관심을 두지 않고, 일신(一身)의 안위만 생각하는 것도 나쁘지 않다는 말이다. 구전(求田)은 구전문사(求田問舍)의 줄임말이다. 허사(許汜)가 일찍이 유비(劉備)와 함께 이야기를 나누던 중, 자기가 한번은 진등(陳登)을 찾아갔더니, 진등이 손님 대접을 제대로 하지 않아서, 주인인 자신은 높은 와상(臥牀)으로 올라가 눕고, 손님인 자기는 아래 와상에 눕게 하더라고 말하였다. 유비가 말하기를 "그대는 국사의 명망을 지닌 사람으로, 지금 천하가 크게 어지러워져서 임금이 처소를 잃은 판이라, 그대에게 오직 나라를 걱정하고 자신을 잊어서 온 세상을 구제할 뜻이 있기를 바랐는데, 그대는 전답이나 살 집을 구하고 다닐 뿐, 아무런 채택할 만한 말이 없었으니, 원룡이 이것을 꺼렸던 것이다. 어찌 그대와 말할 가치가 있었겠는가. 나 같았으면 자신은 백척루 위로 올라가 눕고, 그대는 땅바닥에 눕게 했을 것이다. 어찌 와상을 위아래의 차이로만 하였겠는가.〔君有國士之名, 今天下大亂, 帝主失所, 望君憂國忘家, 有救世之意, 而君求田問舍, 言無可采, 是元龍所也, 何緣當與君語. 如小人, 欲臥百尺樓上, 臥君於地, 何但上下牀之間耶.〕"라고 했던 고사가 있다. 원룡은 진등의 자이다.《三國志 卷7 魏書 陳登傳》

산장에서

山莊

낮은 산자락에 하염없이 앉아 돌아가지 않았더니	短麓翛然坐不歸
거미줄이 제멋대로 봄옷에 감겼구나	蟲絲隨意繞春衣
시골 아이와 물가의 학은 때로 나란히 서고	村童水鶴時相竝
들판 절간과 숲 사립문은 본래 의지했네	野寺林扉本自依
늙은이 깊은 잠은 날씨 따뜻해져서고	老去昏眠因氣煖
깊은 산 약동하는 만물은 각각 천기를 따르네	山深飛動各天機
농부들이 괴롭게 가뭄을 이야기하니	農家苦說今年旱
둑 너머 논밭에 모낸 곳 드물다	隄外田疇種稻稀

임씨와 허씨의 팔백 언에 맞춰 짓다

次任許八百言

천도는 본래 평탄하고 원대한데	天道本夷遠
세상길은 어찌 이리 굴곡 심한가	世路何詰曲
사람이 엎어진 동이 속 같은 세상 살아가며	人行覆盎內
진면모를 펼치지 못하네	不得展眉目
미묘하게 뭇 사물 속에 섞였으니	眇然混群物
만 곡 속에 한 알 같은 존재라네[63]	一粒於萬斛
분주하게 사사로운 실리를 위한다면	紛紛爲私實
허물과 책망이 집채처럼 크다네	咎責大如屋
칠 척의 몸을 각자 보배로 여기니	七尺各自寶
은혜와 원망이 서로 재촉해 생겨나네	恩怨相迫督
밀치고 빼앗음이 날로 얽히고설키며	擠欱日纏糾
생사 따라 노래와 통곡이 갈마든다	生死遞歌哭
달인은 그윽이 관조하여	達人運冥觀
매사에 깊이 찡그리지 않나니	於事無深顣
때문에 남화 늙은이가	所以南華叟

63 미묘하게……존재라네 : 사람의 존재가 미묘함을 읊은 것이다. 참고로 범준(范浚)의 글에 "아득하고 아득한 하늘과 땅이여, 굽어보고 우러러봄에 끝이 없도다. 사람이 그 사이에 자그마하게 몸을 두었으니, 이 몸의 작음은 큰 창고의 낟알과 같도다.〔茫茫堪輿, 俯仰無垠. 人於其間, 渺然有身, 是身之微, 太倉稊米.〕"라는 내용이 있다.《香溪集 卷5 心箴》

산 나무로 우화 지었다네[64] 賞寓在山木
지붕 위의 까마귀[65]를 망각하고 忘懷屋上烏
해자에 빠진 사슴에 비유한다네[66] 寄喩隍中鹿
단맛 신맛 괴롭게도 같지 않음을 甘酸苦未齊
내 맛보아 조금 익숙하지[67] 染指吾差熟

64 때문에……지었다네 : 남화수(南華叟)는 장자(莊子)를 가리킨다. 남화는 장자의 별호이다. 《장자(莊子)》 〈산목(山木)〉에 산속의 큰 나무는 쓸모가 없어서 나무꾼이 베지 않고, 울지 못하는 거위는 쓸모가 없으므로 주인이 잡아 손님에게 대접하였다는 이야기가 나온다. 그 이야기에서 장자는 "나는 장차 쓸모있음과 쓸모없음의 중간에 머물 것이다. 쓸모있음과 쓸모없음의 사이는 이치에 비슷하면서도 사실은 그렇지 않으니, 그렇기 때문에 허물을 면하지 못한다. 만약 도덕에 의지하여 유유히 노닌다면 그렇게 되지 않는다.〔周將處材與不材之間, 材與不材之間, 似之而非也. 故未免乎累, 若夫乘道德而浮游則不然.〕"라고 말하였다. 이민구는 이 내용을 염두에 두고, 환난(患難)을 면하려면 자연과 시세(時勢)에 순응해야 함을 말하고 있는 것이다.

65 지붕 위의 까마귀 : 《상서대전(尙書大傳)》 〈대전(大戰)〉에 "어떤 사람을 좋아하면 지붕 위의 까마귀도 좋아지게 마련이고, 어떤 사람을 좋아하지 않으면 담벼락의 모서리도 미워지는 법이다.〔愛人者, 兼其屋上之烏, 不愛人者, 及其胥餘.〕"라는 말이 나온다. 여기서는 이 고사를 인용하여 애증(愛憎)이 너무 지나쳐서는 안 된다고 말한 것이다.

66 해자에……비유한다네 : 인생에서 얻고 잃음의 무상함을 비유한 것이다. 정(鄭)나라의 나무꾼이 사슴을 잡아서 구덩이를 파고 그 위에 파초 잎으로 가려두고 기뻐하다가, 이윽고 감추어 둔 장소를 잊고는 드디어 꿈이라고 여겼는데, 다른 사람이 그 말을 듣고 사슴을 찾아 가졌다는 고사에서 유래하였다. 《列子 周穆王》

67 단맛……익숙하지 : 세상의 많은 일을 경험하여 익숙히 안다는 말이다. 염지(染指)는 본래 분수 밖의 이익을 도모하는 행위를 가리킨다. 《춘추좌씨전》 선공(宣公) 4년 기사에 "초인(楚人)이 정 영공(鄭靈公)에게 자라를 드리자, 자공(子公)의 식지(食指)가 움직이니, 자공은 말하기를 '다른 날에 내가 손가락이 이러하면 반드시 진미(珍味)를 먹게 된다.'라고 하였다. 이윽고 영공이 대부(大夫)들에게 자라를 나누어 먹이면서 자공에게는 주지 아니하니, 자공은 노하여 솥에 손가락을 담가 맛보고 나갔다."라고

어찌 십 부의 영예를 구하랴[68] 寧要十部榮
만인의 축원도 바라지 않노라 不願萬人祝
영특한 호걸과 친구 맺어 結友得豪英
지극한 마음 나누면 진실로 만족하리라 至心良自足
처음에 허자장[69] 사귀었으니 始交許子將
겨울날이 차츰 온화하고 따뜻해질 때였네 冬日轉和燠
흉금을 열어 토로하면 도기가 이어지니 開襟接道氣
기쁘기가 맑은 폭포에서 씻은 듯하였지 快若洗晴瀑
가을에 뭇 열매 나란히 영글 때 方秋衆實駢
아름다운 곡식 중에 빼어난 것 같았고 穎爾秀嘉穀
무더위에 더워 죽겠다고 말할 때는 炎歊道暍死
깨끗한 눈으로 맑게 씻어 주는 것 같았지 瓊雪以淸沃
뜨거운 햇살에 강한에서 씻고 晞陽濯江漢
비 바라면 가랑비에 젖는 듯했네 望雨霑霢霂
은근하게 서늘함과 더위가 변해 가니 殷勤變涼暑

하였다. 그러나 여기서는 이 고사의 본래 의미와는 무관하게 세상의 많은 일을 경험했다는 의미로 사용되었다.

68 어찌……구하랴 : 훌륭한 관리가 되기를 바라지 않는다는 말로 보인다. 진(晉)나라 유홍(劉弘)이 형주 자사(荊州刺史)가 되어 매양 친필로 군국(郡國)에 내리는 글이 은근하고 간곡하여 모두 감격하지 않는 사람이 없었다. 모두들 말하기를 "유공의 한 장 글월을 얻는 것이 10명의 부종사보다도 낫다.〔得劉公一紙書, 賢於十部從事.〕"라고 하였다.《晉書 卷66 劉弘列傳》

69 허자장(許子將) : 미상이다. 내용으로 보아 이민구의 벗으로 보이는데, 고증할 수 없다.

간절한 가르침 아침저녁으로 반복했는데　誨切申昏旭
허물없이 갑작스레 귀양 가니　災謫忽無妄
곤궁한 거북이 뙤약볕에 놓인 것과 같았네　有類窮龜曝
열 식구 바닷가로 떨어져　十口落海澨
아침저녁 죽 먹기도 힘들었지　朝飧闕飦粥
그대는 자기 몸을 아끼지 않았지만　君非惜身軀
나는 사실 진심으로 측은하게 여겼지　我實隱心腹
육 년 만에 서울에서 만나니　六載會京輦
구사일생 도랑에 떨어짐 면했도다　九死免溝瀆
추위 걱정하여 옷 걸쳐 주고　憂寒攬衣被
야윈 몸 염려해 살갗 어루만져 주었지　念瘦撫肌肉
임시 거처 두 능 사이 외진 곳에 있어　僑居二陵僻
사냥하는 말늘 앞 다퉈 달려다녔네　獵騎競馳逐
때때로 북원의 농사를 살피고　時觀北原稼
다시 한밤중 촛불 돋았지　更翦中宵燭
뜰 담비에서 소찬을 경계하고[70]　庭貆戒素餐
베옷과 갖옷 입고도 주박을 경시했네[71]　布裘輕朱襮

70 뜰……경계하고 : 노력과 수고 없이 녹만 축내는 것을 경계한다는 말이다. 소찬(素餐)은 시위소찬(尸位素餐)과 같은 말로, 벼슬자리를 차지하고서 국록(國祿)만 축낸다는 뜻이다. 《시경》 〈벌단(伐檀)〉에 "수렵하지 않으면, 어찌 너의 뜰에 담비가 매여 있으리오. 저 군자여 공밥을 먹지 않도다.〔不狩不獵, 胡瞻爾庭有縣貆兮, 彼君子兮, 不素餐兮.〕"라는 말이 나온다.

71 베옷과……경시했네 : 베옷과 갖옷은 미천한 사람의 옷이고, 주박(朱襮)은 깃을 붉게 수놓은 제후의 옷을 가리키므로, 미천한 신분의 사람이 고귀한 신분의 사람을

누가 알랴 시골[72]의 미천한 사람이 誰知甽澮賤
도리어 고관대작 깔보는 줄을 反褻軒裳族
술잔을 농부들 사이에서 나누며 壺觴間農社
강우량 따라 모내기 현황 물었네[73] 水旱問穜稑
중간에 이주해 한강 가에서 살았으니 中移漢水居
당산의 집과 가까웠지 爲近唐山築
임공[74]은 본래 낚시를 좋아해 任公雅魚釣
별장에서 한가한 삶[75] 살았네 別業保薖軸
소 잡는 칼로 생선 손질할 수 없는 법[76] 牛刀倦割鮮
천리마 다리는 움츠린 것을 펴려 했네 驥足思展跼

경시했다는 의미이다.

72 시골 : 견회(甽澮)는 밭과 밭 사이에 있는 도랑이므로, 시골로 풀이하였다. 묘(畝) 사이에 있는 너비 1척, 깊이 1척의 도랑을 견(甽)이라 하고, 동(同) 사이에 있는 너비 두 길의 도랑을 회(澮)라 하였다. 참고로 정(井) 사이에 있는 너비 4척, 깊이 4척의 도랑은 구(溝), 성(成) 사이에 있는 너비 8척, 깊이 8척의 도랑은 혁(洫)이라 하였다. 《周禮 冬官 考工記 匠人》

73 강우량……물었네 : 수한(水旱)은 비가 많이 내리거나 적게 내림을 의미하고, 동륙(穜稑)은 늦벼와 올벼를 말한다. 모내기철에 적당한 비가 내리면 올벼를, 가뭄이 들면 늦벼를 심었기 때문에 이렇게 읊은 것이다.

74 임공(任公) : 미상이다. 내용으로 보아 이민구와 인척(姻戚) 관계에 있는 인물로 보이나 고증할 수 없다.

75 한가한 삶 : 과축(薖軸)은 《시경》 〈고반(考槃)〉의 석인지과(碩人之薖)의 과와 석인지축(碩人之軸)의 축을 합성한 말로 한가로이 지내는 모양이다.

76 소……법 : 뛰어난 재능을 가진 사람이 보잘것없는 일을 할 수는 없다는 말인데, 임공의 능력이 탁월했음을 말한 것이다. 참고로 《논어》 〈양화(陽貨)〉에 "닭 잡는데 어찌 소 잡는 칼을 쓰겠는가.〔割雞, 焉用牛刀.〕"라는 말이 있다.

자취가 뒤로 나는 물새 같아[77]	跡似退飛鶂
몸이 기꺼이 쏘는 사람의 표적이 되었네[78]	身甘射者鵠
나를 친한 벗이라 하여	謂余鷄壇故
수레와 삿갓으로 서로 권면했지[79]	車笠以相勖
출생한 뿌리가 같았고	況伊同自出
한 마을에 살아 의리와 친목 겸했네	里好兼義睦
우정과 친밀한 뜻	朋情與密意
좋은 소문이 아름답게 퍼졌네	芳問流嘉淑
지난번 대궐문 열려	昨者天門開
숨은 인재들 서둘러 나왔네[80]	幽隱發軔速
과장에 종장들 모여	文場集宗匠

77 자취가……같아 : 임공이 훌륭한 능력을 가지고 있었지만, 세상에 나가 능력을 제대로 발휘하거나 인정받지 못했다는 말이다. 역(鶂)은 익(鷁)과 같으며, 물새의 이름이다. 《춘추》 희공(僖公) 16년 기사에 "익조 여섯 마리가 바람에 떠밀려 뒤로 날아서 송나라 도읍을 지나갔다.〔六鷁退飛, 過宋都.〕"라는 말이 나온다.

78 몸이……되었네 : 임공이 다른 사람의 공격을 받았다는 의미로 보이는데, 임공의 생애를 파악할 수 없으므로 정확히 고증할 수 없다.

79 나를……권면했지 : 이민구와 임공이 친구가 되어 귀천을 따지지 않고 영원히 우정을 나누기로 했다는 말이다. 《운부군옥(韻府群玉)》 권4의 계단(鷄壇)에 대한 주에 "월나라 사람들이 친구를 사귈 때 단을 만들어서 흰 개와 붉은 닭으로 제사를 지내고, 맹세하여 말하기를 '그대가 만약 수레를 타고 내가 삿갓을 쓰더라도, 뒷날 서로 만나면 수레에서 내려 읍을 하고, 내가 만일 걸어가고 그대가 말을 타더라도, 뒷날 서로 만나면 말에서 마땅히 내려야 하리.' 한다.〔越人每相交, 作壇, 祭以白犬丹鷄, 盟曰, 卿若乘車我戴笠, 後日相逢下車揖, 我若步行君乘馬, 後日相逢馬當下.〕"라는 말이 나온다.

80 지난번……나왔네 : 과거가 시행되어 숨은 인재들이 관직에 나왔다는 말이다. 발인(發軔)은 처음 벼슬길에 나가는 것을 말한다.

맑은 눈으로 정밀히 감식했지만	精鑑回淸矚
현묘한 이치를 어려운 말로 지어내니[81]	玄機綿硬語
입을 다문 채 읽어 내지 못했네	箝口迷章讀
고작 버섯이나 거두어 쓸 뿐	徒收菌勃用
영지를 알아 찍어내지 못했네[82]	莫解芝參斸
큰 뜻은 발꿈치 잘려도 그치지 않아[83]	雄心刖未已
용기가 태산[84]을 차고자 하였네	勇欲東岱蹴
기약하여 장차 한 마리 누에 실로	期將獨繭絲
한 번에 여섯 신령한 거북을 잡으려 했지[85]	一取靈鼇六

81 현묘한……지어내니 : 과장(科場)에서 임공이 지은 글이 매우 까다로웠음을 의미한다. 경어(硬語)는 억센 말이라는 뜻으로, 한유(韓愈)의 글에 "허공을 가로질러 경어가 서리니, 안정된 힘이 오를 밀어낼 정도일세.〔橫空盤硬語, 妥帖力排奡.〕"라고 하였다. 《東雅堂韓昌黎集註 卷2 薦士》

82 고작……못했네 : 과거의 고시관(考試官)들이 임공과 같은 훌륭한 인재는 선발하지 않고, 평범한 인재들만 선발했다는 말이다.

83 큰……않아 : 임공이 과거에 합격하지 못했지만, 본래 품었던 큰 뜻을 포기하지 않았다는 말이다. 월(刖)은 발꿈치를 베는 형벌인데, 초(楚)나라 사람 변화(卞和)가 초산(楚山)에서 얻은 옥덩어리를 보물로 여기고 초나라 여왕(厲王)에게 바쳤다가, 왕을 속였다 하여 왼쪽 발을 잘렸다. 그 뒤 무왕(武王)이 즉위하자, 또 바쳤다가 역시 오른쪽 발을 잘렸다. 그 뒤 문왕(文王)이 즉위하였을 때는 인정을 받아, 화씨벽(和氏璧)을 얻게 되었다. 《韓非子 和氏》 여기서는 임공이 직접 월형(刖刑)을 당한 것은 아니지만, 변화가 박옥(璞玉)의 가치를 인정받지 못했던 것처럼 임공도 자신의 가치를 인정받지 못하는 어려움을 겪었다고 본 것이다.

84 태산 : 동대(東岱)는 태산을 가리킨다. 오악(五嶽) 가운데 태산이 동쪽에 있기 때문에 동대라고 하며, 대(岱)는 태산의 별호(別號)이기도 하다.

85 기약하여……했지 : 임공이 작은 힘으로 웅대한 일을 한 번에 이루려 했다는 말이다. 독견사(獨繭絲)는 누에 한 마리의 실이라는 말이다. 《열자(列子)》 〈탕문(湯問)〉에

나는 말했지 자네 그러지 말게나 　吾言子無然
용과 물고기는 두각이 다르다네 　龍魚殊頭角
구슬은 상망이 찾았고[86] 　探珠由象罔
말을 잃어버린 것이 어찌 복이 아니리오[87] 　失馬庸非福
여린 목구멍으로 암컷 소리 내며 　弱竅出雌聲
비루하게 미록을 구하지[88] 　卑卑拾美祿
어찌 〈반고〉를 높이면서[89] 　奈何祖盤誥
귀신을 놀라게 하고 시속을 경악하게 하랴 　駭鬼又驚俗
자네는 당시 빙그레 웃어넘기고는 　君時听然笑

"첨하가 한 마리 누에의 실로 낚싯줄을 만들고, 벼이삭 수염으로 낚싯바늘을 만들고, 싸리나무 가지로 낚싯대를 만들고, 낟알을 쪼개 미끼로 삼아서 수레에 가득 찰 큰 고기를 백 길이나 깊은 연못에서 낚아 올렸다.〔詹何以獨繭絲爲綸, 芒鍼爲鉤, 荊篠爲竿, 剖粒爲餌, 引盈車之魚於百仞之淵.〕"라는 말이 있다. 영오(靈鼇)는 바다 속에 있는 삼신산(三神山)을 머리로 이고 있다는 여섯 마리의 자라를 가리킨다.

86 구슬은 상망(象罔)이 찾았고 : 아무런 마음도 없는 사람이 목적을 이룬다는 말이다. 황제(黃帝)가 적수(赤水) 북쪽에서 노닐다가 돌아오는 길에 현주(玄珠)를 잃어버렸는데, 아무도 찾지 못하는 중에 무심(無心)한 상망만이 찾아냈다는 고사가 있다. 《莊子 天地》

87 말을……아니리오 : 새옹지마(塞翁之馬)의 고사를 인용한 것으로, 임공이 과거에 낙방했지만 불행이 아니라 오히려 복이 될 수도 있다는 말이다.

88 여린……구하지 : 관리들이 아첨하고 굽실대며 봉록(俸祿)이나 추구하는 행태를 말한 것이다.

89 반고(盤誥)를 높이면서 : 임공의 문학적 지향(指向)을 말한 것으로, 앞의 "현묘한 이치를 어려운 말로 지어내니.〔玄機締硬語〕"와 밀접한 관련이 있는 구이다. 〈반고〉는 《서경》의 편명으로, 한유(韓愈)의 〈진학해(進學解)〉에 "주고와 은반은 문리가 굴곡하고 문장이 난삽하다.〔周誥殷盤, 佶屈聱牙.〕"라는 말이 있을 만큼 매우 난삽한 문장을 가리킨다.

활보하며 위축되지 않았지　　闊步無狹蹋

이에 공은 스스로 기오한 말[90]로　　乃公自奇奧

세상 다니며 마음대로 떠들고 비방했지　　驅世任喧讟

긴 강가[91]에 오두막 짓고　　結廬枕長湖

연잎 옷으로 내 옷 갈아입었네[92]　　荷芰替余服

저녁밥 먹고 내 배를 두드리고　　晩飯度吾腹

격월로 비로소 머리를 감았네　　隔月始梳沐

부유한 이가 어찌 가난한 이를 걱정하며　　處富豈虞貧

영달한 이가 어찌 치욕을 알랴　　居榮詎知辱

나는 병만용을 스승삼아[93]　　我師邴曼容

길 재촉해 큰 수레 되돌렸네　　促路返長轂

게으른 성품은 자연의 화순한 이치에 합하니　　懶性合天和

얽매일까봐 번잡한 세상일 사양했지　　攣拘謝刺甓

저 정양의 역사[94] 살펴보니　　眷彼旌陽史

90 기오(奇奧)한 말 : 임공이 구사하는 난삽한 문장을 가리킨 것이다. 기오는 특이하고 오묘하다는 뜻으로, 원매(袁枚)의 《수언시화(隨園詩話)》 권7에 "옛 말은 특이하고 오묘하여 알 수 없는 것이 많다.〔古詞奇奧, 多不可解.〕"라고 하였다.

91 긴 강가 : 여기서 장호(長湖)는 한강을 의미하는 것으로 보인다.

92 연잎……갈아입었네 : 은자적 삶을 추구했다는 말이다. 하기(荷芰)는 연잎으로 만든 옷으로, 은자의 옷을 가리킨다. 굴원의 《이소(離騷)》에 "연잎으로 저고리 짓고, 연꽃 모아 치마를 짓네.〔製芰荷以爲衣兮, 集芙蓉以爲裳.〕"라고 하였다.

93 나는 병만용(邴曼容)을 스승삼아 : 관직에 욕심을 내지 않았다는 말이다. 만용은 한(漢)나라 병단(邴丹)의 자(字)이다. 그는 항상 자신의 덕을 닦으며 관직 생활을 하는 중에 600석 이상의 자리에는 결코 몸담으려 하지 않다가, 왕망(王莽)이 집권하자 바로 사직하고 고향에 내려갔다. 《漢書 卷72 兩龔傳》

도를 지켜 자기 자랑[95] 잊었구나　　秉道忘衒鬻
애석하다 형산 옥돌이여　　惜哉荊山璞
상서로운 광채 오래도록 함 속에 있었지[96]　　祥光久韞櫝
강물 위쪽과 아래쪽에 가까이 사니　　近住水上下
금빛 모래 깨끗하게 빛나네　　金沙淨歷碌
오르내리기는 비록 외로운 배로 하지만　　沿洄縱孤艇
짝해 읊으니 나 홀로 아니라네　　偶詠非我獨
숲 우거져 새들이 우짖고　　林茂鳥幽軋
연못 깊어 물고기 자란다　　潭深魚發育
줄 지은 어부의 집 연달아 있고　　鱗鱗漁戶接
빗살처럼 돛대가 늘어섰네　　櫛櫛牙檣簇
달빛 어린 포구에 옅은 연기 깔리고　　月浦曳輕煙
소라 같은 산봉우리 멀리 낟알처럼 드러나네　　螺岑露遙粟

94 정양(旌陽)의 역사 : 정양사(旌陽史)는 진(晉)나라 때 허손(許遜)의 일을 가리킨다. 허손이 정양의 수령이 되었는데, 당시 강서(江西) 지방에는 교룡이 백성들에게 해를 끼치고 있었다. 허손이 부하와 함께 검을 가지고 가서, 교룡을 죽이고 큰 철주를 만들어 다시는 교룡이 나오지 못하도록 그 구멍을 눌러 봉하였다고 한다. 강서 남창(南昌) 고을에 있는 철주관(鐵柱觀)이 그 유적이라 한다. 《江西通志》 소식(蘇軾)의 〈신녀묘(神女廟)〉라는 시에 "정양이 이무기를 베어 죽였다.〔旌陽斬長蛇〕"라고 하였다. 허손이 이처럼 치적(治績)을 남겼지만 이후 관리 생활에 염증을 느껴 관직을 버리고 유람을 떠났다고 한다.

95 자기 자랑 : 현륙(衒鬻)은 자기의 재주를 자랑하여 써 주기를 구하는 것을 말한다.

96 형산(荊山)……있었지 : 훌륭한 재주를 가졌지만 알아봐 주는 사람이 없어서 오랫동안 세상에 드러나지 못했다는 말이다. 형산박(荊山璞)은 화씨벽(和氏璧)을 얻은 박옥(璞玉)을 가리킨다. 378쪽 각주83 참조.

지극한 즐거움은 만난 처지대로　至樂徇所遭
맑은 회포 담담히 욕심이 없다　澄懷澹無欲
승경 찾아 반드시 함께 만나니　選勝必雙遘
가는 곳마다 홀로 보지 않았지　遇境非孤觸
서로 이끌어 복희의 세상에 이르니[97]　相携到羲皇
날마다 천지가 좁은 줄을 깨달았네　日覺天壤促
나에게 강가에서 지은 시를 보내 주니　贈我河上篇
읽기도 전에 몸이 먼저 부끄럽다　未讀氣先恧
생각해 주는 마음 진실로 간절하니　繹思諒已勤
우의가 어찌 그리 돈독한가　友誼一何篤
가을 매미 깊은 나무에서 울고　涼蟬嘆深樾
더위 씻겨 주는 맑은 바람처럼 온화하다　濯熱淸風穆
훌륭한 시 아홉 번 변해 감동이니[98]　繁音感九變
짧은 혀는 세 번 반복에 피곤하네　寸舌疲三復
쇳소리가 울면 돌소리가 다시 응하고[99]　金鳴石復應

97 서로……이르니 : 태고(太古)의 사람들처럼 순박하고 한적하게 살아간다는 말이다. 희황(羲皇)은 복희씨(伏羲氏)를 가리키는데, 그 시대의 백성들이 근심 없이 순박하고 한적하게 살았을 것이라 하여 은자들이 자칭 희황상인(羲皇上人)이라 하였다.

98 훌륭한……감동이니 : 상대방이 보내 준 시의 음악성이 훌륭함을 말한 것이다. 악곡(樂曲)은 한 번 연주하는 것을 1성(成) 또는 1변(變)이라 하는데, 아홉 번 연주하는 것을 원칙으로 삼으며, 이를 구성(九成) 또는 구변(九變)이라고 한다. 《書經 益稷》《列子 黃帝》

99 쇳소리가……응하고 : 음악이 화음에 맞춰 연주됨을 말한 것이다. 금(金)은 종(鐘), 석(石)은 경(磬)을 가리킨다. 여기서는 상대방이 이민구에게 보내온 시의 운율이 훌륭함을 말한 것이다.

곡이 끝나니 아악이 다시 이어지네[100] 曲終雅還續
늙은이 병든 입이 떡 벌어져 老夫病口呿
종일토록 펼쳐 보다 접었다 반복하네 盡日披更束
유연히 생각해 보니 높은 누각에서 悠然想高閣
봄 강 푸른 물빛을 굽어보겠지 俯瞰春江綠
푸른 바다가 뽕밭을 침범하고 滄溟浸桑野
큰 파도가 평평한 육지를 삼키네 巨浪呑平陸
사립문 닫힌 오두막에 열흘간 비 내리더니 柴衡十日雨
빙 두른 오솔길이 온통 대밭이라 匝徑遍幽竹
게으른 사람 침상에서 문 닫은 채 지내려니 乖慵閉一榻
파리와 모기가 외로운 잠을 깨웠지 蚊蜹攪獨宿
지난번 훌륭한 시[101] 보내 주지 않았다면 向微惠瓊琚
깊이 움츠린 마음 위로하기 어려웠으리 難爲慰深縮
덧없는 세월이 동안을 바꿔 急景貿稚顔
어느새 대머리 노인 모습에 상심하네 轉眄傷老禿
남아가 좋은 두골로 태어나 男兒好頭骨
꼭 화려한 두건 써야 하는 건 아니지만 不必戴華幞
열 길 풍진에 파묻히면 沈埋十丈塵

100 곡이……이어지네 : 세속의 음악을 다 연주하고, 다시 바른 음악을 연주한다는 말이다. 《사기(史記)》 권117 〈사마상여열전(司馬相如列傳)〉에 "곡이 끝나자 아악을 연주한다.〔曲終而奏雅〕"라고 하였다.

101 훌륭한 시 : 경거(瓊琚)는 보배로운 구슬이라는 말로, 훌륭한 시문을 뜻한다. 《시경》 〈목과(木瓜)〉에 "나에게 목과를 주거늘, 경거로써 갚는다.〔投我以木瓜, 報之以瓊琚.〕"라는 내용이 있다.

말 앞의 종과 어찌 다르랴 曷異馬前僕
부럽다 그대들 관중과 포숙의 우정 나누며 羨君管將鮑
수창하는 시가 옥구슬 같구나 迭響等比玉
저 천 호를 다스리는 제후를 경시하고 輕他千戶侯
구주의 목사보다도 낫구나 勝作九州牧
대대로 일어나는 그대는 제나라 같고 代興子猶齊
삼분천하에 나는 촉나라 같네[102] 三分我同蜀
보내온 좋은 시에 겨우겨우 감회를 써서 勉率逑來美
상자에 담아 돌아가는 배에 보내오 椷縢候歸舳

102 대대로……같네 : 상대방을 대국인 제(齊)나라에 비유하고, 이민구 자신은 삼국시대 세력이 약했던 촉(蜀)에 비유하여 표현한 것이다.

살곶이[103]에서
箭串

봄 깊은 사원[104]에 푸른빛 가지런하고	春深沙苑綠初齊
들 밖 잔잔한 강물은 서쪽 향해 흐른다	野外平江自向西
즐거운 일 좋은 날 자주 만나기 어려우니	樂事佳辰難屢挹
가벼운 옷차림에 말 타고 서로 어울리네	輕衫游騎動相携
낮게 드리운 구름은 개인 후에 더욱 담담한데	低空雲物晴逾淡
눈 들어 바라본 천지는 취한 뒤에 다시 희미하네	擡眼乾坤醉復迷
젊은 시절 즐기던 풍류 어제 같지 않아서	少壯風流非昨日
산 내려와 돌아가는 마음 이미 서글프다	下山歸意已悽悽

103 살곶이 : 전곶(箭串)은 서울의 동쪽 들녘으로 현재의 서울 성동구 지역이다.

104 사원(沙苑) : 본래 섬서성(陝西省)에 있는 지명인데, 말을 목축하기에 아주 알맞은 곳이라고 한다. 여기서는 살곶이를 가리키는 말인데, 《신증동국여지승람(新增東國輿地勝覽)》 권3 한성부(漢城府)의 전곶에 "국도의 동쪽 들이다. 그 땅이 평평하고 넓으며 물과 풀이 매우 넉넉하므로, 울타리를 둘러쳐서 나라의 말을 기른다.〔卽國之東郊, 其地平曠, 水草甚饒, 繚以周阹, 牧養國馬.〕"라고 하였다.

한강에서

漢江

긴 강 백 이랑에 비췻빛 물결 일어나고	長湖百頃翠生鱗
고운 돌과 맑은 모래 산뜻하게 눈에 든다	錦石晴沙觸眼新
언덕 위 난간에서 더위 물리치고	岸上朱闌排暑氣
강 가운데서 맑은 날 더운 먼지 씻노라	江心晴日洗炎塵
나는 오리는 물 좋아해 늘 물가 의지하고	飛鳧愛水常依渚
새끼 제비는 배 스쳐가며 사람 피하지 않네	乳燕銜舟不避人
저물녘 마름 바람[105]이 나그네 소매에 불어오니	向晚蘋風吹客袂
물살 헤치고 가려 해도 나루 몰라 하노라	淩波欲往更迷津

105 마름 바람 : 빈풍(蘋風)은 개구리밥이라는 수초의 잎에서 일어나는 바람이다. 전국 시대 초(楚)나라 송옥(宋玉)의 〈풍부(風賦)〉에 "대저 바람은 땅에서 생기고, 푸른 개구리밥의 뾰족한 잎에서 일어난다.〔夫風生於地, 起於青蘋之末.〕"라고 하였다.

마포에서

麻浦

깊은 강 따뜻한 물살에 목욕하는 까마귀 날고	江深波暖浴烏飛
포구 끝까지 안개 일어 푸른 산빛 감춰지네	極浦生煙斂翠微
맑은 흥취 봄 물가 따라 갔다가	淸興却隨春渚去
조각배 저녁 조수 따라 돌아오지 않네	扁舟不逐暮潮歸
쟁반에 오른 별미 처음으로 회를 맛보고	登盤異味初嘗膾
얼굴 스치는 서늘한 바람이 옷을 입게 하네	吹面虛涼欲進衣
서호의 무한한 술을 가져다 마시며	領取西湖無限酒
그대 위해 저물녘까지 머물러 감상하노라	爲君留賞到斜暉

노량에서 홍경택[106]을 송별하다

露梁 送洪景澤

동쪽 들녘 봄물에서 고기 잡고 돌아와	東郊春水打魚回
남쪽 포구에 배 저어[107] 이제 또 왔네	南浦濯船今又來
애써 미친 듯 종일 술 마시며	强倚顚狂拚日飮
잠시 풍경 따라 덧없는 세월 잊어 본다	暫隨風景撥年催
바다 갈매기와 강 제비 제각각 천성대로 날고	海鷗江燕各天性
여린 풀과 개인 백사장에 모두 눈 뜨이네	細草晴沙俱眼開
취하지도 않았는데 어이 돌아가랴	不醉胡爲輒歸去
젊은 날 전별 자리 술잔 멈추지 말게나	少時相別莫停盃

106 홍경택(洪景澤) : 홍집(洪霙, 1582~1638)으로, 본관은 풍산(豐山), 자는 경택, 호는 연자(燃髭)이다.

107 배 저어 : 탁선(濯船)은 배를 젓는다는 뜻이다. 《별아(別雅)》 권4에 "탁선은 배를 젓는 것이다. 《한서》 〈영행전〉에 '등통이 배 젓는 것으로 황두랑이 되었다.' 하였다.〔濯船, 櫂船也. 漢書佞幸傳, 鄧通以濯船爲黃頭郎.〕"라는 내용이 보인다.

경성으로 부임하는 이 판관[108]에게 부친 40운의 시

寄李判官任鏡城 四十韻

소나무는 진나라에서 드러났고[109]	松標秦觀日
지초는 한나라 방에서 빼어났네[110]	芝擢漢房齋
심법은 진작 요체를 전수받아	心法曾傳印
허리의 인장 일찍 자청색 매달았네	腰章早結緺
배 타고 놀아 벽락에 통하였고[111]	槎遊通碧落
서각 태운 불빛으로 회수 맑게 비추었지[112]	犀照澈長淮

108 이 판관(李判官) : 이계(李烓, 1603~1642)를 가리키는 것으로 보인다. 《승정원일기》 인조 7년 5월 7일 기사에 이계를 통훈대부 행경성도호부판관으로 삼는다는 기록이 보인다.

109 소나무는 진(秦)나라에서 드러났고 : 진 시황(秦始皇)이 태산에 올라가 봉선(封禪)의 제사를 올리고 나서, 홀연히 폭풍우를 만나자 소나무 아래로 피했는데, 그 소나무가 공을 세웠다고 하여 오대부(五大夫)의 작위를 내려 봉했다는 대부송(大夫松)의 고사가 전한다. 《史記 卷6 秦始皇本紀》

110 지초(芝草)는……빼어났네 : 한 무제(漢武帝) 원봉(元封) 2년에 감천궁(甘泉宮)에서 지초가 났는데, 줄기는 아홉에 금빛이 나고 여섯 잎에 붉은 열매가 달렸으며, 밤에 빛이 났다. 한 무제는 이를 상서로운 일이라 하여 〈재방가(齋房歌)〉를 지었다고 한다. 《漢書 卷22 武帝紀》

111 배……통하였고 : 벽락(碧落)은 하늘이라는 뜻의 도가(道家) 용어인데, 여기서는 벽락 시랑 심희(沈羲)를 가리키는 것으로 보인다. 그는 진(晉)나라 사람으로, 백성을 위해 재해(災害)를 없애주고 병을 고쳐 주면서 정작 자신의 건강은 돌보지 않자, 천신(天神)이 감동한 나머지 그를 하늘로 영접하여 벽락 시랑으로 삼았다는 이야기가 전해 온다. 《神仙傳 沈羲》 이는 목민(牧民)의 치적이 있는 이 판관을 기린 말이다.

112 서각(犀角)……비추었지 : 사무(事務)를 밝게 살피고 은미한 것을 자세히 살폈

과거에 합격해[113] 방에 이름 올라 桂籍金題榜
한림원[114]에서 옥계단 밟았네 仙班玉踐階
궁궐에서 연꽃 촛대로 인도 받은 적 많았고[115] 宮蓮多引燭
모는 말도 혹 악와수에서 나뉘었네[116] 御驥或分洼
자취는 나라의 부침과 함께했고 跡自升沈偶
이름은 출처의 의리에 맞게 나란했지 名關出處偕
속절없이 말년으로 접어들어 悠悠隨末路
쓸쓸하게 당시 동료들 만났지 落落見時儕
어촌에 묻혀 살며 汨沒漁商市
아스라이 세월 보냈네 蒼茫日月街
심한 곤궁[117]에도 시골 생활 편안히 여겼는데 固窮安魯巷

다는 의미이다. 서(犀)는 무소의 뿔이다. 진(晉)나라 때 온교(溫嶠)가 우저(牛渚)라는 못가에 이르렀을 때 물의 깊이를 헤아릴 수가 없었는데, 당시에 그 못 속에는 괴물(怪物)이 많이 있다는 말이 있었으므로, 마침내 서각에 불을 붙여서 비추어 보았다는 고사가 있다. 《古今事文類聚 前集 卷17》

113 과거에 합격해 : 계적(桂籍)은 과거에 급제한 자의 명부를 가리킨다.

114 한림원(翰林院) : 선반(仙班)은 청귀(淸貴)한 한림원(翰林院) 벼슬을 가리킨다.

115 궁궐에서……많았고 : 한림학사 등 청직(淸職)에 있으면서 임금의 총애를 받았다는 말이다. 당 선종(唐宣宗) 때 한림 승지(翰林承旨) 영호도(令狐綯)가 밤중에 소대(召對)를 받고 궁중에 들어갔다가 학사원(學士院)으로 돌아올 적에, 황제가 쓰는 황금 연꽃 모양의 촛불 아래 전송을 받으며 귀환하자, 관리들이 모두 황제의 행차로 여겼던 고사가 전한다. 《新唐書 卷166 令狐綯列傳》

116 모는……나뉘었네 : 이 판관이 탄 말이 명마라는 뜻이다. 와(洼)는 감숙성(甘肅省) 안서현(安西縣)에 있는 악와(渥洼)라는 물 이름인데, 한 무제 때 여기에서 신마(神馬)가 나왔다는 고사가 있다.

117 심한 곤궁 : 고궁(固窮)은 도의(道義)를 고수하면서 빈궁한 처지를 편안하게 여

기선 주시수의 추천 빠졌네[118] 紀善闕周牌
졸렬함은 강왕의 박에 비길 만하고[119] 拙擬康王瓠
보배로움은 공리[120]의 나무 같았네 珍猶孔里楷
진흙길에 혹 잠시 물러나더라도 泥塗容暫屈
운우가 어찌 길이 어그러지랴[121] 雲雨肯長乖

기는 것을 말한다. 《논어》 〈위령공(衛靈公)〉에 "군자는 아무리 빈궁해도 이를 편안히 여기면서 도의를 고수하지만, 소인은 빈궁하면 제멋대로 굴게 마련이다.〔君子固窮, 小人窮斯濫矣.〕"라는 공자의 말이 실려 있다.

118 기선(紀善)……빠졌네 : 조정에 추천되지 못했다는 말이다. 기선은 관직명이다. 주패(周牌)와 기선을 연관시켜 볼 때, 일찍이 기선을 역임한 주덕(周德, 1354~1402)을 가리키는 것으로 보인다. 그의 자는 시수(是修)이고, 어진 인재를 뽑아 추천하기를 좋아하였다.

119 졸렬함은……만하고 : 송(宋)나라가 금(金)나라 여진족(女眞族)에게 쫓겨 휘종(徽宗)과 흠종(欽宗) 부자(父子)가 포로가 되고, 나머지 신민들이 양자강 남쪽으로 도망가서 휘종의 작은 아들 강왕(康王)을 황제로 세우고 여진족과 대항하게 되었는데, 이를 남송(南宋)이라 한다. 남송이 차차로 세력을 회복하여 여진족과 싸워 조금씩 승리를 얻게 되자, 여진족은 그것을 염려하여 전에 포로로 잡혀 왔던 진회(秦檜)를 석방하여 남송으로 보냈다. 진회는 남송으로 들어가서 나약한 강왕을 꼬여 전쟁은 위험한 일이니 현재의 상태로 여진족과 강화하는 것이 좋을 것이라고 하자, 황제는 진회를 정승으로 임명하고 강화하게 하였는데, 실상은 여진족에게 항복하는 것이었다. 여진족은 송나라 황제를 신하로 대접하여 너라는 말을 쓰고, 송나라 황제는 여진족에게 신(臣)이라는 말을 쓰고 폐하라고 존칭하는 조건이었다. 그래서 그것을 반대하는 무장 악비(岳飛)를 죽이고 문신 장준(張浚), 조정(趙鼎), 이강(李綱) 등을 귀양 보냈다. 그리고 여진족에게 항복하였으므로, 후세까지 진회는 간신이라는 말을 들었다.

120 공리(孔里) : 공자를 노(魯)나라 성 북쪽 사수(泗水) 가에 장사지냈는데, 제자와 노나라 사람들이 가서 무덤 근처에다 집을 짓고 사는 자가 100여 가구나 되었다. 그리하여 그곳을 공리라고 부르게 되었다. 《孔子家語 卷9 終記解第四十》

121 운우(雲雨)가……어그러지랴 : 시의 전체적인 내용으로 볼 때, 이 판관이 좌천

다스리는 부절 받은 고을 궁벽해도　佐邑承符僻
진영으로 달려가면 창이 나열되었겠지　趨營列戟排
검 녹여 새로 송아지 풀어놓고[122]　劍銷新解犢
사나운 군사들 오래도록 범을 막겠지　牙厲舊防豺
가을에는 살기 왕성해　殺氣秋常盛
변방은 낮에도 어둑어둑　邊陰晝亦霾
천문이 북쪽 땅에 치우쳐　乾文偏北陸
국경에서 동쪽을 도모하네　壤界略東崖
장수의 군막에서 선비 경시해도　帥幕輕儒服
연회에는 기녀들 끼어 앉으리　賓筵間妓釵
호가 소리 밤에 한스럽게 울릴 테고　笳吟飄夜恨
새벽 거센 바람에 모래 날리겠지　磧動撼晨飄
척척 성에는 갑옷 소리 가득하겠고　戛札城塡甲
시끄러운 사투리가 개구리 울음 같으리　喧闠俗沸蛙
사람 마음은 진실로 잃기 쉬우니　物情良易失
고상한 성품으로 절대 어울리기 어렵지　雅性絶難諧
판관[123]이 낮은 벼슬이지만　半刺官仍庳

(左遷)되어 경성 판관으로 부임하고 있는 것이다. 따라서 이 구는 오래지 않아 임금의 용서를 받아 내직(內職)으로 돌아오게 될 것이라는 말이다. 운우는 임금의 은택을 비유적으로 표현한 말이다.

122 검……풀어놓고 : 지방관의 선정(善政)을 비유한 말이다. 한 선제(漢宣帝) 때 발해 태수(渤海太守) 공수(龔遂)가 백성들이 허리에 찬 칼을 팔아 소를 사게 한 뒤, 농사를 지으며 근검절약하도록 교화를 펼친 결과 모두 부유한 생활을 하게 되었다는 고사가 있다. 《漢書 卷89 龔遂傳》 359쪽 각주38 참조.

목숨 보전에는 계획 어긋나지 않네　　全生計未差
욕망을 마음대로 펼쳐 보고　　杜機聊任誕
문사[124]는 일부러 아름답게 말하게　　問事故稱佳
여장 급하니 슬갑[125] 차는 것도 달게 여기고　　裝急甘纏褶
유랑 드물어 짚신 신던 일 떠오르겠지　　游希憶躡鞋
귤과 유자는 맛이 본래 같으니　　味同元橘柚
편지로 자주 사립문 두드리게　　書款屢荊柴
밥과 물 찾듯 이별의 그리움 간절하겠고　　飢渴懸離慕
괴로운 심사 얼음과 서리에 비유할 수 있으리　　氷霜喩苦懷
홀로 반딧불 거두지 말라　　獨收螢燏末
세상은 쓸모없는 것을 다 버린다네　　世棄弁髦皆
우주 사이에 두 눈 남았지만　　宇宙餘雙眼
불치병이 온몸에 절실하네　　膏肓切百骸
기호 달라 그대는 냄새나는 벼슬 좇고　　嗜殊君逐臭
재주 없어 나는야 초야에 배회하노라　　藝薄我成徘
모래 변방으로 가는 나그네 한탄스러운데　　沙塞嗟行李
봄볕에 풀싹 돋아나네　　春陽感發荄
푸른 산에서 나무와 돌 이웃하고　　靑山隣木石
푸른 바다가 땅 끝을 나누었네　　滄海劃垠涯

123 판관(判官) : 반자(半刺)는 목사(牧使)나 부사(府使)의 보좌관을 가리킨다. 여기서는 이 판관을 전송하는 내용이므로 판관으로 풀이하였다.

124 문사(問事) : 범죄 사실을 심문(審問)하는 것이다.

125 슬갑 : 옛날에 군복을 입고 말을 탈 때에 두 다리를 가리던 아래옷을 가리킨다.

달을 꿰는 구슬은 마땅히 배 갈라 숨기는데[126]	貫月珠當剖
별을 쏘는 칼이 아직도 묻혀 있네[127]	衝星劍尙埋
하물며 침상에서 싸우는 개미 소리 들으며[128]	況聞床鬪蟻
진실로 달팽이 더듬이에서 사는 신세가 되랴	眞作觸棲蝸
용이 싸워[129] 피바람 오래되었으니	血久回龍戰
조정에서는 지금 봉황 울음소리 기다리네	朝今待鳳喈
꿈에도 힘써 백성 기를 것을 추구하여	夢求追力牧
여와의 일을 도우시게[130]	業贊翊靈媧

126 달을……숨기는데 : 서역(西域)의 외국 상인이 미주(美珠)를 얻으면, 배를 째고서 그 구슬을 몸 안에 감추기까지 한다는 이야기가 《자치통감(資治通鑑)》 당 태종(唐太宗) 정관(貞觀) 원년에 나온다. 미옥(美玉)을 아끼듯이 훌륭한 인재를 아껴야 한다는 뜻으로 사용되었다.

127 별을……있네 : 이 판관이 능력에 맞는 대우를 받지 못하고 있다는 말이다. 오나라 때 북두성과 견우성 사이에 늘 보랏빛 기운이 감돌기에 장화(張華)가 예장(豫章)의 점성가(占星家) 뇌환(雷煥)에게 물었더니 보검의 빛이라 하였다. 이에 풍성(豐城)의 감옥 터의 땅속에서 춘추 시대에 만들어진 전설적인 보검인 용천검(龍泉劍)과 태아검(太阿劍)을 발굴했다는 이야기가 있다. 《晉書 卷36 張華列傳)》 본디 보검은 깊이 숨겨져 있어도 본질은 숨길 수 없어 그 빛이 밤하늘의 별을 향해 쏘아댄다는 뜻에서, 흔히 버려진 뛰어난 인물이 은연중에 그의 존재를 드러내고 있다는 비유로 쓰인다.

128 싸우는……들으며 : 개미 싸우는 소리란 병들어 신음하는 소리를 가리키는데, 이것은 옛날 진(晉)나라 은사(殷師)가 귓병이 있어 개미 싸우는 소리가 소 싸우는 소리처럼 크게 들렸다는 고사에서 나온 것이다.

129 용이 싸워 : 《주역》 〈곤괘(坤卦) 육오(六五)〉에 "용이 들에서 싸우니, 그 피가 검고 누르도다.〔龍戰于野, 其血玄黃.〕"라고 하였는데, 여기서는 청나라와의 관계를 나타낸 것으로 보인다.

130 여와(女媧)의 일을 도우시게 : 상고(上古) 시대 공공씨(共工氏)가 축융(祝融)과 싸우고 이기지 못하자, 노하여 머리로 부주산(不周山)을 들이받아 하늘을 받치는 기둥

또 근래 가까이 지냈으니　且近顔違尺
어찌 화살집 깔고 앉아 있으랴　寧淹胜壓韏
재목을 논할 때 죽전[131]이 헛갈리고　論材惑竹箭
불씨 바꿀 때 박달나무와 홰나무 서글프네[132]　改火愴檀槐
높고 낮은 천 굽이 길 다녀올 때　夷嶠盤千曲
뜰 나무에는 몇 가지나 자랐을까　庭柯長幾丫
소식 전하려 기러기와 잉어 재촉하고　傳音催雁鯉
물고기 반찬에 힘써 밥 잘 드시게　勖飯强魚鮭
변방의 물이 풀숲 장기 침범하여　塞水沈茅瘴
강가 구름이 눈[133]을 만드네　江雲釀豆秸
술은 마땅히 몹시 취해야 하고　酒應開酩酊

이 부러지고 땅을 묶어 둔 밧줄이 이지러졌는데, 여선(女仙)인 여와씨(女媧氏)가 오색의 돌을 갈아서 하늘을 깁고 자라의 발을 잘라서 사극(四極)을 세우자, 땅이 평정되고 하늘이 완전하게 되었다고 한다.《淮南子 覽冥訓》 여기서는 이 판관에게 북쪽 변방의 결함을 보완하고 형세를 만회하도록 노력하라는 뜻이다.

131 죽전(竹箭) : 죽은 대죽(大竹), 전은 소죽(小竹)이니, 대소(大小)의 인재들을 가리킨다.

132 불씨……서글프네 : 개화(改火)는 불을 새롭게 한다는 뜻이다. 대궐 안에서 나무를 서로 비벼 신화(新火)를 내어 구화(舊火)를 고치는 의식을 거행하였다. 봄에는 느릅나무와 버드나무〔楡柳〕에서, 여름에는 대추나무와 은행나무〔棗杏〕에서, 늦여름에는 뽕나무와 산뽕나무〔桑柘〕에서, 가을에는 떡갈나무와 참나무〔柞楢〕에서, 겨울에는 홰나무와 박달나무〔槐檀〕에서 불씨를 취하였다.《禮記 禮運》

133 눈 : 두개(豆秸)는 콩깍지를 말하는데, 그것을 태운 재가 눈과 비슷하다고 하여 눈이 내리려 하는 하늘빛이나 눈을 비유한다. 소식(蘇軾)의 〈기정도상견매화희증계상(岐亭道上見梅花戱贈季常)〉에 "들 주막에서 막 죽엽주를 마시고 있자니, 떨어질 듯한 강 구름은 콩짚 타고 남은 잿빛일세.〔野店初嘗竹葉酒, 江雲欲落豆秸灰.〕"라고 하였다.

시는 진정 음란한 소리를 씻어야지	詩定洗淫哇
남은 눈꺼풀 깊이 도려내[134]	篦膜留深刮
돌아오는 안장을 뛰는 말에서 물으리라	歸鞍候躍騧

134 눈꺼풀 깊이 도려내 : 발전적으로 변화된 모습을 기대하는 말이다. 금비(金鎞)는 불가(佛家)에서 이른바 금 칼을 말하는데, 중생들의 눈을 가리고 있는 무지(無智)의 막(膜)을 금 칼로써 제거해 준다는 데서 온 말이다. 참고로 맹인의 뒤덮인 눈꺼풀을 의사가 쇠칼로 떼어 내 벗겨 주자, 맹인이 다시 광명을 되찾게 되었다는 금비괄목(金鎞刮目)의 고사가 있다. 《涅槃經 卷8》

대설[135]에 이웃 사람과 함께 30운으로 짓다

大雪 與隣人同賦三十韻

마을 북쪽 두 우물에 의지해서	巷北依雙井
다리 서쪽 한 집에서 기거하네	橋西寄一家
깊은 겨울이 절서 재촉하는데	深冬催節序
해진 옷에 생애 의탁했네	破襖托生涯
음산한 바람 거세지나 싶더니	稍覺陰風緊
곧바로 눈발이 비껴 날린다	俄看朔雪斜
하늘 텅 비어 학의 자취 사라지고	天虛初失鶴
숲 성글어 까마귀만 남았네	林缺但餘鴉
구덩이에 쏟아져 가득 채우고	遇坎投仍滿
언덕에는 점점 더 높이 쌓이네	緣丘積漸加
흙비처럼 참담하리라 염려하다가	只思霾慘澹
애써 아름답게 보려 하노라	强欲作繁華
바다에서 싸워 용은 갑옷 비늘 떨어지고[136]	海鬪龍摧甲
언덕에 부딪쳐도 코끼리는 소리 없구나[137]	厓豗象噤譁

135 대설(大雪) : 여기서 대설은 눈이 많이 내린 어느 날로도 볼 수 있으나, 아래에 〈거듭 대설의 운자로 짓다.〔疊大雪韻〕〉라는 작품이 있으므로, 24절기 가운데 하나로 번역하였다.

136 바다에서……떨어지고 : 눈을 형상화하여 용의 비늘이 떨어지는 것과 같다고 읊은 것이다. 송(宋)나라 장원(張元)의 〈설(雪)〉에 "싸움에 진 옥룡 삼백만 마리, 갑옷 비늘 하늘 가득 날려 떨어지네.〔戰退玉龍三百萬, 敗鱗殘甲萬空飛.〕"라고 하였다.

누대에 눈발이 섬돌 덮어 싫은데	臺嫌瑤矗砌
나무에 옥빛 꽃 피었나 의아하다	樹訝玉裁花
나부껴 구름과 얽히고	飄帶雲縈練
흩날려 달빛에 아롱지네	吹籠月晃紗
치우가 소금 땅을 개척한 듯	蚩尤開舃鹵
표기장군이 혼야와 싸우는 듯[138]	驃騎戰渾邪
높고 낮은 것을 분간할 수 없고	莫辨高將下
가깝거나 멀거나 모두 희미하네	全迷近與遐
쌓인 끝에서 웅크린 호랑이 만나고[139]	堆邊逢踞虎
드날린 곳에서 놀란 뱀을 얻네[140]	攪處得驚蛇
무지개 구슬은 화씨벽보다 빛나고[141]	虹璧光逾楚

137 언덕에……없구나 : 눈 쌓인 언덕을 말 없는 코끼리로 표현한 것이다.

138 표기장군이……듯 : 표기(驃騎)는 한 무제 때 전공(戰功)을 많이 세워 큰 명성을 얻은 표기장군 곽거병(霍去病)을 말한다. 혼야(渾邪)는 흉노에 속한 왕 가운데 한 사람으로, 선우(單于)에게 죽임을 당할까 두려워하여 무리를 이끌고 한나라에 투항하였다. 《史記 卷89 匈奴列傳》

139 쌓인……만나고 : 눈이 쌓인 모양을 가리킨다. 호랑이 모양을 본떠서 굳혀 만든 소금인 염호(鹽虎)라는 것이 있는데, 여기서는 눈이 쌓여서 호형염(虎刑鹽)의 모양처럼 된 것을 말한다.

140 드날린……얻네 : 눈이 바람에 날려 쌓이면서 물결 모양을 이룬 것을 뱀의 모양으로 형용한 것이다.

141 무지개……빛나고 : 홍벽(虹璧)은 무엇을 지칭하는지 자세하지 않다. 아마도 햇살에 곱게 빛나는 눈을 이렇게 표현한 것이 아닌가 추측된다. 참고로 왕발(王勃)의 〈칠석부(七夕賦)〉에 "홍벽을 주어서 신주를 당긴다.〔授虹璧而控神州〕"라는 표현이 있다. 《王子安集 卷一》 또 조희일(趙希逸)의 시에 "모두들 홍벽의 가치가 연성벽의 가치와 같다고 말하네.〔共稱虹璧價連城〕"라는 내용이 보인다. 《竹陰先生集 卷八 海平府院君月

대숲 바람은 곡조를 여와에게 배웠네[142] 風篁韻學媧
연못 얼어 돌 거울 표면 같고 池凝石鏡面
물방울 맺혀 수정이 싹텄네 溜結水精芽
문에 붙어 개밋둑 같고 着戶封如蟻
오두막 덮어 웅크린 달팽이 같구나 霑廬縮似蝸
용문에 식양이 넉넉해지고[143] 龍門饒息壤
거록에 혹 모래가 무너졌네[144] 鉅鹿或崩沙
희고 깨끗하여 본래 절개를 표방하고 皎潔元標節
진흙길에 모두 흠집 가려 주네 泥塗摠掩瑕
어둠 헤치고 신이 북두성 걸고 擺溟神揭斗
우레 그치니 천제가 탄식 거둔 듯 閉電帝收呀
어찌 재앙의 조짐이 화를 이루랴 豈有災成沴

汀挽詞三十韻》 초(楚)는 초나라에서 나온 화씨벽(和氏璧)을 가리키는데, 여기서는 홍벽의 광채가 화씨벽보다 곱다고 읊은 것이다.

142 대숲……배웠네 : 와(媧)는 뱀의 몸에 사람 머리를 한 전설상의 인물인 여와씨(女媧氏)를 가리킨다. 오색의 돌을 갈아서 터진 하늘을 꿰맸다는 전설이 전해지며, 중국 고대에 생황(笙篁)을 만들었다고 한다. 여기서는 눈 내린 대숲에서 나는 소리를 생황 소리에 비유하면서, 생황을 만든 여와씨를 이끌어 온 것이다.

143 용문(龍門)에 식양(息壤)이 넉넉해지고 : 식양은 저절로 생장하여 영원히 모감(耗減)되지 않는 토양을 말하는데, 여기서는 눈이 계속 내려 쌓이는 모습을 비유적으로 읊은 것이다.

144 거록(鉅鹿)에……무너졌네 : 눈이 많이 내린 모습을 비유한 말이다. 거록은 거교(鉅橋)와 녹대(鹿臺)로, 상(商)나라 마지막 임금 주(紂)가 애첩 달기(妲己)와 놀던 곳의 이름이기도 하고, 진한(秦漢) 당시의 현(縣)으로, 항우(項羽)가 진(秦)나라 군사를 크게 무찔렀던 곳이다.

납을 가로 고친 걸 보았네[145]	行看臘改嘉
책을 비춰 시와 해 분간하고[146]	映書分豕亥
물시계에 더해져 달을 얼리네[147]	添漏凍蝦蟆
차를 끓일 수 있어 좋으니	暫喜供煎茗
대나무 부러지는 걸 어찌 꺼리랴	何妨坼壞笆
가볍기는 비록 깃털과 비교되지만	質輕雖比羽
윤기 나니 어찌 날리는 갈댓잎 같으랴	氣潤詎飛葭
창으로 들어와 무정하게 떨어지고	入牖無情墮
발에 걸려 어지럽게 시야 가리네	棲簾亂眼遮
노나라 베틀에서 잘린 명주인가 의심하고	魯機疑翦縞
한나라 길에서는 수레 뒤집혔겠지	漢路想翻車
저물녘에 드문드문 내리다 그치자	晚勢霏霏歇
맑은 햇살 줄기줄기 퍼지네	淸輝脈脈賖
온 창고가 가득 찰 상서로운 조짐이며	千倉應表瑞

145 어찌……보았네 : 많은 눈이 내렸지만, 재앙의 조짐이 아니라 상서로운 조짐이라는 표현이다. 납(臘)을 가(嘉)로 고쳤다는 것은 납일(臘日)을 가평(嘉平)이라고도 한다는 말이다. 가평은 섣달의 제사 또는 섣달을 말하는데, 그 명칭이 삼대에 각기 달랐다. 하(夏)나라는 가평, 은(殷)나라는 청사(淸祀), 주(周)나라는 대사(大蜡)였다. 《世說新語 德行》《사기(史記)》 권6 〈진시황본기(秦始皇本紀)〉에 "31년 12월에 납(臘)을 고쳐서 가평이라고 하였다."라는 기록이 보인다.

146 책을……분간하고 : 눈빛에 비추어 글을 읽는다는 형설지공(螢雪之功)의 고사를 활용한 표현이다.

147 물시계에……얼리네 : 누(漏)는 물시계이고 하마(蝦蟆)는 두꺼비인데, 달 속에서 산다는 전설이 있다. 물시계에 눈이 쌓여 달을 얼린다는 표현으로, 시간을 멈추게 한다는 말이다.

세 번 눈 내리니 보리 풍년이네[148]	三白已騰夸
조화가 진실로 변화 많지만	造化眞多劇
은밀히 도와주는 공도 절로 많구나	陰功儘自奢
뭇 산들 모두 은빛으로 아롱졌는데	群巒俱鑿落
늙은 나무만 서로 얽혔구나	老木獨交拏
곡조 오래되어 노래가 영 땅에 전하고[149]	調古歌傳郢
언덕 높아 그 꼴이 마치 파촉 길 같네[150]	陵高骨擬巴
차가운 처마 아래 아침 기다리려니	寒檐待朝日
맑은 달무리가 솔가지 누른다	淸暈壓松叉

148 세 번……풍년이네 : 눈이 내리는 것을 풍년의 조짐으로 본 것이다. 동지 이후 세 번째 돌아오는 술일(戌日)을 납일(臘日)이라고 하는데, 납일 전에 세 번 눈이 내리는 것을 삼백(三白)이라고 한다. 《본초(本草)》 〈납설(臘雪)〉에 "동지 지난 뒤 세 번째 술일이 납일인데, 납일 이전에 세 차례 눈이 오면 보리농사에 아주 좋다."라고 하였다.

149 곡조……전하고 : 〈백설곡(白雪曲)〉을 가리킨다. 굴원(屈原)의 제자인 송옥(宋玉)이 초나라의 수도인 영(郢)에서 〈백설곡〉을 불렀는데, 그 곡조가 너무 고상하였기 때문에 창화(唱和)한 자가 얼마 안 되었다고 한다. 《宋玉 對楚王問》

150 언덕……같네 : 눈 쌓인 언덕길이 험해져서 마치 파촉의 잔도(棧道)와 같다는 말이다.

거듭 〈대설〉의 운자로 짓다

叠大雪韻

낙양 원생의 집[151]	東洛袁生戶
삼오 대씨의 집[152]	三吳戴氏家
차가운 소리가 지맥에 얽히고	寒聲纒地脈
맑은 기운 하늘 끝에 닿았네	灝氣接天涯
윙윙 바람 소리 차갑게 파고들더니	浙浙侵人冷
아득히 눈에 가득 비껴 날린다	茫茫混眼斜
누대 밝아 황새 모인 것 같고	樓明迷集鸛
가지 무거우니 까마귀 앉은 줄 알겠네	枝重覺添鴉
내리는 기세 차츰 안정되나 싶더니	落勢微微定
위세가 점점 더해진다	凌威稍稍加

151 낙양 원생(袁生)의 집 : 원생은 후한(後漢) 때의 명상(名相) 원안(袁安)을 가리킨다. 원안이 벼슬길에 나가지 전에, 일찍이 낙양(洛陽)에 대설(大雪)이 내려서 낙양영(洛陽令)이 몸소 나가 민가(民家)를 순행할 적에, 다른 집들은 다 눈을 치웠는데, 원안의 집 문밖에는 사람이 다닌 흔적이 없으므로, 그 집에는 사람이 이미 굶어 죽은 줄 알고 사람을 시켜 눈을 치우고 문을 열어 살펴보게 한 결과, 원안이 꼼짝도 않고 누워 있었다는 고사가 전한다.《後漢書 卷45 袁安列傳》

152 삼오(三吳) 대씨(戴氏)의 집 : 대씨는 누구를 가리키는 지 미상이다. 삼오는 세 곳의 지명으로, 진(晉)나라 때는 오흥(吳興), 오군(吳郡), 회계(會稽)를 말하고, 당(唐)나라 때는 오흥(吳興), 오군(吳郡), 단양(丹陽)을 말하고, 송(宋)나라 때는 소주(蘇州), 상주(常州), 호주(湖州)를 말한다.《진서(晉書)》 권100 〈손은열전(孫恩列傳)〉에 "천하에 군사가 일어나는 것을 보고, 진(晉)나라 국운이 다하였다고 판단하여 백성을 선동하였더니, 삼오 지방의 백성들이 많이 따라왔다."라고 하였다.

옷 적셔 하얗게 쌓이고	霑衣偏積素
귀밑털 비춰 교묘히 더 환하게 하는구나	照鬢巧增華
진 친지 오래다가 포위 비로소 풀리는 듯	陣久圍初解
군사들 계엄하여 싸워도 시끄럽지 않은 듯	師嚴戰不譁
영롱하게 온 세상[153] 장식하고	玲瓏粧瑞葉
비틀어져 눈[154]을 현혹하네	撇捩眩狂花
두루 뿌려 맑게 비단 이은 듯하고	灑遍淸連綺
밝게 빛나니 가늘게 깁 비추는 듯	融多細映紗
은빛 강물 바다로 통하고	河銀通海渤
거울 같은 호수 시냇물 끌어당기네	湖鏡挹溪邪
햇빛 비치면 오히려 가까워 보이는데	日曜瞻猶近
구름 어리면 문득 멀어 보인다	雲籠望忽遐
쓰러진 솔은 학창의 입은 것 같고	偃松披似氅
한껏 휜 대는 싸우는 뱀 같아라	撐竹鬪疑蛇
문이 막히니 북쪽 오랑캐 매몰됨을 생각하고	門壅思埋狄
언덕 높아 여와씨 장사한 곳 떠올리네	陵危憶葬媧
양후가 하얀 신기루 불어 일으킨 듯하고[155]	陽侯吹白蜃

153 온 세상 : 서엽(瑞葉)은 성세(盛世)를 의미한다. 달리 구름의 모양이나 눈을 형용하는 말로도 사용된다.

154 눈 : 광화(狂華)는 안화(眼花)와 같은 뜻으로, 눈앞에 불똥 같은 것이 어른어른하는 것을 이르는데, 눈이 흐림을 뜻한다.

155 양후(陽侯)가……듯하고 : 눈이 바람에 날리는 모습을 읊은 것이다. 양후는 거센 파도를 일으키는 신(神)이다. "양후의 범람을 겁내지 않고.〔凌陽侯之氾濫兮〕"라는 말이 있다.《楚辭 九章 哀郢》 백신(白蜃)은 흰색의 신기(蜃氣)로, 안개를 가리킨다. 두보

땅속에는 노란 싹이 움츠리네 后土縮黃芽
기운 잠겨 도리어 제비 같고 氣蟄還同燕
진 말라 달팽이 같아라 津枯却類蝸
고을 나누려 해도 어찌 땅 변별하랴 分州寧辨壤
글자 쓰기는 모래보다 좋구나 畫字强依沙
마음대로 틈을 파고들더니 隨意仍投隙
무슨 마음으로 다시 티를 밟아 감추나[156] 何心更蹈瑕
마당 평평해져 찾아오는 사람 그치고 庭平休疊迹
도랑 가득 차 벌어진 입 사라지네 溝滿沒張呀
밭두둑 보리로 창고 가득하겠고 隴麥倉廂富
많은 음식이 제기에 아름답게 담기겠지 坻肴俎豆嘉
깨끗한 빛 응당 말을 알아보는데 練光應識馬
차가운 넋 어찌 달빛 꺼릴까 氷魄詎嫌蟆
꺾이고 눌리니 기운 기둥 걱정이고 摧壓愁攲棟

(杜甫)의 〈바람이 세차게 불기에 배 안에서 베개에 엎드려 회포를 써서 삼십육 운의 시를 호남의 친우에게 삼가 보내 드리다.〔風疾舟中伏枕書懷 三十六韻 奉呈湖南親友〕〉라는 시에 "수향에 백신이 흐릿하고, 단풍 든 기슭엔 푸른 봉우리 겹겹일세.〔水鄕霾白蜃, 楓岸疊靑岑.〕"라고 하였다. 《杜少陵詩集 卷36》

156 마음대로……감추나 : 눈이 빈틈을 파고들어 쌓이고, 지저분한 것을 모두 덮는 모습을 형용한 것이다. 도하(蹈瑕)는 본래 상대의 과실을 이용하는 것으로, 《사기(史記)》 권118 〈회남왕열전(淮南王列傳)〉에 "고황제가 풍패에서 처음 일어나 천하에 한번 부르짖으니, 기약하지 않고 응한 사람이 셀 수 없을 만큼 많았다. 이것이 이른바 하자를 밟고 틈을 엿본다는 것이니, 진이 망한 틈을 이용하여 움직인 것이다.〔高皇始於豐沛, 一倡天下, 不期而響應者不可勝數也. 此所謂蹈瑕候間, 因秦之亡而動者也.〕"라는 말이 보인다.

깊이 묻히니 짧은 대 걱정일세	堆埋悶短笆
짚보다 가벼워 넉넉히 콩 만한 알갱이 떨어지고	稭輕饒墮豆
갈대청처럼 얇아 갈대꽃 흩날리는 듯	莩薄喜飄葭
가까이는 땅의 모습 사라질까 놀라고	密訝坤儀塞
높이 북두성 가려 애처롭네	高憐斗極遮
경거로 보답하려니 위나라 시에 부끄럽고[157]	報瓊慙衛什
쌍벽을 이룬 반악의 수레에 부끄럽다[158]	聯璧愧潘車
어려운 처지 모두 이러한데	處涸俱如許
아이들은 술 사오지 않네	嬰癡各未賒
길이 덕석의 괴로움 탄식하며[159]	長嗟牛被苦

157 경거(瓊琚)로……부끄럽고 : 《시경》 〈목과(木瓜)〉에 "나에게 목과를 보내 주거늘, 나는 패옥으로 답례하고 싶나니, 형식적 보답이 아니오라, 영원히 친하게 지내자는 것이라네.〔投我以木瓜, 報之以瓊琚, 匪報也, 永以爲好也.〕"라는 내용이 나온다. 여기서는 이민구와 앞서 함께 시를 읊었던 사람의 작품에 대해 이민구가 수창하려 한다는 의미로 보인다.

158 쌍벽을……부끄럽다 : 연벽(聯璧)은 두 구슬이 서로 연하였다는 말로, 둘이 똑같이 아름답다는 표현이다. 《진서(晉書)》 권55 〈하후담열전(夏侯湛列傳)〉에 "담(湛)은 풍채가 아름다우며, 반악(潘岳)과 더불어 사이가 좋아서, 나가면 수레를 함께 타고, 앉으면 자리를 같이하니, 서울 사람들이 연벽(聯璧)이라 칭하였다."라고 하였다. 여기서는 이민구가 함께 시를 지은 사람의 작품에 비해 자신의 작품이 부족하다는 뜻으로 읊은 것이다.

159 길이……탄식하며 : 눈 속에서 겪는 괴로움을 말한다. 우피(牛被)는 소의 추위를 막기 위해 짚을 엮어 만든 덕석을 말한다. 한(漢)나라 왕장(王章)이 미천했을 때 장안(長安)에서 아내와 둘이 살았는데, 집이 워낙 가난하여 병들어도 덮을 이불이 없었다. 그래서 우의 속에 들어가 누워서는 이대로 죽을 수밖에 없다고 생각하여, 아내와 결별하고 슬피 울었다는 고사가 전한다. 《漢書 卷76 王章傳》

잠시 토원의 아름다움에 의지하네[160] 暫倚兎園夸
한 글자도 본래 보배로운데 一字元堪寶
편이 이어지니 너무 사치로다 連篇儘已奢
아름다운 경치 더듬어 묘하게 비유하니 探奇將妙喩
환상을 말하고 공허를 끌어들였네 語幻怳空挐
검을 캐려면 뇌환을 만나야 하고[161] 劍斸逢雷煥
거문고에 전해지려면 호파를 감동시켜야지[162] 琴傳感瓠巴
시 완성하고 옥수[163] 그리는데 詩成懷玉樹
문밖에는 언물만 교차하네 門外凍流叉

160 잠시……의지하네 : 내리는 눈을 보고 시를 지어본다는 말이다. 토원(兎園)은 한(漢)나라 양 효왕(梁孝王)의 동원(東苑)이다. 양 효왕이 토원에서 노닐면서 사마상여(司馬相如)에게 서간을 보내, 자신을 위해서 눈에 대한 시를 짓도록 부탁한 고사가 남조 송(南朝宋) 사혜련(謝惠連)의 〈설부(雪賦)〉에 소개되어 있다.

161 검을……하고 : 진정한 가치를 알아주는 사람을 만나야 한다는 말이다. 뇌환(雷煥)은 천문(天文)을 잘 파악했던 사람으로, 용천검(龍泉劍)과 태아검(太阿劍)을 발굴한 일이 있다. 394쪽 각주127 참조.

162 거문고에……감동시켜야지 : 진정한 가치를 알아주는 사람을 만나야 한다는 말이다. 호파(瓠巴)는 춘추 시대 초나라의 유명한 거문고 연주가이다. 《열자(列子)》 〈탕문(湯問)〉에 "호파가 거문고를 연주하면, 새가 춤추고 물고기가 뛰어올랐다.〔瓠巴鼓琴, 而鳥舞魚躍.〕"라고 하였다.

163 옥수(玉樹) : 그리운 사람을 가리킨다. 남조 양(南朝梁)의 강엄(江淹)이 "얼굴이라도 한번 보면 좋으련마는, 곤륜산의 옥나무처럼 너무도 멀리 있네.〔願一見顔色, 不異瓊樹枝.〕"라고 표현한 뒤로, 멀리 떨어져 소식 없는 그리운 님을 옥나무로 비유하게 되었다. 《文選 卷31 古別離》

창연정에서 동양위를 위해 짓다[164]

蒼然亭 爲東陽尉賦

지주석 砥柱

넓고 넓은 두 강 줄기　浩浩二江源
태고 때부터 달려 흐르지　奔流自太古
누가 땅에 꽂힌 병풍을 가지고　誰將挿地屛
하늘 받치는 기둥이라 부르는가　喚作支天柱

고산 孤山

푸르고 푸른 뭇 산의 기세　蒼蒼衆山勢
큰 강과 함께 뻗이 가는데　欲與大江逝
버티고 선 한 봉우리 있어　賴有一支峯
머리 돌려 울타리 되었네　回頭爲捍蔽

상연대 爽然臺

높은 누대는 무더운 여름과 동떨어져　高臺隔炎夏
유월에도 서늘한 바람 불어온다　六月涼風吹

164 창연정(蒼然亭)에서……짓다 : 창연정은 현재의 경기도 남양주시에 있던 신익성(申翊聖, 1588~1644)이 세운 정자이다. 신익성의 《낙전당집(樂全堂集)》 권8 〈창연정설(蒼然亭說)〉에 "회수 가에 폐허가 된 언덕이 있다. 내가 그 꼭대기를 밀어 판판하게 만들고, 정자를 세워 이름을 창연이라 하였다.〔淮上有廢丘, 余乃夷其顚而亭之, 命之曰蒼然.〕"라는 내용이 보인다.

너른 들판에 큰길 나 있어 曠野有官道
행인들 그칠 때 없구나 行人無已時

용진현 龍津縣

황폐한 고을에 승냥이와 범 날뛰고 廢縣雜豺虎
아득히 마을 터에 연기 덮였다 敻然墟里煙
갈대숲에 인기척 있으니 菰蘆有人語
물가 고깃배에서 들리는 듯 下渚釣魚船

고운대 孤雲臺

고운[165] 떠난 지 천 년 孤雲去千載
남은 자취에 이미 먼지 일어나네 遺迹已生塵
높은 누대 위로 오가는 이들 來往高臺上
지금 사람이지 옛 사람 아니구나 今人非古人

중은사 中隱寺

절[166] 있는 숲에 날 저물어 가고 蘭若中林晚
등나무 덩굴 골짜기마다 우거졌구나 藤蘿衆壑重
석양이 산허리에 밝은데 斜陽明半嶺
차가운 풍경 소리 깊은 솔숲에서 울리네 寒磬出深松

165 고운(孤雲) : 최치원(崔致遠, 857~?)의 자이다.

166 절 : 난야(蘭若)는 범어 āranyaka의 음역인 아란야(阿蘭若)의 준말로, 출가자가 수행하는 조용한 곳, 즉 절을 말한다.

우천 牛川

수레 타고 우천에 갔다가	命駕適牛川
애달프게 흐르는 물 슬퍼하노라	悵然悲逝者
달리는 물결은 세월과 함께	奔波與流光
날마다 서남쪽으로 내려가네	日日西南下

월정 月汀

물에 비친 달은 영롱히 밝고	水月玲瓏白
물가 모래는 깨끗하고 차네	汀沙的皪寒
한밤에 오리와 기러기 잠에서 깨는 건	三更鳧雁起
노 저어 앞 여울로 내려가는 배 때문이지	搖櫓下前灘

지사 조존성[167] 만사 무진년(1628, 인조6)

趙知事存性挽詞 戊辰

태평한 시대 존경받던 원로	昭代尊耆舊
밝은 조정에서 모범[168] 되셨지	明廷有羽儀
어이해 서산에 지는 해가 되어	如何離日昃
백 년의 기약 기다리지 않으셨나[169]	不待百年期
낙사의 풍류는 멀어졌고[170]	洛社風流遠
주옹[171]의 예법도 허물어졌구나	周雍典禮虧

167 조존성(趙存性) : 1554~1628. 본관은 한양(漢陽), 자는 수초(守初), 호는 용호(龍湖)·정곡(鼎谷), 시호는 소민(昭敏)이다. 이괄(李适)의 난이 일어나자, 검찰사(檢察使)로서 왕을 공주(公州)로 호종(扈從)하였으며, 난이 평정된 뒤 지의금부사가 되어 기로사(耆老社)에 들어갔다.《淸陰集 卷27 贈議政府領議政昭敏趙公神道碑銘 幷序》

168 모범 : 우의(羽儀)는《주역》〈점괘(漸卦) 상구(上九)〉에 "기러기가 하늘 높이 날아가나니, 그 터럭을 의식에 써도 좋으리라.〔鴻漸于陸, 其羽可用爲儀.〕"에서 나온 말로, 지위가 높고 재덕이 있어 남의 존중을 받고 모범이 되는 것을 비유한다.

169 어이해……않으셨나 : 조존성이 백수를 누리지 못하고 운명한 것을 안타까워한 것이다. 이일측(離日昃)은《주역》〈이괘(離卦) 구삼(九三)〉의 "기운 해가 서산에 걸린 것이다. 질장구를 두드리며 노래하지 않으면 노년을 한탄하는 것이니 흉하다.〔日昃之離, 不鼓缶而歌, 則大耋之嗟, 凶.〕"라는 말에서 유래한 것으로, 노인이 생사의 도리를 알아 마음을 편히 갖는 것을 뜻하는데, 여기서는 조존성의 죽음을 의미한다.

170 낙사(洛社)의 풍류는 멀어졌고 : 기로소의 풍류가 멀어졌다는 말이다. 낙사는 송(宋)나라 구양수(歐陽脩)와 매요신(梅堯臣) 등이 조직한 시사(詩社)로, 낙양기영회(洛陽耆英會)의 준말이다

171 주옹(周雍) : 주옹은 주(周)나라의 벽옹(辟雍)으로, 천자가 세운 태학을 말하는

더는 모실 길 없으니 無由陪杖屨
썰렁한 가을날 마루 장막 닫혔다 秋冷閉堂帷

2

나무 얼어 재앙 두렵더니[172] 木稼災初怕
용사의 해라 다시 탄식하네[173] 龍蛇歲更嗟
한 번 애도하러 조문객 자리 자주 가니 一哀頻客次
원로들 반은 산비탈에 묻히셨네 遺老半山阿
공의 집에 맑은 가을 다하였으니 門館淸秋盡
이 세상 세월은 잠깐이구나 乾坤逝日俄
처량하다 부추에 맺힌 이슬 같은 인생[174] 凄凄薤上露

데, 우리나라의 성균관이다.

172 나무……두렵더니 : 불길한 조짐이 있어서 걱정스러웠다는 말이다. 목가(木稼)는 나무에 물방울이 얼어붙어 기묘한 형태를 이루는 것으로, 위인(偉人)의 죽음을 예고하는 뜻으로 쓰인다. 송(宋)나라 한기(韓琦)가 죽던 해에 목가의 현상이 발생했는데, 왕안석(王安石)이 지은 만사(挽辭)에 "고관들 듣고 두려워한 목가의 소식, 산언덕 무너지며 철인이 떠났도다.〔木稼曾聞達官怕, 山頹今見哲人萎.〕"라는 구절이 있다. 《山堂肆考 卷153 木稼》

173 용사(龍蛇)의……탄식하네 : 용사는 십이지(十二支)의 진년(辰年)과 사년(巳年)으로서, 죽음의 액운이 들어 현인(賢人)에게 불행이 닥치는 흉년(凶年)으로 일컬어졌다. 후한(後漢)의 정현(鄭玄)이 만년에 병이 들어 벼슬길에서 물러나 집에 들어와 지냈는데, 하루는 꿈에 공자가 나타나 "일어나라, 일어나라. 올해는 용 띠 해이고 내년은 뱀 띠 해이다.〔起起, 今年歲在辰, 來年歲在巳.〕"라고 하였다. 정현은 꿈에서 깨어나 참언(讖言)으로 맞추어 보고는 자신의 천명이 다했음을 알았으며, 그해에 죽었다. 《後漢書 卷65 鄭玄列傳》 여기서는 조존성이 무진년(戊辰年)에 운명하였기 때문에 이렇게 읊은 것이다.

예전부터 한이 많았다네　　　　為恨向來多

174 부추에……인생 : 해상로(薤上露)는 부추 위에 맺힌 이슬처럼 덧없이 지는 인생을 슬퍼하여 부르는 노래로, 초상 때 부르던 상엿소리를 말한다. 한 고조(漢高祖)에게 반기를 들다 패망한 전횡(田橫)의 죽음을 두고, 그 무리가 지은 만가(輓歌) 2장 중 1장에 "부추 위의 아침 이슬 어찌 그리 쉬이 마르는가. 이슬은 말라도 내일 아침 다시 내리지만, 사람은 죽어 한 번 가면 언제 다시 돌아오나.〔薤上朝露何易晞, 露晞明朝更復落, 人死一去何時歸.〕"라고 하였다. 《古今注 音樂》

정자용의 시[175]에 차운하여 여산 근민헌의 시를 지어 군수 조창원[176]에게 보내다

次鄭子容韻 寄題礪山近民軒爲知郡趙昌遠

공무 여가에 화려한 집 지으니[177]	絃歌餘事闢華堂
달빛과 연꽃 향기 한 연못에 어우러지네	月色荷香共一塘
집에 손님 찾아와 걸상 자주 내리고[178]	門館客來頻下榻

175 정자용(鄭子容)의 시 : 정자용은 정홍명(鄭弘溟, 1592~1650)으로, 본관은 연일(延日), 자는 자용, 호는 기암(畸庵), 시호는 문정(文貞)이다. 《愼獨齋遺稿 卷10 大司憲鄭公墓表》 저서로는 《기암집(畸庵集)》과 《기옹만필(畸翁漫筆)》이 있다. 이민구가 차운한 정홍명의 시는 〈기제근민당정사조사군대형(寄題近民堂呈似趙使君大亨)〉으로 《기암집(畸庵集)》 권5에 실려 있다.

176 조창원(趙昌遠) : 1583~1646. 본관은 양주(楊州), 자는 대형(大亨), 호는 만성(晩醒)이다. 지돈녕부사 조존성(趙存性)의 아들이며, 인조의 국구(國舅)이다. 《白軒集 卷40 漢原府院君趙公諡狀》 조존성이 여산 군수로 부임하면서 하직하였다는 기록이 《승정원일기》 인조 9년 11월 28일 기사에 수록되어 있다.

177 공무……지으니 : 조창원이 근민헌(近民軒)을 지었다는 말이다. 현가(絃歌)는 공자의 제자 자유(子遊)가 무성 읍재(武城邑宰)가 되었을 때 백성들에게 예악을 가르쳤으므로, 곳곳마다 현가의 소리가 들렸다는 데서 유래한 말이다. 《論語 陽貨》 여기서는 조창원이 군수의 직무를 훌륭히 수행하였다는 의미로 사용되었다. 신익성의 《낙전당집(樂全堂集)》 권7〈근민헌기(近民軒記)〉에 "웅덩이를 파서 연못을 만들고 연못에 임해 정자를 만든 다음 근민헌이라 이름하고, 수백 리 떨어진 곳에 편지를 보내와, 내게 그 편액을 쓰고 그 사실을 기록해 달라고 하였다.〔疏汚而沼, 臨沼而亭, 扁以近民, 走書於數百里外, 謁余題其額而紀其實.〕"라는 내용이 있다. 이로 보아 근민헌을 조창원이 지었음을 알 수 있다.

178 집에……내리고 : 하탑(下榻)은 의자를 내려 특별히 손님을 대우하는 것을 말한

뜰에 아전들 흩어지자 다시 상을 옮기네	庭除吏散更移床
시는 바닷가 산에서 지은 새 글 사랑스럽고	詩憐海嶠新篇好
술은 호산[179]에서 옛 방법대로 빚은 것 생각나네	酒憶壺山舊法良
늙은 나는 맑은 흥취 일어남을 금치 못하니	老子不禁淸興發
새벽녘 돌아가는 꿈 수운향에 있네[180]	曉天歸夢水雲鄕

다. 후한(後漢) 때 남창 태수(南昌太守) 진번(陳蕃)이 평상시 손님을 접대하지 않다가, 그 고을에서 가난하게 지내는 서치(徐穉)라는 선비만 오면 특별히 자리를 내려 깔아주고, 그가 가면 즉시 말아서 다시 제자리에 매달았다고 한다. 《後漢書 卷83 徐穉列傳》

179 호산(壺山) : 여산(礪山)의 옛 이름으로, 여기서는 이곳에서 담근 술을 가리킨다.

180 새벽녘……있네 : 조창원이 있는 여산에 가고 싶다는 말이다. 수운향(水雲鄕)은 물이 흐르고 구름이 떠도는, 풍경(風景)이 맑고 그윽한 곳을 말하는 데, 여기서는 여산을 지칭한 말이다.

갑자년(1624, 인조2) 안동의 〈방회도〉에 추가로 쓰다[181]

追題甲子歲安東榜會之圖

우리들 합격할 때 얻은 인재 많았으니	吾榜當時盛得才
남루에서 가을날 즐겁게 잔을 나누었지	南樓秋日樂傳杯
그림 받아드니 도리어 꿈만 같은데	丹青落手還如夢
가무 즐기던 마음 이제는 서글퍼라	歌舞闌情轉自哀
영남 바다 천 리나 떨어져 놀라운데	嶺海已驚千里隔
풍진세상 또 십 년 지났음을 보노라	風塵又見十年來
좋은 고을 멋진 모임 이제 다시 어렵지만	名州勝集今難再
비록 만난들 늙었으니 어이하랴	縱使相逢奈老催

181 갑자년……쓰다 : 방회(榜會)는 과거에서 같은 방(榜)에 입격한 사람들끼리의 회합을 말한다. 이민구가 경상도 관찰사로 부임했던 1624년(인조2)에 자신과 함께 과거에 합격한 사람들과 모임을 갖고, 그 장면을 그린 그림이 있었던 것으로 추정된다.

거듭 장원백을 심은 노래[182]

重植壯元柏行

웅장한 공자의 궁[183]	翼翼夫子宮
우뚝이 근엄하게 자리하였네	嵬峨儼位置
좨주가 머무는 집에 잣나무 있으니	有柏祭酒堂
좋은 땅에 뿌리내렸네	結托自厚地
삼삼한 푸른 구름의 줄기	蕭森青雲幹
천 년토록 좋은 날 이르리라	千歲日以至
현관[184]에서 항상 재주를 겨루니	賢關每戰藝
많은 선비들 모두 큰 그릇일세	多士俱遠器
어찌 악목의 그늘[185] 따를까	寧隨惡木陰

182 거듭……노래 : 이민구가 대사성(大司成)으로 있을 때에, 장원백(壯元柏)을 심고 이 시를 지은 한편, 김상헌(金尚憲, 1570~1652)에게 시를 지어달라고 요청하였다. 장원백은 세종(世宗)과 태허정(太虛亭) 최항(崔恒) 사이에서 일어난 고사이다. 세종이 장차 과거를 시행하려고 할 때에 낮잠을 자면서 용 한 마리가 성균관 서편 잣나무에 서려 있는 꿈을 꾸었다. 꿈을 깬 후 곧바로 내관을 시켜 가 보게 하니, 한 선비가 행낭을 베고 잣나무에 발을 걸친 채 잠을 자고 있었다. 이 과거에서 최항은 장원으로 급제하였는데, 내관이 보니 바로 잣나무 아래에서 잠을 자고 있던 선비였다. 그로 인해 이 잣나무를 장원백이라고 불렀다. 《於于野談》

183 공자의 궁 : 성균관(成均館)을 가리킨다.

184 현관(賢關) : 성균관의 별칭이다.

185 악목의 그늘 : 악목음(惡木陰)은 《관자(管子)》의 "개결한 마음을 품은 선비는 악목의 그늘에서는 쉬지도 않는다.〔夫士懷耿介之心, 不蔭惡木之枝.〕"라고 한 데서 온 말이다. 육기(陸機)의 〈맹호행(猛虎行)〉에 "목이 말라도 도천의 물은 마시지 않고, 더위

다투어 추위 업신여기는 푸른 솔 사랑하네 競愛凌寒翠
문장 발휘해 준수한 작품[186] 얻으니 騁辭得雋永
훌륭한 인재 자주 발탁되었네 長材屢拔萃
밝게 빛나는 장원 급제자 煒燁金榜首
사문에서 기치를 세웠지 斯文見立幟
식물에 무슨 권한 있으랴 植物有何權
큰 이름 우연한 일로 얻었네[187] 大名偶然事
세속의 인정은 특이한 소문 귀히 여기니 俗情貴異聞
상서롭다 하는 건 밝은 지혜가 부족한 탓 稱祥寡明智
과장[188]에서 의관 갖추고 달려드는 건 棘圍走冠裳
예나 지금이나 한결같네 今古同一致
비록 지극한 이치 아닌 줄 알지만 雖知非至理
권함을 포기하지 못하네 勸激不可棄
지난번 음기가 왕성해 往者陰氣盛
신령한 뿌리에 생기가 부족하더니 靈根少生意
참담하다 눈서리 겪은 가지 慘澹雪霜標

에도 악목 그늘에서는 쉬지 않는다.〔渴不飮盜泉水, 熱不息惡木陰.〕"라고 하였다.

186 준수한 작품 : 전영(雋永)은 살져 맛이 좋은 고기를 말하는데, 전하여 살져 맛 좋은 고기처럼 문장의 의미가 심장함을 의미한다.

187 밝게……얻었네 : 최항의 고사로 인해 장원백이라는 이름이 붙여지게 된 것은 우연한 일이었다는 말이다.

188 과장 : 극위(棘圍)는 과거 시험장의 별칭이다. 합격자를 발표하는 날, 낙방한 응시자들의 난동을 방지하기 위하여 가시나무 울타리를 쳤다는 고사에서 유래했다고 한다.《舊五代史 卷127 周書 和凝列傳》

날마다 면모 달라지네	日覺顔色異
뭇 숲에 푸른 빛 사라져	衆林鈌蔥靑
둘러보아도 메말라 보이네	俯仰見顚頓
김공은 진실로 나라의 기둥	金公信國楨
선비 양성을 사실상 맡겼네	作士實攸寄
새로 몇 촌의 푸른 나무 옮겨 심으니	新移數寸碧
옛일이 사라질까 걱정해서지	舊事恐失墜
정성스런 늙은 스승의 마음	殷勤老師心
성취해 주기를 외로운 나에게 바라네	成就望孤稚
내가 부끄럽게도 위대한 장인을 대신하게 되었으나	我慙代大匠
여린 줄기가 자라기 어려울까 걱정이네	微莖慮難遂
옆에 석 자 되는 나무 심어	傍栽恰三尺
무럭무럭 쉽게 자라기를 바라노라	擢秀覬容易
다른 해 동량이 될 자질	他年樑棟姿
쑥대처럼 자라기를 바라네[189]	已使蓬蒿企
난새와 봉황이 옆에서 날개 펄럭이면	鸞鳳側翛翽
생황과 그 소리가 비슷하네	笙竽聲彷彿
봄날 쌀쌀해 땅이 얼어 있고	春寒凍地脈
매섭게 삭풍이 남았네	凜冽餘朔吹
조화의 진행이 더딤을 세 번 탄식하지만[190]	三嘆造化遲

189 옆에……바라네 : 새로 심은 잣나무가 너무 어리므로, 그 곁에 조금 큰 나무를 심어줌으로써, 쑥이 삼 사이에서 곧게 자라듯이 어린 나무가 큰 나무를 따라 자라기를 바란다는 말이다.

세밑에는 더욱 근심하겠지	歲晩益愁思
장원 급제 그대가 앞섰으니	魁科子居先
국학에 내가 다음이었지	國學吾爲貳
시 지어 뒷사람들에게 보여 주자니	作詩示後來
부끄러운 바는 명리를 가까이함일세	所愧近名利

190 조화(造化)의……탄식하지만 : 계절이 빨리 변해서 어린 나무가 잘 자랄 수 있는 따뜻한 날씨가 되기를 바라지만, 그렇지 못함을 탄식한다는 말이다.

감사 이경여[191]를 전송하다

送李監司敬輿

풍속 살피는 감사 도성 출발하니	觀風使者出長安
백성들 웅성웅성 길가에서 바라본다	士女喧喧夾路看
임금께 아뢰어 동관회[192] 사양하고	奏議初辭東觀會
지나면서 잠깐 어버이 모시고 기뻐하네	經過暫奉北堂歡
휘장 걷었으니 한낮처럼 밝아 온 지역 고요하고[193]	褰帷白日重湖靜
창 세웠으니 서릿발 같아 오월에도 싸늘하겠지	列戟淸霜五月寒
오직 친구인 나는 남쪽 바라보며 한하노니	唯有故人南望恨
봄 내내 문 닫고 지내 온갖 꽃 시들어 가네	閉門春盡百花殘

191 이경여(李敬輿) : 1585~1657. 본관은 전주(全州), 자는 직부(直夫), 호는 백강(白江)·봉암(鳳巖)이다.《西河集 卷15 先考領議政府君家狀》이경여는 1627년(인조 5)에 충청 감사에 임명되었다.《承政院日記 仁祖 5年 9月 12日》

192 동관회(東觀會) : 동관은 원래 후한(後漢) 낙양(洛陽) 남궁(南宮) 안에 있던 대관(臺觀) 이름이다. 명제(明帝)가 반고(班固) 등에게 명하여 이곳에서 《한기(漢記)》를 편수하도록 하였고, 또 장제(章帝)와 화제(和帝) 때에는 궁중의 책을 보관하는 장소였다. 이로 인해 후에는 국사(國史)를 편찬하는 곳이란 의미로 쓰였다. 여기서는 홍문관을 뜻하는 것으로 보이는데, 이경여는 충청 감사로 부임하기 전에 홍문관에서 근무하였다.

193 휘장……고요하고 : 이경여가 감사가 되어 부임하는 행차의 모습을 읊은 것이다. 건유(褰帷)는 백성을 직접 대면하고 보살피려는 방백(方伯)의 성의를 가리키는 말이다. 후한(後漢) 가종(賈琮)이 기주 자사(冀州刺史)가 되어 부임하면서, 붉은 장막을 드리우고 가는 동안의 관례를 무시하고 수레의 휘장을 걷어 올리고는 "지방 장관은 멀리 보고 널리 들어서 좋고 나쁜 점을 살펴야 하는데, 어찌 거꾸로 수레의 휘장을 드리운 채 자신의 귀와 눈을 가리겠는가.〔刺史當遠視廣聽, 糾察美惡, 何有反垂帷裳以自掩塞乎.〕"라고 말한 고사가 전한다.《後漢書 卷31 賈琮列傳》

풍우묘여년[194]을 제목으로 삼아 짓다

風雨渺如年

풍 風

작은 시냇물에 눈 녹으려는데	細磵欲無雪
빈 숲은 바람 막기 어려워라	虛林難礙風
처량히 오경에 촛불 밝힌 채	悽然五更燭
잠 못 이루고 앉아 허공에 글씨를 쓴다[195]	不寐坐書空

우 雨

시간 알리는 북소리 고요할수록 더욱 더디고	更鼓靜逾遲
희미한 등불 꺼지려다 다시 살아난다	殘燈翳復吐

194 풍우묘여년(風雨渺如年) : "비바람 내리는 날이 아득히 1년 같다."라는 의미이다. 이 구와 일치하는 작품은 찾을 수 없다. 다만 왕봉(王逢)의 《오계집(梧溪集)》 권2 〈화장솔성추관소유선사 4수(和張率性推官小遊仙詞四首)〉에 "하늘의 은하수 봄날에 마치 바다 같은데, 비바람 부는 인간 세상 한밤이 일 년 같네.〔天上星河春似海, 人間風雨夜如年.〕"라는 내용이 보이고, 《만주당인절구(萬首唐人絶句)》 권20에 소개된 상역여자(湘驛女子)의 작품 〈제옥천계(題玉泉溪)〉에 "좋은 날 거듭 오지 않는데, 비바람 부는 날 아득히 일 년 같다.〔佳期不可再, 風雨杳如年.〕"라는 내용이 있다. 여기서는 이민구가 이 다섯 글자를 제목으로 삼으면서, 각각의 글자를 운자로 이용하여 다섯 수의 시를 지은 것이다.

195 허공에 글씨를 쓴다 : 한숨 쉬며 탄식하는 모습을 읊은 것이다. 진(晉)나라 은호(殷浩)가 조정에서 쫓겨난 뒤, 종일토록 공중에 손으로 뭔가를 쓰곤 하였는데, 가만히 살펴보니 '돌돌괴사(咄咄怪事)'라는 네 글자였다는 고사가 전해 온다. 《晉書 卷77 殷浩列傳》

이러한 때에 내 마음은　　此際一寸心
숲 가득 내리는 빗속에 잠긴다　　沈沈滿林雨

묘 渺

이미 덧없이 빠른 세월 애석한데　　已自惜年催
어이해 새벽 오기를 바라는가　　如何願夜曉
돌이켜 살아온 생애 헤아려 보니　　回頭算平生
지난날 더욱 아득하다　　往日益渺渺

여 如

창가에 등불 그림자 어른거리는 곳　　小窓燈影畔
외로운 잠자리에 빗소리 들리는 때　　孤枕雨聲初
고요한 토방의 자리에서　　寂寂土上座
나처럼 근심 없는 이 없으리라　　無愁吾未如

연 年

빈 처마에 찬 물방울 모이고　　虛簷奏寒滴
땅에 떨어져 흘러가 샘을 이룬다　　滴地瀉爲泉
나란히 물시계 속에 들어가니　　倂入銅壺裏
하룻밤이 한 해 같네　　將宵擬作年

상기를 마치고[196] 성묘하며 짓다
制除後汎墓作

덧없는 삼 년 세월 순식간에 흐르고	忽忽三霜轉眼空
청명도 지난 늦봄	清明又過暮春中
사람 놀라게 하는 새끼 꿩 때때로 외로이 우는데	驚人乳雉時孤雊
눈물에 아롱진 꽃은 옛 떨기 그대로일세	近淚斑花只舊叢
살짝 불어난 두 시내는 비가 막 지나서이고	微潤纔經雙澗雨
가벼운 추위 산허리 바람도 그치지 않네	輕寒不止半林風
흘러가는 물 다정히 푸른 모습을 보라	請看逝水多情碧
벌써 저녁노을 한줄기 붉게 물들었다	已映殘霞一抹紅

196 상기(喪期)를 마치고 : 제제(制除)는 상례의 절차가 모두 끝났다는 말로, 여기서는 이민구의 아버지 이수광(李睟光, 1563~1628)에 대한 복제(服制) 기간이 끝났음을 의미한다.

봄날 6언으로 짓다

春日六言

비 적고 바람 많은 날씨	少雨多風氣候
붉은 색 짙고 녹색 옅어 번화한 때	深紅淺綠繁華
놀러 나온 사람들 말 맨 곳 어디인가	游人繫馬何處
창부들 아쟁 소리 몇 집에서 들린다	倡婦彈箏幾家

꽃과 버들 바람 없이도 절로 흔들리니	花柳無風自搖
성 위의 구름도 빗속에 더욱 멈추었다	城雲帶雨逾懶
집집마다 푸름도 원망 붉음도 시름이니	家家綠怨紅愁
밤마다 노래 소리 낮고 춤사위 느릿느릿	夜夜歌低舞緩

임금께서 문묘에 참배하셨을 때 다섯 절구를 짓다

上親幸謁聖五絶句

물시계 소리 똑똑 이경을 지나고　　玉漏丁東盡二更
일천 관원과 의장대 계단 아래 늘어섰네　　千官隊仗簇階平
홍려[197] 나오지 않았는데 층문 아래에　　鴻臚未進層門下
이미 붉은 등 열 쌍이 줄지어 있네　　已有紅燈十對行

우위[198]를 비로소 나누어 궁궐 서쪽에 배치하고　　羽衛初分禁掖西
사의[199]가 이미 외반[200] 정돈되었다 아뢰네　　司儀已奏外班齊
궁중에 이날 추위가 오히려 매서워　　宮中是日寒猶峭
한쪽 붉은 발만 니지막이 걷어올렸네　　面紅簾捲却低

통례[201]의 조복 양 소매 늘어뜨리고　　通禮朝衣兩袖垂
문 앞에서 어가 인도하니 더딘 걸 마다 않네　　門前引駕不嫌遲

197 홍려(鴻臚) : 홍려시(鴻臚寺)의 준말로, 외국에 관한 사항, 조공(朝貢), 내빙(來聘), 흉의(凶儀), 사묘(祠廟)의 일을 관장하였다. 여기서는 홍려시에 속한 관원을 가리킨다.

198 우위(羽衛) : 임금의 시위(侍衛)를 맡아 보던 금위(禁衛)를 말한다.

199 사의(司儀) : 빈객에 관한 일들을 맡은 관명(官名)이다.

200 외반(外班) : 대궐 안의 모든 문관과 무관이 늘어서는 반열의 바깥 언저리를 말한다.

201 통례(通禮) : 통례원(通禮院)을 말하는데, 의례(儀禮)에 관한 일을 맡아 보던 관아이다.

예정[202]이 잠시 궐문 길에 머무르며　　霓旌暫住閶門道
유신들이 말에 오르기를 특별히 기다린다　　別俟儒臣上馬時

평대[203]의 장막에 임금 수레 거둥하여　　平臺雲幕降鸞輿
엄숙한 일 주선함에 공경이 넘치네　　肅事周旋敬有餘
동틀 무렵 엄숙한 제사 끝내고　　曙氣欲升嚴祀罷
묘문에서 교차하는 길에 예용이 평온하다　　廟門交道禮容徐

다리를 빙 두른 인사들 보고 듣는 이 넘치고[204]　　環橋冠帶溢觀聽
많은 유생들 문묘 뜰에 모였네　　濟濟青衿集孔庭
모두들 임금이 지극한 도를 생각한다 하는데　　共說君王思至道
무슨 말로 횡경[205]에 답하려는가　　欲將何語答橫經

202 예정(霓旌) : 무지개처럼 찬란한 깃발인데, 임금이라야 쓸 수 있는 물건이므로 임금을 지칭한 말이다.

203 평대(平臺) : 먼 데를 조망하기에 알맞은 대사(臺榭)를 말한다. 두보(杜甫)의 시에 "평대에 해지고, 봄바람에 차 마실 때.〔落日平臺上, 春風啜茗時.〕"라는 말이 있다. 《杜少陵詩集 卷3 重過何氏》

204 다리를……넘치고 : 고대 태학(太學)의 주위에는 물이 둘러져 있고 사방에 문이 있는데, 그 문들이 모두 다리를 지나서 통과하도록 되어 있었다. 《후한서(後漢書)》 권79 〈유림열전(儒林列傳)〉에 "향사례(饗射禮)를 마치고 천자가 바르게 앉아 직접 강(講)을 하면, 제후들이 경(經)을 가지고 앞에서 토론을 벌였는데, 교문을 빙 둘러서 보고 듣는 이들이 수없이 많았다."라고 하였다.

205 횡경(橫經) : 경서를 펴서 든다는 뜻으로, 독서 또는 강경(講經)을 말한다. 여기서는 임금이 책을 들고 질문한다는 말이다.

승정원에서의 다섯 가지 읊음

銀臺五詠

사각사각 서리 밟는 말발굽 소리	蔌蔌寒霜響馬蹄
샛별 밝아 오며 달 기우네	明星欲上月華低
사통팔달 도성 거리에 인적 드문데	天街十二行人靜
마침 동쪽 성에서 첫 닭이 운다	正報東城第一鷄
별원에서 턱 괴고 앉아 한참 조는데	別院支頤坐睡長
금문에 사람 소리 들리고 은당[206] 소리 울린다	禁門人語響銀鐺
조복 입은 사람들 반열 따라 들어오기에	朝衣一隊隨班入
새벽빛인가 했더니 달빛일세	認是晨光是月光
오시에서 신시로 차례로 바삐 가는데	午刻申籤次第催
조복 입고 온종일 은대에 앉았노라	朝衫盡日坐銀臺
평두[207] 쓴 아전이 문 앞에 바라보이니	平頭小吏門前望
어사의 봉한 소장 저물녘에 왔구나	御史封章日暮來
은촛대 낮아지고 붉은 책상[208] 빛나더니	銀燭低燒赭案光

206 은당(銀鐺) : 관리의 관에 장식으로 다는 장식이다.

207 평두(平頭) : 평두건(平頭巾) 또는 평두소양건(平頭小樣巾)이라고도 하는데, 위가 평평한 두건의 이름이다.

문서가 밤에 내려와 바삐 옷자락 부여잡네	文書夜下攬衣忙
가을 들어 줄곧 강호 생각뿐이니	秋來一味江湖思
참으로 오늘 밤 시간이 길기도 하여라	正似今宵滴漏長

쭉쭉 뻗은 햇살 상유에 걸치면[209]	森森日脚在桑楡
야윈 말 타고 천천히 큰 길로 나간다	羸馬徐行踏九衢
집집마다 저녁연기 피어나고 돌아오는 길은 먼데	萬戶青煙歸路遠
상림원 나무마다 온통 까마귀 깃드누나	上林千樹盡棲烏

208 붉은 책상 : 자안(赭案)은 임금의 궤안(几案)이다. 임금의 궤안이 붉은 색이므로 자안이라고 한 것이다.

209 쭉쭉……걸치면 : 저물녘에 해가 서쪽에 있는 모습을 읊은 것이다. 상유(桑楡)는 해가 기울 때면 뽕나무와 느릅나무 가지 끝에 걸린다는《회남자(淮南子)》의 기사에서 유래한 말로, 해가 지는 곳을 가리킨다.

부총병 정룡[210]에게 주다

贈副摠兵程龍

서쪽으로 나는 제비 동쪽으로 나는 백로[211]	西飛之燕東伯勞
불무[212] 추고 검가[213] 부르니 하늘 드높아라	拂舞劍歌天爲高
초나라 〈양춘곡〉에 힘써 화답하려 하나[214]	楚國陽春强欲和
제나라 문에서 우와 슬 어찌 감히 연주할까[215]	齊門竽瑟詎堪操

210 정룡(程龍) : 명나라 부총병(副摠兵)으로 1633년(인조11)에 칙명을 받들고 가도(椵島)를 거쳐 서울에 왔다가 이듬해에 돌아갔다.

211 서쪽으로……백로 : 고악부(古樂府)인 〈동비백로가(東飛伯勞歌)〉에 벗과 서로 이별하는 것을 두고 "동쪽으로 나는 백로, 서쪽으로 나는 제비.〔東飛伯勞, 西飛燕.〕"라고 하였는데, 당나라 잠삼(岑參)이 〈청문가송동대장판관(青門歌送東臺張判官)〉에서 이를 차용하여 "동쪽으로 나는 백로, 서쪽으로 나는 제비 되지 마오.〔莫作東飛伯勞西飛燕〕"라고 하였다. 백로(伯勞)는 때까치이다.

212 불무(拂舞) : 삼국 시대 강동 지방에서 불자(拂子)를 도구 삼아 춤을 추던 가무의 일종이다.

213 검가(劍歌) : 칼을 두드리며 부르는 노래이다.

214 초(楚)나라……하나 : 부총병 정룡의 시에 화답하기 어렵다는 말이다. 양춘(陽春)은 전국 시대 초나라의 〈양춘곡(陽春曲)〉이라는 가곡(歌曲) 이름인데, 너무도 고상하여 따라 부를 수 있는 사람이 극히 적었다는 기록이 초나라 시인 송옥(宋玉)의 〈대초왕문(對楚王問)〉에 보인다.

215 제(齊)나라……연주할까 : 이민구 자신이 졸렬하다고 겸손하게 표현한 것이다. 제나라 임금이 우(竽)라는 악기로 연주하는 음악을 좋아하였다. 어떤 사람이 자신의 능숙한 비파 연주 솜씨라면 제나라에서 벼슬자리를 얻을 수 있겠다고 여겨, 대궐 앞에서 비파를 안고 3년을 기다렸으나 뜻을 이루지 못하고 "임금은 우라는 악기를 좋아하는데, 비파 연주 솜씨가 아무리 뛰어난들 무슨 소용이 있으랴."라는 비웃음만 샀다는 우화가

청우 진인은 주나라 주하사였고[216] 青牛眞人周柱史
금마 사자는 한나라 왕포였네[217] 金馬使者漢王褒
게다가 도검[218] 있어 무략 풍부하니 更有韜鈐饒武略
뛰어난 재주 이와 같아야 비로소 호걸이라 하지 才雄似此始稱豪

위 시는 차운하여 지은 것이다

젊어 장수 되어 새로 창 늘어세웠고 年少登壇列戟新
위태한 시기에 명령 받아 몸 돌보지 않네 時危將命不謀身
재주 뛰어나 수하가 삼천이요 才雄手下三千士
문무 겸비한 사람이 당 앞에 열아홉이네[219] 文武堂前十九人

있다.《唐宋八大家文鈔 卷5 答陳生書》

216 청우(青牛)……주하사(柱下史)였고 : 정룡을 노자(老子)에 비겨 읊은 것이다. 청우 진인은 노자를 말한다. 노자가 서쪽으로 길을 떠나 함곡관(函谷關)에 이르렀을 때, 관령(關令) 윤희(尹喜)가 누대에 올라 보라색 기운이 관문 위로 떠 오는 것을 보고, 분명히 진인이 올 것이라고 예측하였다. 얼마 뒤에 과연 노자가 푸른 소를 타고 왔다는 고사가 전한다.《列仙傳 上》주주사(周柱史) 역시 노자의 별칭이다. 노자가 주나라 장서실(藏書室)의 주하사로 있었으므로 이렇게 부른다.

217 금마(金馬)……왕포(王褒)였네 : 사신으로 온 정룡이 왕포처럼 문장도 훌륭하다는 말이다. 금마는 한(漢)나라 미앙궁(未央宮)의 대문이다. 문 앞에 구리로 만든 말이 있으므로 이렇게 불렀다. 조칙(詔勅)을 작성하는 일을 맡은 문학에 뛰어난 인재가 벼슬하여 이곳으로 드나들었으므로, 후에는 한림원이나 한림학사를 지칭하는 말로 쓰였다. 왕포는 한 선제(漢宣帝) 때의 문장가로 자는 자연(子淵)이다.

218 도검(韜鈐) : 태공망(太公望)의 병서(兵書)에 나오는 〈육도(六韜)〉와 〈옥검(玉鈐)〉의 병칭으로, 병법이나 용병술을 뜻한다.

219 재주……열아홉이네 : 정룡을 평원군(平原君)의 고사에 비유하여 기린 것이다. 전국 시대 조(趙)나라 평원군은 식객을 3천이나 거느리고 있었다. 초(楚)나라에 원병을

거친 변방에 어찌 중국 사신 머물까	荒徼豈容淹漢節
웅장한 마음 끝내 오랑캐를 소탕하려 하네	壯心終擬掃胡塵
돌아가는 배는 갈 길 재촉하지 마라	歸帆莫更催行色
피리 소리 속에 매화 향기가 이른 봄에 가득하다	笛裏梅花鎖早春

청할 때, 자신의 문하에 있는 식객들 가운데 문무(文武)를 갖춘 인물 20인을 선발하여 함께 가려 하였다. 19명을 선발하고 1명을 채우지 못했는데, 이때 모수(毛遂)가 자기 자신을 천거한 일이 있었다. 《史記 卷76 平原君列傳》 여기서는 정룡이 부총관으로 왔기 때문에, 총관이 대동한 인물 가운데 정룡을 모수와 같이 가장 뛰어난 인물로 표현한 것이다.

파주 목사 정지경[220] 만사

鄭坡州之經挽詞

충정한 인물 운명함에 세상 모두 슬퍼하니	忠貞玉折世同嗟
문채 나는 풍모에서 고가의 면모 보았네	文采從君見故家
하읍의 치적 발 묶인 천리마 머물렀고[221]	下邑絃歌淹絆驥
중년의 질병은 뱀을 의심한 데서 생겼네[222]	中年災疾起疑蛇

220 정지경(鄭之經) : 1586~1634. 본관은 동래(東萊), 자는 상백(常伯), 호는 기은(機隱)이다. 1632년(인조10)에 파주 목사에 임명되었다. 《約軒集 卷13 坡州牧使贈禮曹參判鄭公墓表陰記》

221 하읍의……머물렀고 : 정지경이 자신의 능력을 충분히 발휘하지 못했다는 말이다. 이희조(李喜朝)가 쓴 묘지명을 참고하면, 정지경은 배천 군수(白川郡守), 연안 부사(延安府使), 천안 군수(天安郡守), 파주 목사 등을 역임하였는데 "맡은 여러 고을에서 인과 서를 바탕으로 다스리니, 관리들과 백성들이 모두 평안하였다. 떠난 뒤에 비를 세워 덕을 칭송한 곳이 많았다.〔所莅諸邑, 率以仁恕爲治, 吏民俱安. 去後, 多立碑以頌.〕"라는 기록이 있다. 《芝村先生文集 卷22 牧使贈參判鄭公墓誌銘》 이것을 자공(子貢)이 무성을 잘 다스렸던 현가(絃歌)의 고사로 표현한 것이다. 413쪽 각주177 참조. 반기(絆驥)는 발이 묶인 천리마라는 뜻으로, 사람이 환경에 구애되어 실력을 발휘하지 못하는 것을 비유하는 말로 쓰인다. 《회남자(淮南子)》 〈숙진훈(俶眞訓)〉에 "몸이 탁한 세상 속에 빠져 있는데, 도를 행하지 못한다고 책망한다면, 이는 천리마의 두 발을 묶어 놓고, 천리를 달리라고 요구하는 것과 같다.〔身蹈于濁世之中, 而責道之不行也, 是猶兩絆騏驥, 而求其致千里也.〕"라는 말이 나온다.

222 중년의……생겼네 : 정지경이 병사(病死)한 것을 말한다. 의사(疑蛇)는 한(漢)나라 두선(杜宣)이 상사(上司) 응침(應郴)의 집에서 술을 마실 때, 벽에 걸린 붉은 활이 술잔에 비친 것을 뱀으로 착각하고 꺼림칙하여 병이 났던 고사에서 유래한 것이다. 그러나 정지경의 발병 원인을 정확히 알 수 없으므로, 자세한 의미는 미상이다.

애끊긴 원숭이 뼈만 앙상하니 猿腸已斷曾餘骨
백발이 비록 남았으나 어찌 복 머리 하실까[223] 鶴髮雖存可作髽
머리 돌려 사냥 기약했던 설원 바라보니 回首雪原期獵處
숲 가득 석양이 상여를 비춘다 滿林斜日照喪車

223 애끊긴……하실까 : 정지경의 어머니가 생존해 있었기 때문에 이렇게 읊은 것이다. 원장이단(猿腸已斷)은 원숭이의 창자가 모두 끊어졌다는 말로, 자식의 죽음을 몹시 슬퍼하는 것을 의미한다. 환온(桓溫, 312~373)이 촉(蜀)을 공격하러 가는 길에 삼협(三峽)을 지나게 되었다. 부하 중 한 사람이 원숭이 새끼를 잡아왔는데, 어미 원숭이가 강 언덕을 따라오며 슬피 울어 100리쯤 왔는데도 떠나가지 않더니, 드디어 배 위로 뛰어올라 곧 숨을 거두었다. 그 원숭이의 배를 갈라 보니, 창자가 마디마디 끊어져 있었다는 고사가 있다. 《世說新語 黜免》

한 해가 저물어 가고 밤도 다하려는데 비바람 처량한 속에 이웃집 닭이 울어대고 인적이 드물기에 감탄하여 시를 이루다

歲窮夜闌 風雨凄凄 隣鷄數動 人境俱寂 感歎成詩

자려 해도 잠들기 어렵고 欲睡轉難睡
근심 떨치려 해도 이 시름을 어이할까 排愁將奈愁
이웃집 닭 차츰 급히 울어대니 隣鷄聲稍急
틀림없는 오경 머리로구나 的是五更頭

2

바람이 허공에 메아리 치고 風將虛響交
싸늘한 기운 궁한 집에 맺히네 爽挾窮簷結
태산과 화산 일만 봉우리에 구름 걸렸으니 泰華萬峯雲
내일 아침엔 천 길 눈 쌓이겠지 明朝千丈雪

제목 없이

無題

맑기는 하늘의 달 같고	清如天上月
희기는 산머리 눈 같아	皚若山頭雪
밤이나 낮이나 가슴에 품어도	日夜在中懷
간과 폐의 열기 풀리지 않네	未解肝肺熱

온양에서

溫陽

온천수 넘실넘실 훈훈한 기운 오르고	泉流渙渙氣薰天
남녀노소 봄놀이로 목욕[224]하는 자리	士女春游祓禊筵
일찍이 옥 방울 울리며 깃발 드날리던 곳이라[225]	曾是玉鑾揚節處
지금도 큰길이 비파 줄처럼 곧구나	至今官路直如絃

224 목욕 : 발계(祓禊)는 본래 재앙을 떨어버리는 것으로, 《후한서(後漢書)》 〈예의지상(禮儀志上)〉에 의하면 음력 3월 삼짇날에 관민(官民) 모두가 동으로 흐르는 물에 가서 묵은 때를 씻었다고 한다. 여기서는 온천에 대해 읊고 있으므로, 직접 목욕으로 풀이하였다.

225 일찍이……곳이라 : 온양에 임금의 행차가 있었음을 말한 것이다. 옥란(玉鑾)은 임금의 수레에 달린 옥 방울을 의미한다. 양절(揚節)은 정절(旌節)을 드날린다는 말이다. 사마상여(司馬相如)의 〈상림부(上林賦)〉에 "연후에 정절을 드날리고 위로 올라간다.〔然後揚節而上浮〕"라고 하였는데, 그 주에 "양은 든다는 의미이고, 절은 정절의 의미이다.〔揚, 擧也, 節, 旌節也.〕"라고 하였다. 《六臣註文選 卷8》

양주곡[226] 5수

涼州曲 五首

예부터 양주에는 장사 많아	自古涼州壯士多
곤륜산 서쪽 바라보며 슬픈 노래 불렀네	崑崙西望動悲歌
오랑캐 병사가 부소의 변방 자주 침입하는데[227]	胡兵屢入扶蘇塞
한나라 사신은 공연히 발률하를 찾았네[228]	漢使空尋勃律河

변방 사막 황하의 근원 찾아 사자 지나가니	沙塞尋源使者過
윤대[229] 서쪽 경계가 바로 황하라네	輪臺西畔是黃河
음산[230]에 말 기르는 오랑캐들은 적은데	陰山牧馬胡兒少

226 양주곡(涼州曲) : 당나라 때에 세상이 태평하므로 사람들이 보통 악곡에 싫증나서 이상한 악곡, 특히 외국의 악곡을 좋아하게 되었는데, 서량(西涼)에서 중앙아시아 지방 민족의 악곡을 들여왔으므로, 그 곡조를 양주곡이라 하였다.

227 오랑캐……침입하는데 : 북방의 오랑캐가 자주 침입하였다는 말이나. 부소(扶蘇)는 진 시황(秦始皇)의 맏아들로, 몽염(蒙恬)의 군대를 감독하여 북방에 주둔하면서 흉노를 막고 있었다. 뒤에 시황이 죽자 조고(趙高)와 이사(李斯)가 조서(詔書)를 꾸며 자결하게 하였다.《通鑑節要 卷2》

228 한(漢)나라……찾았네 : 한 무제(漢武帝)가 장건(張騫)을 시켜 서역의 여러 나라와 교통하게 한 것을 말한다. 발률하(勃律河)는 인더스강의 원류인 길기트강과 훈자강을 가리킨다.

229 윤대(輪臺) : 한 무제 때 이광리(李廣利)에게 멸망당한 서역의 나라 이름으로, 중국 군대가 계속 이곳에 둔전(屯田)하였다.

230 음산(陰山) : 현재 내몽고(內蒙古) 자치구(自治區) 남쪽으로부터 동북쪽으로 내흥안령(內興安嶺)까지 뻗어 있는 음산산맥(陰山山脈)으로, 흉노족의 땅이었다. 사철

황수[231]에 둔전한 한나라 병사 많았네　　湟水屯田漢士多

천 길 산봉우리에 백 길의 성　　千仞岡頭百丈城
오월 유사[232]에는 사람 발길 끊어졌네　　流沙五月斷人行
관중에는 아직도 선우 관저 닫혔는데　　關中尙閉單于邸
변방 밖에는 오히려 무기영[233] 열렸네　　塞外猶開戊己營

거려와 소륵[234]은 오랑캐 하늘 가까워　　渠黎疏勒近胡天
교위가 군영을 둔 지 이십 년이네[235]　　校尉屯營二十年

눈과 얼음으로 덮여 있다고 한다.

231 황수(湟水) : 중국 서북쪽에 있는 강 이름이다.

232 유사(流沙) : 중국 서역(西域)의 사막 지대이다. 《서경》 〈우공(禹貢)〉에 "동쪽으로는 바다까지 번져갔고, 서쪽으로는 유사 지역까지 입혀졌다.〔東漸于海, 西被于流沙.〕"라고 하였다.

233 무기영(戊己營) : 한(漢)나라 때 서역에 주둔하는 군영(軍營)을 말한다. 무기는 곧 오행(五行)의 중앙(中央)에 해당하기 때문에 중앙에서 사방을 진압한다는 뜻을 취한 것이다.

234 거려(渠黎)와 소륵(疏勒) : 중국의 서역에 있었던 나라들로, 지금의 신강성(新疆省) 지역이다. 거려(渠黎)는 거려(渠犁)로 표기하기도 한다.

235 교위(校尉)가……년이네 : 거려와 소륵 지역에 교위를 두고, 군사를 주둔시켜 둔전을 경영한 세월이 오래되었다는 말이다. 《전한서(前漢書》 권70에 "장건이 서역과 교통하고 이광리가 정벌한 뒤로부터, 처음으로 교위를 두어, 거려에 둔전을 하였다.〔自張騫通西域李廣利征伐之後, 初置校尉, 屯田渠黎.〕"라는 기록이 있다. 다만, 20년은 언제부터 언제까지를 말하는지 정확하지 않다. 《구당서(舊唐書)》 권80에 "비로소 교위를 두고, 군사를 연이어 출전시켜 30년 만에 다시 대완성에서 천마를 얻었다.〔初置校尉, 軍旅連出, 將三十年復得天馬於宛城.〕"라는 기록이 있다. 이것은 이사장군(貳師將軍) 이광리(李廣利)가 대완성을 치고 그곳에서 좋은 말을 얻은 것을 말하는데, 이 시와의

당시 황사[236]에는 오곡이 났는데	當日黃沙生五穀
지금은 백골이 공전에 널렸구나	如今白骨遍公田

서쪽으로 양관[237] 바라보니 아득한 땅 끝	西望陽關渺絶垠
〈양관곡〉[238]에 눈물이 수건 적시네	陽關一曲淚沾巾
유사는 다시 양관 너머에 있으니	流沙更在陽關外
〈양관곡〉 부를 줄 아는 사람 몇이나 될까	解唱陽關有幾人

관련성은 고증하기 어렵다.

236 황사(黃沙) : 옛날 서역(西域)의 사구(沙丘) 이름으로, 용사(龍沙)라고도 하며, 총령(蔥嶺) 근처에 있는 사막인 백룡퇴(白龍堆)를 가리킨다.

237 양관(陽關) : 중국 서쪽 돈황을 지키는 관문이다. 대개 이별의 장소를 뜻하는 말로 사용된다.

238 양관곡(陽關曲) : 이별가로 마지막 결구를 세 번 부르기 때문에 양관삼첩(陽關三疊)이라고 한다.

소년행

少年行

힘차게 걷는 명마 한구[239]가 누렇고	名駒蹀躞汗溝黃
일천 기마 천자 뵙고 건장궁[240] 나오네	千騎朝天出建章
모두 함께 허리춤 붉은 인끈 가리키며	共指腰間雙紫綬
전장에서 목숨 바쳐 왕업을 빛낸다 하네	軍前身斬郁成王

239 한구(汗溝) : 말의 흉복부와 퇴부(腿部)가 서로 연결된 곳으로, 땀이 흘러내리는 부분을 가리킨다. 명마는 한구가 깊고 뚜렷하다고 한다.

240 건장궁(建章宮) : 한 무제가 장안(長安)에 세운 궁전 이름으로, 황궁(皇宮)을 가리킨다.

청루곡
靑樓曲

누대 위에 술잔 돌아 술병 비어 가고	樓上傳杯盡玉壺
발 앞 봄빛은 갠 호수에 가득하다	簾前春色滿晴湖
가벼운 적삼이 병풍에 걸려 있으니	輕衫掛在屛風疊
서시가 취해 조는 그림 반쯤 비춰 보인다	半映西施醉睡圖
사내가 백마 타고 도도히 봄날 밟으며	郎騎白馬踏春驕
와서 문 앞 여린 버드나무에 매어 놓았네	來繫門前弱柳腰
발에 해가 높도록 잠에서 깨지 않으니	簾額日高眠未起
무단히 가장 긴 가지만 씹고 있다	無端齧斷最長條

한식에 앓아눕다

寒食臥病

문 열고 꽃다운 숲에 나가	啓戶芳林出
도랑 개간해 작은 못 만들었네	開渠小沼成
새봄 맞아 비와 이슬 바라보며	新春看雨露
병 많아 청명일에 앓아누웠네	多病臥淸明
여린 풀 서산 길에 돋고	細草西山路
새 꽃은 북두의 성에 피었겠지	新花北斗城
선영이 모두 눈에 아른거려	松楸都在眼
종일 홀로 울적해 하노라	盡日獨含情

상례 이소[241] 부인 만사

李相禮 𤓰 內挽

오래 전 밤 서릿바람에 옥 나무 꺾였으니	遙夜風霜玉樹摧
세상 세월 십 년 지났네[242]	人間日月十年來
기부의 성 무너지는 슬픔 일러 상심했는데[243]	偏傷杞婦城崩早
연진의 검 변화 재촉함 한스럽구나[244]	却恨延津劍化催

241 이소(李𤓰) : 1583~1613. 본관은 전주(全州), 자는 회부(晦夫)이다. 1613년(광해군5)에 향년 31세로 계축화옥(癸丑禍獄)에 연좌되어 죽임을 당하고, 1619년 도승지(都承旨)에 추증(追贈)되었다.

242 오래……지났네 : 옥수(玉樹)는 재주 있는 사람을 묻는다는 뜻으로, 진(晉)나라 유량(庾亮)이 땅에 묻힐 즈음에 하충(何充)이 "옥수를 땅속에 묻으니, 사람의 슬픈 정을 어찌 억제할 수 있으리오.〔埋玉樹著土中, 使人情何能已.〕"라고 한 데서 유래하였다.《太平御覽 卷556》 여기서는 이소의 죽음을 가리키는 말로 사용되었다. 십년래(十年來)는 이소가 죽은 뒤로부터 십 년의 세월이 흘렀다는 말인데, 묘유록(卯酉錄)은 1627년부터 1633년까지의 기록이므로 정확히 10년은 아니다.

243 기부(杞婦)의……상심했는데 : 이소가 젊은 나이에 죽었으므로, 그 부인의 슬픔에 마음이 아팠다는 말이다. 전국 시대 제(齊)나라 사람인 기량(杞梁)이 전쟁에 나가서 죽어 돌아왔는데, 그의 아내가 시체를 성 아래에다 놓고 열흘 동안 슬피 통곡하자 성이 무너졌다고 한다.《列女傳 卷4 貞順列傳 齊杞梁妻》

244 연진(延津)의……한스럽구나 : 이소의 부인도 이른 나이에 죽어 남편과 함께 묻히게 되었다는 말이다. 진(晉)나라 때 뇌환(雷煥)이 용천(龍泉)과 태아(太阿)라는 두 보검을 얻었다. 그 중 하나를 장화(張華)에게 주었는데, 장화가 주살(誅殺)당하자 그 칼의 소재를 알 수 없게 되었다. 뇌환이 죽은 뒤 그의 아들이 칼을 가지고 연평진(延平津)을 지날 때 칼이 갑자기 손에서 벗어나 물에 떨어졌다. 사람을 시켜 물속을 찾으니 두 마리 용이 서리어 있을 뿐, 보검은 보이지 않았다고 한다. 이로부터 연진검합(延津劍

참죽의 봄 떨기 푸르름 변치 않았고	苦竹春叢青不改
우거진 솔 가을비에 어둠 걷히기 어렵네	深松秋雨暗難開
평생 홀로 남은 산도의 나그네[245]	平生獨有山濤客
생사의 덧없음 마음에 스쳐 또 한 번 슬퍼하네	存沒經心又一哀

合), 혹은 연진지합(延津之合)이란 성어가 나왔고, 부부가 죽은 뒤에 합장되는 것을 의미하는 말로 사용되었다. 《晉書 卷36 張華列傳》

245 평생……나그네 : 이민구가 이소에게서 신후(身後)의 부탁을 받은 사람이라는 말이다. 위진 시대 죽림칠현(竹林七賢) 중의 한 사람인 혜강(嵇康)이 사형을 당하게 되자, 친구인 산도(山濤)에게 아들 혜소(嵇紹)를 부탁하고, 혜소에게 "거원이 있어 너는 외롭지 않을 것이다.〔巨源在, 汝不孤矣.〕"라고 하였다. 거원(巨源)은 산도의 자이다. 《晉書 卷43 山濤列傳》

영평[246]으로 가는 길에 육언으로 짓다

永平途中 六言

산봉우리 차츰 구름에 덮이더니	岡巒稍稍雲瞑
소나무 향나무에 소슬하게 찬 눈 내린다	松栝蕭蕭雪寒
길은 산허리 돌아 멀었다 가까웠다 하고	路轉山腰遠近
사람은 세파 따라 슬픔과 기쁨 교차하네	人隨世故悲歡
하얀 갈대 누런 띠풀 덮인 오솔길 따라	白葦黃茅細逕
세 가구 한 우물 쓰는 고즈넉한 마을	三家一井孤村
나그네는 들 밖에 말 멈추는데	行人野外駐馬
앞산에 해 저무니 사립문 닫는구나	落日山前閉門
흰 눈 덮인 푸른 산 겹겹이 늘어섰고	白雪蒼山萬疊
저물녘 흐르는 강은 굽이굽이 흘러가네	斜陽流水千廻
우는 까마귀 의사 있는지 없는지	啼烏有意無意
외로운 학은 돌아올지 말지	獨鶴歸來不來

246 영평(永平) : 경기도 포천시의 옛 지명이다. 포천시 창수면과 관인면에 걸쳐 있는 영평 팔경은 한탄강과 영평강이 만나는 곳으로, 경치가 수려하여 옛날 금강산 유람길에 시인 묵객이 들르던 곳이다.

신선이 되기를 구하는 노래

求仙詞

깃 일산 쓰고 훌쩍 무리를 떠나더니	羽蓋飄然去絶群
오래된 낭야대[247]에 석양뿐	琅琊臺古只斜曛
사람들은 빠른 세월 한하지만	人間枉恨光陰促
천상에는 길이 나누어진 줄 누가 알랴	天上誰知道路分
진 시황은 푸른 바다의 해를 보지 못했고[248]	秦帝未觀滄海日
한 무제는 헛되이 태산의 구름 바라보았네[249]	漢皇空望泰山雲
은오와 상관은 소식이 없고	銀璈象管無消息
비바람만 가을 언덕에 밤마다 들리네	風雨秋原夜夜聞

247 낭야대(琅琊臺) : 진 시황(秦始皇)이 천하를 통일한 후 순행 중 산동성(山東城) 낭야산에 올라 동해를 바라보았다는 곳이다.

248 진 시황(秦始皇)은……못했고 : 진 시황이 바다를 건너서 해 돋는 곳을 보고자 하여 돌다리를 놓으려고 하였는데, 해신(海神)이 나타나 다리 기둥을 세워 주었다. 진 시황이 이를 고맙게 여겨 만나 보려고 하자, 해신이 말하기를 "내 모습이 추하니 내 모습을 그리지 않기로 약속한다면 만나겠다."라고 하였다. 이에 진 시황이 들어가 해신과 만났는데, 진 시황의 좌우 사람들이 몰래 해신의 발을 그렸다. 그러자 해신이 성을 내면서 빨리 나가라고 하였다. 진 시황이 말을 타고 곧장 나왔는데, 말 뒷다리가 석교에서 미처 떨어지기도 전에 석교가 무너졌다는 고사가 있다. 《藝文類聚 卷79》

249 한 무제(漢武帝)는……바라보았네 : 한 무제는 신선술에 빠져 승로반(承露盤)을 만들어 이슬을 받아 옥(玉)가루를 타서 먹었다. 무제가 일찍이 태산(泰山)에 올라가 후토(后土)에 제사 지내고 봉선(封禪)을 하였는데, 그날 밤에는 그곳에 마치 빛이 있는 것 같았고, 낮에는 백운(白雲)이 봉중(封中)에서 솟아올랐다는 고사가 있다. 《史記 卷28 封禪書》

병마절도사 윤씨의 부인 만사

尹兵使夫人挽詞

곧은 잣나무는 서리에도 끄떡없고	貞柏冒霜活
좋은 쇠는 불에 달굴수록 강해지네	良金經火剛
눈물 말랐으나 오히려 피는 남아	眼枯尙有血
아래로 땅귀신에게 통해 가슴 아팠으리	下徹地祇傷
거친 상복 삼십 년에	疏衰三十年
밝게 빛나는 한 등불이었네	炯然一燈光
슬프다 열부의 행실	嗟哉烈婦行
고고한 절개 장부의 마음이어라	苦節壯夫腸
아들도 없고 딸마저 요절했으니	無子女又夭
운명함에 누가 상례 주관할까	始沒孰尸喪
슬픔이 골수까지 맺혔으니	緘悲骨髓內
황천길이 즐거운 고향 같으리	泉路爲樂鄕
슬픈 노래 천지에 격동하여	哀謳激宇宙
봄날에도 서리가 날리누나	春日爲飛霜

장연 부사 정씨[250]를 전송하다

送鄭長淵

수레 타고 풍속 물으러 물과 구름 가로 가니[251]	熊幡問俗水雲隈
쓸쓸한 어촌 바닷가를 맴돌겠네	蜑戶蕭條海甸回
소금 샘의 먼 연기 고을에 가득하고	鹽井遠煙埋郡邑
절간 문 차가운 나무 그림자 누대로 들어오겠지	寺門寒木入樓臺
등래[252] 길 가까워 배 항상 정박하는데	登萊路近舟常泊
무성한 숲 높은 하늘에는 기러기 홀로 오겠네	灌莽天長雁獨來
백성과 사직 위한 분우에 매일 마시기 어렵지만[253]	民社分憂妨日飮
일 없어 술잔 기울일 수 있길 바라노라	可能無事但銜杯

250 정씨(鄭氏) : 《동주집(東州集)》의 〈묘유록(卯酉錄)〉은 1627년(인조5)부터 1633년 사이의 작품을 수록하였다. 이 기간에 장연 부사(長淵府使)로 부임한 정씨 성을 가진 인물은 없다. 다만 《승정원일기》 인조 4년 10월 29일 기사에 "장연 부사 정승(鄭勝)과 신천 군수 윤명지가 하직하였다.〔下直, 長淵府使鄭勝, 信川郡守尹命之.〕"라는 내용이 있다. 그러나 이 작품에서 말하는 정 장연(鄭長淵)이 정승을 가리키는지는 알 수 없다. 장연은 황해도 서부에 있는 군이다. 서쪽과 남쪽은 황해와 접해 있다.

251 수레……가니 : 장연 부사로 부임함을 말한 것이다. 웅번(熊幡)은 본래 수레 앞 턱에 가로 댄 나무가 곰 모양으로 된 것을 말하는데, 한나라 때에는 공후(公侯)가 사용하다가 뒤에 와서는 지방관들이 타고 다니게 되었다. 문속(問俗)은 임금의 사신이 지방의 풍속을 물어 살피는 것을 말한다.

252 등래(登萊) : 산동 반도에 있는 등주(登州)와 내주(萊州)로, 중국과 우리나라 사이에 바닷길로 통하는 출발점이 되는 곳이다.

253 백성과……어렵지만 : 부사의 직책을 수행하느라 매일 술을 마실 수는 없다는 말이다. 분우(分憂)는 임금의 걱정을 나누어 담당한다는 뜻에서, 지방관을 말한다.

감찰계 시축

監察稧軸

높다란 주후관[254]	危峨柱後冠
바쁘고 바쁜 전중감찰[255]이 썼네	刺促殿中官
보무도 당당히 봄 하늘 걸어가면	步武春霄庳
한낮에도 바람서리처럼 오싹하지	風霜晝日寒
부서 나뉘지만 한산한 곳 아니니	分曹非散局
술자리 함께 해 남은 기쁨 즐기세	合醵要餘懽
함께 믿을 수 있는 그림에 의탁하여	共托丹靑信
그대와 늘그막에 보기를 기약하네[256]	期君歲暮看

254 주후관(柱後冠) : 법관(法官)이 쓰던 주후혜문관(柱後惠文冠)의 약칭이다.

255 전중감찰(殿中監察) : 전중은 전중감찰의 준말로, 사헌부 감찰을 가리킨다.

256 함께……기약하네 : 모임의 장면을 그림으로 그려두었다가, 늘그막에 보면서 회상하는 자료로 삼겠다는 말이다.

봉상시에 근무하던 윤씨[257]가 여주[258] 목사로 나가는 것을 전송하다
送尹奉常牧黃驪

구름과 모래 아득한데 큰 강 비껴 흐르고	雲沙浩渺大江橫
찜통더위 씻어 낸 고을 풍경 맑겠구나	滌盡炎蒸郡邑淸
내가 지난해 머물렀던 누대 위의 눈빛으로	留我去年樓上眼
그대가 유월에 거울 속 가는 것을 보네	看君六月鏡中行
마름 바람 난간 스치며 삼복에 불어오는데	蘋風拂檻吹三伏
계수나무 돛대 허공 가르며 사명[259]으로 들어가네	桂棹凌虛入四明
오리의 관청 오히려 멀지 않으니[260]	傲吏官曹猶不遠

257 윤씨(尹氏) : 《동주집(東州集)》의 〈묘유록(卯酉錄)〉은 1627년(인조5)부터 1633년 사이의 작품을 수록하였다. 이 시기에 윤씨(尹氏)로 여주 목사에 임명된 사람은 윤경득(尹敬得)이다. 《승정원일기》 인조 9년 5월 13일 기사에 윤경득을 여주 목사로 삼는다는 기록이 있다. 그러나 그가 봉상시에 근무했었는지, 이 작품의 대상 인물이 확실한지는 미상이다.

258 여주 : 황려(黃驪)는 현재의 경기도 여주시를 가리킨다.

259 사명(四明) : 본래 지금의 절강성의 근현(鄞縣) 서남쪽 여요현(餘姚縣) 남부에 위치한 산 이름이다. 당(唐)나라 시인 하지장(賀知章)의 별명이 사명광객(四明狂客)이었으므로 윤씨를 그에 비유하여 한 말이다.

260 오리(傲吏)의……않으니 : 오리는 오만한 벼슬아치라는 뜻이다. 장주(莊周)가 일찍이 몽(蒙)이란 곳에서 칠원(漆園)의 벼슬아치가 되었는데, 초 위왕(楚威王)이 그가 어질다는 말을 듣고 사자(使者)를 보내 후한 폐백을 주고 재상으로 맞이하려 하자, 장주가 웃으면서 그 사자에게 이르기를 "나를 더럽히지 말고 빨리 가거라."라고 한 데서 온 말이다. 《史記 卷63 老子韓非列傳》 여기서는 윤씨를 가리키는 말로 사용되었으며,

나는 신 따라 서울로 오겠네[261]　　　會隨飛舃到神京

그가 부임하는 여주가 서울과 멀지 않다고 읊은 것이다.

261 나는……오겠네 : 도성에 쉽게 오리라는 말이다. 비석(飛舃)은 나는 신발이라는 말로, 후한(後漢) 명제(明帝) 때의 왕교(王喬)와 관련된 고사가 있다.《後漢書 卷112上 方術列傳 王喬》 359쪽 각주33 참조.

한 참봉 만사

韓參奉挽詞

지위 낮아도 서울을 꺼리지 않았으니	不嫌京兆屬卽卑
기다리는 늙은 부모님 위로할 생각이었지[262]	聊慰門閭鶴髮思
오늘 달구지로 산자락 길 떠나가는데	今日牛車山下路
석양은 오히려 저물녘 돌아올 때 같구나	夕陽猶似暮歸時

262 지위……생각이었지 : 한 참봉이 부모의 마음을 위로해 드리기 위해 낮은 벼슬도 마다하지 않았다는 말이다. 문려(門閭)는 자식이 돌아오기만을 간절히 기다리는 부모의 심정을 가리킨 말이다. 춘추 시대 위(衛)나라 왕손가(王孫賈)의 모친이 아들이 아침에 나갔다가 늦게 돌아올 때면 문에 기대어 기다리고, 저녁에 나가 돌아오지 않으면 동구 밖까지 나가 기다렸다고 한다.《戰國策 卷13 齊策》

철산 부사 안씨를 전송하다

送安鐵山

수레 타고 서쪽으로 철산성 들어가면	軒車西入鐵山城
독부의 진영에 북과 깃발 연이어 있겠지	旗鼓旁連督府營
듣자니 바닷가 사람들 모두 기뻐하고	聞道海邦人摠喜
임금 뵌 자리에서 백성들 삶 물으셨다지	漢宮前席問蒼生

조정에 하직 인사 하던 날 임금께서 만나셨다.

석루의 운자[263]에 맞춰 지어서 면천 군수 이여규[264]에게 부치다

次石樓韻 寄李沔川如圭

남쪽 고을 풍광이 먼 나루에 접했는데	南郡風煙接遠津
외로운 성에서 바다 봄빛 한 번 바라보네	孤城一望海山春
백성들 태수 따라 내리는 비에 노래하고[265]	民歌太守隨車雨
스스로 술 거르는 선생의 두건 썼으리[266]	自戴先生漉酒巾
도성에서 오는 편지에 옛정 더욱 그리워	魚信日邊偏感舊
보릿가을[267] 호서에서 이미 새 곡식 맛보았네	麥秋湖外已嘗新

263 석루(石樓)의 운자 : 이안눌(李安訥)의 《동악집(東岳集)》 권23에 〈면천 군수 이여규가 방문하여 한평군 석루 이상공의 장률 1수를 보여 주면서 화운해 주기를 간절히 요구하니 내가 감히 사양할 수 없어 그 운자에 맞춰 지어 작은 뜻을 펼쳤다.〔沔川李知郡如圭 枉駕見訪 示以韓平君石樓李相公長律一首 索和頗懇 拙不敢辭 仍步其韻 用伸微志〕〉라는 시가 있다. 이것으로 보아 석루는 한평군 이경전(李慶全)의 호이다.

264 면천 군수 이여규(李如圭) : 《승정원일기》 숙종 6년 2월 19일 기사에 이여규를 면천 군수로 임명한 기록이 보인다. 이여규의 생애는 미상이다.

265 백성들……노래하고 : 이여규가 고을을 잘 다스리고 있다는 것을 읊은 것이다. 수거우(隨車雨)는 후한(後漢)의 정홍(鄭弘)이 회음 태수(淮陰太守)로 나갔을 때, 그의 수레가 이르는 곳마다 단비가 내려 가뭄을 해소해 주었다는 수거영우(隨車靈雨)의 고사를 가리킨다. 《後漢書 卷33 鄭弘列傳》

266 스스로……썼으리 : 이여규가 한가한 세월을 보내고 있을 것이라는 말이다. 도잠(陶潛)이 술이 익을 때가 되면 갈건(葛巾)으로 술을 거르고 나서 다시 머리에 썼다는 고사를 인용한 것이다. 《宋書 卷93 隱逸列傳 陶潛》

267 보릿가을 : 보리가 익는 계절, 즉 음력 4, 5월을 가리키는 말이다.

중울의 외진 곳 그윽한 삶 알고 싶다면　　欲知仲蔚幽居僻
골목길에 쑥과 명아주가 사방에 가득하오[268]　　門巷蓬藜滿四隣

268 중울(仲蔚)의……가득하오 : 중울은 후한(後漢)의 은자(隱者)인 장중울(張仲蔚)이다. 그는 학문에 박통하였으며 시문을 잘 지었는데, 늘 궁핍하게 사는 가운데 쑥대가 자라나 사람 키가 넘도록 집을 덮었다고 한다. 여기서는 이민구가 자신의 근황을 장중울에 빗대어 이여규에게 전한 것이다.

인목왕후[269] 만사

仁穆王后挽詞

왕후로 대궐에 모범되시니	作配儀宸極
뛰어난 자질 성스럽고 신령함에 맞으셨네[270]	資元叶聖神
하늘 무너져[271] 슬픔 만났어도	天崩仍遘戚
만물 실어 주는 대지처럼 본래 어지셨네	地載本稱仁
재앙 쌓여 고난 많았지만[272]	禍積多艱會
대업을 일으키는 공로 되었지[273]	功歸大業因
나라는 다시 일어났지만	邦家俱再造
인륜은 중간에 사라졌었네	人紀屬中淪

269 인목왕후(仁穆王后) : 1584~1632. 영돈녕부사 김제남(金悌男)의 딸로, 선조(宣祖)의 계비(繼妃)이다. 휘호는 광숙장정(光淑莊定)이고, 능은 양주에 있는 목릉(穆陵)이다.

270 뛰어난……맞으셨네 : 인목황후의 품성을 《주역》〈곤괘(坤卦) 단사(彖辭)〉의 "지극하도다, 곤의 큼이여. 만물이 이에 의지하여 생기나니, 이에 하늘을 순히 받들도다.〔至哉坤元, 萬物資生, 乃順承天.〕"라고 한 말로 기린 것이다.

271 하늘 무너져 : 천붕(天崩)은 하늘이 무너진다는 뜻으로, 여기서는 선조(宣祖)의 죽음을 의미한다.

272 재앙……많았지만 : 인목왕후는 1606년(선조39)에 영창대군(永昌大君)을 낳았는데, 1608년 선조가 죽고 광해군(光海君)이 즉위하자, 1613년(광해군5) 이이첨(李爾瞻) 등이 반역죄를 씌워 영창대군을 폐서인시킨 뒤 죽였으며, 김제남도 사사시켰다. 인목왕후는 1617년 삭호(削號)당한 채 서궁(西宮)에 유폐되는 고난을 겪었다.

273 대업(大業)을……되었지 : 인목왕후의 서궁 유폐가 인조반정(仁祖反正)의 계기가 되었음을 말한다.

장신궁[274]에 오래도록 계시니　長信尊臨久
왕후의 지극한 봉양 순수하셨지만　慈闈至養純
슬픔이 일찍이 골수에 맺혀　悲哀曾入骨
병마가 앞다퉈 몸에 얽혔네　災疾競纏身
효는 하루 세 번 문안하는 정성에 지극하였고[275]　孝極三朝日
신께서는 지난봄까지 도와주셨지　神扶去歲春
헌원씨가 요기를 보내니　軒轅呈沴祲
유적이 영신을 가렸네[276]　褕翟掩靈辰
임금이 애모하고[277] 군신들 슬픔 간절한데　孺慕群方切
신선 유람 한 기운으로 이웃하셨네　仚遊一氣隣
상수 가의 대나무 오래되었는데[278]　竹餘湘岸舊

274 장신궁(長信宮) · 장신(長信)은 한(漢)나라 때의 궁전인 장신궁을 가리킨다. 황제의 조모(祖母)는 장신궁에 거처하고 모후(母后)는 장락궁(長樂宮)에 거처하였다고 하므로, 인목왕후가 머물던 궁을 가리킨다.

275 효는……지극하였고 : 인조가 지극한 효성으로 인목왕후를 모셨다는 말이다. 주 문왕(周文王)이 세자(世子)가 되어 새벽, 낮, 저녁 등 하루에 세 차례씩 부친인 왕계(王季)에게 문안을 올렸던 고사를 인용한 것이다. 《禮記 文王世子》

276 유적(褕翟)이 영신(靈辰)을 가렸네 : 발인할 날이 다가왔다는 말이다. 유적은 꿩을 장식한 왕후의 제복(祭服)으로, 왕후를 가리킨다. 영신은 영구가 머무를 수 있는 시간을 가리킨다.

277 임금이 애모하고 : 유모(孺慕)는 어린아이가 부모를 그리듯이 어버이의 죽음을 슬퍼하며 사모하는 것을 말한다. 여기서는 인조가 조모(祖母) 인목왕후의 죽음을 슬퍼한다는 의미이다.

278 상수(湘水)……오래되었는데 : 상안(湘岸)은 상수 기슭이다. 중국의 소상강(瀟湘江) 일대에 자라는 자줏빛 반점의 대를 소상반죽(瀟湘斑竹)이라 한다. 전설에 의하면 순(舜) 임금이 승하하자, 두 비(妃)인 아황(娥皇)과 여영(女英)이 눈물을 흘렸는데,

옥난간에서 꽃이 새로 꺾였네	花折玉欄新
장례 행렬[279] 엄한 경계 밀치고	廞衛排嚴警
높은 언덕에서 푸른 하늘로 오르네	崇岡上翠旻
산은 쌍궐[280] 가까이 서렸고	山盤雙闕近
땅은 두 능에 가까이 접했네[281]	地接二陵親
사반[282]을 아 어찌 얻을까만	社飯嗟何得
건상을 가만히 펼쳐 보네	巾箱黯自陳
서궁에서 흘린 십 년의 눈물	西宮十年淚
거듭 수레 먼지에 뿌리네	重洒屬車塵

이 눈물이 대나무에 떨어져 얼룩이 생겼다 한다. 여기서는 1608년 선조(宣祖)가 죽었을 때, 인목왕후가 눈물을 흘렸던 때가 제법 오래되었음을 의미한다.

279 장례(葬禮) 행렬 : 흠위(廞衛)는 임금이나 왕후의 장례 행렬에 쓰던 기구(器具)를 말하는데, 곧 장례 행렬을 가리킨다.

280 쌍궐(雙闕) : 궁전이나 사묘(祠廟), 능묘(陵墓) 등의 앞쪽 양편에 설치하는 누대를 말한다.

281 땅은……접했네 : 인목왕후는 목릉(穆陵)에 묻혔는데, 이곳에는 선조와 의인왕후(懿仁王后)의 능이 있으므로 이렇게 말한 것이다.

282 사반(社飯) : 옛날 사일(社日)에 돼지고기, 양고기 등 맛 좋은 고기류를 밥 위에 펼쳐서 먹던 밥을 가리키는데, 내전에서 하사하는 음식을 말한 것이다.

고 첨지의 아내를 애도하다

高僉知內挽

남편이 오래 잡혀 있자 분한 마음에 자결하였다. 임금께서 부인의 남편을 내보내 진양에 유배하였다.

아득히 대낮에도 대궐문 닫혔는데	茫茫白日閟天閽
아낙이 목숨 버려 임금 감동시켰네	匹婦捐生感至尊
북쪽 집에서 한밤 꿈에 놀라고	北戶自驚中夜夢
남쪽 고을에 백 년의 혼백 홀로 돌아오네	南州獨返百年魂
부질없이 두터운 땅에 그윽한 한을 묻어	空敎厚地埋幽恨
봄볕 같은 임금의 은혜 보지 못하네	不見陽春霈聖恩
생각건대 진양에서 유배객 눈물 흘리며	遙想晉陵遷客淚
한 몸 쓸쓸하게 천지 사이에 살아가겠지	一身零落但乾坤

오씨 부인

吳氏婦

오 년간 부부로 백 년의 정 나누었는데	五年夫婦百年情
비록 오동나무 심었어도 꽃 피지 못하였네	縱植枯桐也不榮
하염없는 천 줄기 피눈물로	欲取千行眼中血
저승길 칠등[283]을 밝혀 주고 싶소	添君泉路漆燈明

283 칠등(漆燈) : 무덤 앞에 켜 놓는 등을 말한다. 귀인(貴人)의 무덤 앞에는 커다란 쇠 동이를 놓고, 그 안에 생옻 두어 말을 담은 다음, 그 가운데에 심지를 꽂아 불을 켜 놓는데, 불이 푸르게 빛나며 꺼지지 않는다. 칠등장명(漆燈長明)이라고도 한다.

좌의정 월사 이정귀[284] 만사

月沙李左相挽詞

탁월한 문장 서한의 작가에 비견되고[285]	文章卓犖漢西京
황각[286]의 풍류 노성하였네	黃閣風流屬老成
세상에 드날린 명성 작가로 추앙되고	四海聲名推述作
세 조정의 고락에 평생을 볼 수 있네[287]	三朝夷險見平生
부질없이 성대한 업적 은관에 남기고[288]	空將盛業留銀管
이미 옥 같은 용모 궁진에 가리니[289]	已遣窮塵掩玉珩

284 이정귀(李廷龜) : 1564~1635. 본관은 연안(延安), 자는 성징(聖徵), 호는 월사(月沙)이다. 《月沙集 附錄 卷3 諡狀》

285 탁월한……비견되고 : 이정귀의 문장이 서한(西漢)의 작가들에게 비견될 만큼 뛰어났다는 말이다. 한서경(漢西京)은 서한 시대를 의미한다.

286 황각(黃閣) : 정승이 집무하는 청사를 말한다. 한나라 때 승상의 청사 문을 황색으로 칠하여 궁궐과 구분했던 것에서 유래되었다.

287 세 조정의……있네 : 이정귀가 1590년(선조23) 증광시에 병과(丙科)로 급제하여, 광해군과 인조 때까지 관직 생활한 것을 말한다.

288 부질없이……남기고 : 이정귀가 훌륭한 문장을 많이 남겼다는 말이다. 은관(銀管)은 은으로 만든 붓을 가리킨다.

289 이미……가리니 : 이정귀가 운명하였다는 말이다. 궁진(窮塵)은 황천(黃泉)과 같은 뜻으로, 땅속에 묻혔음을 뜻한다. 남조(南朝) 송나라 포조(鮑照)의 〈무성부(蕪城賦)〉에 "동도의 아름다운 여인이요 남국의 고운 사람이라. 난초 같은 마음이요 비단 같은 바탕이며, 옥 같은 용모요 붉은 입술인데, 모두 유석에 넋이 묻히고 궁진에 뼈가 버려지지 않음이 없다.〔東都妙姬, 南國麗人, 蕙心紈質, 玉貌絳唇, 莫不埋魂幽石委骨窮塵.〕"라고 하였다.

북극과 삼태성 동벽의 밝은 달[290]　北極台躔東壁月
가련하게도 한밤에 환한 빛 사라졌네　可憐中夜晦光晶
어려서부터 가르침[291] 받았는데　蒙霑翦拂自童兒
더벅머리 이제는 어느덧 희끗희끗　髫髮如今已映絲
큰 상자에는 아직도 일찍이 쓰던 검이 남았고　雄匣尙留曾斸劍
비단 바지에는 오히려 옛적 지은 시가 있구나[292]　練裙猶帶舊題詩
해와 달처럼 명예 높으시니 남은 한 있으랴만　名懸日月寧遺恨
천지 사이 남은 몸은 슬픔만 더하네　跡滯乾坤但益悲
서주에서 통곡하며 하염없이 눈물 흘리니　慟哭西州無限淚
나는 끝내 바보가 되었어라　此生終作有情癡

290 북극과……달 : 월사 이정귀를 비유적으로 나타낸 말이다. 태전(台躔)은 삼태성(三台星)이라는 별의 성좌(星座)인데, 여기서는 세 정승의 자리를 비유한 것으로, 이정귀가 정승을 지냈기 때문에 말한 것이다. 동벽(東壁)은 문장을 맡아 주관한다는 별 이름으로, 전하여 왕실 도서(圖書)의 비부(祕府)라는 뜻으로 쓰이기도 하는데, 이정귀가 대제학을 역임하였기 때문에 말한 것이다.

291 가르침 : 전불(翦拂)은 말의 털을 다듬고 먼지를 씻어 준다는 의미로, 인재를 칭찬하고 이끌어 줌을 뜻한다. 두보의 〈견민봉정엄공이십운(遣悶奉呈嚴公二十韻)〉에 "관용으로 나의 졸렬한 성품을 탓하지 않으셨고, 전불해 주시며 나의 곤궁함을 생각해 주셨지.〔寬容存性拙, 翦拂念途窮.〕"라고 하였다.

292 비단……있구나 : 이민구가 이정귀의 사랑을 받았다는 의미이다. 남송(南宋)의 양흔(羊欣)은 불의(不疑)의 아들로, 그의 아버지가 오정 령(烏程令)이 되었을 때에, 양흔의 나이는 겨우 12세였다. 그때에 왕헌지(王獻之)가 오흥 태수(吳興太守)가 되어 그를 몹시 사랑하였다. 양흔이 일찍이 여름에 새 비단 바지를 입고 낮잠을 자고 있었는데, 왕헌지가 현에 들어가 그것을 보고, 그의 비단 바지 두어 폭에 글씨를 써놓고 돌아온 고사에서 나온 말이다.《南史 卷36 羊欣列傳》

승지 이민성이 승정원에서 숙직할 때 지은 시[293]의 운자에 맞춰 짓다

次李承旨民宬銀臺禁直韻

못과 숲을 나름 좋아하였으니	池藪有微尙
소요하며 예전의 정 도탑네	逍遙敦夙情
일찍이 달관의 뜻 깨달았지만	早悟玄達旨
근심과 병에 홀로 상심하네	獨傷憂瘵嬰
초목은 영락 반복하는데	草木遞榮落
슬픔은 눈서리와 함께 나란하네	悲與霜霰幷
중년엔 오히려 근폭을 좋이 여겨	中還美芹曝
오롯한 정성 바치고자 했건만[294]	欲以薦孤誠
초야의 성품 사슴과 짝하니	野性偶麋鹿
얽매인 외로움에 도리어 놀랐네	羈索反自驚
풍초[295]에 화려한 인끈 둘렀지만	豐貂襲華組

293 이민성(李民宬)이……시 : 이민성(1570~1629)의 본관은 영천(永川), 자는 관보(寬甫), 호는 경정(敬亭)이다. 《敬亭集 年譜 卷2 行狀》 이민구가 차운하고 있는 시는 《경정집(敬亭集)》 권9에 수록된 〈밤에 승정원에서 숙직하다가 운자에 맞춰 지어 여러 동료들에게 올린 글〔夜直銀臺依韻奉呈諸僚文〕〉이다.

294 근폭(芹曝)을……했건만 : 이민구가 부족하나마 임금께 자신의 정성을 바치려는 의지가 있었음을 표현한 것이다. 근폭은 옛날 미나리 맛이 기막히다고 윗사람에게 바쳤다가 조소를 당한 헌근(獻芹)의 고사와 따뜻한 햇볕을 임금에게 바치면 중상(重賞)을 받을 것이라며 기뻐했다는 헌폭(獻曝)의 고사를 가리킨다. 《列子 楊朱》《博物志》

295 풍초(豐貂) : 옛날 임금을 가까이 모시는 신하들이 쓰던 관(冠)의 장식이다.

소회는 진실로 밝히기 어려웠네　　所懷諒難明
세모에 삭풍이 모질게 불어와　　歲暮北風疾
주린 기러기가 밤에 울어댄다　　飢鴻當夜鳴
벼와 기장이 어찌 아름답지 않으랴만　　稻粱豈不嘉
군자는 무거운 근심 일어나네　　君子重虞生

2

밝은 달 높은 언덕 위에 빛나　　亮月耀高隅
흐르는 빛이 북당에 가득하네　　流輝滿北堂
가여워라 계절 국화 향기롭더니　　惜哉時菊芳
중간에 된서리 맞았구나　　中路被嚴霜
고고한 절개 어찌 귀하지 않으랴　　孤節豈不貴
세모에도 남은 향기 간직했네　　歲晚保餘香
박복한 인생 기우는 운수 만나니　　薄生値徂運
시드는 사물에 마음 괴롭구나　　零落感廻腸
세월이 멈추지 않고 흘러　　浮陽無停照
얼굴도 머리털도 늙고 세어가네　　減我顏髮光
좋은 수레로도 갈 곳이 없고　　長駕靡所適
높은 지위도 마땅하지 않아라　　高位昧所當
알겠구나 저 한강 남쪽에서　　悟彼漢川陰
서글피 괴로운 탄식하겠지　　喟然興歎傷

성중에서 우연히 지어 초가을에 호수에서 유상하기로 약속하다

省中偶占 約新秋湖賞

솜구름 속 붉은 해가 처마 가까이 기울어	絮雲烘日近簷低
바람 잔 숲마다 저녁 풍경 가지런하다	風定千林晚色齊
대궐 복도 단청은 표상 드리우고	閣道丹青垂象表
궁궐 연못 비와 이슬은 성 서쪽에 있네	宮池雨露夾城西
꾀꼬리 날아 옮겨 갈 나무 구하는데	鶯飛枉自求遷木
거북이의 성품이 어찌 진흙에 사는 걸 싫어할까	龜性何曾厭處泥
내대자가 더운 먼지 속에 매몰될 것이니[296]	褦襶炎塵只埋沒
동호에 술동이 가져감을 잊으랴	東湖尊酒可忘携

296 내대자(褦襶子)가……것이니 : 함께 유상(遊賞)하기로 한 사람들이 먼지 속에 모이게 될 것이라는 말이다. 내대는 여름철에 햇빛을 가리기 위해서 쓰는 삿갓이다. 삼국 시대 위(魏)나라 정효(程曉)의 〈조열객시(嘲熱客詩)〉에 "지금 삿갓 쓴 이가 더위를 무릅쓰고 남의 집을 찾아왔네. 주인이 손님 왔다는 소리를 듣고, 이 일을 어쩌나 이맛살을 찡그리네.〔只今褦襶子, 觸熱到人家. 主人聞客來, 嚬蹙奈此何.〕"라고 한 데서 유래하여, 사리를 분간할 줄 모르고 주착없이 구는 사람을 뜻한다. 여기서는 약속한 사람들을 해학적으로 표현한 것이다.

지은이 **이민구(李敏求)**

1589(선조22)~1670(현종11). 지봉(芝峯) 이수광(李睟光)의 아들로, 본관은 전주(全州), 자는 자시(子時), 호는 동주(東州) 또는 관해도인(觀海道人)이다. 1612년 증광 문과에 장원하였다. 인조반정 이후 사가독서(賜暇讀書)하고, 이괄(李适)의 난에 도원수 장만(張晩)의 종사관이 되어 공을 세웠다. 내직(內職)으로 부제학, 대사성, 도승지 등을 역임하였고, 외직(外職)으로 경상도 관찰사, 강원도 관찰사, 임천 군수를 지냈다. 1636년 병자호란 당시 부검찰사의 직책으로 강화도에 있었는데, 강화도 함락의 책임을 지고 평안북도 영변에 유배되어 7년, 충청남도 아산으로 이배되어 3년 동안 지냈다. 1647년 4월에 해배되었으나 서용(敍用)되지 못하고 생을 마감하였다. 고문(古文)에 뛰어나다는 평가를 받았으며, 저서로 《동주집》, 《간언귀감(諫言龜鑑)》, 《독사수필(讀史隨筆)》, 《당률광선(唐律廣選)》이 있다.

옮긴이

강원모(姜元模)

1957년 충남 예산에서 태어났다. 공주사범대학, 한국교원대학교, 충남대학교에서 교육학을 전공하였다. 현재 충남대학교 한자문화연구소 선임연구원으로 재직 중이다. 공역으로 《기려수필》, 역해서로 《얘야 논어를 읽었느냐》가 있다.

김문갑(金文甲)

1960년 충남 논산에서 태어났다. 한남대학교 대학원에서 동양철학 박사학위를 받고, 아당 이성우 선생에게 수학하였다. 현재 충남대학교 한자문화연구소에 선임연구원으로 재직 중이다. 번역서로 《전례문답》, 《고산유고》 예송관련부분이 있다.

오승준(吳承峻)

1979년 충북 청주에서 태어났다. 충남대학교에서 학사와 석사 과정을 마쳤으며, 박사과정을 수료하였다. 학산 조종업, 아당 이성우 선생에게서 한문을 배웠다. 《서고독사차기》, 《현산집》 번역에 참여하고 있다. 현재 한자문화연구소에서 연구보조원으로 재직 중이다.

정만호(鄭晩浩)

1971년 충남 부여에서 태어났다. 충남대학교와 단국대학교에서 한문학을 전공하였으며, 현재 충남대학교 한자문화연구소 선임연구원으로 재직 중이다. 번역서로는 《취암선생시집》과 공역으로 《기려수필》, 《승암시화》, 《오재집》, 《옥오재집》, 《좌계부담》, 《해동사부》 등이 있다.

권역별거점연구소협동번역사업 연구진

연구책임자 **박우훈**(충남대학교 한문학과 교수)
공동연구원 **김선기**(충남대학교 국어국문학과 명예교수)
이향배(충남대학교 한문학과 교수)
자문위원 **이성우**(한국고전번역원 자문위원)
선임연구원 **강원모**
김문갑
정만호
연구보조원 **오승준**

동주집 1
이민구 지음 | 강원모 · 김문갑 · 오승준 · 정만호 옮김
2015년 4월 28일 초판 1쇄 발행
편집 · 발행 도서출판 문진 | 등록 2002. 5. 6. 제2006-000011호
주소 (305-301) 대전광역시 유성구 대학로 31 한진리조트오피스텔 2004호
전화 042-933-6510 | 팩스 042-367-5510
인쇄 현대그래픽스 | 제본 은정제책사

값 30,000원
ISBN 978-89-92229-82-1 94810
978-89-92229-81-4 (세트)